FOM-Edition

FOM Hochschule für Oekonomie & Management

Reihe herausgegeben von
FOM Hochschule für Oekonomie & Management, Essen, Deutschland

Dieses Werk erscheint in der FOM-Edition, herausgegeben von der FOM Hochschule für Oekonomie & Management.

Weitere Bände in der Reihe http://www.springer.com/series/12753

Thomas Kümpel · Kay Schlenkrich ·
Thomas Heupel
(Hrsg.)

Controlling & Innovation 2019

Digitalisierung

Hrsg.

Thomas Kümpel
FOM Hochschule für Oekonomie &
Management
Düsseldorf, Deutschland

Kay Schlenkrich
FOM Hochschule für Oekonomie &
Management
Düsseldorf, Deutschland

Thomas Heupel
FOM Hochschule für Oekonomie &
Management
Essen, Deutschland

ISSN 2625-7114   ISSN 2625-7122   (electronic)
FOM-Edition
ISBN 978-3-658-23473-7   ISBN 978-3-658-23474-4   (eBook)
https://doi.org/10.1007/978-3-658-23474-4

Die Deutsche Nationalbibliothek verzeichnet diese Publikation in der Deutschen Nationalbibliografie; detaillierte bibliografische Daten sind im Internet über http://dnb.d-nb.de abrufbar.

Springer Gabler
© Springer Fachmedien Wiesbaden GmbH, ein Teil von Springer Nature 2019
Springer Gabler ist ein Imprint der eingetragenen Gesellschaft Springer Fachmedien Wiesbaden GmbH und ist
ein Teil von Springer Nature
Die Anschrift der Gesellschaft ist: Abraham-Lincoln-Str. 46, 65189 Wiesbaden, Germany

Geleitwort

Die Betriebswirtschaftslehre ist eine Anwendungswissenschaft. Veränderungen des Umfeldes müssen antizipiert werden und es muss der Wissenschaft gelingen, den Unternehmen Theorien und Erklärungsansätze für die großen gesellschaftlichen Herausforderungen zu bieten.

Dies gilt auch für Fachdisziplinen wie das Controlling. Das vorliegende Jahrbuch stellt sich dieser Herausforderung und möchte in zweijährlicher Erscheinungsweise den Dialog zwischen Wissenschaft und Praxis flankieren. Interdisziplinäre Experten werden sich aktuell und zukünftig mit den aktuellen Entwicklungen sowie neuen Herausforderungen des Controllings auseinandersetzen.

Zu Beginn dieser Reihe werden die Herausforderungen der Digitalen Transformationen für das Controlling beleuchtet: Im Zuge einer wachsenden Digitalisierung werden Unternehmen mit Herausforderungen wie „Big Data" „Predictive Analytics" und „Cyber Physical Systems" konfrontiert. Daten werden dabei zu einer entscheidenden Ressource für eine erfolgszentrierte unternehmerische Wertschöpfungskette. Die zentrale Aufgabe des Controllings wird es sein, sich als Partner neben den stets intelligenter werdenden Instrumenten der IT zu behaupten und die Selektion des Daten-Inputs mit dem anschließenden Transfer sowie der Verdichtung des Outputs adäquat zu realisieren.

Mit dieser neuen Publikationsreihe wird ein Forum geschaffen, das Wissenschaft und Praxis beim Bemühen um anwendungsorientierte Innovationen unterstützt. Dieses Buch ist von und für Vordenker geschrieben und führt Perspektiven aus Wissenschaft und Praxis handlungsorientiert zusammen. Die FOM Hochschule für Oekonomie & Management stellt gerne den Rahmen für diese Publikationsreihe. Denn auch im Themenfeld Controlling bilden sich zahlreiche Mitarbeiterinnen und Mitarbeiter berufsbegleitend an den bundesweiten Studienzentren der FOM weiter. Ihnen, aber auch den Leserinnen und Lesern aus Wissenschaft und Praxis, sollen die Inhalte Anregung und Inspiration für neue Ideen sein.

Wir freuen uns sehr, dass unsere Expertise auch in Form konkreter Beiträge unserer Hochschullehrenden Eingang in die Reihe gefunden hat. Dem ersten Band dieser neuen Publikationsreihe wünschen wir eine gute Resonanz in Wissenschaft und Praxis und bedanken uns ausdrücklich bei allen Mitwirkenden, ohne die ein Buch von diesem Umfang nicht möglich wäre.

Prof. Dr. Burghard Hermeier
Rektor der FOM Hochschule

Vorwort

Der Begriff der Digitalisierung ist allgegenwärtig. Unabhängig von der Fragestellung und dem Kontext kommt derzeit kaum eine Diskussion ohne einen Bezug zu diesem Themengebiet aus. Sucht man nach einer Gemeinsamkeit in der Vielfalt der Betrachtungen, so wird schnell ersichtlich, dass der Begriff der Digitalisierung meist als Synonym für einen als disruptiv empfundenen Veränderungsprozess verwendet wird, der sich auf nahezu alle Bereiche des Lebens bezieht. Es ist daher auch kaum verwunderlich, dass in vielen Diskussionen Unsicherheiten und Ängste vor dem Neuen zum Ausdruck kommen, die oftmals eine vorurteilsfreie Sicht verstellen. Dies macht es umso notwendiger, dem Phänomen der Digitalisierung zum einen mehr Klarheit zu verschaffen und zum anderen zielgerichtete und transparente Gestaltungsempfehlungen abzugeben.

Es gehört zum besonderen Selbstverständnis der deutschsprachigen Betriebswirtschaftslehre, dass dem Fach die Aufgabe zukommt, durch die Gewinnung von Erkenntnissen Handlungsempfehlungen zu erarbeiten. In diesem Kontext möchte „Controlling & Innovation 2019" einen Beitrag zum gegenwärtigen Diskurs über die Ursachen, Erscheinungsformen und Wirkungen der Digitalisierung leisten und sich ebenso am Aussprechen von Handlungsempfehlungen beteiligen.

Die omnipräsente Generierung, Speicherung und Auswertung von Daten ist ein Phänomen unseres Kulturbereichs, dem man sich erkenntnistheoretisch nur nähern kann, indem man aus unterschiedlichen Perspektiven vielfältige Fragestellungen bearbeitet und somit eine Vielzahl von unterschiedlichen Erkenntnisgegenständen gleichberechtigt zulässt. Genau in diesem Selbstverständnis steht der hier vorliegende Sammelband. Aufgabe war es nicht, ein holistisches Modell der Digitalisierung im Funktionsbereich des Controllings zu erarbeiten. Das Anliegen der Herausgeber und der Autoren ist es vielmehr, unterschiedliche Fragestellungen, Vorgehensweisen und Erkenntnisse zusammenzutragen und damit einen Beitrag zum gegenwärtigen Diskussionsstand zu leisten. Dieses Vorgehen entspricht auch der Auffassung und dem Selbstverständnis der Herausgeber, die davon überzeugt sind, dass gerade auch in Zeiten der Digitalisierung ein unabhängiger und freier Erkenntnisgewinn nur durch einen offenen Diskurs von vielen unterschiedlichen Beteiligten zustande kommen kann.

Controlling als betriebswirtschaftliche Disziplin hat sich die Unterstützung der Steuerung des Unternehmens zur Aufgabe gemacht. Es ist damit wie nahezu alle anderen Bereiche unseres Lebens auch als Objekt von der Digitalisierung direkt betroffen. Gleichzeitig hat die Funktion des Controllings aber auch zur Folge, dass das Controlling die Digitalisierung als Handlungssubjekt aktiv mitgestaltet. Damit kommt nicht nur die besondere Relevanz der in diesem Sammelband bearbeiteten Fragestellungen zum Ausdruck, sondern auch die besondere Komplexität, die mit der Beantwortung der Fragen verbunden ist.

Die Leser von „Controlling & Innovation 2019" werden nicht nur als einfache Adressaten der Autoren verstanden, sondern vielmehr als Teilnehmer am allgemeinen Diskurs über Digitalisierung. Im besten Fall wird diese themenbezogene Auseinandersetzung über Digitalisierung gleichfalls von der Digitalisierung selbst geprägt. Unabhängig davon lassen sich aber mindestens drei Gruppen von Lesern unterscheiden. Zum Ersten richtet sich dieser Sammelband an Studierende, die gerade in ihrer Rolle als zukünftige Gestalter und Akteure aufgerufen sind, die hier vorgetragenen Fragestellungen und Lösungsansätze in ihren Kontext einzuordnen und für zukünftige Aufgaben und Herausforderungen weiterzuentwickeln. Zum Zweiten sind die Leser zu nennen, die als Praktiker die hier vorgestellten theoretisch gewonnenen Erkenntnisse in ihrer Arbeit umsetzen und anwenden. Zum Dritten richtet sich das Buch an alle übrigen Leser, die den Fragestellungen der Digitalisierung nachgehen, um ihrerseits einen Beitrag zum Erkenntnisgewinn in diesem Kontext zu leisten.

Es ist daher auch eine Selbstverständlichkeit, dass sich Herausgeber wie Autoren über alle Rückmeldungen und Anregungen freuen, die durch die Lektüre entstehen.

Nicht zuletzt möchten wir allen Autoren, die an diesem Sammelband mitgewirkt haben, für ihre wertvollen Beiträge herzlich danken. Ohne diese tatkräftige Unterstützung wäre es niemals gelungen, ein derart komplexes Thema auf diese vielschichtige Weise zu beleuchten. Unser besonderer Dank gilt auch Herrn Dipl.-jur. Kai Enno Stumpp und Frau Angela Meffert für die unermüdliche organisatorische und redaktionelle Hilfe, die das Erscheinen von „Controlling & Innovation 2019" erst ermöglicht hat. Uns, den Herausgebern, hat die Arbeit mit allen Beteiligten so viel Freude bereitet, dass eine Fortsetzung in Planung ist. Gemäß dem rheinischen Brauch, dass eine einmalige Wiederholung bereits zur Tradition wird, freuen wir uns also auf ein regelmäßiges Erscheinen von „Controlling & Innovation".

Essen und Düsseldorf   Thomas Kümpel
im Frühjahr 2018   Thomas Heupel
                                                                            Kay Schlenkrich

Inhaltsverzeichnis

Herausgeber- und Autorenverzeichnis

Über die Herausgeber

Prof. Dr. Thomas Kümpel studierte nach einer kaufmännischen Ausbildung Wirtschaftswissenschaften. Nach diversen internationalen Tätigkeiten im Bereich Rechnungswesen arbeitete er bei einer großen Wirtschaftsprüfungsgesellschaft. Gleichzeitig promovierte er bei Herrn Professor Dr. Michael Wohlgemuth in Duisburg auf dem Gebiet der Internationalen Rechnungslegung mit erfolgreichem Abschluss zum Dr. rer. oec. Seit dem 1. September 2000 ist er Professor für Betriebswirtschaftslehre, insbesondere Unternehmensrechnung, an der FOM Hochschule für Oekonomie & Management. Er hat zahlreiche Publikationen zur internationalen Rechnungslegung in renommierten Fachzeitschriften veröffentlicht und gibt sein Wissen in diversen Seminaren und Beratungsprojekten weiter.

Prof. Dr. Kay Schlenkrich ist seit 2012 hauptberuflicher Dozent für Betriebswirtschaftslehre, insbesondere Management und Organisation, an der FOM Hochschule und seit 2015 wissenschaftlicher Gesamtstudienleiter am Studienzentrum Düsseldorf. Schwerpunkte seiner Arbeit liegen in den Bereichen Unternehmenssteuerung und Erfolgsmessung sowie Wechselwirkungen zwischen gesellschaftlichem und betriebswirtschaftlichem Wandel.

 **Prof. Dr. Thomas Heupel** ist seit 2007 hauptberuflicher Dozent für Betriebswirtschaftslehre, insbesondere Rechnungswesen und Controlling, und seit 2009 Prorektor für Forschung an der FOM Hochschule. Schwerpunkte seiner Arbeit liegen in den Bereichen Erfolgs- und Kostencontrolling, Automotive Industry Management, demografischer Wandel, ökologische Ökonomie sowie dem Management von KMU.

Autorenverzeichnis

Martin-Alexander Arns Wenden, Deutschland, martin.arns1990@t-online.de

Alwin Bathija Düsseldorf, Deutschland, alwin.bathija@me.com

Dr. Marcus Bieker Bochum, Deutschland, bieker.markus@t-online.de

Jörgen Erichsen Leverkusen, Deutschland, joergen-erichsen@t-online.de

Prof. Dr. Thomas Heupel FOM Hochschule für Oekonomie & Management, Essen, Deutschland, thomas.heupel@fom.de

Prof. Dr. Peter Kajüter WWU Münster, Lehrstuhl für Internationale Unternehmensrechnung, Münster, Deutschland, peter.kajueter@wiwi.uni-muenster.de

Prof. Dr. Norbert Klingebiel Westfälische Hochschule, Fachbereich Wirtschaft, Gelsenkirchen, Deutschland, norbert.klingebiel@gmx.de

Prof. Dr. Thomas Kümpel FOM Hochschule für Oekonomie & Management, Düsseldorf, Deutschland, thomas.kuempel@fom.de

Prof. Dr. Peter Leibfried Universität St. Gallen, St. Gallen, Schweiz, peter@leibfried.ch

Heiko Petry Universität St. Gallen, ACA-HSG, St. Gallen, Schweiz, heiko.petry@unisg.ch

Prof. Dr. Guido Pfeifer Bingen, Deutschland, gp@guido-pfeifer.de

René Pollmann Wesel, Deutschland, pollmann.rene@gmail.com

Marcus Reinhardt Siegen, Deutschland, marcus.reinhardt1@gmx.de

Kai Schaumann WWU Münster, Lehrstuhl für Internationale Unternehmensrechnung, Münster, Deutschland, kai.schaumann@wiwi.uni-muenster.de

Henrik Schirmacher WWU Münster, Lehrstuhl für Internationale Unternehmensrechnung, Münster, Deutschland, henrik.schirmacher@wiwi.uni-muenster.de

Prof. Dr. Kay Schlenkrich FOM Hochschule für Oekonomie & Management, Düsseldorf, Deutschland, kay.schlenkrich@fom.de

Marcel Schrader Hannover, Deutschland, marcel_schrader@me.com

Prof. Dr. Helena Wisbert FOM Hochschule für Oekonomie & Management, Düsseldorf, Deutschland, helena.wisbert@fom.de

Prof. Dr. Inge Wulf Clausthal, Deutschland, inge.wulf@tu-clausthal.de

Controlling – Digitalisierung, Automatisierung und Disruption verändern Aufgabenfelder und Anforderungen nachhaltig

Jörgen Erichsen

Inhaltsverzeichnis

Zusammenfassung

Digitalisierung und immer schnellere Änderungen in Wirtschaft, Gesellschaft und Technologie haben zur Folge, dass sich auch das Berufsbild des Controllers in den nächsten Jahren stark verändern wird. Bisher typische Aufgaben wie das reine Zusammenstellen von Daten und Zahlen oder standardisiertes Reporting werden nach und nach verschwinden, da diese Aufgaben besser von Computern übernommen werden können. Noch ist zwar nicht ganz klar bzw. genau abzusehen, welche anderen Aufgaben an die Stelle bisheriger Tätigkeiten kommen werden; auch die Expertenmeinungen gehen zum Teil stark auseinander. Allerdings kristallisiert sich heraus, dass Controller künftig mehr gestalterische Aufgaben (Stichworte u. a. Businesspartner, Unterstützung des Managements bei der strategischen Entwicklung des Unternehmens, Harmonisierung von Einzelzielen im Unternehmen zu einer Gesamtzielsetzung, Mitgestaltung bei der Umsetzung von Maßnahmen, Verbesserung der Datenanalyse und Prognosequalität) übernehmen werden, als das bislang der Fall war. Zudem müssen sie ihre Kompetenzen in Statistik sowie Nutzung von IT und (Digital-)Technik erheblich verbessern.

J. Erichsen (✉)
Leverkusen, Deutschland
E-Mail: joergen-erichsen@t-online.de

© Springer Fachmedien Wiesbaden GmbH, ein Teil von Springer Nature 2019
T. Kümpel et al. (Hrsg.), *Controlling & Innovation 2019*, FOM-Edition,
https://doi.org/10.1007/978-3-658-23474-4_1

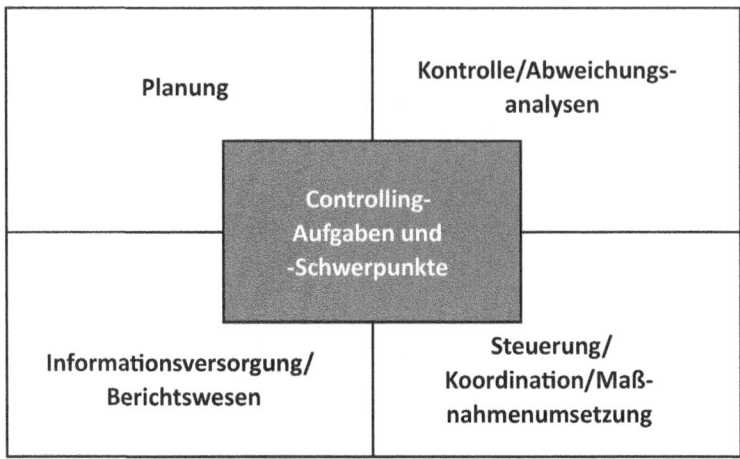

Abb. 1.1 Typische Controllingaufgaben. (Quelle: In Anlehnung an Ziegenbein 2001, S. 25)

1.1 Warum verändern sich Aufgaben auch im Controlling?

Bisher waren Aufgaben- und Themenfelder im Controlling verhältnismäßig stabil und selten größeren echten Veränderungen unterworfen, wie es sie beispielsweise durch Gesetzesanpassungen im Bereich Buchhaltung oder durch technische Änderungen in anderen Berufsfeldern, etwa dem Ingenieurswesen gibt. Zwar ist Controlling nicht einheitlich definiert bzw. es gibt kein standardisiertes Berufsbild. Aber klassische Aufgabenfelder für die meisten Controller waren und sind nach wie vor Planung, Kontrolle, Steuerung und Reporting sowie die Durchführung sonstiger betriebswirtschaftlicher Aufgaben, z. B. Durchführung von ABC-, Portfolio-, SWOT-Analysen (Stärken-Schwächen, Chancen-Risiken), Wirtschaftlichkeits- oder Investitionsrechnungen, gemeinsam mit den Abteilungen verantwortlich (s. Abb. 1.1). Und die Hauptaufgabe des Controllers ist es momentan immer noch, Manager und Führungskräfte in erster Linie bei der Entscheidungsfindung zu beraten und nur in geringem Umfang aktiv zu unterstützen.

Die klassische Aufgabenverteilung von Management und Controlling kann vereinfacht so beschrieben werden: Das Management bzw. die Führungskräfte betreiben das Geschäft und sind für das Ergebnis verantwortlich. Der Controller sorgt für Transparenz und Aussagekraft, indem er Zahlen und Daten aufbereitet sowie analysiert und Handlungsempfehlungen ausspricht. Dass Controller selbst konkrete Entscheidungen treffen, kommt in der Praxis zwar auch vor, ist aber bisher eher nicht die Regel.

Echte neue Aufgabenfelder bislang eher selten

Sicherlich gab und gibt es immer wieder Themengebiete, die vom Controlling neu oder zusätzlich erschlossen worden sind, z. B. Unterstützung beim Aufbau von Wissensmanagement oder Fraud-Controlling[1] und -Management.

Grundsätzlich war der Veränderungsdruck im Controlling im Gegensatz zu anderen Berufsbildern bisher eher gering, auch, weil die Arbeiten im Kern z. B. ohne Vorgaben aus dem gesetzlichen Umfeld funktionieren. Außerdem lässt sich Controlling grundsätzlich branchenübergreifend gleichermaßen nutzen, sodass lediglich kleinere Anpassungen vorgenommen werden müssen, ohne die benötigten Werkzeuge und Verfahren vollständig neu konzipieren zu müssen. Beispielsweise werden in Dienstleistungsunternehmen zum Teil andere Kennzahlen oder Kalkulationsverfahren benötigt als in Produktions-, Handwerks- oder Handelsunternehmen. Dagegen können Instrumente wie ABC-, Portfolio- oder Potenzialanalysen von Unternehmen aller Branchen genutzt werden. Und ein anderer Aufgabenschwerpunkt für Controller gerade in größeren Unternehmen bestand darin, Unternehmen und Führungskräfte bei der Umsetzung von Rationalisierungsmaßnahmen und -strategien zu unterstützen. Ein Stichwort hierzu lautet u. a. Shareholder-Value-Optimierung. Auch hier lassen sich vorhandene Methoden und Verfahren grundlegend branchenübergreifend nutzen.

Eine Übersicht über Gründe für Veränderungen im Controlling zeigt Abb. 1.2.

Stabilität im Controlling geht nach und nach verloren

Das stabile Umfeld für Controller geht aber mehr und mehr verloren und die Änderungsdynamik, die vor allem durch neue Technologien und Möglichkeiten, Daten und Zahlen automatisiert zu verarbeiten, entsteht, wird in den nächsten Jahren voraussichtlich immer weiter zunehmen. Haupttreiber sind wie in vielen Bereichen die Digitalisierung und damit verbunden die immer stärkere Automatisierung von Geschäftsprozessen. Controller werden so vor immer größere Herausforderungen gestellt, da viele bisher ureigene Aufgaben von Fach- und Führungskräften im Betrieb selbst übernommen werden können, z. B. das Abrufen von Berichten und Kennzahlen. Gleichzeitig stehen aufgrund der rasanten technischen Entwicklung die Geschäftsmodelle von Unternehmen in immer kürzeren Intervallen auf dem Prüfstand und müssen an sich verändernde Bedingungen angepasst werden. Das Gleiche gilt für Lebenszyklen von Produkten, die in vielen Fällen ständig kürzer werden.

Was heute noch modern ist, kann morgen schon zum alten Eisen gehören. Gerade dieser Aspekt birgt für Controller aber auch Chancen, wenn es ihnen gelingt, die anstehenden kontinuierlichen Veränderungsprozesse aktiv mitzugestalten. Denn je kreativer und weniger routiniert oder standardisiert Arbeiten sind, desto weniger sind sie nach heutigem Kenntnisstand von der Digitalisierung betroffen.

---

[1]Vermeidung und/oder Reduzierung von Betrug und anderen kriminellen Handlungen im Betrieb.

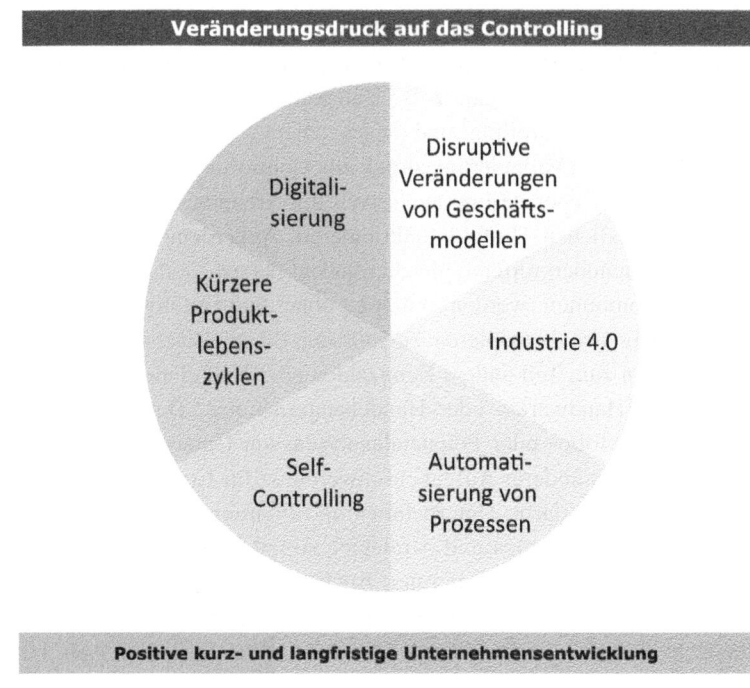

Abb. 1.2 Gründe für Veränderungen im Controlling

Controller müssen hier u. a. die Herausforderung meistern, sich stärker zusätzliche Kompetenzen anzueignen, z. B. in den Gebieten der meist ziemlich ungeliebten Statistik, Technik und IT. Zwar werden Controller wohl nie IT-Spezialisten im eigentlichen Sinne sein können; sie müssen aber z. B. wissen, wie soziale Medien oder andere Werkzeuge wie ERP grundsätzlich funktionieren, um diese besser als heute nutzen zu können. Statistische Kompetenzen werden etwa im Rahmen von Predictive Analytics benötigt. Predictive Analytics ist ein Begriff aus dem Bereich Data Mining[2] und beschäftigt sich, einfach ausgedrückt, mit der Vorhersage (Prediction) einer wahrscheinlichen Zukunft. Dazu wird eine Variable, die für eine Person (z. B. einen Kunden) steht, gemessen, um das wahrscheinliche künftige (Kauf-)Verhalten von Kunden vorherzusagen. Um zuverlässigere Prognosen zu erhalten, werden mithilfe spezieller Programme mehrere Variablen zu einem Datenmodell kombiniert. Um Datenmodelle im Rahmen von Predictive Analytics erstellen zu können, werden u. a. Regressionsanalysen aus der Statistik benötigt. Predictive Analytics wird dabei als eine Möglichkeit gesehen, in Zeiten zunehmender Unsicherheit dennoch zu zuverlässigen Prognosen von z. B. Abverkaufsmengen zu kommen, um nicht nur den Vertrieb effizienter einsetzen zu können, sondern auch Kostensenkungen umzusetzen.

---

[2]Anwendung IT-gestützter Methoden, um aus vorhandenen Daten Muster oder Zusammenhänge zu finden.

Lässt sich z. B. das Kaufverhalten von Kunden relativ verlässlich vorhersagen, können die Bestände reduziert werden, und in der Folge verbessert sich u. a. das Working-Capital.

Zwar gehen die meisten Fachleute im Moment davon aus, dass die Digitalisierung nicht dazu führen wird, dass sich das Berufsbild des Controllers vollständig verschieben wird. Allerdings sind andere Experten der Ansicht, dass auch Controller sich mit dem Risiko auseinandersetzen müssen, „wegrationalisiert" zu werden. Schon heute können rund 65 % bisher typischer Controllingaufgaben von Maschinen, Computern oder Algorithmen übernommen werden. Das zeigt z. B. der sogenannte ARD-Futuromat bzw. der Futuromat der Bundesagentur für Arbeit (http://job-futuromat.iab.de/). Durch Eingabe der Berufsbezeichnung und ggf. die Anpassung flexibel einstellbarer Parameter im unteren Teil des Futuromaten lässt sich auch erkennen, wie sich die Prozentwerte verändern, wenn man z. B. eher Standardaufgaben oder eher komplexe Tätigkeiten erledigt.

Industrie 4.0
Der Begriff Industrie 4.0 steht für ein Zukunftsprojekt der Bundesregierung, das die sogenannte vierte industrielle Revolution beschreibt. Diese zeichnet sich im Kern aus durch eine immer stärker werdende Individualisierung bis hin zur Serienproduktion (in vielen Fällen wird sogar bereits von einer Losgröße „1" gesprochen, die Kunden angeboten werden soll oder muss), die Koppelung von Produkten und Dienstleistung sowie die Integration von Kunden und Geschäftspartnern in die eigenen Wertschöpfungsprozesse. Im Zuge von Industrie 4.0 steigt der Anteil autonomer oder teilautonomer Fertigung ohne menschliche Steuerung und Eingriffe. Maschinen und Systeme bewegen sich eigenständig und treffen eigene Entscheidungen, etwa, indem sie benötigte Materialien selbstständig bestellen, wenn Meldebestände erreicht werden und Lagerbestände zu Ende gehen (vgl. Bendel 2018). Industrie 4.0 schließt alle Phasen des Produktlebenszyklus ein, von der F&E über die Produktion, die Nutzung, den Service bis hin zur Wiederverwertung. Auch hierdurch müssen von Controllern künftig weniger Analysen vorgenommen und Handlungsempfehlungen ausgesprochen werden, z. B. für den Einkauf, wenn es entsprechende Algorithmen gibt, die Beschaffungsstrategien und Sicherheitsbestände kennen und automatisch aktiv werden.

Disruptive Veränderungen forcieren Druck und betreffen so gut wie alle Branchen
In diesem Zusammenhang ist auch immer wieder davon zu hören, dass sich Geschäftsmodelle disruptiv verändern. „Disruption" bedeutet so viel wie „zerstören" oder „unterbrechen". Dabei werden bestehende traditionelle Geschäftsmodelle, Produkte oder Dienstleistungen von innovativen Erneuerungen abgelöst oder teilweise bzw. sogar vollständig verdrängt. Der Unterschied zwischen bisher üblichen und disruptiven Innovationen liegt in der Art der Veränderung. Während bislang bekannte Innovationen Märkte überwiegend nicht grundlegend verändert, sondern vor allem weiterentwickelt haben, handelt es sich bei einer disruptiven Innovation um eine komplette Umstrukturierung oder Zerschlagung des bestehenden Modells. Haupttreiber der Veränderungen ist fast immer die Digitalisierung bzw. sie ist meist am Prozess beteiligt. Und die Veränderungen erfolgen immer schneller in immer kürzeren Abständen.

Beispiele für disruptive Innovationen

Beispiel Smartphone

Das iPhone gibt es erst seit gut zehn Jahren und es hat unser Leben vollkommen verändert. Apps, wie wir sie heute in nahezu allen Lebensbereichen kennen, waren zum Zeitpunkt der Fußballweltmeisterschaft in Deutschland 2006 noch gar nicht existent.

Beispiel 3D-Drucker

Anfangs noch eher belächelt und eher als Unterstützung im Prototypenbau angesiedelt, bieten 3D-Drucker heute Unternehmen die Möglichkeit, Produkte in der Serien- und Einzelfertigung herzustellen und dabei Vorteile bei der Produktionszeit oder den Kosten zu erreichen. Schon jetzt lassen sich viele Produkte herstellen, sogar Waffen und Werkstücke aus Beton; eine Fertigung in einer Fabrik ist hier nicht mehr nötig.

Beispiel Drohnen

Auch Drohnen wurden zu Beginn eher noch als mögliche Freizeitbeschäftigung gesehen und weniger als eine Möglichkeit, neues wirtschaftliches Potenzial zu erschließen. Inzwischen wird immer mehr klar, dass Drohnen das Potenzial haben, unsere Welt ähnlich nachhaltig zu verändern wie das Smartphone. Genutzt werden Drohnen schon heute u. a. in der Filmproduktion, zur Kriminalitätsbekämpfung, in der Landwirtschaft bei der Schädlingskontrolle von Feldern durch Wärmebildkameras oder bei Industrieinspektionen (z. B. Ablösung von Industriekletterern durch Drohnen). Und am Horizont zeichnen sich weitere Einsatzfelder ab, z. B. im Bereich der Logistik (Warenlieferungen per Drohne, nicht mehr per Post).

Beispiel autonomes Fahren

Sich selbst steuernde Fahrzeuge führen dazu, dass sich Verkehr und Logistik verändern und es in wenigen Jahren Berufe wie Taxi-, Lok- oder Lkw-Fahrer nicht mehr geben wird.

Beispiel Cloud-Computing

Cloud-Computing verändert u. a. die Art der Datenspeicherung und -nutzung, weg von stationären Geräten hin zum Internet. Banken müssen sich u. a. die Frage stellen, wie weit und schnell Fintechs und Finanzierungsmöglichkeiten wie Crowdfunding ihr Geschäft erodieren lassen.

Diese und weitere Beispiele zeigen das Potenzial von Veränderungen und lassen erahnen, dass sich die Lebenszyklen von Produkten und Dienstleistungen immer weiter verkürzen werden. Geld für Innovationen und Investitionen muss in immer kürzeren Zeiträumen verdient werden. Vor allem negative Abweichungen von Plan- oder Zielwerten müssen erheblich früher als bisher erkannt und die Ursachen bekämpft werden, will man mit Produkten und Dienstleistungen noch Gewinne erzielen.

Und: Unternehmen mit disruptiven Ideen werden zunächst oft als Fantasten bezeichnet und entwickeln sich dann in wenigen Jahren zu Marktführern. Allerdings sind die Übergänge zwischen Innovation und Disruption oft fließend und lassen sich nicht immer eindeutig abgrenzen. Fakt ist aber, dass auch „klassische" Innovationen immer häufiger dazu führen, dass sich ganze Branchen und Berufsbilder verändern werden.

Auch andere Berufszweige entdecken Controlling als zweites Standbein für sich und setzen Controller zusätzlich unter Druck

Und noch ein Aspekt erhöht den Veränderungsdruck auf Controller: Seit einigen Jahren drängen zunehmend Steuerberater in den Markt und bieten ihren Mandanten zusätzlich zur klassischen Steuerberatung auch betriebswirtschaftliche Beratung. Die betriebswirtschaftliche Beratung entspricht im Kern genau dem, was Controller im Unternehmen tun oder als Externe kleinen Betrieben als Leistung anbieten. Steuerberater qualifizieren sich u. a., indem sie den sogenannten Fachberater, z. B. mit Schwerpunkt Controlling, machen und sich verpflichten, sich regelmäßig fortzubilden.

Auch Bilanzbuchhalter, deren ureigenes Geschäftsfeld (u. a. Buchen laufender Geschäftsfälle, laufende Lohnabrechnung fertigen) durch die Digitalisierung bedroht wird, versuchen, ihren Mandanten zunehmend betriebswirtschaftliche Beratung oder Controlling anzubieten, um mehr Zukunftssicherheit zu haben. Die Veränderungen betreffen zwar in erster Linie Controller, die in kleinen Betrieben arbeiten, oder Controller, die ihre Leistungen als Selbstständige anbieten. Dennoch wird das Angebot an Menschen, die Controlling anbieten, größer und somit steigt auch der Wettbewerbsdruck unter den Controllern.

1.2 Controlling künftig ohne Controller?

Die dargestellten Sachverhalte haben nicht nur massive Veränderungen der Geschäftsmodelle vieler Unternehmen zur Folge. Auch das Controlling selbst muss sich hinsichtlich seiner Positionierung und der Aufgaben erheblich anpassen und bereit sein, sich von angestammten Aufgaben zu trennen oder sie anders auszuführen. Dabei gilt es auch, sich gleichzeitig nach zusätzlichen, neuen Aufgabenfeldern umzusehen, da beispielsweise ein bisher wichtiger Aufgabenblock – die Erstellung des Berichtswesens – künftig zumindest zu großen Teilen entfallen kann. Das gilt vor allen Dingen für sogenannte Standardreports, bei denen definiert ist (bzw. werden muss), woher die Zahlen kommen und wie sie in Kenngrößen einfließen. Denn Führungskräfte können sich schon heute stärker selbst mit den notwendigen Informationen versorgen, als das noch vor ein paar Jahren der Fall war. Manager und Führungskräfte können sich durch intuitiv zu bedienende und überall verfügbare EDV Berichte zeitnah, ggf. sogar in Echtzeit, zusammenstellen – und werden das auch tun oder tun es bereits. Das Stichwort hier heißt „Selbst- oder Self-Controlling". Berichte und Kennzahlen müssen also nicht mehr vom Controlling erstellt und aufbereitet werden. Hinzu kommt, dass Führungskräfte über eine immer bessere Qualifikation auch in Sachen Betriebswirtschaft verfügen und ihnen Controllingthemen nicht mehr so fremd sind wie noch vor ein paar Jahren. Sie sind und werden verstärkt in der Lage sein, mit ausreichender IT-Unterstützung viel mehr Dinge zu erledigen als bisher. Inzwischen gibt es Stimmen, die sogar sagen, dass Controller in der Zukunft eigentlich gar nicht mehr benötigt werden, wenn alle relevanten Zahlen und Daten automatisch erstellt und abgerufen werden können. Allerdings wirft gerade die Handhabung des

Berichtswesens Fragen auf, die vor allem durch Controller beantwortet werden können. Voraussetzung ist, dass diese sich auch um das Thema kümmern, die Fragen stellen, aufgreifen und Antworten bereitstellen (s. Abschn. 1.3).

Veränderungsdruck geht vor allem von großen Unternehmen aus

In Großunternehmen und Konzernen ist der Veränderungsdruck, sowohl was Geschäftsmodelle und technologische Veränderungen als auch was die Veränderungen beim Controlling betrifft, schon spür- oder absehbar. Kein Konzern, der nicht ohne hoch professionelle DV-Systeme und Automatisierungen auskommt und die Anwendungen kontinuierlich ausbaut. Immer mehr eigene Prozesse werden digitalisiert und damit sind auch Geschäftspartner wie Kunden und Lieferanten gefordert, sich den Vorgaben der Konzerne anzupassen, wollen sie weiter im Geschäft bleiben. Zwar haben alle Betriebe mit der Digitalisierung und den hiermit verbundenen Umstellungen Probleme, beispielsweise mit Datenschutz und -sicherheit, fehlender Akzeptanz bei den Mitarbeitern sowie geeigneten Fachleuten mit ausreichender „Digitalkompetenz". Das gilt auch für Großunternehmen, bei denen aber zu erwarten steht, dass diese die Schwierigkeiten relativ schnell überwinden werden, da die Betriebe mit Hochdruck an Lösungen arbeiten. Hier werden Controller schon heute damit konfrontiert, sich verändern zu müssen, wenn sie auch in ein paar Jahren noch ihren Beruf ausüben möchten.

Anpassungen in kleinen Betrieben eher mittelfristig

Allerdings ist in der Praxis auch zu beobachten, dass die Veränderungen bisher nur wenige kleinere Betriebe erreicht haben. Gerade Unternehmen mit weniger als 600 Mitarbeitern haben ihre „Hausaufgaben" in Sachen Digitalisierung noch nicht einmal richtig begonnen. Häufig werden weder ERP- noch andere übergreifende IT-Systeme angewendet. Viele Prozesse werden noch manuell oder mit rudimentären Softwarelösungen erledigt, mit allen Nachteilen in Sachen Standardisierung, Automatisierung und Zeitbedarf. Hier ist natürlich auch der Veränderungsdruck im Controlling noch nicht so ausgeprägt. Und es steht zu erwarten, dass Anpassungen nicht kurzfristig kommen bzw. sich auswirken werden.

Allerdings: Wer sich jetzt zurücklehnt und wartet, bis die Änderungen auch in kleinen Unternehmen ankommen, kann eine böse Überraschung erleben. Ihm fehlen dann zentrale Kenntnisse und Erfahrungen, die benötigt werden, um weiter in einem massiv veränderten Controllingumfeld zu arbeiten.

1.3 Wie kann Controlling künftig erfolgreich gestaltet werden?

Controller müssen vor dem beschriebenen Hintergrund die Frage schlüssig beantworten, ob sie ihren Job überhaupt werden behalten können, und wenn ja, wie er konkret ausgestaltet sein wird oder werden kann. Auch hier sind sich die Experten überwiegend einig: Es wird zum Teil erhebliche Veränderungen geben, aber Controller soll und wird es voraussichtlich auch in den nächsten Jahren und Jahrzehnten geben. Allerdings kaum noch mit den Aufgaben, die der „typische" Controller heute erledigt.

Welche konkreten Änderungen Controller vornehmen müssen, hängt dabei auch von der Branche, dem eigenen Unternehmen und dessen Digitalisierungsgrad und -strategie ab. Jedes Unternehmen muss für sich prüfen, wie das Geschäftsmodell verändert und in welchen Abständen es erneut überprüft und angepasst werden muss. Aus den Änderungen und Anpassungen ergeben sich dann in der Regel zahlreiche betriebswirtschaftliche Fragen, die vom Controlling aufgegriffen und beantwortet werden müssen. Insofern hängt der Umfang der nötigen Veränderungen natürlich immer auch vom jeweiligen Unternehmen und dessen individuellen Anforderungen ab und es sind entsprechende individuelle Anpassungen erforderlich.

Überarbeitung dessen, was Controlling künftig umfassen kann oder soll
Allerdings lassen sich Punkte erkennen, die alle Controller mehr oder weniger in gleichem Maße betreffen. Da ist zunächst die Frage, wie sich eine zuverlässige Datenbasis (Daten- bzw. Stammdatenmanagement) im Unternehmen schaffen lässt. Liegen keine fehlerfreien Daten vor oder sind sie unvollständig, lassen sich auch noch so gute Tools und Anwendungen nicht zum Vorteil des Betriebes nutzen. Zudem müssen Controller die Konsistenz und Kompatibilität unterschiedlicher Daten- und Analysemodelle im Unternehmen sicherstellen. Sie müssen dafür Sorge tragen, dass sie die Verantwortung für das Management sämtlicher finanzieller und nicht-finanzieller Daten bekommen, die heute häufig noch von unterschiedlichen Fachabteilungen geführt werden. Außerdem müssen Controller prüfen, wie sie sich zu anderen Bereichen im Betrieb aufstellen können und müssen, die Daten aus allen Unternehmensteilen analysieren, z. B. Data Science Center. Soll es weiter der Anspruch des Controllings sein, alleiniger „Herrscher" über Daten und Reporting und damit über die „Wahrheit" von Informationen und Zahlen zu sein, müssen Abstimmungen und Vereinbarungen mit diesen Bereichen getroffen werden. In diesem Sinne ist es auch notwendig, darüber nachzudenken, die IT-Kompetenz im Controlling zu verbessern, etwa indem man weitere Mitarbeiter mit bisher nicht benötigten Kompetenzen hinzuzieht, z. B. Data Scientists.

Weiter Unterstützung in der Analyse und Umsetzung erforderlich
Wird dieser Anspruch bejaht, stellt sich die Frage, wie die Daten für Management und Führungskräfte bereitgestellt werden sollen oder müssen. Hier gibt es seit mehreren Jahren den Trend zum Self-Controlling, bei dem Manager die Möglichkeit haben, im Prinzip alle gewünschten Informationen z. B. über Web-Browser, Online-Tools oder Apps mobil und auch ortsungebunden zu bekommen. Der Trend zum Self-Controlling bedeutet für Controller einerseits, dass sie einen Teil ihrer Aufgaben verlieren (s. auch Abschn. 1.2).

Andererseits bieten sich hier aber große Chancen zur Wahrnehmung neuer Aufgaben. Denn trotz aller Möglichkeiten, nicht nur immer mehr Daten zu produzieren, sondern sie auch immer leichter zu verarbeiten, müssen Controller auch künftig Fach- und Führungskräfte dabei unterstützen, Daten und Zahlen nutzbringend aufzubereiten, damit die Sachverhalte, die sich dahinter verbergen, richtig und vollständig beurteilt werden können.

Controller müssen in diesem Zusammenhang dazu beitragen, dass es im Betrieb allgemeingültige Regeln und Rahmenbedingungen gibt, z. B.:

- Welche Standards (z. B. Aufbau von Kennzahlen, Zugriffsregeln, wer darf Werte verändern, Zielwerte) müssen definiert werden und was sind die Auswahlkriterien?
- Wie kann sichergestellt werden, dass alle Mitarbeiter gleiche Kompetenzen im Self-Controlling haben?
- Wie geht man mit „Verweigerern" um, die sich selbst keine Daten holen (wollen)?
- Wie lässt sich sicherstellen, dass Sachverhalte und Kennzahlen richtig interpretiert werden?
- Wie lässt sich sicherstellen, dass es im gesamten Betrieb nur eine „richtige" Version einer Kennzahl oder eines Berichts gibt, wenn z. B. Daten in Echtzeit erhoben werden können und sich permanent ändern?
- Welche externen Daten sollen aus welchen Quellen in welcher Form eingebunden werden?
- Wie lässt sich ein Wildwuchs an Kennzahlen und Berichten vermeiden?
- Wie können Datensicherheit und -schutz gewährleistet werden?
- Wer überprüft in welchen Abständen, ob die Regeln eingehalten werden und ob die Datenbasis weiter konsistent ist?

Wie genau die Rahmenbedingungen im Unternehmen aussehen und geschaffen werden sollen, muss in den Betrieben individuell geklärt werden. Und während der Umsetzung werden immer wieder weitere Fragen auftreten, die man sich zu Beginn nicht gestellt hat, die aber gelöst werden müssen.

Und noch ein Aspekt kommt hinzu: Trotz besserer Qualifikation von Managern und Führungskräften wird sich auch künftig die Frage stellen, ob diesen im schnelllebigen Tagesgeschäft überhaupt ausreichend Zeit bleibt, um sich mit umfassenden Analysen von Ergebnissen zu befassen, selbst nach möglichen Ursachen für Abweichungen zu suchen und sich mit Verursachern auszutauschen und nach Lösungen zu suchen. Genau hier liegt eine weitere Chance des Controllings, sich Führungskräften deutlich stärker als bisher als „betriebswirtschaftliches Gewissen" mit hoher Methoden- und Lösungskompetenz anzubieten. Mit dem Ziel, eine Ergebnisverbesserung in einzelnen Abteilungen, aber auch für den gesamten Betrieb zu erreichen.

Controller müssen dazu weitere Antworten auf u. a. folgende Fragen finden:

- In welchen Fällen können und müssen sie weiter Hilfestellung bieten?
- Wie soll diese konkret aussehen?
- Was muss oder soll gegenüber der heutigen Situation geändert werden?
- Wo genau können sie Manager entlasten, wo unterstützen?
- Ist es hierfür notwendig, sich selbst in Führungsfragen unterschiedlicher Bereiche intensiver einzuarbeiten? Und wenn ja, in welche?
- Sollen oder müssen evtl. Managementaufgaben durch Controller übernommen werden?

- Welche können das sein?
- Wo können Konflikte mit bisherigen „Amtsinhabern" auftreten?
- Wie lassen sich diese lösen?
- Wie können Controller dabei ihre Neutralität bewahren und den Fokus des Gesamtunternehmens im Auge behalten?
- Welche Zusatzqualifikationen sind ggf. erforderlich, um die Aufgaben gut erledigen zu können?

Unterstützungsmöglichkeit am praktischen Beispiel

Ein Beispiel aus der Praxis zeigt einen möglichen Ansatzpunkt: Ein Unternehmen bezahlt den Vertriebsmitarbeitern eine Umsatzprovision von derzeit 2 % vom Nettoumsatz (Umsatz – Umsatzsteuer – Nachlässe – Stornierungen). Zwar ist die Höhe der Provision leicht zu ermitteln. Die Zahlung einer Umsatzprovision führt aber immer wieder dazu, dass Vertriebsmitarbeiter Kunden höhere Rabatte gewähren, als eigentlich in der Kalkulation vorgesehen ist. Damit sinken für das Unternehmen nicht nur die Erlöse, sondern auch die Deckungsbeiträge. Für die Mitarbeiter im Vertrieb ist die Umsatzprovision kaum eine Motivation, hart um Preise zu verhandeln. Denn sie erhalten zwar je Verkauf eine etwas geringere Provision, was aber oft durch eine schon geringe Steigerung der Absatzmengen ausgeglichen werden kann. Was vielen Vertriebsmitarbeitern nicht bewusst ist, sind die Zusammenhänge, eben die Tatsache, dass sinkende Erlöse auch sinkende Deckungsbeiträge und am Ende sinkende Gewinne zur Folge haben und langfristig auch die eigene Arbeit gefährden können.

Hier kann das Controlling stärker als in der Vergangenheit helfen, den Betrieb wieder „auf Kurs zu bringen", indem es nicht nur die Ursachen des Gewinnrückgangs aufdeckt, was künftig leichter möglich sein wird, wenn man im Unternehmen über eine gute und fundierte Datenbasis verfügen kann.

Vielmehr kann sich das Controlling gemeinsam mit Geschäftsleitung und Vertrieb um die Entwicklung neuer Provisionskonzepte kümmern, von denen alle Seiten profitieren: das Unternehmen durch steigende Gewinne und einen steigenden Unternehmenswert, der Vertrieb durch ebenfalls steigende Provisionen. Ein Ansatz, der bei der Erreichung der genannten Ziele helfen kann, ist die Entwicklung und Vorgabe sogenannter EVA-Ziele (EVA = Economic Value Added, übersetzt etwa „Schaffung" (oder Vernichtung) eines unternehmerischen Mehrwerts). Vereinfacht ausgedrückt schafft ein Unternehmen als Ganzes nur dann einen Mehrwert, wenn das EBIT, der Gewinn von Steuern und Zinsen, größer ist als die Kosten, die für das investierte bzw. betriebsnotwendige Kapital entstehen. Belaufen sich die Kapitalkosten z. B. auf 300.000 EUR und beträgt das EBIT 280.000 EUR, vernichtet das Unternehmen Werte in Höhe von 20.000 EUR. Umgekehrt schafft es einen unternehmerischen Mehrwert von 20.000 EUR, wenn das EBIT 320.000 EUR beträgt.

Das EVA-Konzept wurde zwar im Kern als Instrument des Wertmanagements für das Gesamtunternehmen entwickelt. Die Methode lässt sich in modifizierter Form aber auch im Vertrieb anwenden, wenn man Ertrags- und Vermögensbestandteile, die vom Vertrieb direkt beeinflussbar sind, in einem System zusammenführt. Der Vertrieb kann u. a.

folgende Positionen und Bestandteile zumindest weitgehend selbst beeinflussen bzw. die Positionen können relativ einfach zugeordnet werden:

- Umsätze, Rabatte, Stornierungen
- Materialkosten
- Fertigungskosten (u. a. Löhne, Fremdleistungen)
- Gemeinkosten Vertrieb (u. a. Gehälter, Mieten, Kfz)
- Vermögenspositionen (u. a. Forderungen, Vorräte, Anlagevermögen)

Aus den Größen kann dann beispielsweise ein spezifischer Wertbeitrag des Vertriebs wie in Abb. 1.3 zu sehen ermittelt werden.

Der Deckungsbeitrag II ist die Basis, von der aus die Kapitalkosten des Vertriebs abgezogen werden. Der Kapitalkostensatz im Beispiel soll 7 % betragen. Ist der Deckungsbeitrag II höher als die Kapitalkosten, schafft der Vertrieb einen unternehmerischen

EVA - Umsetzungsmöglichkeit im Vertrieb	
A. Berechnung des Deckungsbeitrags	**Werte in Euro**
Brutto-Umsatz	1,20,08,000
- Erlösschmälerungen/Stornierungen	10,20,680
= Nettoumsatz	**1,09,87,320**
- Materialkosten	28,56,703
- Lohn- und Fremdleistungskosten	20,10,680
- Sonstige variable (Fertigungs-)Kosten	1,53,822
= Deckungsbeitrag I	**59,66,115**
Deckungsgrad I	**54.30%**
- Direkt zurechenbare Kosten	
Vertrieb	21,97,464
Service	12,08,605
Andere	3,84,556
= Deckungsbeitrag II	**21,75,489**
Deckungsgrad II	**19.80%**
B. Berechnung des investierten Kapitals	
Direkt zurechenbare Vermögenspositionen	
Forderungen	28,56,703
+ Vorräte	18,67,844
- Verbindlichkeiten L+L	11,53,669
+ Anlagevermögen Vertrieb	3,51,594
= Investiertes Kapital	**39,22,473**
C. Berechnung des Wertbeitrags Vertrieb	
Kapitalkostensatz	7.00%
Deckungsbeitrag II	21,75,489
- Kapitalkosten (investiertes Kapital x Kapitalkostensatz)	2,74,573
= Wertbeitrag Vertrieb (EVA)	**19,00,916**

Auswirkungen auf Prämien	
Prämie Vertrieb auf EVA	12.00%
Prämiensumme EVA	**2,28,110**
Prämie Vertrieb auf Umsatz	2.00%
Prämiensumme Umsatz	**2,19,746**

Abb. 1.3 Beispiel zur Berechnung des EVA für den Vertrieb

Mehrwert. Und auf diesen Mehrwert erhalten die Beschäftigten im Vertrieb eine Prämie. Damit sie mit dem neuen Ansatz mindestens genauso viel verdienen wie mit der Umsatzprovision, muss der Prämiensatz entsprechend höher ausfallen; im Beispiel sind es 12 %.

Da in das Modell vor allem Größen einfließen, die durch den Vertrieb zumindest zu großen Teilen beeinflusst werden können, werden die Vertriebsmitarbeiter in der Regel auch nach Möglichkeiten suchen, wie sie den Mehrwert für das Unternehmen – und damit gleichzeitig ihren eigenen Verdienst – steigern können.

Beispielsweise kann versucht werden, über härtere Preisverhandlungen weniger Rabatte zu gewähren. Es kann zusammen mit anderen Abteilungen nach Wegen gesucht werden, sowohl die variablen als auch die direkten Gemeinkosten des Vertriebs zu senken. Außerdem lässt sich der Mehrwert erhöhen, indem man im Vertrieb darüber nachdenkt, wie sich das im Unternehmen bzw. durch den Vertrieb gebundene Kapital zurückführen lässt, etwa durch den Abbau von Forderungen und Beständen.

Die Abb. 1.4 zeigt exemplarisch, wie sich Mehrwert und Provision erhöhen lassen, wenn Vertrieb und Controlling gemeinsam Maßnahmen umsetzen können.

Das Controlling kann in solchen und ähnlichen Fällen den gesamten Prozess von der Ursachenanalyse über die Aufklärung der Beschäftigten bis hin zur finalen Implementierung eines solchen durchaus komplexen Vorhabens aktiv begleiten und für eine schnelle und reibungsarme Umsetzung sorgen. Denn es müssen nicht nur die richtigen Zahlen

EVA - Umsetzungsmöglichkeit im Vertrieb		
A. Berechnung des Deckungsbeitrags	**Werte in Euro**	
Brutto-Umsatz	1,20,08,000	
- Erlösschmälerungen/Stornierungen	9,60,640	Härtere Preisverhandlungen, weniger Rabatte
= Nettoumsatz	**1,10,47,360**	
- Materialkosten	27,61,840	Kostensenkungen bei variablen Kosten
- Lohn- und Fremdleistungskosten	19,88,525	in Zusammenarbeit mit anderen Abteilungen
- Sonstige variable (Fertigungs-)Kosten	1,54,663	z.B. Einkauf und Produktion
= Deckungsbeitrag I	**61,42,332**	
Deckungsgrad I	**55.60%**	
- Direkt zurechenbare Kosten		
Vertrieb	20,98,998	Eigene Kostensenkungen, z.B. Kfz, Werbung
Service	11,59,973	
Andere	3,86,658	
= Deckungsbeitrag II	**24,96,703**	
Deckungsgrad II	**22.60%**	
B. Berechnung des investierten Kapitals		
Direkt zurechenbare Vermögenspositionen		
Forderungen	25,40,893	Beeinflussung Working-Capital gemeinsam
+ Vorräte	17,67,578	mit Buchhaltung, Einkauf und Produktion
- Verbindlichkeiten L+L	12,15,210	
+ Anlagevermögen Vertrieb	3,31,421	Anschaffung weniger teurer Fahrzeuge
= Investiertes Kapital	**34,24,682**	
C. Berechnung des Wertbeitrags Vertrieb		
Kapitalkostensatz	7.00%	
Deckungsbeitrag II	24,96,703	
- Kapitalkosten (investiertes Kapital x Kapitalkostensatz)	2,39,728	
= Wertbeitrag Vertrieb (EVA)	**22,56,976**	

Auswirkungen auf Prämien	
Prämie Vertrieb auf EVA	12.00%
Prämiensumme EVA	**2,70,837**
Prämie Vertrieb auf Umsatz	2.00%
Prämiensumme Umsatz	**2,20,947**

Abb. 1.4 Verbesserung von EVA und Provisionseinkommen durch Maßnahmenumsetzung

ermittelt und analysiert werden, sondern es ist auch regelmäßig Überzeugungsarbeit zu leisten, da man oft tief in bestehende Strukturen eingreifen und Mitarbeitern klarmachen muss, dass ihnen kein Verlust von Einkommen droht. Außerdem müssen unter Umständen rechtliche Fragen beantwortet werden, wenn das Entgeltsystem umgestellt werden soll. Ist das System eingeführt, kann im nächsten Schritt gemeinsam mit dem Vertrieb nach Möglichkeiten gesucht werden, an den Stellschrauben zu drehen, die zu einer Erhöhung von Mehrwert und Provisionseinkommen beitragen. Und auch hier ist die Unterstützung durch das Controlling wichtig: Denn in einigen Fällen müssen weitere Abteilungen eingebunden werden, ohne die sich Verbesserungen zumindest nicht im grundsätzlich möglichen Umfang realisieren lassen. Beispielsweise werden Rechnungen nicht immer durch den Vertrieb erstellt und auch das Forderungsmanagement ist nicht im Vertrieb ansässig. Zudem können Bestände unmittelbar nur im Fertigwarenbereich, nicht aber im Einkauf oder der Produktion beeinflusst werden.

Controller müssen für Vereinheitlichung von Zielen und Handlungsweisen im Gesamtunternehmen sorgen

Der Fall zeigt auch, dass nicht immer alle Abteilungen zum Wohle des Unternehmens automatisch „an einem Strang ziehen" müssen. Häufig sind die einzelnen Abteilungen und Bereiche eines Unternehmens darauf fokussiert, das zu erreichen, was gut für die eigene Abteilung und deren Mitarbeiter ist. Und die Ziele einzelner Bereiche weichen immer wieder von den Zielen des Unternehmens ab. Hier müssen Controller stärker als bisher die Aufgabe einer „Klammer" übernehmen und dafür Sorge tragen, dass es im Unternehmen eine aufeinander abgestimmte „Zielharmonie" gibt.

Beispiel für fehlende Zielharmonie

Der Einkauf möchte sicherstellen, dass er die Produktion jederzeit mit allen benötigten Materialien versorgen kann. Er ist daher daran interessiert, ausreichende Lagerbestände zur Verfügung zu haben und gleichzeitig die Beschaffungskosten gering zu halten, etwa indem große Mengen mit höheren Nachlässen erworben werden. Um bei den Lieferanten ein gutes Rating zu erreichen, möchte der Einkauf alle Rechnungen möglichst zeitnah, oft vor der eigentlichen Fälligkeit begleichen. Die Ziele des Einkaufs können dazu führen, dass das Unternehmen als Ganzes Probleme bekommt, da z. B. hohe Lagerbestände Kapital binden und Liquidität vernichten. Auch eine frühzeitige Begleichung von Rechnungen führt zu einer sinkenden Liquidität. Besser wäre es, sich gemeinsam mit dem Einkauf und anderen Fachabteilungen zu überlegen, mit welcher Vorgehensweise sich so viele Ziele sowohl auf Unternehmens- als auch Abteilungsebene erreichen lassen.

Die Übersicht in Tab. 1.1 zeigt weitere mögliche Zielkonflikte und ausgewählte negative Auswirkungen auf die Unternehmensziele.

Tab. 1.1 Mögliche innerbetriebliche Zielkonflikte (Auswahl)

Abteilung	Ziel	Ziele der Abteilungen und Bereiche	Mögliche negative Auswirkung auf Unternehmen und Ergebnisse
Einkauf	Niedrige Einkaufs-preise	Große Bestellmengen	Hohe/steigende Bestände
		Hohe Versorgungssicherheit	Geringe Lieferantenverbindlichkeiten
		Niedrige Beschaffungskosten	Hoher Geldabfluss, Belastung von Liquidität und Kennzahlen
		Schnelle Bezahlung der Lieferanten	
		…	
Produktion	Niedrige Produktionskosten	Hohe Maschinenauslastung	Hohe/steigende Bestände an Halbfertig-/Fertigwaren
		Große Lose	Hohe Kapitalbindung
		Geringe Rüstzeiten	Hoher Geldabfluss, Belastung von Liquidität und Kennzahlen
		Geringe Variantenvielfalt	
		…	
Vertrieb/ Service	Umsatz-erhöhung	Hohe Lieferfähigkeit	Hohe/steigende Bestände Fertigwaren
		Hohe Variantenvielfalt/ Servicegüte	Hohe/steigende Bestände Ersatzteile
		Guter Kundenzugang	Lange Forderungslaufzeiten
		„Gute" Zahlungskonditionen für Kunden	Hohe Rabatte/Nachlässe
		…	Spätere und geringere Geldzuflüsse
Logistik/ Transport	Liefertermin-erfüllung	Reibungsloser Transportablauf	Hohe/steigende Bestände an Halbfertig-/Fertigwaren
		Hohe Sicherheitsbestände	Hoher Geldabfluss, Belastung von Liquidität und Kennzahlen
		Zeitpuffer	
		Transport(weg)verbes-serung	
		…	
Finanzen/ Ziele des Gesamt-unternehmens	Gute Bilanz-/ GuV-/Ergebnisdaten	Verbesserung Liquidität/ Rentabilität	
		Verbesserung Kapitalbindung	
		Verbesserung zentraler Kennzahlen	
		Kommunikation mit Geschäftspartnern	
		…	

Businesspartner mit Fokus Strategieentwicklung und -gestaltung

Controlling umfasst auch die strategische Planung und Ausrichtung von Unternehmen. Hier geht es häufig nicht in erster Linie um konkrete Zahlen und Daten, sondern darum, zu entscheiden, wie das Unternehmen in der Zukunft noch erfolgreich sein kann. Beispielsweise müssen Markt-, Kunden- und Wettbewerbsverhalten sowie technologische Änderungen regelmäßig analysiert und überprüft werden. Je nach Analyseergebnissen muss ggf. das eigene Geschäftsmodell in kurzen Abständen verändert und angepasst werden. Auch bei der Frage, wie die Digitalisierungsstrategie für den Gesamtbetrieb und für einzelne Bereiche aussehen soll, sollte sich das Controlling aktiv einbringen. Damit zeichnet sich ab, dass Controlling sich nicht mehr im Kern um das Ausschöpfen von Rationalisierungsmöglichkeiten kümmern muss, sondern darum, neue Potenziale für die Gestaltung künftiger Geschäfte zu identifizieren und zu bewerten. Dabei ist eine hohe Flexibilität aufgrund sich schnell verändernder Rahmenbedingungen notwendig.

In diesem Zusammenhang ist oft zu hören, dass der Controller künftig einen Schwerpunkt als sogenannter Businesspartner übernehmen soll und wird. Dabei soll die Zusammenarbeit zwischen Controllern und Managern intensiviert und die klassische Aufteilung von Verantwortung (Manager) und Herstellung von Transparenz (Controller) zwar nicht aufgehoben, aber stärker miteinander verzahnt werden. Damit versuchen vor allem Controller selbst (u. a. durch Verbände wie den ICV und den IMA in den USA), dem Wunsch vieler Manager zu entsprechen, sie besser und aktiver in betriebswirtschaftlichen Dingen zu unterstützen, zu entlasten und zu ergänzen. Der Wunsch ist u. a. auf fehlende Kapazitäten oder auch fehlendes Fachwissen zurückzuführen. Und noch ein Aspekt kommt hinzu: Controller müssen dazu beitragen, die Organisation des Unternehmens stärker in Richtung Volatilität und Flexibilität auszurichten: Beispielsweise müssen Entscheidungen schneller getroffen, Prognoserechnungen laufend geprüft und geeignete Frühwarnindikatoren gefunden werden, mit denen Unternehmen und Manager arbeiten können.

Da der Begriff noch relativ neu ist und in vielen Unternehmen noch nicht umfassend praktiziert wird, müssen zahlreiche Punkte in den nächsten Jahren geklärt werden, um eine reibungsarme und erfolgreiche Zusammenarbeit zu gestalten. Zu nennen sind insbesondere:

- Definition dessen, was ein Businesspartner überhaupt sein soll, ggf. mit unterschiedlichen Ausgestaltungen und Handlungsoptionen je nach Unternehmen und Branche.
- Noch tieferes „Einsteigen" von Controllern in das Geschäft des Unternehmens, um mit Managern „auf Augenhöhe" kommunizieren zu können.
- Genaue Festlegung der Aufgaben, Rollen und Verantwortlichkeiten beider Seiten.
- Identifikation möglicher Konfliktpotenziale (u. a.: Wie soll mit dem möglichen Vorwurf umgegangen werden, dass Managern etwas „weggenommen" werden soll? Wie kann sichergestellt werden, dass Manager individuell unterstützt werden, u. a. vor dem Hintergrund möglichen unterschiedlichen Fachwissens?).
- Wie sollen Abstimmungen und Abgrenzungen konkret erfolgen?
- Welche Aufgaben sollen Controller möglicherweise abgeben?

- Wie lassen sich Kompetenzen und Wissen von Managern und Controllern optimal vereinbaren?
- Sind Unabhängigkeit, Neutralität, Kritikfähigkeit und Klammerfunktion des Controllers durch die Übernahme von Managementtätigkeiten bedroht?
- Welche Lösungsmöglichkeiten gibt es, damit Controller künftig dennoch autark agieren können?

Die Auswahl von Fragen zeigt, dass die Diskussion durchaus noch offen ist und Details sowie Konkretisierungen wohl erst in den nächsten Jahren erfolgen müssen. Denkbar ist dabei auch, dass Businesspartner je nach den Anforderungen und Wünschen in verschiedenen Unternehmen und Branchen anders betrachtet werden und sich auch hierdurch die Anforderungen an das Qualifikationsprofil von Controllern verändern.

Mögliche weitere Aufgaben- und Arbeitsfelder
Schon heute zeichnen sich weitere potenzielle neue Aufgabenfelder für Controller ab. Nicht nur der internationale Controller Verein (ICV) ist beispielsweise der Ansicht, dass Daten zu einer immer wichtiger werdenden Ressource für die Betriebe werden. Und damit einher geht die Frage, wie sich möglichst viele bzw. unterschiedliche Daten monetär bewerten lassen, wie sie in der Kosten- und Leistungsrechnung berücksichtigt und in Erlöse umgewandelt werden können. Dabei geht es beileibe nicht nur um die Frage, wem man in welcher Form um zusätzliche Informationen angereicherte Adress- oder Kundendaten verkaufen kann. Auch andere Optionen sind möglich, auch wenn hierüber erst noch wenige Firmen nachdenken.

Einige Beispiele und Ideen: Smartphone-Daten werden z. B. schon heute in Echtzeit für eine Verbesserung der Stauprognosen und eine gleichmäßigere Auslastung von Umgehungsstraßen genutzt. Wetterdienste können ihre Daten an den Lebensmitteleinzelhandel verkaufen, damit diese vor allem saisonale Produkte noch genauer bereitstellen können, z. B. Bier und Grillgut an heißen Tagen. Die Daten von Smartmetern können Energielieferanten dazu nutzen, das Angebot besser an die Nachfrage anzupassen. Das Verbraucherverhalten können Einzelhändler an Wirtschaftsauskunfteien weitergeben, die daraus Scoring-Modelle erstellen oder verfeinern. Automobilhersteller können Daten zum Fahrverhalten ihrer Kunden an Versicherungen verkaufen, die hieraus individuellere Angebote erstellen können. Händler können die Preise für ihre Produkte an Tageszeiten oder Wetter anpassen, wenn sie wissen, wann ihre Kunden welche Dinge bevorzugt einkaufen.

Je nach Qualität der Daten werden je Satz schnell zehn bis 15 EUR fällig. Wer also gute und für andere nutzbringende Daten generieren kann, für den entstehen unter Umständen lukrative neue bzw. ergänzende Geschäftsfelder. Unternehmen und Controller müssen sich also immer wieder die Frage stellen, welche Daten sie unter welchen Bedingungen (z. B. Datenschutz, Wettbewerbsverbote) an andere Unternehmen verkaufen können, damit diese ihrerseits Umsätze und Gewinne steigern können.

Auch Produkte und Leistungen, bei denen mit Daten „bezahlt" wird, sind denkbar und müssen geprüft und durchgespielt werden. Und es ist absehbar, dass es andere Kalkulationsverfahren und -möglichkeiten geben wird, die sich z. B. an den Modellen der Kuppelproduktion orientieren. (Wie werden z. B. zu bezahlende Inhalte in der Kalkulation und Preisfindung berücksichtigt, wenn sie auf mehreren Verkaufsplattformen oder unterschiedlichen Medien (Print, Online) angeboten werden sollen, und die Inhalte nur einmal bezahlt werden müssen?)

Wie groß das Potenzial für das Geldverdienen mit Daten ist, zeigt u. a. das Datenwachstum: 2016 wurden weltweit ein Datenvolumen von 16,1 Zettabyte (16.100.000.000 .000.000.000.000) generiert, 2025 sollen es bereits 163 (!) Zettabyte sein. Und das Volumen soll sich etwa alle zwei Jahre verdoppeln, möglicherweise auch noch schneller (vgl. Statista 2018). Zwar handelt es sich hierbei nicht nur um neue Daten und Zahlen. Auch Daten, etwa Fotos oder Videos, die mehrfach kopiert werden, sind enthalten. Dennoch ist das Volumen gigantisch; ebenso das Potenzial für neue Verdienstmöglichkeiten. Und bei der Datenanalyse sowie der Erschließung neuer Geschäftsmöglichkeiten kann und muss das Controlling künftig zwingend aktiv mitarbeiten.

Außerdem zeichnet sich immer mehr ab, dass vor allem große Unternehmen die Digitalisierung auch durch Zukäufe von Start-ups und innovativen kleinen Firmen vorantreiben werden. Damit stellt sich auch die Frage, wie sich diese Start-ups, die unter Umständen über keine „klassischen" Produkte und Geschäftsmodelle verfügen, bewerten und in die Unternehmensorganisation einbinden lassen.

Zusatzqualifikationen und kontinuierliche Weiterbildung sowie Veränderungsbereitschaft immer wichtiger

Controller werden sich künftig auch darauf einrichten müssen, ihre Fähigkeiten und ihr Wissen kontinuierlich auf den Prüfstand zu stellen und sich laufend weiterzubilden. Einige Beispiele

- Wissen um die Möglichkeiten und Anwendung von IT-Systemen
- Besonders wichtig: Der Ausbau der statistischen Kompetenzen, z. B. Regressionsanalysen[3]
- Auf- und Ausbau von Kompetenzen in Statistik, um Ursache-Wirkungs-Zusammenhänge besser erkennen und belegen zu können
- Noch stärkere Kennnisse und Verständnis des eigenen Geschäfts, um Auswirkungen von Veränderungen besser und schneller abschätzen zu können
- Ausbau sozialer und kommunikativer Fähigkeiten, u. a. auch, um das sich verändernde Rollenbild im Unternehmen besser „verkaufen" zu können

---

[3]Modellierung zwischen einer abhängigen und mehreren unabhängigen Variablen, um die Prognosefähigkeit zu verbessern, etwa des Kauf- oder Zahlungsverhaltens von Kunden oder der Clusterung von Kunden nach verschiedenen Faktoren wie Einkommen und Vorlieben, im Kern Nutzung bzw. Anwendung von Predictive Analytics.

Grundsätzlich gilt zudem, dass sich Controller stärker als bisher darauf einlassen müssen, sich und ihr Rollenverständnis mit den bisherigen Denkmustern infrage zu stellen und es bei Bedarf grundlegend zu überarbeiten. Ein wichtiger Punkt dabei ist, dass Controller auch lernen müssen, besser mit Unsicherheiten zu leben und damit richtig umzugehen. Wenn Geschäftsmodelle künftig in immer kürzeren Abständen verändert oder sogar abgelöst werden, steigt nicht nur die Unsicherheit, da die Planbarkeit zurückgeht. Auch der Planungsprozess als solcher muss beschleunigt und schlanker gestaltet werden. Der Aufwand, der für Planung bisher oft betrieben wird, lässt sich dann kaum noch rechtfertigen. Controller werden statt mit relativ genauen Planwerten eher mit Forecast-Größen, Bandbreiten oder Zielkorridoren arbeiten müssen. Auch bei anderen Themen treten im Zusammenhang mit Unsicherheit oder Flexibilität Fragen auf, auf die Controller gemeinsam mit Führungskräften Antworten finden müssen, etwa: Wenn sich z. B. Lebenszyklen permanent verkürzen, wie soll dieser Sachverhalt in die Investitionsrechnung eingehen? Lohnt es sich künftig überhaupt noch, langfristig in Maschinen u. Ä. zu investieren? Wann ist der Zeitpunkt gekommen, das eigene Geschäft zu kannibalisieren, bevor Wettbewerber es tun? (Abb. 1.5).

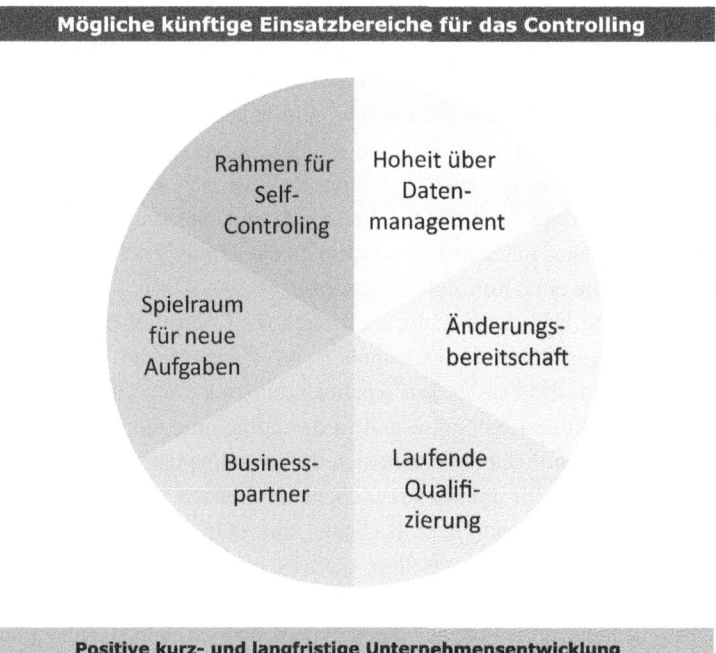

Abb. 1.5 Mögliche künftige Einsatzbereiche für das Controlling

1.4   Fazit und Ausblick

Die Digitalisierung hat das Controlling erreicht. Alle Experten sind sich einig, dass das bisher relativ stabile Arbeitsumfeld des Controllings künftig starken und regelmäßigen Veränderungen unterworfen sein wird. Ausgelöst wird der Veränderungsdruck vor allem dadurch, dass Geschäftsmodelle vieler Unternehmen und Branchen zunehmend disruptiven Veränderungen unterworfen sind, die Lebenszyklen von Produkten und Leistungen immer kürzer werden und die Verfügbarkeit von immer mehr Daten und Zahlen quasi in Echtzeit vorliegen und gleichzeitig automatisch aufbereitet werden.

Das bedeutet für das Controlling, sich in der Folge darauf einzustellen, dass etablierte Aufgaben und Arbeiten entfallen oder sich in der Ausprägung zumindest erheblich verändern werden. So führen z. B. die grundsätzliche Verfügbarkeit von Daten und Zahlen in Echtzeit sowie die Zugriffsmöglichkeit beispielsweise über das Smartphone dazu, dass sich Führungskräfte quasi jederzeit mit den gewünschten Informationen selbst versorgen können (Selbst- oder Self-Controlling).

Nahezu alle Experten gehen im Moment davon aus, dass im Prinzip sämtliche Arbeiten, die auf Zahlen beruhen, die sich mehr oder weniger standardisiert erheben und automatisch verarbeiten lassen, in den meisten größeren Betrieben bereits in wenigen Jahren von Computern erledigt werden. Im Bereich Buchhaltung können z. B. reine Debitoren- und Kreditorenbuchhalter bereits heute zu 100 % durch Computer ersetzt werden. Ähnliches gilt für Controller, die sich überwiegend mit der Zusammenstellung und Verdichtung von Berichten und Kennzahlen befassen. Umgekehrt gilt: Je kreativer und weniger standardisierbar eine Arbeit ist, desto eher wird sie auch in der Zukunft noch von Menschen erledigt. Genau hier liegt die Chance für das Controlling: Es muss sich in Richtung Gestaltung und Entwicklung neuer Konzepte ausrichten, und hier in den Unternehmen gezielt nicht nur bei der Entscheidungsfindung unterstützen, sondern Veränderungen selbst aktiv angehen und Führungskräften helfen, neue Konzepte umzusetzen.

Die Veränderungen bringen aber auch Chancen für Controller. Sie können beispielsweise trotz Self-Controlling die Datenhoheit im Unternehmen behalten, indem sie zunächst dafür sorgen, dass sie es mit einem exzellenten Datenmanagement erst möglich machen, dass richtige Ergebnisse und in der Folge eine sinnvolle Auswertung und Analyse erst möglich sind. Dabei bezieht sich das Datenmanagement nicht nur auf reine Finanzzahlen, sondern auch auf andere Zahlen im Betrieb, die zu Auswertungs- und Analysezwecken benötigt werden, z. B. Daten aus dem Vertrieb und dem Personalbereich. Zudem müssen sie sicherstellen, dass es im Unternehmen Standards für die Nutzung von Berichten, Kennzahlen usw. gibt, damit es jeweils nur eine „wahre" Ausprägung gibt und nicht eine Vielzahl unterschiedlicher Varianten, aus denen sich dann jede Führungskraft die Version herausnimmt, die für die Erreichung ihrer Ziele am geeignetsten scheint.

Die Praxis zeigt zudem, dass gerade die permanente Datenverfügbarkeit Führungskräfte häufig vor das Problem stellt, die Ergebnisse richtig einzuordnen und darauf aufbauend sinnvolle Maßnahmen abzuleiten. Bereits heute sind Manager oft aus unterschiedlichen

Gründen nicht bereit oder in der Lage, die Gründe für eine bestimmte Entwicklung zu hinterfragen und sich um Verbesserungen zu kümmern. Was Controllern wiederum die Möglichkeit bietet, hier stärker bislang als das „betriebswirtschaftliche Gewissen" des Unternehmen zu agieren, und mit allen Beteiligten gemeinsam nach Verbesserungs-möglichkeiten zu suchen. Dazu müssen sich auch Controller noch intensiver mit neuen digitalen Techniken, Anwendungen und Programmen befassen, um diese optimal nutzen zu können.

Darüber hinaus stellt sich für Controller die Frage, welche Aufgaben sie zusätzlich übernehmen oder wo sie sich inhaltlich stärker einbringen können oder müssen als bisher. Zwar ist genau dieser Prozess noch nicht wirklich abgeschlossen und zumindest Teile der Aufgabengestaltung hängen auch von individuellen Vorstellungen und Vorgehensweisen einzelner Unternehmen ab. Dennoch ist absehbar, dass sich das Controlling verstärkt um das Thema Vorantreiben von Innovationen statt wie bisher um Rationalisierungen küm-mern muss. Und nicht zuletzt ist zu erkennen, dass sich Controller grundsätzlich mehr als sogenannte Businesspartner verstehen müssen, die einen Teil der Aufgaben von Managern übernehmen und diese stärker bei der Erledigung ihrer „Kernaufgaben" im Tagesgeschäft unterstützen.

Erste Erfahrungen aus der Praxis und die Ergebnisse aus den laufenden Fachdis-kussionen zeigen aber, dass Businesspartnering für Controller, Controllerinnen und Unternehmer schwierig werden könnte. Denn noch sind viele Fragen nicht geklärt, etwa wie neue Aufgabenfelder definiert werden, wie eine Abgrenzung in der Praxis erfolgen soll oder wie Streitigkeiten um Kompetenzen gelöst werden können.

Zusammenfassend kann gesagt werden, dass aus heutiger Sicht nicht damit gerechnet werden muss, dass Controller überflüssig werden und der Beruf in ein paar Jahren ver-schwunden sein wird. Allerdings müssen Controller, damit sie überleben können, bereit sein, Altes infrage zu stellen, sich ggf. davon zu trennen und neue Herausforderungen anzunehmen, einschließlich regelmäßiger Fortbildungen, um ihre Kompetenzen zu erweitern. Außerdem müssen sie bereit sein, sich von alten Denkmustern zu lösen, und lernen, in Zeiten sich verkürzender Lebenszyklen und zunehmend dynamischeren Ver-änderungen in allen Bereichen mit einem höheren Maß an Unsicherheiten zu leben. Gerade dieser Punkt ist für viele „etablierte" Controller, die mit klassischen Instru-menten wie Planung und Abweichungsanalysen arbeiten, eine echte Herausforderung. Künftig wird Planung wohl in die Richtung gehen, dass eher mit Bandbreiten und Ziel-korridoren als mit konkreten Planwerten gearbeitet werden muss. Außerdem wird das Thema Forecasting, also die regelmäßige Überarbeitung und Anpassung der ursprüng-lichen bisherigen Planung, zunehmend an Bedeutung gewinnen. In Anbetracht der sich abzeichnenden Aufgabenveränderung und der zunehmenden Komplexität der Arbeiten zeichnet sich auch ab, dass Controller ihren Job nicht mehr alleine werden ausführen können; es ist notwendig, sich mehr und auch zusätzliche Kompetenzen in das Team zu holen, z. B. aus dem Bereich Datenanalyse oder Statistik.

Egal, wie das Controlling in einigen Jahren aussehen wird: Controller haben es selbst in der Hand, den Prozess des Wandels und der Veränderung zu gestalten, indem sie aktiv dazu beitragen, nicht nur ihre aktuellen Aufgaben einer laufenden Überprüfung zu unterziehen, und auch darauf achten, dass das eigene Unternehmen seine Hausaufgaben macht und sich entsprechend den Veränderungen an den Märkten ebenfalls regelmäßig anpasst und verändert, um langfristig zu überleben.

Eines jedenfalls ist sicher: Wenn dieses Buch erscheint, haben sich die Rahmenbedingungen und Voraussetzungen zumindest in einigen Fällen wieder geändert, sind neue Diskussions- und Themenfelder hinzugekommen. Denn sicher ist auch, dass sich das Veränderungstempo in den kommenden Jahren ständig weiter erhöhen wird.

Literatur

Bendel, O. (2018). Industrie 4.0. Gabler Wirtschaftslexikon vom 19. Februar 2018. https://wirtschafts-lexikon.gabler.de/definition/industrie-40-54032/version-277087. Zugegriffen: 7. Aug. 2018.
Statista. (2018). Prognose zum Volumen der jährlich generierten digitalen Datenmenge weltweit in den Jahren 2016 und 2025 (in Zettabyte). https://de.statista.com/statistik/daten/studie/267974/umfrage/prognose-zum-weltweit-generierten-datenvolumen/. Zugegriffen: 7. Aug. 2018.
Ziegenbein, K. (2001). *Kompakt-Training Controlling*. Ludwigshafen: Kiehl.

Jörgen Erichsen (Dipl.-Betriebsw.) ist seit 2003 selbstständiger Unternehmensberater. Er hat viele Jahre in leitenden Funktionen im Rechnungswesen von Konzernen gearbeitet, u. a. bei Johnson & Johnson und Deutscher Telekom. Als Autor verfasst er Fachbücher und -artikel rund um Rechnungswesen und Controlling. Als Referent ist er u. a. für folgende Träger tätig: Haufe Verlagsgruppe, IHKn, FOM Hochschule, NWB-Verlag, Bundesverband der Bilanzbuchhalter und Controller (BVBC). Hier leitet er den Arbeitskreis Controlling.

Inhaltliche Neuausrichtung des Rechnungswesens durch Digitalisierung?

2

Analyse von Schnittstellen zwischen Controlling und Accounting

Marcus Bieker

Inhaltsverzeichnis

Zusammenfassung

Vom Big-Data-Konzept und den neuen, innovativen „In Memory"-Technologien werden auch Accounting und Controlling in vielerlei Hinsicht profitieren, etwa durch eine Verbesserung der Entscheidungsqualität aufgrund einer verbreiterten Datenbasis sowie durch eine stärkere Zukunftsorientierung der Daten. Mitunter wird in diesem Zusammenhang auch eine inhaltliche Neuorientierung des internen und externen Rechnungswesens im Sinne eines vollständigen Zusammenwachsens von Controlling und Accounting gefordert. Ziel des Beitrags ist es, diese These kritisch zu überprüfen und anhand ausgewählter Schnittstellen zwischen Accounting und Controlling zu analysieren, ob die Digitalisierung ein neues Fachkonzept in der Unternehmensrechnung erforderlich macht.

M. Bieker (✉)
Bochum, Deutschland
E-Mail: bieker.marcus@t-online.de

© Springer Fachmedien Wiesbaden GmbH, ein Teil von Springer Nature 2019
T. Kümpel et al. (Hrsg.), *Controlling & Innovation 2019,* FOM-Edition,
https://doi.org/10.1007/978-3-658-23474-4_2

2.1   Digitalisierung – die „eierlegende Wollmilchsau" des 21. Jahrhunderts?

Galt noch vor wenigen Jahren die Digitalisierung im Sinne einer intelligenten Vernetzung von Menschen, Maschinen und Informationen „lediglich" als die Welt verändernder „Megatrend", ist im Jahre 2018 die Mehrzahl der Unternehmen längst mit konkreten Projekten dabei, den „Sprung ins digitale Zeitalter" voranzutreiben (vgl. Kieninger und Schimank 2017, S. 3; Kirchmann et al. 2016, S. 26). Insoweit ist auch von einer „digitalen Revolution" die Rede, die die *Digitization of Just About Everything"* mit sich bringe (vgl. Kieninger und Schimank 2017, S. 3). Bereits in wenigen Jahren wird eine umfassende digitale Durchdringung der meisten Unternehmen erwartet. Verfolgt man die aktuelle Diskussion insbesondere aus der Controllingperspektive, so wird geradezu euphorisch von der Digitalisierung der Unternehmenssteuerung geschwärmt, die diverse Paradigmenwechsel mit sich bringe und zu fundamentalen Veränderungen (im Sinne von *Verbesserungen*) der Steuerungsprozessen führen werde (vgl. exemplarisch Kirchmann et al. 2016, S. 34; Leyk et al. 2016, S. 52 f.). Man gewinnt geradezu den Eindruck, die Digitalisierung sei für die Unternehmensrechnung der „ultimative Problemlöser", also eine „eierlegende Wollmilchsau" *par excellence*.

In vielen Beiträgen wird der Fokus dabei allerdings auf technologische Aspekte gelegt, während inhaltliche Überlegungen demgegenüber häufig in den Hintergrund treten bzw. an Nebenschauplätzen thematisiert werden. Insbesondere wird mitunter behauptet, die vollumfängliche Realisierung der digitalen Potenziale mache eine Erweiterung bzw. gar Erneuerung des Fachkonzepts im Sinne einer nach Möglichkeit vollständigen Angleichung von Controlling und Rechnungslegung und insofern eine Neuorientierung bzw. Weiterentwicklung der *Inhalte* der Unternehmensrechnung erforderlich (vgl. exemplarisch Eilers 2016, S. 193; Hofmann et al. 2017, S. 108, 116). Insoweit greift die aktuelle Diskussion zur Digitalisierung der Unternehmenssteuerung die seit Mitte der 1990er-Jahre intensiv geführte (zwischenzeitlich allerdings wieder etwas abgeflachte) Diskussion um eine – mehr oder weniger umfangreiche – Harmonisierung bzw. Konvergenz der Unternehmensrechnung wieder auf.[1] Mitunter wird gar der Eindruck erweckt, allein der Digitalisierung sei es zu verdanken, dass sich nunmehr die allgemeine Einsicht durchgesetzt hat, die betriebswirtschaftlichen Steuerungskonzepte bedürften einer dringenden Überarbeitung bzw. konzeptionellen Neuorientierung (vgl. exemplarisch Hofmann et al. 2017, S. 116). Ziel des vorliegenden Beitrags ist es, diese These kritisch zu überprüfen und anhand ausgewählter Schnittstellen zwischen Accounting und Controlling zu analysieren, ob es tatsächlich eines neuen Fachkonzepts in der Unternehmensrechnung bedarf.

---

[1]Für einen Überblick vgl. Lorson et al. (2013).

2.2 Auswirkungen der Digitalisierung auf Controlling und Rechnungslegung

Nach herrschender Meinung wird die Digitalisierung fundamentale Veränderungen in Steuerungsprozessen, eventuell gar einen Paradigmenwechsel von einer reaktiv-analytischen hin zu einer proaktiv-prognostizierenden Steuerung herbeiführen (vgl. Leyk et al. 2016, S. 52). Kieninger und Schimank (2017, S. 6, 9) identifizieren als wesentliche Charakteristika einer digitalisierten Unternehmenssteuerung

- eine Realtime-Verfügbarkeit modellgenerierter Prognoseinformationen,
- das Treffen automatisierter Entscheidungen auf der Basis quantitativer Modelle,
- eine Ergänzung der periodischen durch eine ereignisorientierte Steuerung sowie
- veränderte Rollen, Qualifikationen und Ressourcenbedarfe in Rechnungslegung und Controlling.

Zwei Treiber sind im Wesentlichen für den zu erwartenden bzw. bereits stattfindenden Paradigmenwechsel verantwortlich: Big-Data-Konzepte und In-Memory-Technologien. Mit Big-Data-Konzepten erfolgt Informationsgewinnung auf der Basis mathematisch-statistischer Modelle aus strukturierten und unstrukturierten Daten (etwa aus sozialen Netzwerken) (vgl. Kirchmann et al. 2016, S. 26 f.; Kieninger und Schimank 2017, S. 5). Zudem sollen sie neue Dimensionen der Informationsversorgung ermöglichen, insbesondere durch (vgl. Kieninger und Schimank 2017, S. 7)

- eine automatisierte Generierung von Forecasts durch Predictive Analytics mit hoher Treffsicherheit in Realtime,
- eine Erhöhung der Validität und der Anzahl automatisierter Entscheidungen durch „Machine Learning"-Konzepte und steigende Datenvolumina,
- die modellbasierte Errechnung von Eintrittswahrscheinlichkeiten anhand statistischer Verfahren anstelle subjektiver Schätzung,
- die Schaffung einer stärker faktenbasierten und qualitativ höherwertigen Entscheidungsbasis aufgrund erhöhter Datenmengen sowie
- die automatisierte Durchsuchung der Datenbestände nach Auffälligkeiten und Korrelationen.

Die Potenziale, die Big-Data-Konzepte für die interne und externe Unternehmensrechnung eröffnen, sind zu vielfältig, um an dieser Stelle detailliert beleuchtet zu werden, liegen aber teilweise auch auf der Hand: Man denke nur an die Erleichterung von Szenario-Analysen oder der Rückstellungsbewertung aufgrund der modellbasierten Kalkulation von Eintrittswahrscheinlichkeiten oder die verbesserten Möglichkeiten der Identifikation von Key Performance Indicators aufgrund der automatisierten Durchsuchung der Datenbestände nach Korrelationen. Zudem ermöglichen automatisierte, digitale Forecasts eine automatisierte Abweichungsanalyse (vgl. Kieninger und Schimank 2017, S. 9).

Als zweiter wesentlicher Treiber für die Fortentwicklung der Unternehmenssteuerung können In-Memory-Technologien (z. B. SAP S/4HANA) bezeichnet werden, die zu einem Redesign der seit Jahrzehnten gewachsenen Enterprise-Ressource-Planning(ERP)- und Business-Intelligence(BI)-Systeme führen werden (vgl. Kieninger und Schimank 2017, S. 6). In-Memory-Datenbanken sind neue Konzepte der Datenbanktechnologie, die mit spaltenorientierter Datenspeicherung, der Speicherung granularer (d. h. unverdichteter) Daten und reduzierten Datenvolumina durch das Entfallen von Aggregationslayern arbeiten (vgl. Eilers 2016, S. 186 f.; Kieninger und Schimank 2017, S. 11). Aufgrund dieser neuen Technologien ist ein Quantensprung in den Antwortzeiten auch komplexer Informationsauswertungen zu erwarten, mit dem Kernziel einer Real-time-Verfügbarkeit von Informationen („Antwortzeit 0") und als direkte Konsequenz enorm beschleunigte und besser fundierte Entscheidungsprozesse (vgl. Kieninger und Schimank 2017, S. 7 f.; Walz et al. 2017, S. 8).

Im Zusammenhang mit der Diskussion der In-Memory-Technologien wird häufig behauptet, eine vollumfängliche Erschließung der Digitalisierungspotenziale erfordere eine „Überarbeitung der betriebswirtschaftlichen Konzeption" (Kieninger und Schimank 2017, S. 7) bzw. gar „ein neues Fachkonzept" (Eilers 2016, S. 193). Hintergrund ist die für In-Memory-Konzepte typische Aufhebung der in klassischen ERP-Systemen üblichen Trennung in ein Buchhaltungs- und ein Controllingsystem (vgl. dazu Walz et al. 2017, S. 9) zugunsten eines als „Universal Journal" bzw. „Universal Ledger" bezeichneten Zweikreissystems im Sinne eines einheitlichen bzw. integrierten Datenpools. Charakteristisch für ein Universal Journal ist, dass es alle relevanten Daten in einer zentralen Tabelle enthält, auf die bei jeder kaufmännischen Transaktion zurückgegriffen wird und die zentral für unterschiedlichste Berichts- und Auswertungszwecke auf allen Managementebenen zur Verfügung steht (vgl. Hofmann et al. 2017, S. 108 f.) und insoweit als „Single Source of Truth" (Walz et al. 2017, S. 10) fungieren soll. Im Klartext wird somit unter der Überarbeitung der betriebswirtschaftlichen Konzeption bzw. der Erweiterung des Fachkonzepts eine (im „Idealfall") vollständige Vereinheitlichung von Accounting und Controlling verstanden, sodass „nur noch eine Wahrheit" (Stellwerk Consulting 2017, S. 21) existiert (vgl. Kirchmann et al. 2016, S. 28; Stellwerk Consulting 2017, S. 25). Buchhaltung und Kostenrechnung wären in dieser Vision integriert und immer konsistent aufeinander abgestimmt, aufwendige Abstimmungen bzw. Überleitungen zwischen beiden Systemen würden der Vergangenheit angehören (vgl. Eilers 2016, S. 186; Stellwerk Consulting 2017, S. 10; Urban 2016, S. 48; Walz et al. 2017, S. 13). Auch für die Performancemessung wird eine völlige Identität interner und externer Kennzahlen als Vision formuliert (vgl. z. B. Urban 2016, S. 39).

Dabei müsste de facto das externe Rechnungswesen aufgrund der auch weiterhin zwingend zu erfüllenden gesetzlichen Vorgaben als Basiskonzept fungieren, dem sich das interne Rechnungswesen möglichst eng bzw. im vermeintlichen Idealfall vollständig anzunähern hätte (vgl. Grönke und Ahr 2017, S. 137), etwa durch die vollständige Abschaffung kalkulatorischer Kosten (vgl. z. B. Eilers 2016, S. 188) und die

Angleichung von bislang bestehenden systematischen Differenzen zwischen beiden Berichtswelten.

Nachfolgend sollen für ausgewählte, inhaltlich besonders bedeutsame Schnittstellen zwischen Accounting und Controlling die Vorteile beleuchtet werden, die aufgrund der Digitalisierung gegenüber dem Status quo zu erwarten sind; insbesondere soll in diesem Zusammenhang aber analysiert werden, inwiefern für diese Problembereiche tatsächlich eine „Single Version of Truth" jenseits der technologischen Möglichkeiten existiert.

2.3 Ausgewählte Schnittstellen zwischen Accounting und Controlling

2.3.1 Kalkulatorische Kosten

Ohne an dieser Stelle die fein verästelte und seit Jahrzehnten geführte Diskussion darüber nachzeichnen zu können, für welche Unternehmen unter welchen Rahmenbedingungen und für welche Auswertungszwecke die Verrechnung kalkulatorischer Kosten als zweckmäßig erachtet werden kann, dient die Verrechnung kalkulatorischer Wertansätze im Sinne von Anders- und/oder Zusatzkosten insbesondere folgenden Zielen bzw. Zwecken (vgl. Deimel et al. 2006, S. 116 f.):

- Erstellung einer Kalkulation, die den Ressourcenverbrauch möglichst zutreffend widerspiegelt, um „zu günstige" und damit nicht kostendeckende Kalkulationen zu vermeiden,
- Erzielung eines Finanzierungseffekts,
- Herstellung einer Vergleichbarkeit von Unternehmen mit unterschiedlichen Eigentumsstrukturen.

Die Zweckmäßigkeit der Verrechnung kalkulatorischer Wertansätze ist im Laufe der Zeit – in größerem Stil letztmalig im Zuge der Diskussion um die Harmonisierung von internem und externem Rechnungswesen ab Mitte der 1990er-Jahre (vgl. dazu exemplarisch Horsch 2015, S. 86–88 m. w. N.) – immer wieder infrage gestellt worden. Nach dem Motto „Totgesagte leben länger" belegen Studien der jüngeren Vergangenheit allerdings, dass sich kalkulatorische Kosten nach wie vor größter Beliebtheit in der Unternehmenspraxis erfreuen, was allein schon vor dem Hintergrund der Freiwilligkeit ihrer Verrechnung als Beleg ihrer Zweckmäßigkeit dienen mag. Laut einer kürzlich vorgelegten Studie von Horsch (2015, S. 80, 83) verrechnen beispielsweise knapp 70 % der befragten Unternehmen kalkulatorische Zinsen und immerhin rund 50 % kalkulatorische Wagnisse. Die deutlich geringere Verbreitung der Verrechnung kalkulatorischer Unternehmerlöhne ist demgegenüber offenbar dem Umstand geschuldet, dass diese nicht für alle Unternehmen, sondern nur für Einzelunternehmen und Personengesellschaften zweckmäßig ist.

Nicht nur vor dem Hintergrund der vergleichsweise niedrigen Fremdkapitalkosten der jüngeren Vergangenheit kann die sehr weite Verbreitung der Verrechnung kalkulatorischer Eigenkapitalzinsen demgegenüber kaum überraschen: Schließlich besteht der Zweck der Verrechnung kalkulatorischer (Eigenkapital-)Zinsen auf das betriebsnotwendige Kapital in der vollständigen Erfassung der Renditeerwartungen *aller* Investoren, die die externe Gewinn- und Verlustrechnung aufgrund ihrer pagatorischen Prägung nicht leisten kann (vgl. exemplarisch Horsch 2015, S. 76 f.).

Die vollen gewichteten Kapitalkosten – meist in Form des WACC als durchschnittliche Mindestrenditeforderung aller Kapitalgeber – stellen zudem in auf wertorientierter Steuerung basierenden Controllingsystemen den Dreh- und Angelpunkt der Performancemessung dar, wird doch letztlich ausschließlich an ihnen die Wertsteigerung oder -minderung eines Unternehmens und damit die Leistung des agierenden Managements beurteilt (vgl. Baum et al. 2013, S. 322 f.; Deimel et al. 2006, S. 130). Dies spiegelt sich auch in dem Umstand wider, dass kalkulatorische Eigenkapitalkosten integraler Bestandteil sämtlicher wertorientierter Kennzahlen sind, egal ob die Wertänderung gewinnbasiert (etwa bei ROCE und EVA) oder cashflowbasiert (etwa bei CFROI und CVA) ermittelt wird (vgl. dazu ausführlich Coenenberg et al. 2016, Kap. 20 m. w. N.; Weber und Schäffer 2016, S. 183–195). Werden keine kalkulatorischen Eigenkapitalkosten verrechnet, ist somit eine wertorientierte Steuerung im genannten Sinne kaum denkbar. Umgekehrt verhindert – von Dividenden abgesehen – die fehlende pagatorische Wirkung – wie bereits erörtert – eine Verrechnung von Eigenkapitalkosten im Accounting. Eine vollständige Angleichung von Controlling und Accounting würde demzufolge nur im Wege einer – offenbar zweckwidrigen – ersatzlosen Streichung der Verrechnung von Eigenkapitalkosten möglich sein.

Der bereits angesprochene Finanzierungseffekt kalkulatorischer Kosten soll insbesondere durch die Verrechnung kalkulatorischer Abschreibungen auf Wiederbeschaffungskostenbasis erzielt werden. Wiederbeschaffungskostenbasierte Abschreibungen folgen bekanntermaßen dem Konzept der substanziellen Kapitalerhaltung, d. h. über die Berücksichtigung der nicht auszahlungswirksamen Abschreibungen in der Preiskalkulation verdient das Unternehmen über die Umsatzerlöse Liquidität in einer Höhe, die den für eine Neuanschaffung erforderlichen Wiederbeschaffungskosten entspricht (vgl. ausführlich z. B. Deimel et al. 2006, S. 120–122). Zudem wird der Abschreibung in der Kostenrechnung üblicherweise die tatsächliche Nutzungsdauer anstelle der steuerlich in den AfA-Tabellen normierten Nutzungsdauer zugrunde gelegt (vgl. z. B. Coenenberg et al. 2016, S. 91 f.).

Mit dem Verweis auf die steigende Verbreitung von IFRS-Abschlüssen, denen häufig zugesprochen wird, sie beruhten zwar nicht ausschließlich, aber doch in erheblichem Umfang auf dem Fair-Value-Prinzip (vgl. etwa Buchholz 2014, S. 107 f.), wird mitunter der Eindruck erweckt, eine Verrechnung von Abschreibungen auf Wiederbeschaffungskostenbasis werde zunehmend redundant, wobei Wiederbeschaffungskosten als eine mögliche Ausprägung des Fair Values (neben Veräußerungs- bzw. Erfüllungs- und selbst berechneten Barwerten) betrachtet werden könnten (vgl. in diesem Zusammenhang z. B. Horsch 2015, S. 86–88 m. w. N.). Mit anderen Worten: Da nach IFRS die

Abschreibungen ohnehin weitgehend auf Fair-Value-Basis vorgenommen würden, sei eine Neuberechnung der Abschreibungen im Sinne von kalkulatorischen (Anders-)Kosten obsolet. Eine solche Argumentation würde allerdings aus zwei Gründen zu kurz greifen:

1. Auf Einzelabschlussebene kann nach wie vor kein deutsches Unternehmen auf die Rechnungslegung nach HGB verzichten, die keine Abschreibungen auf Wiederbeschaffungskostenbasis kennt, weil ein Wahlrecht zur Anwendung der IFRS dort nur für die Erfüllung der Offenlegungspflichten gilt, nicht allerdings für die Steuer- und Ausschüttungsbemessung. Die verpflichtende Anwendung der IFRS beschränkt sich demgegenüber immer noch und bis auf Weiteres auf Konzernabschlüsse kapitalmarktorientierter Unternehmen (§§ 315e, 325 Abs. 2a HGB).
2. Der Verbreitungsgrad Fair-Value-basierter, planmäßiger Abschreibungen in IFRS-Abschlüssen darf nicht überschätzt werden. Jenseits der finanziellen Unternehmenssphäre kommen Fair Values bislang nämlich nur punktuell, in der Regel wahlweise und/oder unter sehr restriktiven Voraussetzungen zum Einsatz: Für Sachanlagen sind eine turnusmäßige Neubewertung und die damit einhergehende planmäßige Abschreibung auf Wiederbeschaffungskostenbasis nämlich nur wahlrechtlich vorgesehen (IAS 16.29). Das Gleiche gilt für immaterielle Vermögenswerte, wobei hier die zusätzliche Voraussetzung des Vorliegens eines aktiven Marktes (IAS 38.72, 75) eine Fair-Value-Bewertung fast gänzlich unmöglich macht. Die Gründe dafür, dass die viel gehypte und ebenfalls häufig als Paradigmenwechsel bezeichnete (vgl. z. B. Bieker 2006, S. 6) Fair-Value-Orientierung der IFRS bislang auf halbem Wege stehen geblieben ist, können an dieser Stelle nicht vollumfänglich beleuchtet werden; das mit Widersprüchen und Inkonsistenzen gespickte Rahmenkonzept, das vor allem unter dem nicht lösbaren Konflikt zwischen Relevance (Entscheidungsrelevanz) und Reliability (Verlässlichkeit) gelitten hat (vgl. Bieker 2006, S. 69–72), war für die bisherige Fortentwicklung der IFRS im Hinblick auf ihre konzeptionelle Geschlossenheit allerdings sicher nicht sehr hilfreich.

2.3.2 Goodwill

Als „Goodwill" bzw. „Geschäfts- oder Firmenwert" bezeichnete und sowohl in HGB- als auch IFRS-Abschlüssen aktivierungspflichtige Kaufpreisdifferenzen zwischen gesamt- und einzelbewertungsbasierten Wertansätzen stellen in Anbetracht ihres üblichen Umfangs (vgl. dazu etwa Streim und Bieker 2009, S. N2–N3) sowie der Komplexität und Ermessensabhängigkeit ihrer Bewertung eines der zentralen Bilanzierungsprobleme der jüngeren Vergangenheit dar. Insbesondere die international einschlägige Goodwill-Bewertung dient häufig als Musterbeispiel für eine steigende Angleichung von internem und externem Rechnungswesen. Hintergrund hierfür ist die Konzeption der Werthaltigkeitsprüfung zur Bemessung einer eventuell vorzunehmenden außerplanmäßigen Goodwill-Abschreibung, die an mehreren Stellen typische Charakteristika interner

Kalkülstrukturen aufweist und insoweit Konvergenzpotenziale zwischen Accounting und Controlling eröffnet (vgl. ausführlich Schumann 2008, S. 318 ff.).

Nach Auffassung des IASB ist ein erworbener Goodwill als Vermögenswert mit einer unbestimmbaren Nutzungsdauer anzusehen und in der Postakquisitionsphase dementsprechend bekanntermaßen nicht planmäßig abzuschreiben, sondern einzig im Falle einer Wertminderung (Impairment) durch eine außerplanmäßige Abschreibung zu verringern (sogenannter Impairment Only Approach). Die Feststellung und Quantifizierung eines eventuellen Wertberichtigungsbedarfs erfolgt auf Basis eines in IAS 36 kodifizierten Werthaltigkeitstests (IFRS 3.B63 (a)), dessen Gegenstand nicht der bilanziell ausgewiesene Goodwill auf Gesamtunternehmensebene, sondern auf operative Berichtseinheiten (sogenannte Cash Generating Units[2], IAS 36.80) verteilte Teilgoodwills sind. Insofern erfolgt die Folgebewertung des Goodwills losgelöst von der ansonsten die externe Rechnungslegung dominierenden Einzelbewertung auf vermögenswertübergreifender Bereichsebene und weist somit typische Charakteristika interner Rechenwerke auf.

Im Hinblick auf die Häufigkeit der Testdurchführung ist zu berücksichtigen, dass der Bilanzaufsteller nach IAS 36 verpflichtet wird, den erworbenen Goodwill im Rahmen der Folgebilanzierung sowohl turnusmäßig einmal im Jahr als auch in Abhängigkeit vom Vorliegen bestimmter testauslösender, unternehmensinterner und -externer, auf eine eventuelle Wertminderung hindeutende Anhaltspunkte (vgl. IAS 36.9, 12)[3] (Triggering Events) anlassbezogen auf eine etwaige Wertminderung hin zu überprüfen (IAS 36.90).

Der goodwillbezogene Werthaltigkeitstest besteht aus dem Vergleich des erzielbaren Betrags einer CGU[4] mit ihrem Eigenkapital auf Buchwertbasis inklusive Goodwill (IAS 36.90). Der erzielbare Betrag ist in diesem Zusammenhang definiert als höherer Betrag von beizulegendem Zeitwert abzüglich Veräußerungskosten und Nutzungswert einer CGU. Unter dem beizulegenden Zeitwert abzüglich Veräußerungskosten wird dabei der Betrag verstanden, der durch den Verkauf der CGU in einer Transaktion zu Marktbedingungen zwischen sachverständigen, vertragswilligen Parteien nach Abzug der Veräußerungskosten erzielt werden könnte (IAS 36.6).

---

[2]Im Weiteren als CGU abgekürzt. Zur Definition einer CGU und zur Allokation des Goodwill auf einzelne CGU siehe exemplarisch Bieker und Esser (2004, S. 453 f.).

[3]Zu den Anhaltspunkten aus unternehmensexternen Informationsquellen zählen etwa nachteilige Veränderungen des technischen, marktbezogenen, ökonomischen oder rechtlichen Umfelds sowie Steigerungen von Marktzinssätzen oder anderen Marktrenditen, die sich in einem verminderten Nutzungswert in Folge eines höheren unternehmensspezifischen Kapitalkostensatzes niederschlagen. Als Beispiel für einen Indikator aus unternehmensinterner Quelle seien erwartete negative Konsequenzen genannt, die sich beispielsweise aufgrund einer geplanten Einstellung oder Restrukturierung des zum betrachteten Vermögenswert gehörenden Bereichs ergeben.

[4]Zur Bestimmung des erzielbaren Betrags einer CGU vgl. ausführlich Bieker und Esser (2004, S. 454–456 m. w. N.).

Der unter dem Aspekt der Harmonisierung von Controlling und Accounting interessantere Nutzungswert wird schätzungsweise kalkuliert als Barwert der erwarteten, aus einer CGU generierbaren zukünftigen Cashflows (IAS 36.6). Zu seiner Bestimmung sind zunächst die aus der Nutzung und dem Verkauf der CGU erzielbaren Netto-Cashflows zu schätzen, die dann unter Anwendung eines angemessenen Kalkulationszinsfußes auf den Bewertungsstichtag zu diskontieren sind (IAS 36.31). Abgesehen von seiner Bereichsbezogenheit weist der Goodwill Impairment Test somit im Rahmen der barwertbasierten Kalkulation des Nutzungswerts ein weiteres typisches Merkmal von Kalkülen des internen Rechnungswesens auf.

Stellt sich heraus, dass der erzielbare Betrag dem Eigenkapital entspricht bzw. das Eigenkapital übersteigt, so gilt der bisher bilanzierte Goodwill in vollem Umfang als werthaltig. In den Fällen, in denen der erzielbare Betrag den Buchwert des Eigenkapitals unterschreitet, besteht dagegen grundsätzlich die Notwendigkeit zur Vornahme einer Goodwill-Abschreibung in Höhe des Unterschiedsbetrags der verglichenen Größen. Zeigt sich im Rahmen des Werthaltigkeitstests, dass der bisherige Buchwert des Goodwills geringer als der Unterschiedsbetrag aus dem Buchwert des Eigenkapitals und dem erzielbarem Betrag der CGU ist, so sind zusätzlich zur vollständigen Abschreibung des Goodwills Wertberichtigungen im Bereich des identifizierbaren Vermögens vorzunehmen (IAS 36.104).

Die Vorteile digitaler Forecasts werden sich selbstverständlich auch auf die Kalkulation von Nutzungswerten im Rahmen des Goodwill Impairment Tests erstrecken, d. h., in Zukunft werden die Nutzungswerte automatisiert und in Realtime berechnet und permanent überwacht, wodurch eventuelle Wertminderungen zeitnäher identifiziert und drohende Goodwill-Abschreibungen somit im Sinne eines Frühwarnsystems rechtzeitiger erkannt werden können.

Als ein wirklich fundamentaler Fortschritt im Hinblick auf eine Entschärfung der Problematik der Goodwill-Bilanzierung nach IFRS, die vor allem darin besteht, dass die bilanzierenden Unternehmen die Möglichkeit zur subjektiven Schätzung im Rahmen der Nutzungswertkalkulation als Gelegenheit zu „zielorientiertem Rechnen" missverstehen und sich auf diesem Wege die Zukunft schönrechnen (vgl. exemplarisch Fockenbrock und Metzger 2010), kann dies jedoch nicht betrachtet werden. Auslöser des Anreizes zu zielorientiertem Rechnen ist die Strategie der unbedingten Vermeidung einer eventuellen Goodwill-Abschreibung, wäre diese doch als managementseitiges Eingeständnis einer Fehlinvestition („Overpayment"-Problematik, vgl. dazu ausführlich Streim und Bieker 2009, S. N7–N8 m. w. N.) zu werten. Goodwill-Abschreibungen nach IFRS sind jedoch nach wie vor die Ausnahme, weswegen in Anbetracht der fehlenden planmäßigen Abschreibungen auch von einer „gefährlichen Bewertungsblase" (Fockenbrock und Metzger 2010) die Rede ist.

Gegen diese Bewertungsblase kann auch die Digitalisierung nichts ausrichten, die ansonsten – wie bereits erörtert – gern automatisierte Forecasts mit hoher Treffsicherheit in Realtime in Aussicht stellt. Das Problem liegt nämlich weder in einer nicht treffsicheren noch in einer zu langsamen Informationsverarbeitung, sondern darin, dass kein

Anreiz zu einer manipulationsfreien Rechnung besteht und die IFRS-Regeln massivste Ermessensspielräume eröffnen, was aber nur durch eine Neufassung der entsprechenden Vorschriften verbessert werden kann. Die Digitalisierung ermöglicht an dieser Stelle „bestenfalls" eine nicht im Interesse der Rechnungslegungsadressaten liegende, frühzeitigere „Anpassung" der Parameter zur Erzielung des gewünschten Ergebnisses, d. h. der unbedingten Vermeidung von Goodwill-Abschreibungen.

2.3.3   Segmentberichterstattung

Bilanz, Gewinn- und Verlustrechnung, Kapitalflussrechnung und Anhang stellen den Rechnungslegungsadressaten insbesondere bei diversifizierten Unternehmen nur sehr beschränkt Informationen über die Lage der einzelnen Geschäftsbereiche zur Verfügung. Diesen Mangel von konsolidierten Abschlüssen, die lediglich Informationen über die Vermögens-, Finanz- und Ertragslage des Gesamtkonzerns vermitteln, soll die Segmentberichterstattung beheben, indem sie disaggregierte Informationen auf der Ebene einzelner Segmente bereitstellt und somit den Adressaten eine bessere Einschätzung der Risiken und Chancen und somit der Erfolgsaussichten einzelner Unternehmensbereiche ermöglicht (vgl. Ernstberger und Bieker 2011). Als Geschäftssegment wird dabei jeder Unternehmensbestandteil verstanden,

- der Geschäftstätigkeiten betreibt, mit denen Umsatzerlöse generiert werden und bei denen Aufwendungen anfallen können,
- dessen Betriebsergebnisse zwecks Ressourcenallokation und Messung der Ertragskraft managementseitig regelmäßig überprüft werden und
- für den separate Finanzinformationen vorliegen (IFRS 8.5).

Wesentliches Charakteristikum des Segmentberichts nach IFRS 8 ist der konsequent verfolgte Managementansatz (Management Approach).[5] Dieser sieht eine Segmentberichterstattung aus der Perspektive der Unternehmensleitung vor, deren Struktur an der internen Organisations- und Berichtsstruktur anknüpfen muss bzw. diejenigen Kennzahlen berichtet, die auch unternehmensintern zur Steuerung verwendet werden. Ziel des Management Approachs ist eine Stärkung der Entscheidungsnützlichkeit der Rechnungslegung durch Bereitstellung von Informationen, auf die sich das Management bei Handlungsempfehlungen und im Rahmen der Performancemessung stützt. Insofern zeigt sich auch hier eine deutliche Schnittstelle zwischen Accounting und Controlling.

Auch die konkreten Wertansätze im Segmentbericht orientieren sich am Management Approach, d. h., im Segmentbericht sind diejenigen Größen auszuweisen, die intern für Entscheidungszwecke über die segmentbezogene Allokation von Ressourcen und zur

---

[5]Vgl. zum Management Approach ausführlich Grottke und Krammer (2008).

Performancebeurteilung verwendet werden (IFRS 8.25). Dies gilt auch für im Segmentbericht ausgewiesene Ergebnisgrößen (z. B. Betriebsergebnis inklusive kalkulatorischer
Kosten, Deckungsbeitrag oder Cashflow statt gesetzlich normiertem Jahresüberschuss)
(vgl. Baetge und Haenelt 2008, S. 46; Grottke und Krammer 2008, S. 672). Im Ergebnis
determiniert die interne Berichterstattung somit sowohl die Struktur des Segmentberichts
als auch Ansatz und Bewertung der darin enthaltenen Größen.

Grundsätzlich sind durch die Anwendung innovativer Datenbanktechnologien massive
Erleichterungen und Verbesserungen im Hinblick auf folgende Aspekte zu erwarten:

- die Technik der Disaggregation der im Konzernabschluss enthaltenen Informationen
  sowie
- die Erstellung der umfangreichen Überleitungsrechnungen, die IFRS 8 zum besseren
  Verständnis des Zusammenhangs zwischen den Segmentdaten und den korrespondierenden Posten der IFRS-Konzernbilanz und -GuV verlangt (vgl. IFRS 8.28).

Dem vermeintlichen Trend einer Vereinheitlichung interner und externer Rechenwerke folgt die Segmentberichterstattung nach IFRS 8 allerdings offenbar nicht, weil
der konsequent verfolgte Management Approach systematische Abweichungen zwischen den anzugebenden Segmentinformationen einerseits (die vollumfänglich durch
die interne Berichterstattung determiniert sind), und den in Konzernbilanz und -GuV
enthaltenen Informationen andererseits (die keine den Standards widersprechenden
internen Wertansätze enthalten dürfen), zur Folge hat. Zudem scheint das IASB die
potenzielle Zweckmäßigkeit voneinander abweichender interner und externer Zahlen erkannt zu haben, hält es doch den Ausweis ggf. „inkonsistenter" Zahlen offenbar
für entscheidungsnützlicher als einen Segmentbericht, der zwingend auf ausschließlich
externen und somit im Sinne der Rechnungslegung „einheitlichen" Zahlen beruht.

2.3.4 Kennzahlen und Kennzahlensysteme

Folgt man der Prämisse, dass die Aussagekraft einer Kennzahl jenseits konzeptionell-de-
duktiv geprägter Überlegungen auch anhand ihrer empirischen Relevanz beurteilt
werden kann, dann eröffnet die Digitalisierung durch die Verarbeitung größerer Datenmengen, Big-Data-Ansätze und den stärkeren Einbezug mathematisch-statistischer
Methoden erhebliche Potenziale, können doch Kennzahlen hierdurch zukünftig weit-
aus häufiger und regelmäßiger auf ihre empirische Relevanz überprüft werden als bisher (vgl. Kirchmann et al. 2016, S. 28), wodurch eventuell die Identifizierung neuer Key
Performance Indicators (KPIs) möglich wird (vgl. Leyk et al. 2016, S. 60). Insoweit ist
eine sukzessive Ablösung der eher starren Kennzahlenmodelle des „klassischen" Reportings durch stärker zukunftsorientierte Kennzahlen auf der Basis flexibler Datenmodelle
und statistischer Methoden zu erwarten (vgl. Grönke und Ahr 2017, S. 136). Zudem
kann jede beliebige Kennzahl künftig noch stärker als bisher in multiplen Auswertungs-
dimensionen und in Real-Time zur Verfügung gestellt werden.

Des Weiteren können die bislang meist auf logisch-deduktivem Wege und mit erheblichem Ressourceneinsatz abgeleiteten Ursache-Wirkungs-Beziehungen, die beispielsweise als Grundlage der Konzeption von Strategy Maps in Balanced-Scorecard-Modellen fungieren (vgl. dazu exemplarisch Weber und Schäffer 2016, S. 200–204 m. w. N.), durch Big-Data-basierte quantitativ-statistische Verfahren künftig automatisiert und somit erheblich schneller, kostengünstiger und treffsicherer als bisher ermittelt und zudem kontinuierlich auf Validität überprüft werden (vgl. Leyk et al. 2016, S. 53).

Der Vision einer vollständigen Vereinheitlichung interner und externer Kennzahlen stehen jedoch gewichtige faktische Argumente entgegen, weil für die externe Kennzahlenanalyse eine Bilanz- bzw. Gewinnorientierung typisch bzw. in Anbetracht der extern zur Verfügung stehenden Daten letztlich unausweichlich ist, während sich die interne Performancemessung häufiger an Barwertkalkülen orientiert, die zudem regelmäßig auf vermögenswertübergreifender Ebene ansetzen (Bereichs- bzw. Unternehmenswerte).

2.4 Erfordert Digitalisierung eine inhaltliche Neuausrichtung des Rechnungswesens?

Verfolgt man die geradezu euphorisch geführten Diskussionen der jüngeren Vergangenheit in Wissenschaft und Unternehmenspraxis, hat man das Gefühl, bei der Digitalisierung handle es sich um die „eierlegende Wollmilchsau" des 21. Jahrhunderts. Zweifelsohne werden sowohl das Big-Data-Konzept als auch die In-Memory-Technologie multiple Vorteile für das Rechnungswesen mit sich bringen. Die zu erwartenden Vorteile konnten in diesem Beitrag nur ansatzweise beleuchtet werden, im Wesentlichen werden Controlling und Accounting aber profitieren aufgrund von (vgl. Horváth und Partners 2016; Leyk et al. 2016, S. 59)

- Effizienzsteigerungen durch schnellere Zugriffs- und Verarbeitungszeiten,
- Verbesserungen der Entscheidungsqualität durch eine Verbreiterung der Informationsbasis und eine schnellere Aufbereitung der Daten,
- stärkerer Zukunftsorientierung des Zahlenwerks durch den Einsatz von Predictive Analytics,
- Automatisierungen z. B. bei Forecasts, im Rahmen der Planung und beim Treffen von Routineentscheidungen sowie
- der intensiveren Nutzung von Simulationen und Szenarien aufgrund einer automatisierten Erstellung von Best-Case- oder Worst-Case-Szenarien inklusive ihrer Eintrittswahrscheinlichkeiten.

Freilich ist es auch von großem Vorteil, wenn Controller und Mitarbeiter des externen Rechnungswesens in Zukunft dank der innovativen In-Memory-Technologie auf einen von Inkonsistenzen und Widersprüchen befreiten Datenpool Zugriff haben und insofern ein logischer Datenhaushalt geschaffen wird (vgl. Hofmann et al. 2017, S. 116). Sehr kritisch ist es allerdings zu sehen, wenn zur vollumfänglichen Realisierung der technologischen Potenziale – und nicht etwa aus inhaltlichen Überlegungen heraus – ein vollständiges Zusammenwachsen von Controlling und Accounting gefordert wird. Mit anderen Worten: Die technischen Möglichkeiten sollen in Zukunft auch den *Inhalt* der Unternehmensrechnung diktieren bzw. determinieren.

Genau in diesem Punkt sind nämlich erhebliche Zweifel angebracht, die eigentlich einen Aufschrei der betriebswirtschaftlichen Fachvertreter auslösen müssten: Eine undifferenzierte Übernahme der erörterten „Universal Journal"-Konzeption könnte zu einer verminderten Differenzierung des Zahlenwerks der Unternehmensrechnung dahin gehend führen, dass divergierenden Zwecken nicht mehr hinreichend Rechnung getragen wird. Die propagierte „Weiterentwicklung" des Rechnungswesens könnte sich im Digitalisierungskontext somit auf eine möglichst weitgehende Standardisierung und Harmonisierung zwischen internem und externem Rechnungswesen konzentrieren bzw. reduzieren und damit einen Relaunch der bereits seit Mitte der 90er-Jahre des letzten Jahrhunderts geführten Diskussion um eine Angleichung der verschiedenen Zweige des Rechnungswesens einleiten.

Insbesondere kalkulatorische Kosten könnten sich vor diesem Hintergrund als potenzielle „Opfer" der Digitalisierung erweisen. Weil in einem Universal Journal zudem stets das externe Rechnungswesen – sei es nach HGB oder nach IFRS – als Basiskonzept verwendet werden muss, da zuallererst die gesetzlichen Anforderungen der Unternehmensrechnung zu erfüllen sind, wäre bei einer entsprechenden Umsetzung ein genereller Bedeutungsverlust der Kostenrechnung im klassischen Sinne unvermeidlich.

Wer vorschnell urteilt, mit diesem Bedeutungsverlust könne man gut leben, da die in der „Old Economy" entstandene klassische Kostenrechnung sich ohnehin mit dem Übergang in die neuen Geschäftsmodelle schwer tue – beispielsweise steckt die Kostenrechnung für Dienstleistungsunternehmen vergleichsweise immer noch in den Kinderschuhen –, übersieht, dass das „Grundgesetz" des Rechnungswesens.

▶   „Der Rechnungszweck bestimmt den Rechnungsinhalt."

auch in Zeiten der Digitalisierung Gültigkeit besitzt. Dass es in Zeiten geprägt wurde, als von Digitalisierung noch keine Rede war, schränkt seine Richtigkeit nicht ein.

Einer vollumfänglichen Vereinheitlichung von internem und externem Rechnungswesen, wie sie insbesondere von den Anbietern innovativer Datenbanktechnologien forciert wird, sind somit so lange faktische Grenzen gesetzt, wie beide Systeme abweichende Zwecke verfolgen. Die häufig beklagte Datenheterogenität zwischen beiden Berichtswelten ist nämlich häufig weniger ein Ausdruck fehlender Konsistenz, sondern vielmehr den abweichenden Rechnungszwecken geschuldet.

Beispielsweise bedingt bereits im Accounting eine Ausrichtung an der Ausschüttungsbemessungsfunktion gänzlich andere Ansatz- und Bewertungsvorschriften als eine Ausrichtung an der Informationsfunktion, wie etwa der zentrale Stellenwert des Vorsichtsprinzips im HGB im Vergleich zur bestenfalls nachrangigen Position in den IFRS beispielhaft unterstreicht. Auch in die Konvergenzdebatte der vergangenen 20 Jahre sind meist nur ausgewählte Bereiche bzw. Funktionen der Unternehmensrechnung einbezogen worden (nämlich die Informationsfunktion des externen Rechnungswesens einerseits und die Kontrollfunktion des internen Rechnungswesens andererseits), während eine vollständige Harmonisierung überwiegend auf Ablehnung gestoßen ist (vgl. exemplarisch Kümpel 2005, S. 337; Horsch 2015, S. 86–88 m. w. N.). Die aktuelle Literatur zur Digitalisierung vermeidet eine vergleichbare Differenzierung gänzlich, sondern fordert regelmäßig lediglich eine pauschale „Identität von Rechnungswesen und Controlling" (Hofmann et al. 2017, S. 119).

Im Gesamtbild hat keine der im Vorangegangenen ausführlich analysierten Schnittstellen zwischen internem und externem Rechnungswesen eine vollständige Deckungsgleichheit beider Systeme als zweckmäßig erscheinen lassen. Sogar das die Fortentwicklung des externen Rechnungswesens auf internationaler Ebene prägende IASB spricht sich in seinem der Segmentberichterstattung gemäß IFRS 8 zugrunde liegenden Management Approach expressis verbis gegen „rechnerischen Einheitsbrei" aus und fordert für den Segmentbericht im Sinne einer bestmöglichen Information der Rechnungslegungsadressaten die Übernahme interner, kalkulatorisch geprägter Zahlen in die externe Berichterstattung, sofern diese der internen Steuerung zugrunde liegen.

2.5   Fazit

Wie die bisherigen Ausführungen deutlich gemacht haben, eröffnet die Digitalisierung zweifelsohne massive Potenziale für eine Steigerung des Informationswerts der Unternehmensrechnung. Mit einer bedeutenden Ausnahme: der mitunter angestrebten und aus inhaltlichen Gründen nicht akzeptablen vollständigen Angleichung von Controlling und Accounting primär aus Gründen einer Realisierung technologischer Effizienzpotenziale. Es darf meines Erachtens kein Paradigmenwechsel dergestalt stattfinden, dass die technischen Rahmenbedingungen zukünftig den Inhalt der Unternehmensrechnung diktieren. Bei abweichenden Rechnungszwecken gibt es nämlich keine „One Version of Truth", sondern vielmehr so viele Wahrheiten, wie es divergierende Rechnungszwecke gibt.

Eine komplette inhaltliche Identität von Accounting und Controlling, wie sie dem Idealbild eines Universal Journals zugrunde liegt, erscheint aufgrund der Funktionsvielfalt von internem und externem Rechnungswesen nicht zielführend und somit nicht empfehlenswert. Tatsächlich würde die Übernahme einer solchen Konzeption nach dem Motto „Was nicht passt, wird passend gemacht" mit einem massiven Verlust an rechnerischer Differenzierung und Analysepotenzialen einhergehen, sodass nicht von einer Weiterentwicklung bzw. Erweiterung, sondern in materieller Hinsicht eher von einem Rückschritt bzw. einer Beschränkung des betriebswirtschaftlichen Fachkonzepts gesprochen werden muss.

Literatur

Baetge, J., & Haenelt, T. (2008). Kritische Würdigung der neu konzipierten Segmentbericht-erstattung nach IFRS 8 unter Berücksichtigung prüfungsrelevanter Aspekte. *Zeitschrift für internationale Rechnungslegung, 3*(1), 43–50.

Baum, H.-G., Coenenberg, A. G., & Günther, T. (2013). *Strategisches Controlling* (5. Aufl.). Stuttgart: Schäffer-Poeschel.

Bieker, M. (2006). *Ökonomische Analyse des Fair Value Accounting*. Frankfurt a. M.: Lang.

Bieker, M., & Esser, M. (2004). Der Impairment-Only-Ansatz des IASB: Goodwillbilanzierung nach IFRS 3 Business Combinations. *Unternehmensteuern und Bilanzen, 10,*449–458.

Buchholz, R. (2014). *Internationale Rechnungslegung* (11. Aufl.). Berlin: Erich Schmidt.

Coenenberg, A. G., Fischer, T. M., & Günther, T. (2016). *Kostenrechnung und Kostenanalyse* (9. Aufl.). Stuttgart: Schäffer-Poeschel.

Deimel, K., Isemann, R., & Müller, S. (2006). *Kosten- und Erlösrechnung – Grundlagen, Managementaspekte und Integrationsmöglichkeiten der IFRS*. München: Pearson.

Eilers, C. (2016). SAP S/4HANA: Neue Funktionen, Einsatzszenarien und Auswirkungen auf das Finanzberichtswesen. In R. Gleich, K. Grönke, M. Kirchmann, & J. Leyk (Hrsg.), *Konzern-controlling 2020* (S. 183–200). Freiburg: Haufe.

Ernstberger, J., & Bieker, M. (2011). Segmentberichterstattung. In W. Busse von Colbe, N. Crasselt, & B. Pellens (Hrsg.), *Lexikon des Rechnungswesens – Handbuch der Bilanzierung und Prüfung, der Erlös-, Finanz-, Investitions- und Kostenrechnung* (5. Aufl.). München: De Gruyter.

Fockenbrock, D., & Metzger, S. (2010). Wie sich Konzerne die Zukunft schön rechnen. *Handels-blatt* vom 25.11.2010. http://www.handelsblatt.com/unternehmen/management/bilanzierung-wie-sich-konzerne-die-zukunft-schoenrechnen/3631336.html. Zugegriffen: 6. Mai 2018.

Grönke, K., & Ahr, H. (2017). Reengineering des CFO-Bereichs – Automatisierung der Prozesse, neue Organisationsformen und veränderte Rollen. In M. Kieninger (Hrsg.), *Digitalisierung der Unternehmenssteuerung – Prozessautomatisierung, Business Analytics, SAP S/4HANA, Anwendungsbeispiele* (S. 123–138). Stuttgart: Schäffer-Poeschel.

Grottke, M., & Krammer, S. (2008). Was bringt der management approach des IFRS 8 den Jahres-abschlussadressaten? *Kapitalmarktorientierte Rechnungslegung, 11,*670–679.

Hofmann, N., Linsner, R., & Poschadel, F. (2017). SAP S/4HANA – Revolution oder Evolution in der Unternehmenssteuerung? In M. Kieninger (Hrsg.), *Digitalisierung der Unternehmens-steuerung – Prozessautomatisierung, Business Analytics, SAP S/4HANA, Anwendungsbeispiele* (S. 105–122). Stuttgart: Schäffer-Poeschel.

Horsch, J. (2015). *Kostenrechnung – Klassische und neue Methoden in der Unternehmenspraxis* (2. Aufl.). Wiesbaden: Springer Gabler.

Horváth & Partners. (2016). *Digitalisierung – Der Realitäts-Check. Studie*. Stuttgart: Horvarth AG.

Kieninger, M., & Schimank, C. (2017). Auf dem Weg zur digitalisierten Unternehmenssteuerung. In M. Kieninger (Hrsg.), *Digitalisierung der Unternehmenssteuerung – Prozessauto-matisierung, Business Analytics, SAP S/4HANA, Anwendungsbeispiele* (S. 3–17). Stuttgart: Schäffer-Poeschel.

Kirchmann, M., Tobias, S., & Cengizeroglu, C. (2016). Reporting 2025 – Die Zukunft des Reporting im Zuge der Digitalisierung. In P. Horváth & U. Michel (Hrsg.), *Digital Controlling & Simple Finance – Die Zukunft der Unternehmenssteuerung* (S. 25–36). Stuttgart: Schäffer-Poeschel.

Kümpel, T. (2005). Harmonisierung des Rechnungswesens bei Auftragsfertigungen. *Controller Magazin, 30*(4), 336–342.

Leyk, J., Kirchmann, M., & Tobias, S. (2016). Planung, Forecast und Reporting in der digitalen Welt. In P. Horváth & U. Michel (Hrsg.), *Digital Controlling & Simple Finance – Die Zukunft der Unternehmenssteuerung* (S. 51–63). Stuttgart: Schäffer-Poeschel.

Lorson, P., Melcher, W., & Zündorf, H. (2013). 20 Jahre Konvergenzdiskussion – Geschichte einer wechselvollen Beziehung. *Controlling & Management Review, 57*(6), 12–23.

Schumann, J. (2008). *Unternehmenswertorientierung in Konzernrechnungslegung und Controlling – Impairment of Assets (IAS 36) im Kontext bereichsbezogener Unternehmensbewertung und Performancemessung.* Wiesbaden: Gabler.

Stellwerk Consulting. (2017). SAP S/4HANA – Nice-To-Know. https://www.stellwerk.net/uploads/pics/SAP_S4HANA_04.pdf. Zugegriffen: 6. Mai 2018.

Streim, H., & Bieker, M. (2009). Verschärfte Anforderungen für eine Aktivierung von Kaufpreisdifferenzen – Vorschlag zur Weiterentwicklung der Rechnungslegung vor dem Hintergrund jüngerer Erkenntnisse der normativen und empirischen Accounting-Forschung. In D. Kiesewetter & R. Niemann (Hrsg.), *Accounting, Taxation, and Corporate Governance – Essays in honor of Franz W. Wagner on the occasion of his 65th birthday* (S. N1–N20). Würzburg: Selbstverlag.

Urban, S. (2016). Management Reporting einfach gemacht – Mit S4 Simple Finance durch Standardisierung und Harmonisierung von internem und externem Rechnungswesen. In P. Horváth & U. Michel (Hrsg.), *Digital Controlling & Simple Finance – Die Zukunft der Unternehmenssteuerung* (S. 37–48). Stuttgart: Schäffer-Poeschel.

Walz, S., Tritschler, J., & Rupp, R. (2017). Erweitertes Management Reporting mit SAP S/4 HANA auf Basis des Universal Journals – Realtime-Ergebnisreporting mit umfassenden Auswertungsmöglichkeiten durch die Weiterentwicklung der Financials-Funktionalität. Pforzheim. https://www.hs-pforzheim.de/fileadmin/user_upload/uploads%85/Nr164.pdf. Zugegriffen: 6. Mai 2018.

Weber, J., & Schäffer, U. (2016). *Einführung in das Controlling* (15. Aufl.). Stuttgart: Schäffer-Poeschel.

Dr. Marcus Bieker ist seit 2002 Dozent an der FOM Hochschule, insbesondere für nationale und internationale Rechnungslegung, Konzernabschlüsse, Wirtschaftsprüfung sowie Controlling & Kostenrechnung. Schwerpunkte seiner Forschungstätigkeit liegen in den Bereichen Rechnungslegung nach International Financial Reporting Standards (IFRS), Kennzahlen und Kennzahlensystemen sowie der Unternehmensbewertung.

Effizienz von Controllingsystemen in der digitalen Transformation

3

Kay Schlenkrich und Helena Wisbert

Inhaltsverzeichnis

Zusammenfassung

Immer wenn es um die Digitalisierung in Bezug auf das Controlling geht, lautet die geltende Maxime: „Die Digitalisierung muss konsequent zur Effizienzsteigerung im Controlling genutzt werden". Dabei wird aber allzu leicht übersehen, dass die Digitalisierung

K. Schlenkrich (✉) · H. Wisbert
FOM Hochschule für Oekonomie & Management, Düsseldorf, Deutschland
E-Mail: kay.schlenkrich@fom.de

H. Wisbert
E-Mail: helena.wisbert@fom.de

© Springer Fachmedien Wiesbaden GmbH, ein Teil von Springer Nature 2019
T. Kümpel et al. (Hrsg.), *Controlling & Innovation 2019*, FOM-Edition,
https://doi.org/10.1007/978-3-658-23474-4_3

das Controlling selbst in seinen Grundsätzen verändert. Heute gerät das Controlling mit der Digitalisierung unter neuen Konkurrenzdruck durch externe Berater und interne Fachabteilungen oder sogenannte Data Scientists, die als Businesspartner des Managements mit Datenanalysen und Entscheidungsvorlagen Kompetenzfelder des Controllers für sich besetzen. Das Controlling steht damit unter einem neuen Legitimationsdruck. Es wird in seiner aktuellen Form nur Bestand haben, wenn es in der Lage ist, seine Aufgaben effizienter zu erledigen, als andere Systeme hierzu in der Lage sind. Daraus leiten sich mindestens zwei grundsätzliche Fragen ab: Erstens: Was sind die Effizienztreiber, um neue Effizienzpotenziale durch die Digitalisierung zu heben? Und zweitens: Wie kann diese Effizienzsteigerung gemessen werden?

3.1 Einleitung: Digitale Transformation im Kontext der Informationsökonomie

Digitalisierung wird allgemein verstanden als „Übertragung des Menschen und seiner Lebens- sowie Arbeitswelten auf eine digitale Ebene" (Keuper et al. 2013, S. 5). Der Begriff beinhaltet dabei unterschiedliche Entwicklungsstufen der Nutzung von Informations- und Kommunikationstechnologie (IKT), angefangen bei der Unterstützung von Prozessen entlang der gesamten Wertschöpfungskette durch den neuesten Stand der Informations- und Kommunikationstechnologie bis zur radikalen Neugestaltung von Geschäftsprozessen und Entwicklung neuer Geschäftsmodelle, Produkte und Prozesse auf Basis von IT-Innovationen (Abolhassan 2016, S. 27).

Die Informationsökonomie wurde als theoretischer Rahmen bereits verwendet, um die betriebswirtschaftlichen Folgen der Digitalisierung einzuordnen, und soll auch hier den theoretischen Rahmen bilden. Nach Picot und Wolff befasst sich die Informationsökonomie mit der „Auswirkung unterschiedlicher Informationsbedingungen auf die Funktionsweise von ökonomischen Systemen (wie Unternehmen, Kooperationsformen, Märkte, Gesamtwirtschaft)". Dabei besteht die Situation, dass „Wirtschaftssubjekte unter unvollständigen Informationen bezüglich der Gegenwart und Zukunft entscheiden und handeln" (Picot und Wolff 2013, S. 1479) im Mittelpunkt.

Die Digitalisierung verändert nun die Informationslage auf Märkten und das Verhältnis zwischen Informationsangebot, -nachfrage und -bedarf, den sogenannten Informationsraum eines Unternehmens (Abb. 3.1). Die digitale Transformation erhöht die Markttransparenz und ist damit in der Lage, Informationsasymmetrien auf bestimmten Märkten abzubauen (Abolhassan 2016, S. 29).

Die verfügbaren Informationen (Angebot), z. B. Informationen über die Marktentwicklung und Kunden, haben sich durch die Digitalisierung vervielfacht. Wenn man der Prämisse folgt, dass Markt und Kunde auch die Quellen für alle ergebnisorientierten Informationen darstellen (Horváth 2012, S. 294), so hat die Digitalisierung auch in Bezug auf die unternehmensrelevanten Informationen zu einer Steigerung des relevanten

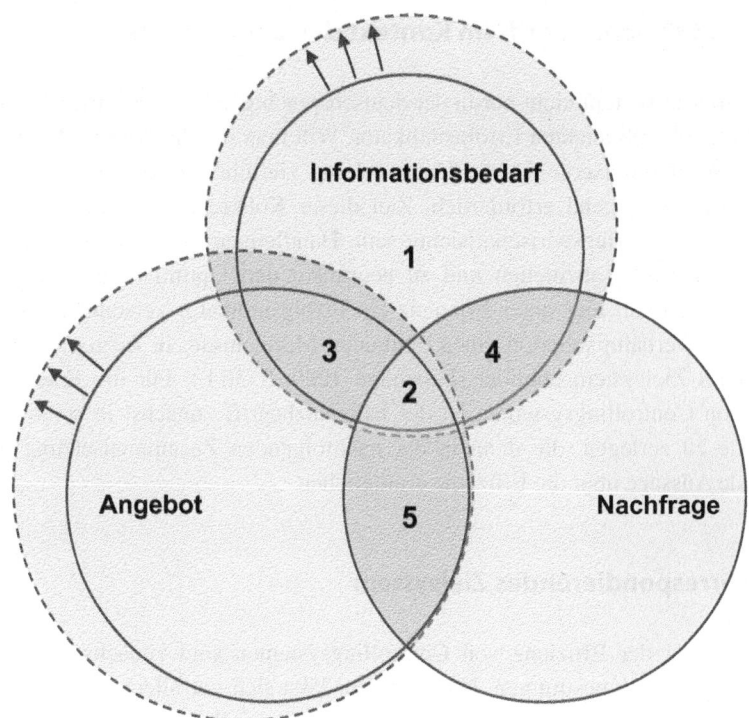

Abb. 3.1 Veränderung des Informationsraums durch die Digitalisierung. (Quelle: In Anlehnung an Berthel 1992, S. 875)

Informationsangebotes geführt. Diese Entwicklung wird unter den Stichworten *gläserner Kunde, Microtargeting* und Auswertung von *User-Generated Content* aus sozialen Netzwerken diskutiert (Lorscheid 2017, S. 555).

Aufgrund von neuen digitalen Geschäftsfeldern und Konkurrenten hat sich jedoch auch der Informationsbedarf erhöht, was aber nicht einschließt, dass diese Informationen auch nachgefragt werden (Oehler und Seufert 2016, S. 75). Nicht mehr also die Verfügbarkeit von relevanten Informationen, sondern die Bedarfsanalyse inbegriffen der eigentlichen Nachfrage und Nutzbarmachung von relevanten Informationen ist durch die Digitalisierung zum erfolgskritischen Faktor geworden. Versteht man die Rolle des Controllers als Navigator des Unternehmens, der die wesentlichen Informationen für die Erreichung der Unternehmensziele bereitstellt, so führt die digitale Transformation für das Controlling grundsätzlich neue Herausforderungen herbei.

3.2   Der Effizienzbegriff im Kontext des Controllings

Der Effizienzbegriff steht nicht nur in der deutschsprachigen Betriebswirtschaft für einen nahezu universell gebrauchten Erfolgsindikator. Will man ihn dagegen im Rahmen einer theoretischen oder praxeologischen Untersuchung zielführend verwenden, so ist eine Konkretisierung zwingend erforderlich. Ziel dieser Konkretisierung muss im Kontext einer normativen Betriebswirtschaftslehre sein, Handlungen und Wirkungsweisen unter dem Effizienzpostulat abzuleiten und zu beurteilen und Optimierungsansätze zu entwickeln. Folglich soll hier unter Effizienz ein Erfolgsindikator verstanden werden, der in Form einer Verhältnisrelation einen optimalen Mitteleinsatz in Bezug auf ein korrespondierendes Zielsystem abbildet (Fessmann 1980, S. 30 f.). Für die Frage nach der Effizienz von Controllingsystemen ist der Effizienzbegriff zunächst in seine einzelnen Bestandteile zu zerlegen, die dann in der nachfolgenden Zusammensetzung erst eine operationale Aussage über die Effizienz ermöglichen.

3.2.1   Korrespondierendes Zielsystem

Zur Bestimmung der Effizienz von Controllingsystemen sind zunächst die Ziele des Controllings selbst zu bestimmen. Nach wie vor lässt sich vor allem in der Anwendung eine weite Auffächerung von Interpretationen des Controllingbegriffs ausmachen. Die Spannweite bewegt sich von einem eher angelsächsischen Verständnis von Controlling als Steuerungsunterstützungssystem bis hin zur Reduzierung auf ein reines Kontrollsystem.

Die Systemtheorie Lumann'scher Prägung versteht unter einem System ein Geflecht von einzeln abgrenzbaren Elementen, die untereinander in einer Austauschbeziehung stehen und bei einer funktionalen Unterscheidung in besonderer gegenseitiger Abhängigkeit stehen. So sind sie in der Lage, durch spezifische Besonderheiten in den Strukturen, dem Rollenverhalten der Mitglieder und Codes, die komplexe Sachverhalte auf eine einfache binäre Struktur (z. B.: wahr – nicht-wahr, recht – unrecht, zahlen – nicht zahlen, akzeptiert – nicht-akzeptiert, kommunizieren – nicht kommunizieren) reduzieren, komplexe Sachverhalte handhabbar zu machen (Münch 2004, S. 212 f.). Durch diese Leistung legitimieren sie gleichzeitig ihre Existenz im Rahmen des Gesamtsystems.

Bezieht man diesen Ansatz auf die hier gestellte Frage nach Effizienz von Controllingsystemen, so hat das Controlling sachlich zunächst die Aufgaben zu erfüllen, alle Informationen bereitzustellen, die zur Reduzierung der Entscheidungsunsicherheit der betrieblichen Entscheidungsträger beitragen. In formaler Hinsicht ist diese Aufgabe so zu erfüllen, dass ein Verhältnis zwischen Informationsnutzen und Ressourceneinsatz entsteht, welches aus Sicht der Gesamtorganisation als angemessen angesehen wird. Werden beide Ziele als erfüllt angesehen, so wird das Controlling mit den zur Aufgabenerfüllung notwendigen Ressourcen ausgestattet.

3.2.2 Dimensionen der Effizienz

Im Rahmen der Fragestellung ist zunächst zu klären, aus welcher Perspektive der Effizienzbegriff betrachtet werden soll (Abb. 3.2). Grundsätzlich bietet sich hier die klassische Unterscheidung

- in eine funktionale Sichtweise, die nach den spezifischen Aufgaben und Funktionen fragt,
- in eine strukturelle Sicht, die spezifische Handlungskompetenzen und Verantwortungen einzelner Instanzen betrachtet, die sich aus der Arbeitsteilung in einem Gesamtsystem ableiten, und
- in eine institutionelle Sichtweise, die das Regelwerk von Verhaltensweisen untersucht,

an.

Im funktionalen Verständnis ist das Effizienzparadigma auf die Tätigkeit des Controllings zur Reduzierung von Entscheidungsunsicherheit für die übrigen Organisationsteilnehmer zu beziehen. Effizienz kann dann als Prozesseffizienz verstanden werden.

Im strukturellen Verständnis ist das Effizienzparadigma auf die Beschaffung, die Verarbeitung und die Darstellung der Daten durch das Controlling zu beziehen. Effizienz kann dann als Ergebniseffizienz im Sinne einer Zielerreichung verstanden werden.

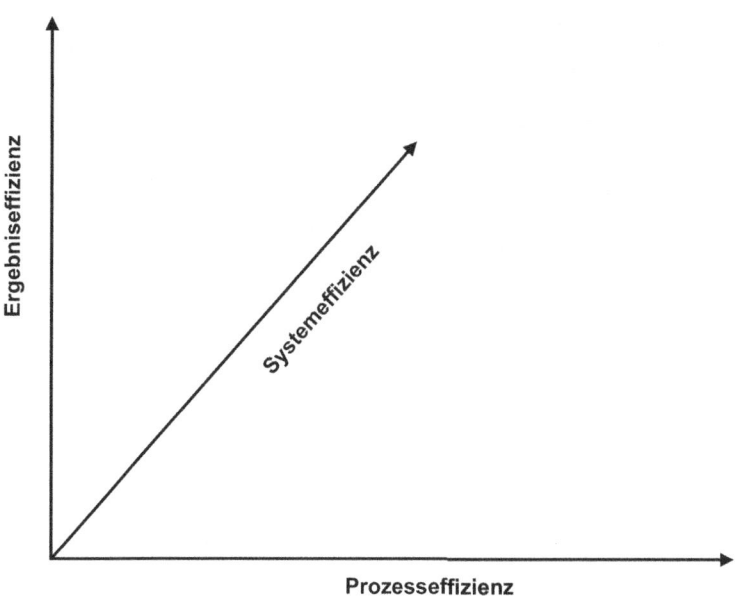

Abb. 3.2 Effizienzraum

Im institutionellen Verständnis ist das Effizienzparadigma auf die Verhaltensnormen zu beziehen, die das Verhalten der Organisationsteilnehmer durch Anreize und Sanktionen steuern. Effizienz wird hier als Systemeffizienz verstanden.

Die spezifischen Aufgaben, Strukturen und Verhaltensweisen des Controllings lassen sich so lange in einem ökonomischen System als sinnvoll legitimieren, bis kein anderes System als dienlicher angesehen wird, die durch die Digitalisierung gestiegene Komplexität der Umwelt besser zu bewältigen. Unstrittig ist auch, dass sich das Controlling mit zunehmender digitaler Komplexität vermehrt spezialisieren muss. Es ist naheliegend, dass diese Spezialisierung mit einer Zunahme des Ressourcenverbrauchs einhergeht und als hoch dynamischer Prozess angesehen werden kann. Solange der Digitalisierungsbegriff unreflektiert als Heilsbringer für gesellschaftliche und ökonomische Wohlfahrt angesehen wird, werden Systeme, die sich der Digitalisierung verschreiben, auch weiterhin vergleichsweise leichten Ressourcenzugang erhalten. Wenn erste Enttäuschungen durch nicht realisierte Renditeerwartungen vermehrt ins Bewusstsein der Investoren treten, wird es umso wichtiger, nicht einfach nur jedes Instrument der Digitalisierung zu übernehmen, sondern stets danach zu fragen, ob sie auch die hierfür benötigten Ressourcen wert sind. Dies wird in besonderer Weise auch auf das Controlling zutreffen, da es unter zunehmendem Konkurrenzdruck zu ähnlichen Systemen wie Data Science gerät, die gerade durch die Digitalisierung nicht mehr automatisch in einer hierarchischen Beziehung zu anderen Unternehmenseinheiten stehen müssen, sondern über marktliche Mechanismen omnipräsent sind. Als Beispiel seien hier Data-Science-Systeme genannt, die nicht primär in einem betriebswirtschaftlichen Umfeld angesiedelt sein müssen, sondern sich der Aufgabe verschrieben haben, aus der Analyse großer Datenmengen Erkenntnisse zu gewinnen.

3.2.3   Bezugsobjekte der Effizienz

Die Digitalisierung hat zweifelsohne dazu geführt, dass das aktuelle und potenzielle Angebot an Daten aus heutiger Sicht als nahezu unendlich angesehen werden kann. Zu Informationen werden diese Daten genau genommen aber erst dann, wenn sie in einen zum Aussageziel korrespondierenden Kontext gestellt werden. Als Beispiel können hier Daten über das Bewegungsprofil von Passanten genannt werden, die erst dann zu Informationen verarbeitet werden, wenn damit die Frage nach dem Kaufverhalten beantwortet werden soll.

Hierzu sind mindestens die folgenden sechs Arbeitsschritte erforderlich, die ebenso dem Effizienzkriterium unterliegen:

1. **Beschaffung der Informationen**
   Das nahezu unendliche Angebot an Daten erlaubt noch keine Aussage über die Qualität der Daten im Kontext des gewünschten Aussageziels und der finanziellen Mittel, die aufgebracht werden müssen, diese Daten in der gewünschten Qualität verfügbar

zu machen. Damit unterliegt schon die Datenbeschaffung einem ersten ökonomischen Effizienzpostulat. Hier wie im Folgenden sind dabei die Bezugsobjekte der Effizienz zum Ersten die Prozesseffizienz, die sich auf die Handlungen der Informationsbeschaffung beziehen, zum Zweiten die Ergebniseffizienz, die das Prozessergebnis beurteilt, und zum Dritten die Systemeffizienz, die bewertet, inwieweit die Akteure den richtigen Anreiz- und Sanktionsmechanismen unterliegen, um die zur Datenbeschaffung notwendigen Tätigkeiten auszuführen.

2. **Strukturierung der Informationen**

   Die Strukturierung der Daten ist eng mit der Beschaffung der Daten verknüpft. Es müssen Entscheidungen darüber getroffen werden, in welcher Weise die Daten angeordnet und miteinander verknüpft werden. Typische Datenstrukturen sind Datensätze, Arrays, verkettete Listen oder auch Datenbäume. Die Art und Weise, wie Daten strukturiert werden, entscheidet über die Effizienz der Nutzung.

3. **Bewertung der Informationen**

   Die Daten sind hinsichtlich ihrer Verwendbarkeit in Bezug auf eine konkrete Zielerfüllung auf Basis eines Kriterienkatalogs zu bewerten. Die Auswahl dieser Kriterien hat damit einen nicht zu vernachlässigenden Einfluss auf das spätere Entscheidungsergebnis.

4. **Selektierung der Informationen**

   Auf Basis des zuvor erarbeiteten Bewertungssystems sind Entscheidungen darüber zu treffen, welche Informationen für die folgende Weiterverarbeitung Verwendung finden.

5. **Synthetisieren der Informationen**

   Informationen sind stets interpretationsbedürftig. Ihr Aussagewert ergibt sich erst aus der Einbindung in andere Informationszusammenhänge, die dann z. B. Ursache-Wirkungs-Mechanismen oder Korrelationen abbilden. Es muss davon ausgegangen werden, dass die Regeln und Handlungsmechanismen, nach denen diese Einbindung erfolgt, einen wesentlichen Einfluss auf den späteren Aussagewert der Information haben. Eine Information, die in einem falschen Kontext dargestellt wird, hat im besten Fall gar keinen oder nur einen sehr geringen Aussagewert und im schlechtesten Fall begründet sie eine falsche Entscheidung.

6. **Darstellung der Informationen**

   Mit der Darstellung der Informationen wird das Ergebnis der Informationsverarbeitung des Controllings an andere Organisationseinheiten weitergegeben. Grundsätzlich ist hier sowohl eine digitale Übergabe, bei der die Darstellung in Form einer definierten Schnittstellenkonfiguration erfolgt, als auch eine Präsentation vor den Entscheidungsträgern denkbar. Unabhängig von der Unterscheidung in eine digitale oder eine personenbezogen-analoge Darstellung entscheiden die Intensität der Aggregation und die Art der Präsentation über die Effizienz des Instruments zur Reduzierung von Entscheidungsunsicherheit.

Bei allen Arbeitsschritten kann sich die Gestaltung der Effizienz grundsätzlich auf das Ergebnis, den Prozess und die institutionellen Regelungen der Beteiligten beziehen. Wie differenziert die Dimensionen in den einzelnen Bereichen zu gestalten sind, hängt von den konkreten Gegebenheiten ab und ist im Einzelfall zu überprüfen.

3.3 Effizienztreiber der Digitalisierung im Controlling

3.3.1 Automatisierung und Vernetzung

Um die Effizienz des Controllings vor dem Hintergrund der Digitalisierung beurteilen zu können, müssen zunächst die Effizienztreiber der digitalen Transformation bestimmt werden.

Digitalisierung bedeutet für das Unternehmen zum einen die Digitalisierung des Geschäftsprozesses und zum anderen die Prüfung von digitalen Geschäftsmodellen. Diese beiden Unternehmenswelten werden zunächst parallel nebeneinander bestehen und sind nicht klar zu trennen (Abb. 3.3). In Bezug auf das klassische Geschäft liegen bereits

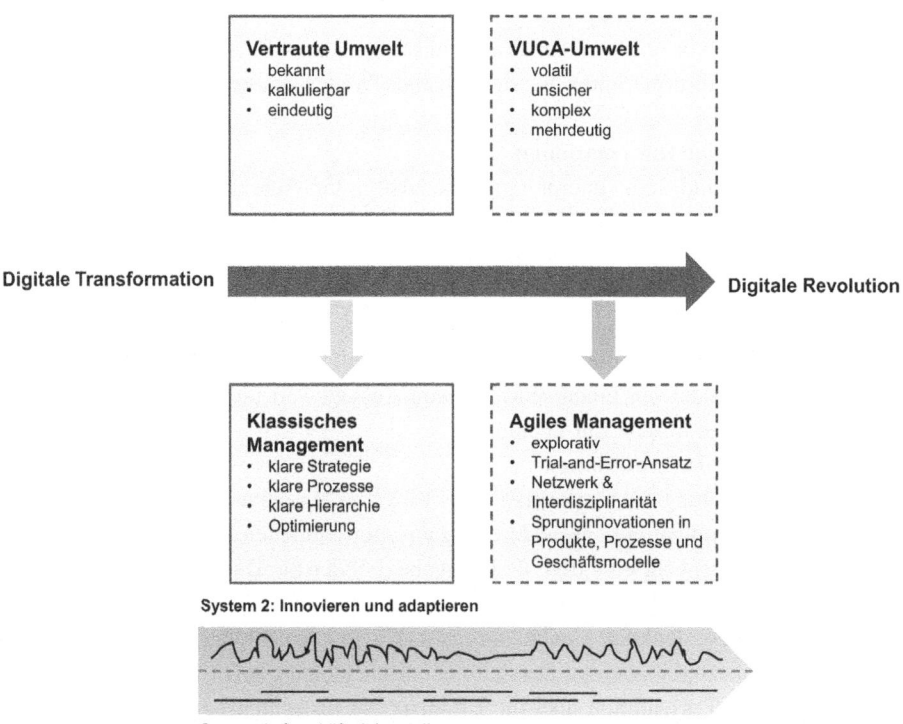

Abb. 3.3 Parallelsysteme als Basis des Controllings. (Quelle: In Anlehnung an Weinreich 2016, S. 15)

Erfahrungswerte vor und es handelt sich um einen größtenteils bekannten Informationsbedarf. Die Sicherung des Geschäfts steht hier im Vordergrund. In diesem Kontext
verhelfen Standardisierung und im nächsten Schritt Automatisierung von repetitiven
Aufgaben zu einer höheren Effizienz (Gleich 2015, S. 30).

Sogenannte Entlastungsaufgaben des Controllings beinhalten durch Standardisierung
und Automatisierung ein hohes Effizienzpotenzial (Gleich 2015, S. 30 ff.). Sie können
größtenteils dem operativen Controlling zugeordnet werden. Die Digitalisierung ermöglicht es gerade bei repetitiven Standardreports, einen „Zero-Touch"-Ansatz umzusetzen.
Insbesondere vermeintlich kleine manuelle Anpassungsschritte sind am Ende zeitauf-
wendig und wirtschaftlich nicht mehr zuträglich. Dokumentenbasierte Routineaufgaben
können mithilfe eines sogenannten digitalen Enterprise-Content-Management-Sys-
tems (ECM) optimiert werden. Ein ECM ermöglicht es, unstrukturierte Geschäfts-
informationen in Form von Akten, Mediadateien bis zu Gesprächsnotizen organisiert zu
erfassen, zu verwalten und zentral zur Verfügung zu stellen (Kunisch 2016, S. 36).

Eine Automatisierung von Informationsprozessen und -berichten ist nach grundsätz-
licher Notwendigkeitsprüfung bis zu einem gewissen Punkt zielführend, denn den frei
werdenden Kapazitäten müssen die zusätzlichen IT-Kosten gegenübergestellt werden
(Weinreich 2016, S. 21). Die Kosten zur Analyse von Big Data sind z. B. von der Menge
der zu analysierenden Daten und der Datenbanktechnologie abhängig (Golombek 2016,
S. 15). Effizienzgewinne durch Substitution von bisherigen Controllertätigkeiten durch
IT-Leistung zu erzielen, ist nichts Neues, jedoch erhöhen sich durch die Digitalisierung
fortlaufend der Anteil und die Tiefe dieser Aufgaben, z. B. in Form von vollständig auto-
matisierten Abweichungsanalysen durch maschinelle Auswertungen der vorhandenen
Ist- und Plandaten (Schäffer und Weber 2016c, S. 16).

Die Vernetzung von unterschiedlichen Informationsquellen erweitert die
Informationsgrundlage. Das gilt z. B. auch für die Vernetzung mit Informationssystemen
von vor- oder nachgelagerten Unternehmen, die z. B. über weitere Informationen in
Bezug auf Kundenbestellungen verfügen und die Planungsqualität verbessern kön-
nen (Buschbacher 2016, S. 79). Neu entstehende digitale Knotenpunkte wie Customer
Touchpoints im Online Handel oder in der Unternehmenskommunikation über Social
Media, sowie das Internet der Dinge oder eine digital vernetzte, intelligente Produktion
(Samulat 2017, S. 3 ff.) bewirken einen exponentiellen Anstieg an verfügbaren Daten
(Weinreich 2016, S. 112). Werden große, unstrukturierte Datenmengen durch Analyse
und Echtzeitverarbeitung zu relevanten Informationen als Basis von Entscheidungen
extrahiert, spricht der Internationale Controller Verein von Big Data (Internationaler
Controller Verein (ICV) 2014, S. 5).

Die digitale Transformation der Märkte mit ihren neuen Geschäftsmodellen geht mit
unsicheren Umweltfaktoren einher, der Informationsbedarf ist unbekannt und die Datenverarbeitung ist äußerst komplex (Weinreich 2016, S. 16). Formalisierte Prozesse bis hin
zur Standardisierung sind hier wenig zielführend und nicht effizient. Dazu mehr im Folgenden zu den Treibern Agilität und Flexibilität.

3.3.2   Agilität und Flexibilität

Die hohe Geschwindigkeit von Veränderungen in einer digitalisierten Umwelt erfordert einen neuen Grad der Anpassungsfähigkeiten aufseiten der Unternehmen. Dazu zählen das schnelle Erkennen von neuen Chancen und Risiken und die schnelle Evaluierung von neuen Geschäftsideen. „Agilität wird damit zu einem weiteren kritischen Erfolgsfaktor der Digitalisierung" (Abolhassan 2016, S. 31). Diese Ausrichtung fällt in den Bereich des strategischen Controllings.

Die Planbarkeit von digitalen Geschäftsmodellen ist begrenzt und daher ist es notwendig, die Planungsprämissen des Geschäftsmodells ständig zu hinterfragen und innerhalb von definierten Rahmenbedingungen ein flexibles Trial-and-Error-Vorgehen zu verfolgen. Zu diesen Rahmenbedingungen gehören neue Wertgrenzen für Genehmigungsschwellen, unter denen die Entscheidung über eine bestimmte Maßnahme in der Verantwortung des Fachbereiches liegt. Die Entscheidung, ob eine Geschäftsidee weiterverfolgt wird, hat dabei in engen Zeitabschnitten zu erfolgen. Jedoch sind aufgrund der unsicheren Umweltfaktoren Bandbreiten als angestrebter Wertkorridor anstatt strikte Wertvorgaben zu verwenden (Schäffer und Weber 2016b, S. 7 ff.). Darüber hinaus bekommen zukunftsorientierte Analysen eine größere Bedeutung. Dabei spielen strategische Informationen, die oft qualitativer Natur sind, eine große Rolle (Horváth 2012, S. 340).

3.3.3   Zentralisierung

Die Digitalisierung ermöglicht eine Bündelung ergebnisorientierter Informationen und die Verfügbarmachung für eine breite Masse an Anwenderinnen und Anwender. Eine historisch gewachsene dezentrale Informationsstruktur dahin gehend, dass relevante Rohdaten in der Verantwortung der einzelnen Fachbereiche liegen, wird in Zukunft nicht mehr zielführend sein (o. V. 2016, S. 14).

Sogenannte Informationssilos konnten nur entstehen, weil Abteilungen die von ihnen aufbereiteten Informationen als ihr Eigentum betrachteten und nicht als Ressource des Unternehmens. Daraus folgten mangelhafte Informationsprozesse, die die Weiterverarbeitung der Informationen z. B. durch Medienbrüche erschwerten. Vernachlässigt wurden dabei die zusätzlichen Kosten, die durch die Verhinderung einer effizienten und schnellen Weiternutzung entstehen. Es ist vielmehr notwendig, ein Informationssystem aufzubauen, das dem Management ermöglicht, relevante Informationen selbstständig, mobil und aktuell aus dem System abzufragen, und somit dazu beiträgt, die Informationsversorgung im gesamten Unternehmen zu verbessern (Knauer 2015, S. 127).

3.4   Ansätze der Effizienzmessung des Controllings

3.4.1   Ansätze in der Rolle des Controllings als Koordinator der Informationssysteme

Das Controlling hat in der Rolle des Koordinators des Informationssystems – von der Informationsgewinnung und -verarbeitung bis hin zur Informationsbereitstellung – die Aufgabe, alle benötigten Informationen mit dem notwendigen Genauigkeitsgrad und Verdichtungsgrad zur richtigen Zeit am richtigen Ort bereitzustellen (Knauer 2015, S. 130). Der hier verwendete Informationssystembegriff verfolgt das Ziel, eine bestmögliche Informationsversorgung des Planungs- und Kontrollprozesses als Subsystem der Führung zu gewährleisten.

Die informationsorientierte Controllingkonzeption stellt das Controlling ins Zentrum „der betrieblichen Informationswirtschaft" (Müller 1974, S. 683) mit ergebniszielorientierter und systembildender Koordinationsfunktion (Horváth 2012, S. 143). Sofern Effizienz als Größe zur Bestimmung der Wirtschaftlichkeit als Input-Output-Relation bzw. Input-Ziel-Relation verstanden wird, muss die Koordinationsfunktion des Controllings trotz oder gerade aufgrund der Digitalisierung mit ihren zuvor beschriebenen Folgen zu einer wirtschaftlichen Informationsversorgung des Führungssystems führen. Informationskosten – also Kosten, die für die Informationsbeschaffung, -verarbeitung und -bereitstellung anfallen – stellen dabei die Inputgröße des Effizienzkonstrukts dar. Ein Informationsprozess ist dann effizient, wenn er die beste Lösung in Bezug auf die Relationsdimensionen Geschwindigkeit, Qualität und Kosten darstellt (Neumeier 2017, S. 343). Ein in der Praxis verbreiteter Kritikpunkt an der Ergebnisqualität von Informationsprozessen ist, dass trotz der Informationsschwemme die entscheidungsrelevanten Informationen nicht zur Verfügung stehen (Küpper 2013, S. 31). Diese Ineffizienz ist auf die fehlende Abstimmung zwischen Informationsbedarf, Informationsbeschaffung und Informationsbereitstellung zurückzuführen (Horváth 2012, S. 318). Die Digitalisierung erschwert diese Abstimmung, da der steigenden Informationsverfügbarkeit (Abb. 3.4) eine gestiegene Unsicherheit über den Informationsbedarf und eine steigende Komplexität der Informationsverarbeitung gegenüberstehen. Neben strukturierten Daten wie klassischen Produkt-, Personal- und Kundendaten oder auch Bewegungsdaten wie Bestellungen, Aufträge und Warenbewegungen kommen weniger strukturierte Daten aus Social Media wie Videos, Bilder oder freie Texte hinzu (Hermann und Weichel 2016, S. 9). Die inhaltliche Koordinationsaufgabe des Controllings fällt auf die Schnittmenge von Informationsangebot, -bedarf und -nachfrage (Abb. 3.4, Schnittmenge 2). Dabei wird der Informationsbedarf aufseiten des Managements bestimmt und sollte mithilfe des Controllings als unterstützende Funktion mit unabhängiger und objektiver Perspektive bewertet werden (Knauer 2015, S. 96).

Das Controlling steht vor der Herausforderung, Big Data für Planungs- und Kontrollprozesse und Berichtswesen zu verwenden und einer Big-Data-induzierten, ziellosen

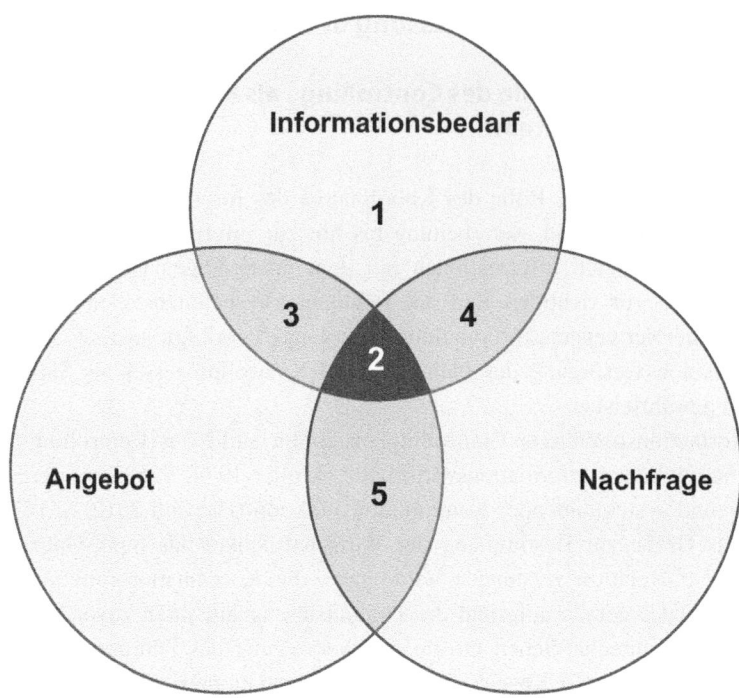

Abb. 3.4 Schnittmenge des Informationsbedarfs, -angebots und -nachfrage als zu koordinierende Schnittmenge durch das Controlling. (Quelle: In Anlehnung an Berthel 1992, S. 875)

ausufernden Sammelwut an verfügbaren Daten entgegenzuwirken (Abb. 3.5, Schnittmenge 5). Die formale Koordinationsaufgabe liegt dann in der Kontrollinstanz für die mit Kosten verbundene Informationsnachfrage als Auslöser des Informationsprozesses. Diese Rolle wird auch als begrenzende Funktion des Controllings bezeichnet, die das Management vor unwirtschaftlichen Entscheidungen schützt (Gleich 2015, S. 28 ff.). In seiner Rolle als Kontrollinstanz hat das Controlling die Aufgabe, Kostentransparenz in Bezug auf den Informationsprozess zu schaffen und mithilfe einer möglichen Allokation der Informationskosten auf einzelne Empfängergruppen dem Wert von Informationen eine höhere Bedeutung zu verleihen (Knauer 2015, S. 133). Auch der Informationsprozess muss effizient strukturiert sein und mit Kennzahlen in Bezug auf Kosten und Nutzen kontrolliert werden (Hildebrand 2015, S. 257 ff.). Eine effiziente Erfüllung dieser Koordinationsaufgabe spiegelt sich in einer minimierten Schnittmenge aus Informationen, die angeboten und nachgefragt werden, aber nicht notwendig sind, wider (Abb. 3.5, Schnittmenge 5).

Kompetenzen wie die Auswertung von großen Datenmengen gehören in das neue Kompetenzfeld des Controllings. Controller können den Prozess nicht der Informatikabteilung überlassen und sich erst in den letzten Prozessschritt der

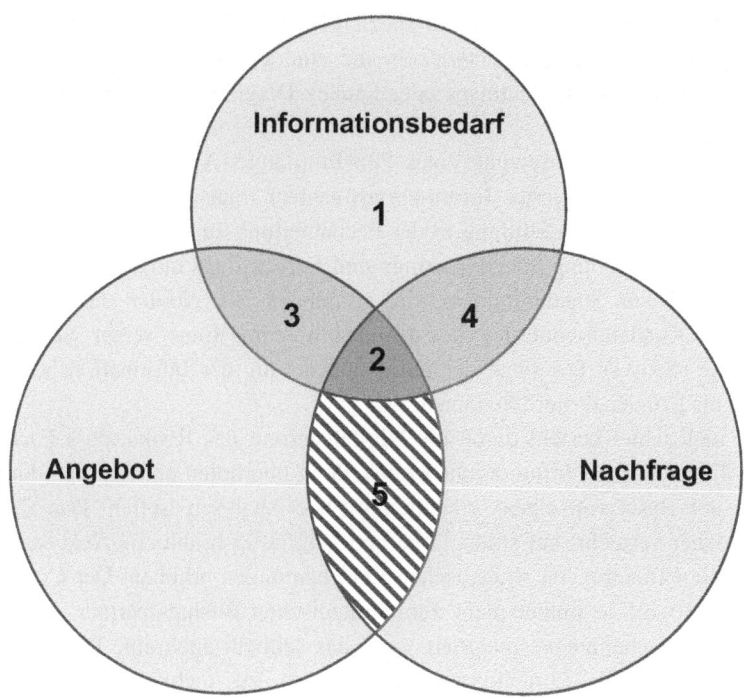

Abb. 3.5 Zu minimierende Schnittstelle als Ansatz der Begrenzungsfunktion des Controllings. (Quelle: In Anlehnung an Berthel 1992, S. 875)

Informationsauswertung einschalten. Denn in diesem Schritt lassen sich keine Rückschlüsse mehr auf die verarbeiteten Informationen ziehen. Das Controlling muss vor allem auch die Informationsqualität bewerten können. So muss der Controller in der Lage sein, z. B. die Glaubwürdigkeit der Informationen als Qualitätskriterium des Informationsprozesses zu bewerten (Hildebrand 2015, S. 34).

Ein Teil des Informationsprozesses ist auch die Informationsbereitstellung zu den Ansätzen der Effizienzmessung des Controllings. Die Art und Weise der Informationsbereitstellung hat hohen Einfluss auf die Qualität der Entscheidungsgrundlage. Es ist zu beobachten, dass Unternehmen trotz steigender Verfügbarkeit von Informationen nicht unbedingt bessere Entscheidungen treffen (Hildebrand 2015, S. 7). Big Data ermöglichen es aber, die Folgen von bestimmten Entscheidungen zu simulieren und damit besser einschätzen zu können. Entscheidungen können mit Berücksichtigung aller relevanten (Qualität) zur Verfügung (Vollständigkeit) stehenden Informationen auch schneller getroffen werden (Hermann und Weichel 2016, S. 8).

Der umfassende Informationsgehalt muss für das Management übersichtlich und verständlich aufbereitet werden. Dafür sind Darstellungsformen wie Balken- oder Säulendiagramm sowie Tabellen nur bedingt geeignet, da sie komplexere Zusammenhänge

nicht darstellen können. Daher wurden speziell für Big-Data-Anwendungen neue Formen der Ergebnisdarstellungen entwickelt, die eine gewisse intuitive Verständlichkeit
mitbringen, wie Treemaps, Heatmaps oder Sankey-Diagramme (Losbichler et al. 2016,
S. 47 ff.).

Durch eine stärkere Umsetzung eines Pull-Empfänger-Ansatzes (ein vom Empfän-
ger initiierter, individualisierter Informationstransfer) trägt das Controlling dazu bei,
die Effizienz der Aufgabenerfüllung in der Fachabteilung zu erhöhen. Die Entwicklung
hin zu doppelter Erstellung von Reportings und Forecastings aufgrund einer fehlenden
Informationstiefe von Standardreports wird vermieden. So erfordert die Digitalisierung
eine stärkere Kundenorientierung des Controllings im Sinne seiner Serviceleistung
(Knauer 2015, S. 133). Der Grad der Individualisierung der Informationsbereitstellung
kann somit als Effizienzkriterium dienen.

Dessen ungeachtet besteht durch die Digitalisierung das Risiko, dass Fachbereiche
das Controlling mit ihrer Informationsbereitstellung überholen und Entscheidungen vor-
zugsweise auf Basis von eigens erstellten Ad-hoc-Analysen treffen. Das Controlling
muss sich daher vermehrt auf strategische und langfristig orientierte Analysen spezialisieren, die die Effizienz von strategischen Entscheidungen erhöhen. Der Controller der
Digitalisierung wird so immer mehr zum strategischen Businesspartner, der stärker in
Unternehmensentscheidungen integriert wird, das schließt auch eine Fokusverlagerung
von einer vergangenheitsorientierten Analyse hin zu mehr Zukunftssimulationen
ein. Grundsätzlich beschleunigt sich der Informationsprozess mit steigendem
Digitalisierungsgrad und die Reaktionszeit des Controllings ist ein neu implizierter
Effizienzfaktor der Digitalisierung (Schäffer und Weber 2016a, S. 2).

3.4.2 Ansätze in der Rolle des Controllings zur Informationssystembildung

Effizienzpotenziale liegen in einer institutionalisierten Kompetenzverteilung mit
dem Controlling als verantwortlichem Gestalter des Informationssystems (Horváth
2012, S. 306). Denn nur wenn es Unternehmen schaffen, ein effizient organisiertes
Informationssystem aufzubauen, sind sie in der Lage, angemessen auf die Herausforderungen der digitalisierten Umwelt zu reagieren bzw. Wettbewerbsvorteile durch
eine schnellere Reaktionsfähigkeit zu generieren (Knauer 2015, S. 133).

Dazu übernimmt das Controlling die Rolle des Gatekeepers und trägt die Verantwortung, Leitplanken für den gesamten Informationsprozess in Form einer Governance zu setzen, die den Umgang mit Datenquellen, Datenstruktur, Datensicherheit
bzw. widersprüchlichen Daten regelt und ein Informationschaos vermeidet (Täuscher
et al. 2017, S. 199). Damit verbunden ist, dass das Controlling als zentrale Stelle den
Informationsprozess aktiv und ergebniszielorientiert strukturiert. Dafür braucht es den
Überblick über Informationslage, Informationsbedarf und Informationsprozesse auf
Basis von internen und externen Daten (Schäffer und Weber 2016a, S. 3). Dazu gehört

auch, den internen Wettbewerb um exklusive Informationen abzubauen und damit eine effiziente Informationsnutzung zu ermöglichen. Das Controlling hat damit die Aufgabe, Informationssilos im Unternehmen aufzubrechen und eine prozessorientierte, an der Wertschöpfungskette orientierte Sicht durchzusetzen (Baumöl und Grawe 2017, S. 371). Als Effizienzmesser kann der Grad der Koordination des Data Warehouses durch das Controlling fungieren. Als Data Warehouse wird ein „zentraler Datenspeicher mit integrierten aktuellen und historischen Daten aus einer oder mehreren Quellen" (Hildebrand 2015, S. 80) bezeichnet.

In seiner informationssystembildenden Funktion hat das Controlling auch die Aufgabe, für die Etablierung eines Datenqualitätsmanagements zu sorgen und so der Ergebnisqualität des Informationsprozesses Rechnung zu tragen, was u. a. aufgrund der externen Datenquellen immer notwendiger wird (Hildebrand 2015, S. 224).

Vor dem Hintergrund dieses gestiegenen Umfangs an Aufgaben wird diskutiert, ein Informationsmanagement als eigenen Geschäftsbereich aufzubauen. Dagegen sprechen jedoch die fehlende Vernetzung in die Fachbereiche, die das Controlling durch seine inhärenten Aufgaben bereits innehat, und die fehlende Ergebnisorientierung, die es notwendig machen würde, dass das Controlling als weitere Kontrollinstanz diesem Informationsmanagement übergeordnet wird.

Grundsätzlich muss sich die Unternehmensleitung klar zu der Frage positionieren, inwiefern die Informatik-Abteilung (IT) oder das Controlling die Führungsrolle zur Umsetzung der Digitalisierung im Unternehmen übernehmen sollte. Die Koordinationsfunktion und die Ergebniszielorientierung können dabei zur Abgrenzung des Controllings gegenüber der IT-Funktion im Unternehmen dienen. Schönbohm und Egle (2016, S. 224) sprechen in Bezug auf die Koordinationsaufgabe vom Controlling als „Lotse der digitalen Transformation". Zur Abgrenzung zur IT-Funktion steht hier die unternehmensweite Koordination inklusive der Gestaltung von Informationsinhalten und Informationsprozessen im Fokus, wohingegen die IT die Gestaltung und Umsetzung der Automatisierung von funktionalen Anforderungen mittels Informationstechnologien als Gegenstand hat. Eine enge Zusammenarbeit ist jedoch notwendig (Knauer 2015, S. 132).

Das Controlling muss dafür Sorge tragen, dass einzelne Informationssubsysteme zur Unterstützung des Planungs-, Kontroll- und Steuerungsprozesses integriert werden (Schönbohm und Egle 2016, S. 227). Der Integrationsgrad der einzelnen Informationssysteme kann dabei als Effizienzkriterium dienen.

Außerdem ist eine digitale Weiterentwicklung der bestehenden quantitativen und qualitativen Key Performance Indicators (KPIs) notwendig, die nutzbar für Planungszwecke oder Kontrollzwecke sind. Diese müssen weiter durch dynamische, algorithmenbasierte KPIs ergänzt werden. Das Controlling hat in diesem Zusammenhang die Aufgabe, neue Kennzahlen mit bestehenden, immer noch gültigen Finanzkennzahlen zu verknüpfen und ihre Auswirkung z. B. in Treiberbäumen deutlich zu machen. So müssen u. a. neue Messgrößen wie die Reichweite in sozialen Netzwerken durch die Ermittlung der Konversion (Conversion Rate) von Klicks in Umsatz an das bestehende Finanzkennzahlensystem angeknüpft werden (Schönbohm und Egle 2016, S. 226). So schlagen

Schönbohm und Egle vor, für die vier Grunddimensionen der Balance Score Card Ziele und KPI zur digitalen Transformation auf Unternehmensebene zu entwickeln, wie z. B. die getrennte Ausweisung von digitalen und nicht-digitalen Geschäftsfeldern bei der Finanz- und Kundenperspektive. Die neuen KPIs müssen den Erfolg der digitalen Transformation abbilden (Schönbohm und Egle 2016, S. 226). So erhalten finanzielle Kennzahlen, die immaterielle Vermögenswerte abbilden, eine höhere Bedeutung, wie z. B. die Immaterialisierungsquote, also der Ausweis der immateriellen Vermögensgegenstände als Prozent vom ausgewiesenen Eigenkapital (Schönbohm und Egle 2016, S. 217).

3.5   Ausblick

Jede Organisationsform hat nur so lange in einem ökonomischen Kontext Bestand, wie ihre Kosten und Leistungen als angemessen angesehen werden. Hier stellt das Controlling weder als Tätigkeit noch als Organisationsform eine Ausnahme dar. Die Digitalisierung in der in diesem Beitrag dargestellten Form darf dabei nicht nur als ein Instrument zur Senkung der Informationsverarbeitungskosten gesehen werden. (Es ist im Gegenteil eher davon auszugehen, dass die Kosten der Informationsverarbeitung in starkem Maße zunehmen werden und die viel beschriebene Vermehrung der volkswirtschaftlichen Wertschöpfung vor allem im IT-Sektor zu finden sein wird.) Die durch die Digitalisierung hervorgerufenen Veränderungen werden vielmehr das Aufgabenverständnis und die Erscheinungsform des Controllings verändern. Die Ursachen sind zum einen darin zu sehen, dass die Prozesse von der Informationsbeschaffung bis zur Informationsdarstellung einer neuen Komplexität unterliegen, die neue Informationsbearbeitungsinstrumente erfordert. Zum anderen führt das immer stärker werdende Auftreten von Unternehmen oder Unternehmensbereichen wie Data Science, die ursprünglich reine Datenverarbeitung betrieben haben und heute auch Controllingfunktionen übernehmen, zunehmend dazu, dass das Controlling seinen spezifischen Nutzen genauer abgrenzen und neu definieren muss. Das Controlling wird in Zukunft noch stärker als bisher erklären müssen, wie Entscheidungen zu treffen sind und wie die Digitalisierung auch zu einer Steigerung der Effizienz des Gesamtunternehmens beitragen kann. Es ist davon auszugehen, dass sich das Controlling die von ihm vertretene Aufgabe der Verbesserung der wirtschaftlichen Transparenz auch zunehmend selbst wird vorhalten lassen müssen. Die Messung der eigenen Effizienz wird daher eine wesentliche Voraussetzung sein, um die eigene Legitimität sicherzustellen. Controlling wird zunehmend reflexiv. Die ursprünglich einfache Formel „Je mehr Informationen, desto besser das Ergebnis" lautet zunehmend „Je mehr Informationen, desto teurer die Entscheidungsfindung". Ob damit dann auch eine bessere Entscheidung getroffen wird, ist fraglich. Genau hier muss effizientes Controlling in der digitalen Transformation ansetzen. Controlling wird sich zunehmend als zentrale Instanz verstehen müssen, die den ökonomischen Wert von Informationen im betrieblichen Kontext sicherstellt.

Literatur

Abolhassan, F. (2016). *Was treibt die Digitalisierung? Warum an der Cloud kein Weg vorbeiführt*. Wiesbaden: Springer Gabler.

Baumöl, U., & Grawe, C. (2017). Die Integration von Business und IT und die neue Rolle der Leistungssteuerung. *HMD Praxis der Wirtschaftsinformatik, 54*(3), 364–374.

Berthel, J. (1992). Informationsbedarf. In E. Frese (Hrsg.), *Handwörterbuch der Organisation* (3. Aufl., S. 872–886). Stuttgart: Poeschel.

Buschbacher, F. (2016). Wertschöpfung mit Big Data Analytics. *Controlling & Management Review, Sonderheft, 1,*41–45.

Fessmann, K.-D. (1980). *Organisatorische Effizienz in Unternehmungen und Unternehmungsteilbereichen*. Düsseldorf: Mannhold.

Gleich, R. (Hrsg.). (2015). *Moderne Controllingkonzepte – Zukünftige Anforderungen erkennen und integrieren*. Freiburg: Haufe.

Golombek, M. (2016). Big Data: Zwischen Sammelfrust und Sammellust. *Wissensmanagement, 6,*14–15.

Hermann, J., & Weichel, A. (2016). Wie Controller von Big Data profitieren können. *Controlling & Management Review, Sonderheft, 1,*7–15.

Hildebrand, K. (2015). *Daten- und Informationsqualität – Auf dem Weg zur Information Excellence* (3. Aufl.). Wiesbaden: Springer Vieweg.

Horváth, P. (2012). *Controlling*. München: Vahlen.

Internationaler Controller Verein (ICV) (2014). Big Data. Potenzial für den Controller. https://www.icv-controlling.com/fileadmin/Assets/Content/AK/Ideenwerkstatt/Files/ICV_Ideenwerkstatt_DreamCar-Bericht_BigData.pdf. Zugegriffen: 8, Aug. 2018.

Keuper, F., Hamidian, K., & Verwaayen, E. (2013). *Digitalisierung und Innovation*. Wiesbaden: Springer Gabler.

Knauer, D. (2015). *Act Big – Neue Ansätze für das Informationsmanagement*. Wiesbaden: Springer Gabler.

Kunisch, M. (2016). *Digitalisierung beginnt beim Dokumentenmanagement. Wissensmanagement, 7,*36–39.

Küpper, H.-U., Friedl, G., Hoffmann, C., & Hoffmann, Y. (2013). *Controlling – Konzeption, Aufgaben, Instrumente* (6. Aufl.). Stuttgart: Schäffer-Poeschel.

Lorscheid, P. (2017). Nutzung von Kundenwerten im Dialogmarketing. In S. Helm, B. Bünter, & A. Eggert (Hrsg.), *Kundenwert: Grundlagen – Innovative Konzepte – Praktische Umsetzungen* (4. Aufl., S. 555–570). Wiesbaden: Springer.

Losbichler, H., Eisl, C., & Plank, H. (2016). Neue Visualisierungsformen auf dem Prüfstand. *Controlling & Management Review, Sonderheft, 1,*46–53.

Müller, W. (1974). Die Koordination von Informationsbedarf und Informationsbeschaffung als zentrale Aufgabe des Controlling. *Schmalenbachs Zeitschrift für betriebswirtschaftliche Forschung, 26,*683–693.

Münch, R. (2004). *Soziologische Theorie. 3. Bd. Gesellschaftstheorie*. Frankfurt a. M.: Campus.

Neumeier, A. (2017). Wert der Digitalisierung – Erfolgreiche Auswahl von Digitalisierungsprojekten. *HMD Praxis der Wirtschaftsinformatik, 54*(3), 338–350.

Oehler, K., & Seufert, A. (2016). Controlling und Big Data: Anforderungen an die Methodenkompetenz. *Controlling & Management Review, Sonderheft, 1,*74–82.

o. V. (2016). Das Controlling muss unternehmerisch denken und agieren. *Controlling & Management Review, 60*(6), 18–23.

Picot, A., & Wolff, B. (2013). Informationsökonomik. In Springer Gabler (Hrsg.), *Gabler Wirtschaftslexikon* (16. Aufl., S. 1477–1482). Wiesbaden: Gabler.

Samulat, P. (2017). *Die Digitalisierung der Welt. Wie das Industrielle Internet der Dinge aus Produkten Services macht.* Wiesbaden: Springer Gabler.

Schäffer, U., & Weber, J. (2016a). *Big Data – Zeitenwende für Controller* (S. 1). Sonderheft: Controlling & Management Review.

Schäffer, U., & Weber, J. (2016b). Die Digitalisierung wird das Controlling radikal verändern. *Controlling & Management Review, 60*(6), 6–17.

Schäffer, U., & Weber, J. (24. Oktober 2016c). Der Computer prognostiziert sehr gut. *FAZ, 248,*16.

Schönbohm, A., & Egle, U. (2016). Controlling der digitalen Transformation. In D. Schallmo, A. Rusnjak, J. Anzengruber, T. Werani, & M. Jünger (Hrsg.), *Digitale Transformation von Geschäftsmodellen – Grundlagen, Instrumente und Best Practices* (S. 213–236). Wiesbaden: Springer Gabler.

Steiner, H., & Welker, P. (2016). Wird der Controller zum Data Scientist? *Controlling & Management Review, Sonderheft, 1,*68–73.

Täuscher, K., Hilbig, R., & Abdelkafi, N. (2017). Geschäftsmodellelemente mehrseitiger Plattformen. In D. Schallmo, A. Rusnjak, J. Anzengruper, T. Werani, & M. Jünger (Hrsg.), *Digitale Transformation von Geschäftsmodellen – Grundlagen, Instrumente und Best Practices* (S. 179–236). Wiesbaden: Springer Gabler.

Weinreich, U. (2016). *Lean Digitization – Digitale Transformation durch agiles Management.* Wiesbaden: Springer Gabler.

Prof. Dr. Kay Schlenkrich ist seit 2012 hauptberuflicher Dozent für Betriebswirtschaftslehre, insbesondere Management und Organisation, an der FOM Hochschule und seit 2015 wissenschaftlicher Gesamtstudienleiter am Studienzentrum Düsseldorf. Schwerpunkte seiner Arbeit liegen in den Bereichen Unternehmenssteuerung und Erfolgsmessung sowie Wechselwirkungen zwischen gesellschaftlichem und betriebswirtschaftlichem Wandel.

Prof. Dr. Helena Wisbert ist hauptberufliche Dozentin für Betriebswirtschaftslehre, insbesondere Marketing und Vertrieb, an der FOM Hochschule.

Effizientes Energiecontrolling in Zeiten von Industrie 4.0

4

Können digitale Transformation und Big Data zu mehr Ressourceneffizienz beitragen?

Martin-Alexander Arns und Thomas Heupel

Inhaltsverzeichnis

M.-A. Arns (✉)
Wenden, Deutschland
E-Mail: martin.arns1990@t-online.de

T. Heupel
FOM Hochschule für Oekonomie & Management, Essen, Deutschland
E-Mail: thomas.heupel@fom.de

© Springer Fachmedien Wiesbaden GmbH, ein Teil von Springer Nature 2019
T. Kümpel et al. (Hrsg.), *Controlling & Innovation 2019,* FOM-Edition,
https://doi.org/10.1007/978-3-658-23474-4_4

Zusammenfassung

Ein erfolgreiches Energiemanagement kann Energiekosten senken, den Energieverbrauch und die Emissionsbelastung reduzieren und so einen Beitrag zur Steigerung der Ressourceneffizienz leisten. Eine wichtige Basis des Energiemanagements stellt das Energiecontrolling dar. Dieses unterstützt die Verantwortlichen bei der Planung, Steuerung und Kontrolle der energiebezogenen Ziele. Vor dem Hintergrund der Industrie 4.0 könnten die erweiterten Informationssysteme mit valideren Daten zu mehr Entscheidungsgüte beitragen. Um die sich hier bietenden Möglichkeiten und Grenzen zu betrachten, werden mithilfe der SWOT-Analyse die Chancen, Risiken, Stärken und Schwächen von Big Data und digitaler Transformation für das Energiecontrolling eines Produktionsunternehmens untersucht. Außerdem werden Handlungsempfehlungen für eine erfolgreiche Implementierung vorgestellt.

4.1   Einleitung

Der 11. März 2011, der Tag, an dem das schwere Erdbeben vor der japanischen Küste in Fukushima passierte, ist vielen Menschen noch in Erinnerung (vgl. Fischer 2017, S. 315; Ziesing 2014, S. 16, 353). Dieses Ereignis bewegte die Bundesregierung dazu, den Ausstieg aus der Atomenergie in Deutschland festzulegen (vgl. Schreurs et al. 2014, S. 9 f.; Ziesing 2014, S. 353–354). Bereits vor diesem Unglück wurden weitere Klimaschutzziele wie die Reduzierung der Treibhausgasemissionen und des Energieverbrauchs sowie eine Erhöhung der Stromerzeugung aus erneuerbaren Energien und die Steigerung der Energieeffizienz festgelegt, die es umzusetzen gilt (vgl. Wosnitza und Hilgers 2012, S. 5 f., 506; Ziesing 2014, S. 353 f.). Aufgrund der weltweit ansteigenden Energienachfrage, insbesondere aus China, Indien und Russland, wird sich die Situation des produzierenden Gewerbes weiter verschärfen (vgl. Posch 2011, S. 2; Quitt et al. 2011, S. 111; Wosnitza und Hilgers 2012, S. 1). Es wird zu erheblichen Preissteigerungen im Bereich der Energieversorgung kommen, die sich auf die Wettbewerbsfähigkeit deutscher Unternehmen auswirken werden (vgl. Quitt et al. 2011, S. 109, 111; Wosnitza und Hilgers 2012, S. 14).

Die Ziele des Energiemanagements bestehen darin, die Energiekosten, den Energieverbrauch und somit die Emissionsbelastung zu reduzieren, einen Beitrag für den Umweltschutz und die Nachhaltigkeit zu leisten und die Energieeffizienz im Unternehmen und insbesondere im Wertschöpfungsprozess zu erhöhen, um damit auch das Image zu verbessern (vgl. Geilhausen 2015, S. 7 f.; Grahl 2010, S. 10; Müllers 2014, S. 139; Quitt et al. 2011, S. 112 f.; Wosnitza und Hilgers 2012, S. 506). Eines der wichtigsten Elemente des Energiemanagements ist das Energiecontrolling (vgl. Grahl 2010, S. 12; Wosnitza und Hilgers 2012, S. 498; Zumpe 2014, S. 127 f.). Dieses unterstützt die Verantwortlichen bei der Planung, Steuerung und Kontrolle der energiebezogenen Ziele (vgl. Quitt et al. 2011, S. 119; Schulze und Gleich 2014, S. 29–30). Die Grundlage für das Energiecontrolling bildet ein Energieinformationssystem (vgl. Engelmann 2015, S. 291 f.; Grahl 2010, S. 20). Damit werden sämtliche Energie-, Kosten- und Produktionsdaten erfasst

und verarbeitet (vgl. Engelmann 2015, S. 291 f.; Grahl 2010, S. 20). Mit der nun bevor-
stehenden Industrie 4.0 werden sich gravierende Veränderungen, aber auch Chancen
für ein belastbares Datenmanagement ergeben. Die digitale Transformation basiert auf
Informations- und Kommunikationstechnologien, in denen sämtliche Informationen in
digitaler Form abgebildet werden (vgl. Ruoss 2015, S. 6, zitiert nach Zumstein und Kunischewski 2016; Zollenkop und Lässig 2017, S. 60). Diese Technologien werden in vielen
Bereichen Einfluss nehmen und Veränderungen herbeiführen, so auch im produzierenden
Gewerbe (vgl. Roth 2016, S. 3, 5; Zollenkop und Lässig 2017, S. 60). Dies ist mit dem
Begriff Industrie 4.0 gekennzeichnet (vgl. Roth 2016, S. 5; Zollenkop und Lässig 2017,
S. 60). Mit dieser wird es möglich, dass sich die Prozesse selbst regulieren und die Pro-
duktion in einer bis jetzt noch nicht vorhandenen Effizienz und Flexibilität gestaltet wird
(vgl. Gleich et al. 2016, S. 25; Reischauer und Schober 2015, S. 23; Roth 2016, S. 6).

Zielsetzung
Daraus ergibt sich die Forschungsfrage, ob ein effizientes Energiecontrolling im Rahmen
des Energiemanagements in Zeiten von Industrie 4.0 durch digitale Transformation und
Big Data zu mehr Ressourceneffizienz beitragen kann. Um diese Frage zu beantworten,
werden mithilfe der SWOT-Analyse die Chancen, Risiken, Stärken und Schwächen
von Big Data und digitaler Transformation in Zeiten von Industrie 4.0 für das Energiecontrolling eines Produktionsunternehmens bzw. zur Steigerung der Ressourceneffizienz
im Rahmen des Energiecontrollings eines Produktionsunternehmens untersucht. Außerdem werden zehn Handlungsempfehlungen für eine erfolgreiche Einführung und Implementierung von Big Data und digitaler Transformation bzw. Industrie 4.0 vorgestellt.

4.2 Der Weg zu mehr Ressourceneffizienz und Energieeffizienz in Deutschland

Energieeffizienz
Die Energieeffizienz ist das Verhältnis der eingesetzten Energie zu einer Leistung/einem
Nutzen, wie z. B. kWh/je produzierte Mengeneinheit (vgl. Bürki 2014, S. 98 f.; Junge
2013, S. 77). Die Produktion einer Mengeneinheit gilt als effizient, wenn sie mit dem
geringsten Energieaufwand hergestellt wird (vgl. Junge 2013, S. 70 f.). Um die Energieeffizienz zu messen, müssen Kennzahlen gebildet werden (vgl. Bürki 2014, S. 98–100;
Junge 2013, S. 77). Dies sollte in regelmäßigen Abständen erfolgen, um Entwicklungen
festzustellen (vgl. Bürki 2014, S. 105). Basierend darauf müssen Maßnahmen ergriffen
werden, um die Energieeffizienz durch Optimierungen zu verbessern (vgl. Bürki 2014,
S. 100). Dazu ist es notwendig, Energieverbräuche und Produktionsleistungen etc. festzuhalten (vgl. Junge 2013, S. 75).

Energiecontrolling
Das Energiecontrolling ist die Basis für ein Energiemanagement und zählt zu den wichtigsten Elementen, um dieses erfolgreich umzusetzen (vgl. Grahl 2010, S. 12, 19; Schulze

und Gleich 2014, S. 30; Wanke 2014, S. 315; Wosnitza und Hilgers 2012, S. 498). Dazu erfasst der verantwortliche Energiecontrollingmitarbeiter zunächst die Energieverbrauchswerte von den jeweiligen Messpunkten im Unternehmen. Sie geben Aufschluss über Verbräuche der Anlagen und Bereiche und zeigen Entwicklungen auf. Die Ermittlung dieser Werte sollte in regelmäßigen Abständen stattfinden, um daraus Kennzahlen zu bilden (vgl. Engelmann 2015, S. 302, 305; Geilhausen 2015, S. 33 f., 38, 57; Grahl 2010, S. 22). Dabei gilt es, nicht nur die absoluten Energieverbräuche zu berechnen, sondern diese in ein Verhältnis mit einer Ausbringungsmenge, Umsatz o. Ä. zu setzen (vgl. Schulze und Gleich 2014, S. 40). Somit werden Energiedaten mit Ausbringungswerten verdichtet. Mit diesen Energiekennzahlen müssen regelmäßig Soll-Ist-, Betriebs- oder Zeitvergleiche durchgeführt werden, um Verbesserungen oder Verschlechterungen festzustellen (vgl. Engelmann 2015, S. 300, 311; Geilhausen 2015, S. 23, 57; Grahl 2010, S. 22). Daraus lassen sich Maßnahmen für Optimierungen ableiten bzw. feststellen, um Effizienzsteigerungen zu erzielen und die Energiekosten zu senken (vgl. Grahl 2010, S. 22, 25). Energiekennzahlen sind ein wichtiges Instrument, um einen kontinuierlichen Verbesserungsprozess zu gewährleisten.

4.3   Untersuchung von Big Data, digitaler Transformation bzw. Industrie 4.0 als Beitrag zu mehr Ressourceneffizienz

Dieses Kapitel befasst sich mit der Forschungsfrage, ob ein effizientes Energiecontrolling in Zeiten von Big Data, digitaler Transformation bzw. Industrie 4.0 zu mehr Ressourceneffizienz beitragen kann. Dazu werden die zuvor beschriebenen Stärken, Schwächen, Chancen und Risiken von Big Data, digitaler Transformation bzw. Industrie 4.0 hinsichtlich der Forschungsfrage untersucht.

4.3.1   Ausgewählte Stärken der digitalen Transformation – als Beitrag zu mehr Ressourceneffizienz

Innerbetriebliche Objektkommunikation
Eine technologische Stärke von Industrie 4.0 basiert zum einen auf der Machine-to-Machine-Kommunikation (vgl. Sendler 2013, S. 12 f.; Seufert 2014, S. 25; Siepmann 2016, S. 59). Sie ergibt sich durch die Anbindung sämtlicher Maschinen an das Internet und die Ausstattung mit Sensoren, die eine Vielzahl an unterschiedlichen Daten erzeugen und über Kommunikationsmodule verbreiten bzw. empfangen (vgl. Brühl 2015, S. 63; Regtmeier und Kaufmann 2016, S. 165; Schlick et al. 2014, S. 59; Zollenkop und Lässig 2017, S. 64). Zuvor waren die Produktionsmittel entweder isoliert voneinander oder nur über Kabel miteinander verbunden (vgl. Schlick et al. 2014, S. 59; Sendler 2013, S. 12 f.). Folglich ergab sich ein räumliches bzw. zeitliches Hindernis, das die Kommunikation verhinderte bzw. verlangsamte (vgl. Brühl 2015, S. 63; Sendler 2013, S. 12 f.). Nun ergibt sich für die Objekte die Möglichkeit, in Echtzeit ihre Daten untereinander

auszutauschen (vgl. Kleinemeier 2014, S. 576; Seufert 2014, S. 25; Zollenkop und Lässig 2017, S. 64 f.). Dadurch sind die Objekte in der Lage, miteinander zu kommunizieren und darauf basierend sich gegenseitig zu steuern. Nicht nur interne Objekte können sich nun miteinander verständigen, sondern auch externe Objekte. Dadurch können Stillstands- oder Wartezeiten der Objekte durch eine bessere Prozessorganisation reduziert bzw. eliminiert werden (vgl. Kleinemeier 2014, S. 576; Zollenkop und Lässig 2017, S. 64 f., 69). Dies führt dazu, dass die eingesetzte Energie der Objekte nur für Produktionszwecke benötigt wird. Das steigert die Effizienz. Das Energiecontrolling kann somit einen Beitrag zu mehr Ressourceneffizienz leisten. Hierzu zählt beispielsweise das Aufzeigen von Stillstandszeiten.

Deep Learning

Im Rahmen der digitalen Transformation und Industrie 4.0 kommt es auch zu Deep Learning als einer besonderen Art des Maschinenlernens (vgl. Kreutzer 2017, S. 41; Kollmann und Schmidt 2016, S. 49). Der Einsatz von Sensoren in Objekten führt zu einer Vielzahl an Daten, die die Gegebenheiten aus ihrem Aufnahmebereich aufnehmen und in digitaler Form bzw. als Datensatz ablegen. Mit entsprechender Software können diese Daten aus den Sensoren aufbereitet und/oder verarbeitet werden (vgl. Schließmann 2014, S. 470). Die Objekte sind dadurch in der Lage, Dinge und Tatsachen wahrzunehmen und daraus zu lernen (vgl. Kreutzer 2017, S. 41; Kollmann und Schmidt 2016, S. 49; Schallmo und Rusnjak 2017, S. 20). Sie verfügen durch die Rechnerausstattung über eine künstliche Intelligenz, ähnlich dem menschlichen Verstand (vgl. Kollmann und Schmidt 2016, S. 49; Schallmo und Rusnjak 2017, S. 20). Aus Anwendungsbeispielen übertragen diese Objekte ihr Wissen auf neue, ähnliche Situationen unter Berücksichtigung der entsprechenden Gegebenheiten (vgl. Kreutzer 2017, S. 41; Kollmann und Schmidt 2016, S. 49; Schallmo und Rusnjak 2017, S. 20). Dies kann dazu beitragen, dass die Prozessabläufe ohne Störung erfolgen bzw. frühzeitiger Verschleiß aufgedeckt wird, der einen erhöhten Energieverbrauch nach sich ziehen könnte. Bedingt durch den ständigen Datenaustausch können die einzelnen Objekte auch ihren Energieverbrauch regeln. Werden einzelne Objekte für den aktuellen bzw. zukünftigen Produktionsprozess nicht benötigt, können sie sich in einen Betriebszustand versetzen, in dem nur ein geringer bzw. kein Energieverbrauch notwendig ist.

Steigerung der internen Datenmenge

Durch die digitale Transformation bzw. Industrie 4.0 wird eine Vielzahl an Daten erzeugt. Anlagen, Maschinen, Objekte etc. erfassen mittels Sensoren die Produktionsgegebenheiten und halten sie als Messwerte fest (vgl. Baumöl und Berlitz 2014, S. 164; Feindt und Grüßing 2014, S. 179; Grabowski et al. 2014, S. 172; Theis 2014, S. 248). Dazu zählt z. B. der Druckluft-, Strom- und Gasverbrauch, die Temperatur, Motorenleistungen in Form von Umdrehungen pro Minute, die Anzahl von Gut- bzw. Ausschussteilen sowie Angaben zum derzeitigen Standort des Objektes. Die hohen Datenmengen unterstützen das Energiecontrolling (vgl. Grönke et al. 2014, S. 75). Es stehen Messwerte zur Verfügung, die Aufschluss über die Energieverbräuche, Leistungen, Produktions- und Maschinendaten geben (vgl. Bachmann et al. 2014, S. 168 f.; Baumöl und

Berlitz 2014, S. 164). Damit ist das Energiecontrolling in der Lage, absolute Zahlen und Verhältniskennzahlen zu ermitteln. Mit ihnen können Soll-Ist-Vergleiche sowie Zeitvergleiche durchgeführt werden. Sie geben Hinweise, ob es zu Veränderungen hinsichtlich der Ressourceneffizienz gekommen ist. Sind Veränderungen festzustellen, muss das Energiecontrolling die Ursachen dafür herausfinden. Bei einer Verschlechterung gilt es, die Ursachen bzw. Fehler abzustellen. Hierzu leisten die digitale Transformation bzw. Industrie 4.0 und Big Data durch die Vielzahl an Daten einen Mehrwert. Je transparenter die Gegebenheiten aus dem Produktionsprozess bzw. anderen Unternehmensbereichen ermittelt werden, umso besser sind die Analysen (vgl. Bachmann et al. 2014, S. 168 f.; Feindt und Grüßing 2014, S. 179; Grönke et al. 2014, S. 67, 75). Ein Energiemanagement lässt sich nur dann erfolgreich umsetzen, wenn es sich auf die Ermittlungen und Umsetzungen von messbaren Zielen konzentriert (vgl. Müllers 2014, S. 144 f., 148 f.). Die Vielzahl an Daten unterstützt dabei, die Ressourceneffizienz zu verbessern.

Echtzeitanalyse

Big-Data-Technologien ermöglichen eine automatische Echtzeitanalyse (vgl. Bachmann et al. 2014, S. 187; Baumöl und Berlitz 2014, S. 164 f.; Grönke et al. 2014, S. 69, 76). Dies gelingt durch Technologien wie In-Memory-Technik oder Map-Reduce (vgl. Bachmann et al. 2014, S. 187, 241; Dorschel und Dorschel 2015, S. 10; Hertweck und Kinitzki 2015, S. 30; Lanquillon und Mallow 2015, S. 83 f.; Scheer 2016, S. 39; Schulmeyer 2015, S. 313; Stremler und März 2015, S. 159). Sie führen zu einer hohen Verarbeitungsgeschwindigkeit der Daten. Beispielsweise müssen die Daten nicht neu strukturiert werden, damit sie wie im Data Warehouse für Analysezwecke zur Verfügung stehen. Dadurch können Planungen und Berichte in einer kürzeren Zeit erfolgen, was die Flexibilität erhöht. Die In-Memory-Technik basiert auf Datenbanken oder Servern, die große Datenmengen direkt im Hauptspeicher (In-Memory) speichern und verarbeiten (vgl. Dorschel und Dorschel 2015, S. 10; Scheer 2016, S. 39; Stremler und März 2015, S. 159). Die Analyse gelingt deutlich schneller als mit konventionellen, festplattenbasierten Datenbanken oder Speichermedien. Durch die In-Memory-Technik werden die Daten so aufbereitet, dass sie besonders für Echtzeitanalysen zur Verfügung stehen.

Nutzen aus der unterschiedlichen Datenvielfalt

Big-Data-Analysen sind in der Lage, neben strukturierten und semi-strukturierten auch unstrukturierte Daten zu verarbeiten (vgl. Hertweck und Kinitzki 2015, S. 18; Sauter et al. 2016, S. 145; Seufert 2014, S. 27). Unter strukturierten Daten sind z. B. Zahlenwerte zu verstehen (vgl. Seufert 2014, S. 27). Hinter semi-strukturierten Daten verbergen sich beispielsweise Texte (vgl. Seufert 2014, S. 27). Mit unstrukturierten Daten sind beispielhaft Bilder oder Videos gemeint (vgl. Seufert 2014, S. 27). Im Rahmen der Datenbereitstellung muss es nun nicht mehr zu aufwendigen Umwandlungsprozessen kommen (vgl. Grönke und Heimel 2014, S. 134 f.). Deshalb ergeben sich völlig neue Möglichkeiten, diese unterschiedlichen Datenvarianten zu kombinieren. Die hieraus gewonnenen Erkenntnisse über das Unternehmen und seine Prozesse dienen als neue Form der Entscheidungsunterstützung (vgl. Grönke et al. 2014, S. 67; Hertweck und Kinitzki 2015,

S. 18; Lanquillon und Mallow 2015, S. 75 f.). Aber auch Prognosen können eine verlässlichere Aussagekraft erhalten (vgl. Baumöl und Berlitz 2014, S. 164; Grönke et al. 2014, S. 67, 75; Sauter et al. 2016, S. 145). Dies ergibt sich durch eine Streuung auf unterschiedlichste Quellen, die zuvor nicht herangezogen werden konnten, da die Inhalte aufgrund ihres Formats nicht verarbeitungsfähig waren (vgl. Feindt und Grüßing 2014, S. 179; Sauter et al. 2016, S. 145). Jetzt ist es mit ihnen jedoch möglich, frühzeitig leicht auffälligen Hinweisen nachzugehen. Für das Energiecontrolling bietet sich nun neben den messbaren Werten wie Verbräuchen, Stückzahlen, Temperaturen etc. die Möglichkeit, Daten wie Maschinenstatus, Geräusche oder Berichte zu verwenden. Beispielsweise können die Inhalte von PDF-Dateien oder Bilddokumentationen dahin gehend verwendet werden, dass sie mit den Ist-Werten verglichen werden. Es findet ein Abgleich der tatsächlichen Verbräuche, Temperaturen, Lastspitzen etc. mit den Vorgaben statt, die in den semi- bzw. unstrukturierten Daten abgelegt sind. Durch die Kombination dieser Werte ergeben sich neue Erkenntnisse über die (In-)Effizienz im Bereich der Energie. Darauf basierend können Verbesserungsmöglichkeiten erarbeitet und umgesetzt werden, um die Effizienz zu steigern.

Mustererkennung
Die Big-Data-Technologie macht es möglich, aus Datensätzen korrelative Verbindungen herzuleiten (vgl. Heuberger-Götsch 2016, S. 84, 86; Weinreich 2016, S. 71; Zollenkop und Lässig 2017, S. 85 f.). Dies war aufgrund der unausgereiften IT-Technologien zuvor nicht möglich (vgl. Grönke et al. 2014, S. 67; Heuberger-Götsch 2016, S. 84, 86). Das Erkennen von Abhängigkeiten und Kausalitäten führt zu neuen Erkenntnissen über die Prozesse (vgl. Grönke et al. 2014, S. 67; Heuberger-Götsch 2016, S. 84, 86). Dabei gilt die Suche vor allem den Gründen und Ursachen, wieso sich etwas in einem bestimmten Grad entwickelt hat. Das dient auch dem Energiecontrolling dazu, Rückschlüsse aus/auf bestimmte/n Energieverbräuche/n zu entwickeln. Auffälligkeiten, die sich in Messwerten widerspiegeln und einen erhöhten Energie- bzw. Ressourcenverbrauch nach sich ziehen, würden durch diese Big-Data-Technologie erkannt werden. So steigt mit zunehmendem Verstopfungsgrad eines Filters auch der Energieverbrauch der Anlage. Mithilfe von Messwerten und dem entsprechenden Sachverstand ist es hier möglich, die Schwachstelle festzustellen. Dazu gilt es, Optimierungen zu finden, wie z. B. eine eigenständige Reinigung, um die Ressourceneffizienz zu verbessern.

Steigerung der Prognosegüte
Die Steigerung der Prognosegüte wird durch die bereits angeführten Eigenschaften der digitalen Transformation bzw. Industrie 4.0 und Big Data erzielt. Es ist möglich, Forecasts mit weniger Aufwand und in kürzerer Zeit durchzuführen (vgl. Grönke et al. 2014, S. 75; Jodlbauer und Straßer 2016, S. 117). Dies hat zur Folge, dass den verantwortlichen Personen in einem Unternehmen eine verbesserte Grundlage zur Prozesssteuerung gegeben wird. Diese Art von Mehrwert wird auch unter den Themen Predictive Analytics und Prescriptive Analytics zusammengefasst (vgl. Grönke et al. 2014, S. 67; Lanquillon und Mallow 2015, S. 57; Sauter et al. 2016, S. 145). Unter Predictive Analytics

ist eine vorhersagende Analyse zu verstehen, die sich mit der Prognose von möglichen gegenwärtigen bzw. zukünftigen, noch unbekannten Tatsachen beschäftigt (vgl. Grönke et al. 2014, S. 67; Lanquillon und Mallow 2015, S. 57; Sauter et al. 2016, S. 145). Die Prescriptive Analytics gibt die Vorgabe, wie gesetzte Ziele am besten erreicht werden (vgl. Grönke et al. 2014, S. 67; Lanquillon und Mallow 2015, S. 57; Sauter et al. 2016, S. 145). Darauf beruhend kann es z. B. Prognosen über die Entwicklung von Verschleißteilen durchführen, basierend auf Temperaturanstieg bzw. Steigerung von Schwingungen etc. (vgl. Bachmann et al. 2014, S. 246). Ziel ist es zu ermitteln, wann der optimale Austauschzeitpunkt erreicht ist, um kostspielige Reparaturen bzw. längere Maschinenausfallzeiten zu verhindern.

Mit dem Mehr an Informationen kann das Energiecontrolling auch die Prozesse so prognostizieren und danach steuern, dass Lastspitzen vermieden werden und dadurch die Energiekosten auf einem niedrigen Niveau verbleiben (vgl. Seufert 2014, S. 42 f.). Es kann dabei Simulationen durchführen, ohne dass die eigentlichen Produktionsobjekte dafür herangezogen werden müssen und dafür Energieverbräuche notwendig sind (vgl. Bauernhansl 2014, S. 20; Zollenkop und Lässig 2017, S. 80).

Entscheidungsunterstützung & Aufwandserleichterung im Energiecontrolling
Die Digitalisierung der Produktionsprozesse, die digitale Vernetzung und deren Analyse bilden das Fundament für verbesserte Entscheidungen (vgl. Demont und Paulus-Rohmer 2017, S. 108; Schallmo und Rusnjak 2017, S. 19; Zollenkop und Lässig 2017, S. 63). Die Vielzahl an unterschiedlich strukturierten Daten, die in Echtzeit analysiert und auf Kausalitäten hin untersucht werden können, unterstützt die verantwortlichen Personen im Unternehmen bei der Entscheidungsfindung (vgl. Lucke 2013, S. 260 f.; Weinreich 2016, S. 145; Westkämper 2013b, S. 331). Die digitale Transformation bzw. Industrie 4.0 und Big Data haben auch Auswirkungen auf den Arbeitsaufwand im Büro (vgl. Kollmann und Schmidt 2016, S. 110 f.). Durch die dezentrale Steuerung organisieren sich die Objekte so, dass die Wertschöpfung sehr effizient durchgeführt wird. Der Energiecontroller muss sich nur noch selten bzw. gar nicht mehr mit Analysen beschäftigen, um Schwachpunkte im Prozessablauf in Kooperation mit anderen Mitgliedern aus dem Energiemanagement festzustellen.

Mitarbeitersubstitution
Abgeleitet aus den vorangestellten Punkten führt die digitale Transformation zu einer Substitution von menschlicher Arbeitskraft durch den Einsatz von Robotern (vgl. Kollmann und Schmidt 2016, S. 45–47, 97). Es kommt zur Vereinigung von Ingenieurwissenschaften aus den Bereichen der Elektronik und Mechanik sowie der digitalen Technologien (vgl. Weinreich 2016, S. 24). Mit den Robotern ist es möglich, günstiger, schneller und öfter zu produzieren (vgl. Kollmann und Schmidt 2016, S. 45–47). Außerdem lässt sich die Outputleistung steigern, die Qualität der Güter nimmt zu und die Ausschussquote wird gesenkt (vgl. Kollmann und Schmidt 2016, S. 56). All diese Faktoren wirken sich auf die Ressourceneffizienz aus, was durch das Energiecontrolling nachgewiesen werden kann.

4.3.2 Darstellung ausgewählter Schwächen der digitalen Transformation – Problemfelder auf dem Weg zu mehr Ressourceneffizienz

Heterogene Programmiersprachen

Im Rahmen von Industrie 4.0 kommt es zur Vereinigung der Bereiche Elektrotechnik, Informatik und Maschinenbau (vgl. Zollenkop und Lässig 2017, S. 67). Leider verwenden diese drei Gebiete für die Funktionsbeschreibung und Systemmodellierung nicht dieselbe Sprache (vgl. Hensel 2012, o. S., zitiert nach Zollenkop und Lässig 2017). Hinzu kommt noch die Problematik, dass im Rahmen von CPS die physikalische und die digitale Welt vereint werden (vgl. Broy 2010, S. 24 f., zitiert nach Zollenkop und Lässig 2017). Beide basieren jedoch auf unterschiedlichen mathematischen Modellen und Ansichten (vgl. Broy 2010, S. 24 f., zitiert nach Zollenkop und Lässig 2017). Diese zu vereinen, ist noch nicht gelungen (vgl. Broy 2010, S. 24 f., zitiert nach Zollenkop und Lässig 2017).

Uneinheitliche Standards

Bei Big Data ergibt sich die Problematik von fehlenden bzw. uneinheitlichen Standards (vgl. Damm et al. 2010, S. 78, zitiert nach Zollenkop und Lässig 2017; Geissbauer et al. 2014, o. S., zitiert nach Gleich et al. 2016; Kelkar und Heger 2014, o. S., zitiert nach Gleich et al. 2016). Dadurch ist es z. B. nicht möglich, Daten aus dem Internet in die vorhandene IT-Architektur zu integrieren (vgl. Bachmann et al. 2014, S. 40 f.). Zudem sind die bisherigen Programmierungen Insellösungen. Aus diesem Grund sind die Unternehmen noch sehr zurückhaltend hinsichtlich Investitionen zur Einführung und Verwendung von Big Data (vgl. Geissbauer et al. 2014, o. S., zitiert nach Gleich et al. 2016; Huber 2013, S. 116; Kelkar und Heger 2014, o. S., zitiert nach Gleich et al. 2016; Schuster 2015, o. S., zitiert nach Kirsch 2016). Diese Problematik muss dem Energiecontrolling bewusst sein. Verwendet es bereits verschiedene Werkzeuge, um Big-Data-Analysen durchzuführen, wird diese Schwachstelle die Arbeit beeinträchtigen.

Inkompatibilität mit bisheriger Infrastruktur

Die gewöhnliche Technologie ist nur schlecht in der Lage, Big-Data-Analysen durchzuführen (vgl. Baumöl und Berlitz 2014, S. 166; Geissbauer et al. 2014, o. S., zitiert nach Gleich et al. 2016; Kelkar und Heger 2014, o. S., zitiert nach Gleich et al. 2016). Die hohe Datenanzahl in ihrer unterschiedlichen Vielfalt, die sich im Rahmen von Industrie 4.0 ergibt, bringt die bisherigen Technologien an ihre Verarbeitungsgrenzen (vgl. Seufert 2014, S. 27). Vor allem eine Analyse in Echtzeit erfordert IT-Infrastrukturen, die sicherstellen, dass die Zeit zwischen dem Dateneingang und der Datenanalyse mit Bewertung und anschließender Prozessanpassung sehr gering ist (vgl. Baumöl und Berlitz 2014, S. 166; Schulmeyer 2015, S. 323; Seufert 2014, S. 27). Dies lässt sich mit den vorhandenen Infrastrukturen nicht erreichen. Zudem ergibt sich der Bedarf nach genügend Speicherkapazitäten für die Vielzahl an Daten, womit die Speicherkosten immens ansteigen werden (vgl. Bachmann et al. 2014, S. 240; Brühl 2015, S. 51). Ebenfalls beeinträchtigt das hohe Datenvolumen auch die Netzwerkstabilität, da ein hoher Datenverkehr existiert (vgl. Brühl 2015, S. 51; Geissbauer et al. 2014, o. S., zitiert nach Gleich et al. 2016; Kelkar und Heger 2014, o. S., zitiert nach Gleich et al. 2016). Relationale Datenbanken stoßen bei diesen Anforderungen an ihre Grenzen (vgl. Fasel und Meier 2016, S. 6 f.). Sie sind derzeit noch nicht in der Lage, Daten in einer Größenordnung von mehreren hundert Terabyte zu speichern und zu verarbeiten (vgl. Fasel und Meier 2016, S. 6 f.). Zukünftig können NoSQL-Systeme gegenüber relationalen Datenbanken mit einer hohen Skalierbarkeit und Flexibilität punkten (vgl. Müller 2016, S. 151). Dadurch können die NoSQL-Systeme die Vielzahl an Daten verarbeiten, was es für Big-Data-Anwendung sehr attraktiv macht. Jedoch können diese Systeme nur wenige Abfragesprachen verarbeiten (vgl. Müller 2016, S. 151).

Kausale Deutungen von Zusammenhängen

Im Zuge der hohen Datenmengen ergeben sich im Rahmen von Big-Data-Analysen oft scheinbare Zusammenhänge, deren Tatbestände in Wirklichkeit nicht miteinander in Beziehung stehen (vgl. Grönke und Heimel 2014, S. 130; Theis 2014, S. 250; Tschandl und Mallaschitz 2016, S. 99; Weinreich 2016, S. 118). Dieses Problem existierte zwar schon vor Big Data. Allerdings bewirkt die Vielzahl an Daten in unterschiedlichen Strukturen eine höhere Anzahl an kausalen Deutungen von Zusammenhängen, die jedoch nicht der Realität entsprechen (vgl. Bachmann et al. 2014, S. 268; Weinreich 2016, S. 118). Für das Energiecontrolling können solche Zusammenhänge schwerwiegende Folgen haben, vor allem dann, wenn sie in hoher Anzahl auftreten. Zum einen werden Analysen und Interpretationen verfälscht (vgl. Bachmann et al. 2014, S. 268). Darauf basierende Entscheidungen, die mitunter auch mit Prozessoptimierungen und/oder Investitionen verbunden sein können, wären fehlerhaft und nicht zielführend (vgl. Bachmann et al. 2014, S. 268).

Datenqualitätsniveau

Die unterschiedlichen Datenstrukturen führen auch zu Nachteilen. Bisher haben die Unternehmen bei ihren Energieverbrauchsanalysen und -prognosen nur strukturierte Daten verarbeitet. Nun bietet sich die Möglichkeit, semi- bzw. unstrukturierte Daten wie Bilddateien, Texte oder Videos zu verwenden. Jedoch haben die unterschiedlich strukturierten Daten nicht dasselbe Qualitätsniveau (vgl. Lanquillon und Mallow 2015, S. 78; Weinreich 2016, S. 57). Dies hat Auswirkungen auf die Aussagefähigkeit von Big-Data-Analysen. Durch die Verwendung von Daten mit einem geringen Qualitätsniveau können Analysen und Prognosen zu Falschaussagen bzw. Fehlinterpretationen führen, die in Fehlentscheidungen enden (vgl. Bachmann et al. 2014, S. 159, 268; Buschbacher et al. 2014, S. 101; Feindt und Grüßing 2014, S. 186). Um dies zu verhindern, müsste das Energiecontrolling die verwendeten Daten für den jeweiligen Analysezweck hinsichtlich ihres Mehrwerts bewerten.

Investitionen zur Datensicherheit

Bei der Einführung und Umsetzung von digitaler Transformation, Industrie 4.0 und Big Data ist damit zu rechnen, dass es zu Hackerangriffen, Datenaustausch, Datenmanipulationen, Datenvernichtung etc. kommt (vgl. Bachmann et al. 2014, S. 258; Fallenbeck und Eckert 2014, S. 411). Dies liegt an der Abhängigkeit bzw. an der ununterbrochenen Anbindung an das Internet und einem entsprechenden Interesse des jeweiligen Widersachers. Um sich davor zu schützen, sind Investitionen notwendig (vgl. Bachmann et al. 2014, S. 258; Buschbacher et al. 2014, S. 100; Fallenbeck und Eckert 2014, S. 411; Weinreich 2016, S. 105). Zum einen sind die Unternehmen gezwungen, in Sicherheitssoftware zu investieren, die permanent auf dem aktuellen Stand sein muss (vgl. Bachmann et al. 2014, S. 258; Weinreich 2016, S. 105). Dazu gehört es auch, dass neueste Hardware wie Server, Laptops etc. vorhanden sind, mit denen die Software harmoniert. Zum anderen ist es notwendig, die Mitarbeiter hinsichtlich der Gefahren, Merkmale und Folgen der zuvor beschriebenen Risiken zu schulen (vgl. Bachmann et al. 2014, S. 258). Auch diese Investition ist mit Kosten verbunden. Zudem werden die Zyklen, in denen die Hard- und Software dem aktuellsten und technisch besten Stand entspricht, auch immer kürzer. Das heißt, es muss ständig investiert werden.

Mitarbeiterüberwachung

Hinzu kommt, dass durch die digitale Transformation bzw. Industrie 4.0 und Big Data Daten generiert und analysiert werden, die Informationen über die Mitarbeiter beinhalten (vgl. Hofmann 2016, S. 171 f.; Hornung 2016, S. 74 f.). Diese Daten geben Aufschluss über ihre Effizienz, Fähigkeiten, Pausen, Produktivität etc. (vgl. Hornung 2016, S. 75; Stremler und März 2015, S. 158). Das ist insofern ein Problem, als sich die Mitarbeiter dauerhaft beobachtet, kontrolliert und überwacht fühlen (vgl. Buschbacher et al. 2014, S. 99 f.). Können die erhobenen Daten zu Rückschlüssen auf die Mitarbeiter führen, müssen die Betriebsräte zustimmen (vgl. Hornung 2016, S. 76; Walter 2015, S. 210). Das Unternehmen darf Industrie 4.0 und Big Data nicht ohne Einverständnis des Betriebsrats durchführen. Wird vereinbart, dass die Daten so weit anonymisiert werden, dass keine Mitarbeiterrückschlüsse mehr möglich sind, verliert das Energiecontrolling an Transparenz.

Unzureichende Mitarbeiterqualifikation bzw. fehlendes Fachpersonal

Für die Einführung und Umsetzung der digitalen Transformation bzw. Industrie 4.0 und Big Data fehlt das entsprechende Fachpersonal (vgl. Cole 2015, S. 157; Seufert 2014, S. 34). Es kommt zu veränderten Anforderungen an die Controller (vgl. Grönke et al. 2014, S. 76 f.). Sie müssen nun zu Analysten werden, da die Informationsbereitstellung und -analyse bereits durch Industrie 4.0 bzw. Big Data erfolgt (vgl. Gleich et al. 2016, S. 35 f.; Grönke et al. 2014, S. 76 f.). Der Controller gelangt noch näher an die IT, da von ihm nun auch informationstechnische sowie ingenieurwissenschaftliche Kompetenzen gefordert werden (vgl. Bachmann et al. 2014, S. 283; Grönke et al. 2014, S. 76 f.; Markl et al. 2014, S. 13). Da insbesondere das Top-Management zu wenig

Wissen hinsichtlich digitaler Transformation und Big Data besitzt, kommt es auf das Fachpersonal an, das Top-Management zu beraten (vgl. Grönke et al. 2014, S. 76 f.; Kollmann und Schmidt 2016, S. 72).

Wissensverlust

Die Automatisierungen durch Industrie 4.0 und Big Data führen zu Fähigkeits- bzw. Wissensverlusten der Mitarbeiter (vgl. Losbichler 2016, S. 57). Sie selbst führen keine Tätigkeiten mehr aus. Die Mitarbeiter sind nur noch zuständig für Interpretations-, Kontroll- und Wartungsarbeiten (vgl. Hirsch-Kreinsen 2015, S. 90). Die Mitarbeiter bauen dadurch eine gewisse Distanz zum System auf, da sie mit der Zeit die Funktionsweise der Prozesse nicht mehr im Blick haben (vgl. Hirsch-Kreinsen 2015, S. 90). Zudem sind nur noch wenige Mitarbeiter anwesend, die einer Vielzahl von Objekten und Programmen gegenüberstehen. Das steigert den Umfang der zu überwachenden Objekte und damit die Herausforderung, über sämtliche Details in Kenntnis zu sein. Diese Kenntnisse bleiben jedoch nicht mehr präsent, wenn z. B. die Überwachung der Produktionsabläufe und Systeme nicht mehr über die menschlichen Sinne erfolgt (vgl. Weyer 2008, S. 242, zitiert nach Gleich et al. 2016).

4.3.3 Darstellung ausgewählter Chancen – Enabler auf dem Weg zu mehr Ressourceneffizienz

Unternehmensübergreifende Objektkommunikation

Nun können die Objekte in Echtzeit gegenseitig Daten austauschen. Die Objekte sind in der Lage, auf Umweltbedingungen bzw. -veränderungen zu reagieren (vgl. Brühl 2015, S. 63; Seufert 2014, S. 25 f.). Beispielsweise erhält ein Unternehmen frühzeitig die Information, dass es bei dem Lieferanten zu Lieferverzögerungen kommt (vgl. Kreutzer 2017, S. 50). Das Unternehmen kann nun seine eigenen Produktionsprozesse so steuern, dass Stillstandszeiten bedingt durch Lieferverzögerungen vermieden werden. Somit werden Energieverbräuche verhindert, die anfallen, um kurze Stillstandszeiten zu überbrücken. Diese Zeit wird für andere Produktionsaufträge genutzt. Es werden die Ausfallzeiten reduziert und somit die Ressourceneffizienz gesteigert. Des Weiteren erhält ein Unternehmen frühzeitig die Information, wenn beim Kunden der Meldebestand erreicht ist (vgl. Roßmeißl und Gleich 2014, S. 149). Das Unternehmen bzw. die Objekte können unverzüglich die eigenen Produktionsprozesse so steuern, dass ähnliche Produkte hintereinander produziert werden. Diese Flexibilitätssteigerung führt zu einer Verringerung der Rüstzeiten. Es steht mehr Maschinenzeit zur Produktion zur Verfügung, wodurch die Ressourceneffizienz ebenfalls gesteigert werden kann.

Die Chancen einer Cloud

Eine Cloud eines externen Dienstleisters bietet den Unternehmen die Chance, Daten auszulagern und Big-Data-Analysen durchzuführen (vgl. Brinkmann et al. 2016, S. 180 f.; Fallenbeck und Eckert 2014, S. 427). Die Unternehmen sparen sich dadurch die

Anschaffungs- und Unterhaltskosten von kostenintensiven IT-Infrastrukturen wie Hard- und Software (vgl. Fels und Schinkel 2015, S. 306). Schließlich müssen diese Infrastrukturen auf dem neuesten Stand sein, um sich vor unautorisierten Ein- bzw. Zugriffen zu schützen, aber auch um den stetig ansteigenden Anforderungen an die IT-Infrastruktur hinsichtlich der Datenanalyse gerecht zu werden. Ein Clouddienstleister hat zudem bessere Möglichkeiten, Investitionen in die neueste IT-Infrastruktur durchzuführen, da er die Kosten auf mehrere Nutzer verteilen kann.

Neue Übertragungstechnologie 5G und Standards
Für das Internet der Dinge bietet die Entwicklung der fünften Mobilfunkgeneration 5G die Chance, höhere Übertragungskapazitäten und kürzere Reaktionszeiten umzusetzen (vgl. Kollmann und Schmidt 2016, S. 98). Das steigert die Handlungsfähigkeit eines Energiecontrollings, wenn die Daten noch schneller für Analysezwecke zur Verfügung stehen.

Einführung bzw. Entwicklung neuer Geschäftsmodelle
Die digitale Transformation bzw. Industrie 4.0 und Big Data bieten den Unternehmen die Chance, neue Geschäftsmodelle einzuführen (vgl. Grönke et al. 2014, S. 79; Kollmann und Schmidt 2016, S. 97 f.; Roßmeißl und Gleich 2014, S. 144). Durch die Ausstattung sämtlicher Unternehmensobjekte mit Sensoren und die Anbindung an das Internet sind diese Objekte in der Lage, Daten zu kommunizieren. Dem Objekthersteller bietet sich die Möglichkeit, auf diese Daten zuzugreifen und sie mithilfe von Big Data zu analysieren. Bedingt durch sein Wissen über die Eigenschaften, Funktionsweisen, Schwachstellen etc. der Objekte ist er in der Lage festzustellen, ob das Objekt erwartungsgemäß arbeitet oder nicht (vgl. Kollmann und Schmidt 2016, S. 44; Zollenkop und Lässig 2017, S. 85 f.). Dies kann er beurteilen, indem er seine internen Vorgaben mit den Ist-Werten der Objekte abgleicht bzw. Gegenüberstellungen mit ähnlichen oder gleichen Objekten durchführt (vgl. Kollmann und Schmidt 2016, S. 44; Zollenkop und Lässig 2017, S. 85 f.). Bei Unregelmäßigkeiten kann er auf die mit den Auswirkungen verbundenen Ursachen hinweisen und Möglichkeiten nennen, die Probleme zu beheben.

Chancen aus der Nutzung einer externen Datenvielzahl
Durch die digitale Transformation wird eine hohe Anzahl an Daten aus unterschiedlichen Quellen erzeugt (vgl. Fasel und Meier 2016, S. 5; Grönke et al. 2014, S. 69). Diese können auch extern Verwendung finden. So ergibt sich die Möglichkeit, auf externe Werte zurückzugreifen, um z. B. Betriebsvergleiche durchzuführen. Hieraus können sich neue Trends zur Ressourceneffizienz ergeben. Damit kann das Energiemanagement den Anstoß für Prozessoptimierungen erzeugen, um die Ressourceneffizienz zu erhöhen.

Integration externer unterschiedlicher Datenstrukturen
Die digitale Transformation und Big Data bieten den Unternehmen nun auch die Chance, die Vielfalt an Daten aus dem Internet bzw. im Rahmen von Industrie 4.0 zu verarbeiten

(vgl. Grönke et al. 2014, S. 69; Zollenkop und Lässig 2017, S. 85 f.). Entwicklungen der Umweltbedingungen – wie z. B. „Wetterprognosen" – können auf die eigenen internen Gegebenheiten übertragen werden (vgl. Grönke et al. 2014, S. 69; Schulmeyer 2015, S. 328).

Smart Grid

Smart Grids übernehmen den Ausgleich von Stromangebot und -nachfrage (vgl. Brühl 2015, S. 93). Bedingt durch die angestrebte Energiewende in Deutschland mit dem Ausbau von erneuerbaren Energien kann es dazu kommen, dass ein Über- oder Unter-angebot an Strommengen existiert. Für die Funktionsfähigkeit dieses Systems werden alle Beteiligen wie Stromerzeuger, -transporteur, -speicher, -verteiler und -verbraucher verbunden (vgl. Brühl 2015, S. 93). Dieses Netz steuert den Stromverbrauch so, dass der Verbrauch in der Zeit stattfindet, in der die Stromkapazitäten vorhanden sind (vgl. Brühl 2015, S. 93). Dies ist der Fall, wenn die Nachfrage gegenüber dem Normalzustand sehr gering bzw. das Angebot sehr groß ist (vgl. Brühl 2015, S. 93). Gerade was die erneuer-baren Energien aus Strom- und Windkraft angeht, kann es hier zu großen Schwankun-gen hinsichtlich der Angebotsmenge kommen (vgl. Brühl 2015, S. 93). Ist genug Strom vorhanden und wird er abgenommen, können die Abnehmer die Bezugsmenge zudem günstiger erwerben. Verfolgt das Unternehmen die Strategie, den Strom – statt als Jahres-kontrakt – über den Terminmarkt kurzfristig, also für den aktuellen bzw. nächsten Tag zu kaufen, sind die Marktentwicklungen am sogenannten Spotmarkt ständig zu über-wachen (vgl. o. V. 2017b; o. V. 2017c). Kommt es zu einem Überangebot an Strom, kön-nen stromintensive Prozesse in dieser Zeit durchgeführt werden, da der Preis niedrig ist und die Verkäufer Abnehmer suchen (vgl. Brühl 2015, S. 93). Dadurch kann das Unter-nehmen die Kosten senken und die Stromnetze entlasten.

Neue Analysemethoden und Resilienzsteigerung

Im Rahmen von Big Data und digitaler Transformation bzw. Industrie 4.0 ergibt sich die Chance, eine Verbesserung der Regenerations- bzw. Widerstandsfähigkeit gegen-über Infrastrukturproblemen oder Krisensituationen zu erzielen (vgl. Kagermann 2014, S. 607). Diese sogenannte Resilienzsteigerung basiert auf qualitativ besseren Prognosen (vgl. Kagermann 2014, S. 607). Unternehmen wären frühzeitiger in der Lage, auf ent-sprechende externe Beeinträchtigungen zu reagieren (vgl. Kagermann 2014, S. 607). Kommt es beispielsweise zu einer Verknappung der Strommenge, müssen unverzüg-lich Maßnahmen ergriffen werden, damit die Netze nicht zusammenbrechen. Nutzt das Energiecontrolling entsprechende Software im Rahmen von Big Data, kann es die Objekte abschalten, deren Ausfälle zu keinen großen wirtschaftlichen Schäden führen.

3D-Druck

Mit der digitalen Transformation ergibt sich die Chance für völlig neue Produktions-verfahren wie den 3D-Druck (vgl. Cole 2015, S. 149 ff.). Er bietet die Möglichkeit von Mass Customization, und zwar in effizienter und umweltfreundlicher Art und Weise (vgl. Cole 2015, S. 149 ff.). Ein 3D-Drucker benötigt so gut wie keine Rüstzeiten, zur Produktion sind keine Spezialwerkzeuge notwendig und seine Menge an Ausschuss bzw. Nebenprodukten ist sehr gering (vgl. Cole 2015, S. 149 ff.; Jodlbauer und Straßer 2016, S. 115). Eine Ressourceneffizienz der Objekte in einem Unternehmen wird somit nicht mehr über Skaleneffekte bzw. Massenfertigung erzielt und ist unabhängig von der Objektauslastung (vgl. Kollmann und Schmidt 2016, S. 49). Das Energiecontrolling muss hierzu detaillierte Vergleiche erstellen, ob das bisherige Produktionsverfahren durch den 3D-Drucker ersetzt bzw. ergänzt werden kann.

4.3.4 Darstellung ausgewählter Risiken – Hindernisse auf dem Weg zu mehr Ressourceneffizienz

Infrastruktur
Bedingt durch die hohe Auslastung der Netzwerke bzw. des Internets in Verbindung mit einer langsamen Internetanbindung aufgrund fehlender Breitbandanbindung besteht die Gefahr, dass es zu Datenstaus kommt (vgl. Kollmann und Schmidt 2016, S. 71). Des Weiteren kommt hinzu, dass es genügend IP-Adressen geben muss, damit alle Objekte mit dem Internet verbunden werden können (vgl. Brühl 2015, S. 106). Mit dem bisherigen Standard IPv4 wird dies nicht gelingen (vgl. Brühl 2015, S. 106; Buschbacher et al. 2014, S. 100). Es ist nicht dafür geeignet, hohe Datenmengen zu übertragen (vgl. Brühl 2015, S. 106; Buschbacher et al. 2014, S. 101, 105). Es besteht das Risiko von Datenverlusten (vgl. Buschbacher et al. 2014, S. 101). Deshalb wurde im Jahre 2012 der Standard IPv6 eingeführt (vgl. Brühl 2015, S. 106). Diese Einführung ist jedoch mit Hürden verbunden, da alle Betriebssystemanbieter, Internetprovider etc. ihre Software entsprechend anpassen müssen (vgl. Brühl 2015, S. 106).

Internetausfall
Am 21. Januar 2013 kam es in der Telekom-Vermittlungsstelle in Siegen (NRW) zu einem Brand der Serverschaltschränke (vgl. Schade 2017; Neuhetzki 2017; o. V. 2017a). Um das Feuer zu bekämpfen, wurde die Stromversorgung des Gebäudes abgeschaltet (vgl. Schade 2017; Neuhetzki 2017; o. V. 2017a). Demzufolge kam es zum Ausfall sämtlicher Kommunikationswege in Südwestfalen, in Teilen von Hessen und Rheinland-Pfalz (vgl. Schade 2017; Neuhetzki 2017; o. V. 2017a). Weder Festnetz, Internet, Mobilfunk noch Notrufe konnten genutzt bzw. getätigt werden (vgl. Schade 2017; Neuhetzki 2017; o. V. 2017a). Es dauerte noch Tage, bis sich die Lage wieder normalisiert hatte (vgl. Schade 2017; Neuhetzki 2017; o. V. 2017a). Daher kann die Frage gestellt werden, was geschieht, wenn es zu wiederholten Internetausfällen dieser Größenordnung kommt, sei es durch ein erneutes Schadensfeuer oder sogar Terroranschläge (vgl. Berberich 2016, S. 68).

Risiken verbunden mit der Datenvielzahl und fehlenden Standards

Analysen und Vorhersagen des Energiecontrollings sind abhängig von den zur Verfügung stehenden Daten (vgl. Feindt und Grüßing 2014, S. 186). Neben der Quantität hat auch die Qualität der Daten einen großen Einfluss auf die Aussagefähigkeit von Auswertungen und Prognosen (vgl. Feindt und Grüßing 2014, S. 186). Geht das Energiecontrolling das Risiko ein, Daten mit geringer Qualität zu verwenden, können Analysen fehlerhaft werden (vgl. Buschbacher et al. 2014, S. 101). Dieser Effekt wird durch die externe Datenvielfalt unterstützt bzw. verstärkt, insbesondere durch semi- bzw. unstrukturierte Daten (vgl. Bachmann et al. 2014, S. 25 f.).

Angriffsrisiken

Die Unternehmen müssen im Rahmen von Big Data und Industrie 4.0 damit rechnen, dass es zu unautorisierten Zugriffen bzw. zu Wirtschaftsspionage auf ihre Daten, Informationen und Wissen durch Dritte kommen wird oder die Daten gestohlen werden (vgl. Buschbacher et al. 2014, S. 100; Stremler und März 2015, S. 158; Westkämper 2013a, S. 325 f.). Außerdem besteht die Gefahr von Datenaustausch, Datenmanipulation und Datenvernichtung (vgl. Buschbacher et al. 2014, S. 100; Stremler und März 2015, S. 158; Westkämper 2013a, S. 325 f.).

Haftungsrisiken

Kommt es im Rahmen von Industrie 4.0 und Big Data zu einem unautorisierten Datenaustausch, zur Datenmanipulation und/oder -vernichtung, ist es noch ungeklärt, wer dafür die Haftung übernimmt und den Schaden zu tragen hat (vgl. Cole 2015, S. 157 f.; Fallenbeck und Eckert 2014, S. 411). Dies ist besonders dann der Fall, wenn fehlerhafte oder unvollständige Daten von Objektherstellern verwendet werden oder wenn mehrere Unternehmen innerhalb einer Wertschöpfungskette agieren und betroffen sind (vgl. Fallenbeck und Eckert 2014, S. 411).

Risiken in Verbindung mit dem Dateneigentum

Ein weiteres Risiko betrifft das Eigentum der Daten und die Befugnisse hinsichtlich ihrer Weiterverwendung (vgl. Geissbauer et al. 2014, zitiert nach Gleich et al. 2016; Kelkar und Heger 2014, zitiert nach Gleich et al. 2016; Roth und Siepmann 2016, S. 256; Zollenkop und Lässig 2017, S. 84). Im Rahmen der Industrie 4.0 wird eine Vielzahl an Daten erzeugt und ausgetauscht. Dadurch besteht für die Maschinenhersteller die Möglichkeit, auf die Daten ihrer Produkte zuzugreifen (vgl. Zollenkop und Lässig 2017, S. 84). Es bietet sich der Vorteil, die Maschinen anhand von Messwerten hinsichtlich des Anlagenzustandes zu beobachten. Für den Hersteller ergibt sich die Chance, neue Geschäftsmodelle wie Instandhaltungs-, Service- oder Wartungsverträge einzuführen (vgl. Roth und Siepmann 2016, S. 256; Zollenkop und Lässig 2017, S. 84). Damit möchten die Objekthersteller zum einen den Kunden an sich binden und Umsatz sichern. Zum anderen können die Objekthersteller frühzeitig eine Wartung empfehlen und umsetzen, um später umfangreiche und kostspielige Reparaturen für den Maschinenbetreiber zu vermeiden. Das klingt für den jeweiligen Anlagenbetreiber erst einmal gut. Jedoch sollte er sich die Frage stellen, inwiefern seine Daten anderweitig Verwendung finden. Auch die Maschinenhersteller wären wie das Energiecontrolling in der Lage, sowohl diverse Kennzahlen als auch die Ressourceneffizienz herzuleiten. Die Anlagenbetreiber könnten darauf vertrauen, dass die Daten zu Innovationen führen bzw. zur Verbesserung ihrer Anlagen dienen (vgl. Roth und Siepmann 2016, S. 256). Aber die Daten könnten auch vom Maschinenhersteller verkauft werden bzw. er könnte Opfer von Hackerangriffen oder Wirtschaftsspionage werden. Somit stünden diese Daten auch anderen Unternehmen, beispielsweise Wettbewerben, zur Verfügung (vgl. Roth und Siepmann 2016, S. 256). Das hätte Auswirkungen auf die Wettbewerbsfähigkeit eines Unternehmens. Der Wettbewerber könnte mit diesen Informationen einen Betriebsvergleich durchführen. Darauf basierend könnte er für sich Verbesserungen durchführen, um seine Position zu stärken.

Wirtschaftlichkeit
Bei der Einführung von Industrie 4.0 und Big Data ist mit hohen Einführungskosten zu rechnen (vgl. Huber 2013, S. 115 f.). Die erforderlichen Investitionen in die Technologien sind nicht kostenlos. Es ist mit hohen sprungfixen Kosten zu rechnen, insbesondere für diejenigen, die zu den Ersten gehören werden (vgl. Huber 2013, S. 115 f.). Die Durchführung der notwendigen Anschaffungen ist nicht in kleinen Schritten möglich, um sie über einen größeren Zeitraum zu strecken (vgl. Huber 2013, S. 115 f.). Zudem ist der Nutzen anfangs nur schwer messbar, weshalb keine repräsentative Aussage über einen ROI getroffen werden kann (vgl. Fasel und Meier 2016, S. 14; Huber 2013, S. 115 f.).

Tab. 4.1 führt die Stärken/Schwächen sowie Chancen/Risiken noch einmal im Überblick zusammen.

4.4 Handlungsempfehlungen

Für eine erfolgreiche Einführung und Implementierung von Big Data und digitaler Transformation bzw. Industrie 4.0 werden nachfolgend Handlungsempfehlungen vorgestellt.

Einbezug in die Unternehmensstrategie
Die Einführung und Umsetzung von Big Data und digitaler Transformation bzw. Industrie 4.0 muss auf strategischer Ebene des Unternehmens vollzogen werden (vgl. Demont und Paulus-Rohmer 2017, S. 98, 100). Es handelt sich um eine Ausrichtung, die sich auf das Unternehmen langfristig auswirkt und vom Unternehmen über mehrere Jahre und/oder Jahrzehnte mitgestaltet werden muss. Demzufolge sind auch die Investitionen in die Hard- und Software, Mitarbeiterqualifikation, Ersatz- oder Erweiterungsinvestitionen im Maschinen-, Anlagen- bzw. Objektbereich langfristig auszurichten, da sie dem Unternehmen langfristig dienen. Ziel muss es sein, dass alle Unternehmensbereiche dieselbe Strategie verfolgen. Danach muss jeder Bereich für sich selbst die strategischen Konzeptpunkte taktisch und/oder operativ herleiten (vgl. Demont und Paulus-Rohmer 2017, S. 101).

Tab. 4.1 Tabellarische Auflistung der Stärken, Schwächen, Chancen und Risiken von Big Data, digitaler Transformation bzw. Industrie 4.0 zu mehr Ressourceneffizienz. (Quelle: Eigene Darstellung)

Nr	Stärke	Schwäche	Chance	Risiko
01	Innerbetriebliche Objektkommunikation	Heterogene Programmiersprachen	Unternehmensübergreifende Objektkommunikation	Risiken zur Infrastruktur
02	Deep Learning	Uneinheitliche Standards	Die Chancen einer Cloud	Internetausfall
03	Steigerung der internen Datenmenge	Inkompatibilität mit bisheriger Infrastruktur	Neue Übertragungs-technologie 5G und Standards	Risiken der Standards
04	Echtzeitanalyse	Die Problematik einer hohen Datenvielzahl	Einführung bzw. Entwicklung neuer Geschäftsmodelle	Risiken verbunden mit der Datenvielzahl
05	Nutzen aus der unterschiedlichen Datenvielfalt	Kausale Deutungen von Zusammenhängen	Chancen aus der Nutzung von einer externen Datenvielzahl	Angriffsrisiken
06	Mustererkennung	Datenqualitätsniveau	Integration externer unterschiedlicher Datenstrukturen	Haftungsrisiken
07	Steigerung der Prognosegüte	Investitionen zur Datensicherheit	Smart Grid	Risiken in Verbindung mit dem Dateneigentum
08	Entscheidungsunterstützung	Mitarbeiter-überwachung	Neue Analysemöglichkeiten	Die Risiken einer Cloud
09	Aufwandserleichterung im Energiecontrolling	Unzureichende Mitarbeiter-qualifikation bzw. fehlendes Fachpersonal	Resilienzsteigerung	Wirtschaftlichkeit
10	Mitarbeitersubstitution	Wissensverlust	3D-Druck	Integration ungeprüfter Analysen

Eigene oder fremde Datenhaltung

Bereits im Vorhinein sollte sich ein Unternehmen Gedanken über die Daten und deren Aufbewahrung machen. An dieser Stelle muss sich ein Unternehmen die Frage stellen, ob diese Daten auf direktem Wege in eine Cloud überführt werden sollen oder ob die Datenhaltung im eigenen Rechenzentrum erfolgen soll. Es gilt, die Daten bereits vor Einführung von Big Data und Industrie 4.0 hinsichtlich ihrer Sensibilität und ihres Geheimhaltungsgrades zu klassifizieren. Es ist erforderlich, diese Cloud-Angebote hinsichtlich ihrer Sicherheit, aber auch hinsichtlich ihrer Verfügbarkeit und weiterer Serviceangebote wie z. B. Big-Data-Analysen zu untersuchen und zu vergleichen.

Verwendung von Standards

Ziel muss es sein, dass keine bzw. nur wenige unternehmensspezifische Anpassungs-programmierungen anfallen. Das führt zu kürzeren Entwicklungs- und Einführungs-zeiten (vgl. Weinreich 2016, S. 100). Des Weiteren werden die Kosten niedrig gehalten. Durch die Standardausführungen kommt es auch zu keinen Kompatibilitäts- bzw. Schnittstellenproblemen mit anderen vorhandenen bzw. neuen Konzepten oder Pro-grammen (vgl. Weinreich 2016, S. 100). Nicht zu vergessen ist auch die Fehlersuche im Supportfall. Bei Standardprogrammen bietet sich dem Supportdienstleister eher die Chance, die Fehlersuche effizienter durchzuführen.

Vereinbarungen mit Betriebsrat

Sofern im Unternehmen ein Betriebsrat existiert, muss dieser zwingend hinsichtlich der Implementierung von Big Data angehört werden (vgl. Walter 2015, S. 210). Dies muss bereits vor der Einführung geschehen und der Betriebsrat muss zudem seine Einwilligung dafür geben (vgl. Walter 2015, S. 210). Können sich Unternehmen und Betriebsrat nicht einigen, kann eine Einigungsstelle konsultiert werden (vgl. Walter 2015, S. 210). Aller-dings sollte dieser Schritt umgangen werden, da eine direkte Vereinbarung zwischen Unternehmen und Betriebsrat zu mehr Freiheiten führt (vgl. Walter 2015, S. 210).

Aufklärung durch Juristen und Datenschutz

Bereits vor der Implementierung sollte das Unternehmen einen Juristen zurate ziehen (vgl. Ulbricht 2015, S. 244 f.). Ziel soll es sein, dass der Jurist bereits vor der Einführung auf die rechtlichen Risiken, Besonderheiten und Probleme hinweist, die sich mit dem Einsatz von Industrie 4.0 bzw. Big Data ergeben. Beispielsweise gilt es zu klären, wer Eigentümer der Daten ist, die im Rahmen der neuen Konzepte erzeugt werden. Schließ-lich kann es sich bei diesen Daten um Informationen handeln, die Rückschlüsse auf die Effizienz, Wirtschaftlichkeit etc. des Unternehmens zulassen. Geraten diese Daten in die falschen Hände, kann das schwerwiegende Folgen für das Unternehmen haben. Um dies zu verhindern bzw. um sich hiervor zu schützen, gilt die Empfehlung, Verträge zu erstellen (vgl. Ulbricht 2015, S. 244). Sie bilden die Grundlage für Regelungen bzw. beinhalten die Rechte und Pflichten respektive Eigentumsverhältnisse (vgl. Ulbricht 2015, S. 244).

Auch ein professioneller Schutz des Internets der Dinge in den Fabriken ist durchaus möglich (vgl. Ganschar et al. 2013, S. 119). Dazu ist es wichtig, bereits vor der Imple-mentierung der Konzepte Vorgaben zu erstellen, die z. B. die Verschlüsselung zwischen den Objekten und den Programmen definieren (vgl. Roth und Siepmann 2016, S. 257 f.). Das Ziel muss es sein, dass die Daten nicht von unberechtigten Personen oder Organi-sationen eingesehen oder manipuliert werden können (vgl. Fallenbeck und Eckert 2014, S. 414 f.).

Mitarbeiterqualifikation

Für eine erfolgreiche Implementierung von Big Data, digitaler Transformation bzw. Industrie 4.0 ist es notwendig, dass die Mitarbeiter entsprechende Qualifikationen vorweisen können (vgl. Cole 2015, S. 157). Die Konzepte können nicht ausschließlich von externen Dienstleistern im Unternehmen eingeführt werden. Ein Beitrag der Mitarbeiter ist unumgänglich, da sie die Geschäftsprozesse kennen und leben. Um diese Konzepte jedoch erfolgreich einführen zu können, benötigen die Facharbeiter spezielle Eignungen. Diese Eignungen sind vor allem im Bereich der IT notwendig, da hierüber zukünftig die Abläufe gesteuert werden (vgl. Gleich et al. 2016, S. 36). Damit die Herangehensweise und Konzepte der externen Dienstleister verstanden werden, ist es wichtig, die Mitarbeiter entsprechend zu schulen.

4.5   Fazit

Im Rahmen des vorliegenden Beitrags wurde das Wesen eines effizienten Energiemanagements als Beitrag zur Nachhaltigkeit und zur Ressourceneffizienz vorgestellt. Die Basis hierfür bildet das Energiecontrolling, das mit Werten wie Energieverbräuchen und Produktionszahlen die Effizienz ermittelt. Dafür leistet die digitale Transformation bereits heute einen wichtigen Beitrag, um die Arbeit im Energiecontrolling zu unterstützen. Es wandelt sämtliche Informationen in Datensätze um, welche anschließend hinsichtlich der Ressourceneffizienz vom Energiecontrolling geprüft werden können. Mit den cyber-physischen Systemen ergibt sich ein neuer Grad von Effizienz und Flexibilität entlang der Wertschöpfungsprozesse, auch über die Unternehmensgrenzen hinweg. Durch die Entwicklung und den Einsatz von Konzepten, Methoden und Technologien wird es möglich, eine Vielzahl von unterschiedlich strukturierten Daten nahezu in Echtzeit mit entsprechendem Mehrwert, Qualität und Wahrheitswert zu analysieren. Dies wird allgemein mit dem Begriff Big Data ausgedrückt und soll die Basis für bessere Prognosen und Entscheidungen sein.

Der Beitrag hat neben den Stärken und Schwächen auch Chancen und Risiken aufgezeigt. Hierdurch wurde ein differenziertes Bild erzeugt. Konkrete Handlungsempfehlungen runden die Handreichung an die Praxis ab.

Literatur

Bachmann, R., Kemper, G., & Gerzer, T. (2014). *Big Data – Fluch oder Segen?*. Heidelberg: Springer.

Bauernhansl, T. (2014). Die Vierte Industrielle Revolution – Der Weg in ein wertschaffendes Produktionsparadigma. In T. Bauernhansl, M. Ten Hompel, & B. Vogel-Heuser (Hrsg.), *Industrie 4.0 in Produktion, Automatisierung und Logistik* (S. 5–36). Wiesbaden: Springer Vieweg.

Baumöl, U., & Berlitz, P.-D. (2014). Big Data als Entscheidungsunterstützung: Herausforderungen und Potenziale. In R. Gleich & A. Klein (Hrsg.), *Controlling und Big Data* (S. 159–176). Freiburg: Haufe.

Berberich, O. (2016). *Trusted Web 4.0 – Konzepte einer digitalen Gesellschaft.* Heidelberg: Springer Vieweg.

Brinkmann, F.-M., Fetai, I., & Schuldt, H. (2016). SLA-basierte Konfiguration eines modularen Datenbanksystems für die Cloud. In D. Fasel & A. Meier (Hrsg.), *Big Data* (S. 179–195). Wiesbaden: Springer Vieweg.

Brühl, V. (2015). *Wirtschaft des 21. Jahrhunderts.* Wiesbaden: Springer Gabler.

Bürki, T., & Weber, M. (2014). Energie und Energieeffizienz. In J. Fresner, T. Bürki, & H. H. Sittel (Hrsg.), *Ressourceneffizienz in der Produktion* (2. Aufl., S. 91–144). Düsseldorf: Symposion.

Buschbacher, F., Konrad, R., Mußmann, B., & Weber, M. (2014). Big Data-Projekte: Vorgehen, Erfolgsfaktoren und Risiken. In R. Gleich & A. Klein (Hrsg.), *Controlling und Big Data* (S. 83–108). Freiburg: Haufe.

Cole, T. (2015). *Digitale Transformation.* München: Vahlen.

Demont, A., & Paulus-Rohmer, D. (2017). Industrie 4.0-Geschäftsmodelle systematisch entwickeln. In D. Schallmo, A. Rusnjak, J. Anzengruber, T. Werani, & M. Jünger (Hrsg.), *Digitale Transformation von Geschäftsmodellen* (S. 97–126). Wiesbaden: Springer Gabler.

Dorschel, W., & Dorschel, J. (2015). Einführung. In J. Dorschel (Hrsg.), *Praxishandbuch Big Data* (S. 1–13). Wiesbaden: Springer Gabler.

Engelmann, D. (2015). Energiedatenmanagement. In M. Geilhausen, J. Bränzel, D. Engelmann, & O. Schulze (Hrsg.), *Energiemanagement* (S. 285–320). Wiesbaden: Springer Vieweg.

Fallenbeck, N., & Eckert, C. (2014). IT-Sicherheit und Cloud Computing. In T. Bauernhansl, M. Ten Hompel, & B. Vogel-Heuser (Hrsg.), *Industrie 4.0 in Produktion, Automatisierung und Logistik* (S. 397–432). Wiesbaden: Springer Vieweg.

Fasel, D., & Meier, A. (2016). Was versteht man unter Big Data und NoSQL? In D. Fasel & A. Meier (Hrsg.), *Big Data* (S. 3–16). Wiesbaden: Springer Vieweg.

Feindt, M., & Grüßing, D. (2014). Strategische Entscheidungen mit automatisierten Prognosen operativ umsetzen. In R. Gleich & A. Klein (Hrsg.), *Controlling und Big Data* (S. 177–190). Freiburg: Haufe.

Fels, G., & Schinkel, F. (2015). IT-Infrastrukturen für Big Data. In J. Dorschel (Hrsg.), *Praxishandbuch Big Data* (S. 278–307). Wiesbaden: Springer Gabler.

Fischer, S. (2017). *Die Energiewende und Europa. Dissertation.* Wiesbaden: Springer VS.

Ganschar, O., Gerlach, S., Hämmerle, M., Krause, T., & Schlund, S. (2013). *Produktionsarbeit der Zukunft – Industrie 4.0.* Stuttgart: Fraunhofer.

Geilhausen, M. (2015). Energiemanagement nach DIN EN ISO 50001:2011. In M. Geilhausen, J. Bränzel, D. Engelmann, & O. Schulze (Hrsg.), *Energiemanagement* (S. 7–73). Wiesbaden: Springer Vieweg.

Gleich, R., Munck, J., & Schulze, M. (2016). Industrie 4.0: Revolution oder Evolution? Grundlagen und Auswirkungen auf das Controlling. In R. Gleich & A. Klein (Hrsg.), *Controlling und Industrie 4.0* (S. 21–42). Freiburg: Haufe.

Grabowski, K., Hoheisel, M., Melsheimer, J., & Naber, J. (2014). Kennzahlensystem zur Verbesserung der Energieeffizienz führen. In R. Gleich & A. Klein (Hrsg.), *Energiecontrolling* (S. 161–182). Freiburg: Haufe.

Grahl, A. (2010). *Handbuch für betriebliches Energiemanagement.* Berlin: DENA.

Grönke, K., & Heimel, J. (2014). Big Data im CFO-Bereich – empirische Erkenntnisse aus der CFO-Studie 2014. In R. Gleich & A. Klein (Hrsg.), *Controlling und Big Data* (S. 123–140). Freiburg: Haufe.

Grönke, K., Kirchmann, M., & Jeyk, J. (2014). Big Data: Auswirkungen auf Instrumente und Organisation der Unternehmenssteuerung. In R. Gleich & A. Klein (Hrsg.), *Controlling und Big Data* (S. 63–82). Freiburg: Haufe.

Hertweck, D., & Kinitzki, M. (2015). Datenorientierung statt Bauchentscheidung: Führungs- und Organisationskultur in der datenorientierten Unternehmung. In J. Dorschel (Hrsg.), *Praxishandbuch Big Data* (S. 15–32). Wiesbaden: Springer Gabler.

Heuberger-Götsch, O. (2016). Der Wert von Daten aus juristischer Sicht am Beispiel des Profiling. In D. Fasel & A. Meier (Hrsg.), *Big Data* (S. 83–106). Wiesbaden: Springer Vieweg.

Hirsch-Kreisnen, H. (2015). Entwicklungsperspektiven von Produktionsarbeit. In A. Botthof & A. E. Hartmann (Hrsg.), *Zukunft der Arbeit in Industrie 4.0* (S. 89–98). Heidelberg: Springer Vieweg.

Hofmann, K. (2016). Datenschutz in der Industrie 4.0. In R. Obermaier (Hrsg.), *Industrie 4.0 als unternehmerische Gestaltungsaufgabe* (S. 171–190). Wiesbaden: Springer Gabler.

Hornung, G. (2016). Rechtliche Herausforderungen der Industrie 4.0. In R. Obermaier (Hrsg.), *Industrie 4.0 als unternehmerische Gestaltungsaufgabe* (S. 69–84). Wiesbaden: Springer Gabler.

Huber, A. S. (2013). Das Ziel Digital Enterprise: die professionelle digitale Abbildung von Produktentwicklung und Produktion. In U. Sendler (Hrsg.), *Industrie 4.0* (S. 111–125). Berlin: Springer Vieweg.

Jodlbauer, H., & Straßer, S. (2016). Geschäftsmodellinnovationen basierend auf Industrie 4.0 sichern den zukünftigen Erfolg der Unternehmen. In R. Gleich & A. Klein (Hrsg.), *Controlling und Industrie 4.0* (S. 109–122). Freiburg: Haufe.

Junge, M. (2013). Energieeffizienz konkret! In W. A. Zehrfeld & I. Voigt (Hrsg.), *Ressourceneffizienz* (S. 70–79). Frankfurt a. M.: Frankfurter Allgemeine Buch.

Kagermann, H. (2014). Chancen von Industrie 4.0 nutzen. In T. Bauernhansl, M. Ten Hompel, & B. Vogel-Heuser (Hrsg.), *Industrie 4.0 in Produktion, Automatisierung und Logistik* (S. 603–614). Wiesbaden: Springer Vieweg.

Kirsch, V. (2016). Wirtschaftlichkeitsanalyse am Beispiel eines Assistenzsystems für die Fertigung. In R. Gleich, & A. Klein (Hrsg.), *Controlling und Industrie 4.0* (S. 123–140). Freiburg: Haufe.

Kleinemeier, M. (2014). Von der Automatisierungspyramide zu Unternehmenssteuerungsnetzwerken. In T. Bauernhansl, M. Ten Hompel, & B. Vogel-Heuser (Hrsg.), *Industrie 4.0 in Produktion, Automatisierung und Logistik* (S. 571–580). Wiesbaden: Springer Vieweg.

Kollmann, T., & Schmidt, H. (2016). *Deutschland 4.0.* Wiesbaden: Springer.

Kreutzer, R. T. (2017). Treiber und Hintergründe der digitalen Transformation. In D. Schallmo, A. Rusnjak, J. Anzengruber, T. Werani, & M. Jünger (Hrsg.), *Digitale Transformation von Geschäftsmodellen* (S. 33–58). Wiesbaden: Springer Gabler.

Lanquillon, C., & Mallow, H. (2015). Advanced Analytics mit Big Data. In J. Dorschel (Hrsg.), *Praxishandbuch Big Data* (S. 55–89). Wiesbaden: Springer Gabler.

Losbichler, H. (2016). Controlling 4.0: Muster des Wandels. In R. Gleich & A. Klein (Hrsg.), *Controlling und Industrie 4.0* (S. 43–60). Freiburg: Haufe.

Lucke, D. (2013). Smart Factory. In E. Westkämper, D. Spath, C. Constantinescu, & J. Lentes (Hrsg.), *Digitale Produktion* (S. 251–270). Heidelberg: Springer Vieweg.

Markl, V., Krcmar, H., & Hoeren, T. (2014). *Big Data Management – Innovationspotenzialanalyse für die neuen Technologien für das Verwalten und Analysieren von großen Datenmengen.* Berlin: Kurzfassung.

Müller, S. (2016). Erweiterung des Data Warehouse um Hadoop, NoSQL & Co. In D. Fasel & A. Meier (Hrsg.), *Big Data* (S. 139–158). Wiesbaden: Springer Vieweg.

Müllers, P. (2014). Energiemanagement in Anlehnung an ISO 50001 in einem energieintensiven Unternehmen einführen. In R. Gleich & A. Klein (Hrsg.), *Energiecontrolling* (S. 139–160). Freiburg: Haufe.

Neuhetzki, T. (2017). Telekom: Feuer legt Netz im Siegerland lahm. 2. Update. https://www.teltarif.de/telekom-siegen-telefon-ausfall-stoerung-internet/news/49678.html. Zugegriffen: 15. Mai 2017.

O. V. (2017a). Großbrand Telekom: Teilweise Internet- und Telefonausfall. https://wirsiegen.de/2013/01/grossbrand-telekom-teilweise-internet-und-telefonausfall/57972/. Zugegriffen: 15. Mai 2017.

O. V. (2017b). Power for Today. Power for Tomorrow. http://www.epexspot.com/de/Unternehmen/ueber_epex_spot. Zugegriffen: 27. Mai 2017.

O. V. (2017c). Was ist ein Spotmarkt? https://www.next-kraftwerke.de/wissen/strommarkt/spotmarkt-epex-spot. Zugegriffen: 27. Mai 2017.

Posch, W. (2011). *Ganzheitliches Energiemanagement für Industriebetriebe*. Wiesbaden: Gabler.

Quitt, A., Deutsch, N., Bründl, A., & Kortüm, V. (2011). Ganzheitliches Energiemanagement – wichtiger Beitrag zur unternehmerischen Nachhaltigkeit. In R. Gleich, S. Gänßlen, & H. Losbichler (Hrsg.), *Challenge Controlling 2015* (S. 109–132). Freiburg: Haufe.

Regtmeier, J., & Kaufmann, T. (2016). MICA – Die modulare Embedded Plattform der Firma HARTING für Industrie 4.0. In A. Roth (Hrsg.), Einführung und Umsetzung von Industrie 4.0 (S. 163–172). Wiesbaden: Springer Gabler.

Reischauer, G., & Schober, L. (2015). Controlling von Industrie 4.0-Prozessen. *Controlling & Management Review, 59*(5), 22–28.

Roßmeißl, E., & Gleich, R. (2014). Industrie 4.0: Neue Aufgaben für Produktionsmanagement und -controlling. In R. Gleich, & A. Klein (Hrsg.), *Controlling und Big Data* (S. 141–158). Freiburg: Haufe.

Roth, A. (2016). Industrie 4.0 – Hype oder Revolution?. In A. Roth (Hrsg.), *Einführung und Umsetzung von Industrie 4.0* (S. 1–15). Wiesbaden: Springer Gabler.

Roth, A., & Siepmann, D. (2016). Industrie 4.0 – Ausblick. In A. Roth (Hrsg.), *Einführung und Umsetzung von Industrie 4.0* (S. 247–260). Wiesbaden: Springer Gabler.

Sauter, R., Bode, M., & Kittelberger, D. (2016). Digital transformation in Manufacturing Industries: Wie Industrie 4.0 das Controlling verändert. In R. Gleich & A. Klein (Hrsg.), *Controlling und Industrie 4.0* (S. 141–156). Freiburg: Haufe.

Schade, J. (2017). Großbrand bei der Telekom in Siegen. https://www.derwesten.de/staedte/nachrichten-aus-siegen-kreuztal-netphen-hilchenbach-und-freudenberg/grossbrand-bei-der-telekom-in-siegen-id7508134.html. Zugegriffen: 15. Mai 2017.

Schallmo, D., & Rusnjak, A. (2017). Roadmap zur Digitalen Transformation von Geschäftsmodellen. In D. Schallmo, A. Rusnjak, J. Anzengruber, T. Werani, & M. Jünger (Hrsg.), *Digitale Transformation von Geschäftsmodellen* (S. 1–32). Wiesbaden: Springer Gabler.

Scheer, A.-W. (2016). Industrie 4.0: Von der Vision zur Implementierung. In R. Obermaier (Hrsg.), *Industrie 4.0 als unternehmerische Gestaltungsaufgabe* (S. 35–52). Wiesbaden: Springer Gabler.

Schlick, J., Stephan, P., Loskyll, M., & Lappe, D. (2014). Industrie 4.0 in der praktischen Anwendung. In T. Bauernhansl, M. Ten Hompel, & B. Vogel-Heuser (Hrsg.), *Industrie 4.0 in Produktion, Automatisierung und Logistik* (S. 57–84). Wiesbaden: Springer Vieweg.

Schließmann, A. (2014). iProduction, die Mensch-Maschine-Kommunikation in der Smart Factory. In T. Bauernhansl, M. Ten Hompel, & B. Vogel-Heuser (Hrsg.), *Industrie 4.0 in Produktion, Automatisierung und Logistik* (S. 451–480). Wiesbaden: Springer Vieweg.

Schreurs, M., Jänicke, M., & Weidner, H. (2014). Lutz Mez und die Suche nach der unerschöpf-lichen Energiequelle. In A. Brunnengräber & M. Rosaria Di Nucci (Hrsg.), *Im Hürdenlauf zur Energiewende* (S. 9–14). Wiesbaden: Springer VS.

Schulmeyer, C. (2015). Big Data-Analyse auf Basis technischer Methoden und Systeme. In J. Dor-schel (Hrsg.), *Praxishandbuch Big Data* (S. 307–330). Wiesbaden: Springer Gabler.

Schulze, M., & Gleich, R. (2014). Energiecontrolling: Grundlagen, Aufgaben, Instrumente und Organisation. In R. Gleich & A. Klein (Hrsg.), *Energiecontrolling* (S. 27–42). Freiburg: Haufe.

Sendler, U. (2013). Industrie 4.0 – Beherrschung der industriellen Komplexität mit SysLM (Sys-tems Lifecycle Management). In U. Sendler (Hrsg.), *Industrie 4.0* (S. 1–19). Heidelberg: Sprin-ger Vieweg.

Seufert, A. (2014). Das Controlling als Business Partner: Business Intelligence & Big Data als zen-trales Aufgabenfeld. In R. Gleich & A. Klein (Hrsg.), *Controlling und Big Data* (S. 23–46). Freiburg: Haufe.

Siepmann, D. (2016). Industrie 4.0 – Technologische Komponenten. In A. Roth (Hrsg.), *Ein-führung und Umsetzung von Industrie 4.0* (S. 47–72). Wiesbaden: Springer Gabler.

Stremler, A., & März, L. (2015). Chancen und Herausforderungen von Big Data in der Industrie. In J. Dorschel (Hrsg.), *Praxishandbuch Big Data* (S. 148–166). Wiesbaden: Springer Gabler.

Theis, S. (2014). Energiedaten als Grundlage für das Energiecontrolling automatisiert erfassen. In R. Gleich & A. Klein (Hrsg.), *Energiecontrolling* (S. 243–258). Freiburg: Haufe.

Tschandl, M., & Mallaschitz, C. (2016). Industrie 4.0: Controller als Treiber einer strategischen Neuausrichtung. In R. Gleich & A. Klein (Hrsg.), *Controlling und Industrie 4.0* (S. 85–108). Freiburg: Haufe.

Ulbricht, C. (2015). Anwendungsszenarien. In J. Dorschel (Hrsg.), *Praxishandbuch Big Data* (S. 240–245). Wiesbaden: Springer Gabler.

Walter, T. (2015). Big Data in der Personalabteilung. In J. Dorschel (Hrsg.), *Praxishandbuch Big Data* (S. 205–211). Wiesbaden: Springer Gabler.

Wanke, A. (2014). Nachhaltiges Campus-Management an der Freien Universität Berlin. In A. Brunnengräber & M. R. Di Nucci (Hrsg.), *Im Hürdenlauf zur Energiewende* (S. 309–328). Wiesbaden: Springer VS.

Weinreich, U. (2016). *Lean Digitization*. Wiesbaden: Springer Gabler.

Westkämper, E. (2013a). Zukunftsperspektiven der digitalen Produktion. In E. Westkämper, D. Spath, C. Constantinescu, & J. Lentes (Hrsg.), *Digitale Produktion* (S. 309–328). Heidelberg: Springer Vieweg.

Westkämper, E. (2013b). Zusammenfassung. In E. Westkämper, D. Spath, C. Constantinescu, & J. Lentes (Hrsg.), *Digitale Produktion* (S. 329–332). Heidelberg: Springer Vieweg.

Wosnitza, F., & Hilgers, H. (2012). *Energieeffizienz und Energiemanagement*. Wiesbaden: Sprin-ger Spektrum.

Ziesing, H.-J. (2014). Monitoring der Energiewende – Ist Deutschland schon auf dem Zielpfad? In A. Brunnengräber & M. Rosaria Di Nucci (Hrsg.), *Im Hürdenlauf zur Energiewende* (S. 353–368). Wiesbaden: Springer VS.

Zollenkop, M., & Lässig, R. (2017). Digitalisierung im Industriegütergeschäft. In D. Schallmo, A. Rusnjak, J. Anzengruber, T. Werani, & M. Jünger (Hrsg.), *Digitale Transformation von Geschäftsmodellen* (S. 59–95). Wiesbaden: Springer Gabler.

Zumpe, S. (2014). Energiecontrolling als Bestandteil des Energiemanagements. In R. Gleich & A. Klein (Hrsg.), *Energiecontrolling* (S. 127–138). Freiburg: Haufe.

Zumstein, D., & Kunischewski, D. (2016). Design und Umsetzung eines Big Data Service im Zuge der digitalen Transformation eines Versicherungsunternehmens. In D. Fasel & A. Meier (Hrsg.), *Big Data* (S. 319–345). Wiesbaden: Springer Vieweg.

Martin-Alexander Arns (B.A.) hat nach dem Besuch der höheren Handelsschule 2008 eine zweijährige Ausbildung zum Industriekaufmann in einem Industrieunternehmen der Regelungs-, Sanitär-, Steuer- und Wassertechnikbranche bzw. Automobil-, Elektro- und Elektronikbranche in Olpe absolviert. Seit 2010 ist er Mitarbeiter in der Abteilung Controlling. Sein Aufgabengebiet umfasst die Teil- und Vollkostenrechnung, Profitcenterermittlung und Geschäftsbereichsanalyse, internes Kontrollsystem, Risikomanagement, Produktions- und Energiecontrolling, Jahresabschlussarbeiten bzw. diverse betriebswirtschaftliche Analysen und Kennzahlen. Am Hochschulzentrum Siegen der FOM Hochschule absolvierte er von 2013 bis 2017 den Studiengang Business Administration. Seine Abschlussarbeit befasste sich mit dem Thema „Effizientes Energiecontrolling in Zeiten von Industrie 4.0".

Prof. Dr. Thomas Heupel ist seit 2007 hauptberuflicher Dozent für Betriebswirtschaftslehre, insbesondere Rechnungswesen und Controlling, und seit 2009 Prorektor für Forschung an der FOM Hochschule. Schwerpunkte seiner Arbeit liegen in den Bereichen Erfolgs- und Kostencontrolling, Automotive Industry Management, demografischer Wandel, ökologische Ökonomie sowie dem Management von KMU.

Corporate Responsibility in der digitalen Arbeitswelt 4.0

5

Umsetzungsmöglichkeiten am Beispiel der aufsichtsrechtlichen Regulierung im Risikomanagement der Bankenbranche

Guido Pfeifer und Inge Wulf

Inhaltsverzeichnis

Zusammenfassung

Daten und vor allem personenbezogene Daten sind im Zeitalter der Digitalisierung zu einem der wesentlichsten „Rohstoffe" geworden. Dies betrifft sowohl den Dienstleistungs- als auch den Produktionsbereich. In den Ursache-Wirkungs-Beziehungen der

G. Pfeifer (✉)
Bingen, Deutschland
E-Mail: gp@guido-pfeifer.de

I. Wulf
Clausthal, Deutschland
E-Mail: inge.wulf@tu-clausthal.de

© Springer Fachmedien Wiesbaden GmbH, ein Teil von Springer Nature 2019
T. Kümpel et al. (Hrsg.), *Controlling & Innovation 2019*, FOM-Edition,
https://doi.org/10.1007/978-3-658-23474-4_5

betrieblichen Wertschöpfungskette spielen die nichtfinanziellen Faktoren eine immer
größere Rolle und insbesondere das Vertrauen aller Akteure in den Schutz ihrer Daten
ist ein entscheidender Erfolgsfaktor. Am Beispiel der bankenaufsichtsrechtlichen
Anforderungen an das Risikomanagement und an die IT-Sicherheit von Banken soll
aufgezeigt und dafür sensibilisiert werden, wie sich jedes Unternehmen – in unterschiedlicher Ausprägung – seiner Corporate Digital Responsibility stellen kann.

5.1   Einleitung mit Problemstellung

Die fortschreitende Digitalisierung prägt die zukünftige Ausrichtung in der Geschäfts-
und Risikostrategie der Kreditinstitute, ist mit erheblichen neuen *Herausforderungen*
u. a. im Risikomanagement verbunden und stellt zugleich einen *Erfolgsfaktor* dar. Neben
der Weiterentwicklung der Produkte und Dienstleistungen auch in Bezug auf Effizienz
und Ökologie ändern sich vor allem die Kommunikation und die Zusammenarbeit der
Unternehmen mit den Mitarbeitern, Kunden und sonstigen Stakeholdern. So werden
z. B. Arbeitsprozesse optimiert oder Fahrwege eingespart, komplette Produktionssysteme über große Entfernungen miteinander vernetzt und somit Ressourcen geschont
(Darmstadtium 2017; Siebler 2017, S. 5). Auch spielen „Daten", insbesondere *personenbezogene Daten,* mit der fortschreitenden Digitalisierung eine zunehmend wichtige Rolle
für die Wirtschaft. Daten werden immer mehr zum *Wettbewerbsfaktor,* sie müssen jedoch
geschützt werden. In diesem Zusammenhang stellt sich die Frage der unternehmerischen
Verantwortung für die Kreditinstitute neu. Neben den Chancen von digitalen Geschäftsmodellen, deren Geschäfts- und Wertschöpfungsprozesse im Finanzsektor besonders
stark abhängig von der IT sind, müssen die Risiken, die beim Navigieren in einer digitalen Welt entstehen, gemäß § 25a Abs. 1 KWG in das Risikomanagement einbezogen und
geeignete Sicherungsmaßnahmen zum Schutz vor Cyberangriffen implementiert werden,
um drohenden Vermögens- und Reputationsverlusten vorzubeugen. Vertrauen in Finanz-
dienstleister bedeutet heute vor allem Vertrauen in die Sicherheit der IT und den Schutz
persönlicher Daten (BaFin 2017a). Aus diesem Grunde legt die nationale und internationale Bankenaufsicht verstärkt einen Schwerpunkt auf das IT-Risikomanagement
und die IT-Sicherheit in den Banken und Sparkassen, denn die nichtfinanziellen Werte,
wie Daten von Kunden oder die Reputation des Unternehmens, werden immer wertvoller
und die IT-Risiken in Form von Angriffen und dadurch induzierte Ausfälle sind durch die
Erreichbarkeit praktisch eines jeden Systems im Internet allgegenwärtig (BaFin 2017e,
S. 4).

Unternehmen stehen in der Pflicht, sich ihrer Verantwortung bewusst zu werden und
durch eine neue Unternehmenskultur Mitarbeiter und Kunden auf den Weg der Digitalisierung mitzunehmen. *Corporate Digital Responsibility* (CDR) beschreibt dieses ver-
antwortungsvolle unternehmerische Handeln (Esselmann und Brink 2016). Eine gelebte
CDR-Strategie kann zu gesteigertem Vertrauen und dadurch zu einem Erfolgsfaktor werden (BMWi 2016).

Die CDR ist für die Finanzbranche von besonderer Bedeutung. Die Finanzbranche befindet sich aufgrund des Niedrigzinsumfeldes, des Wettbewerbs durch Direktbanken und neue Anbieter von Finanzdienstleistungen insbesondere durch Nutzung der neuen Technologien, die zu steigendem Datenaufkommen, zunehmender Vernetzung und Digitalisierung der Bankprozesse führen, im Umbruch bzw. in der *„Bankenwelt 4.0"*. Vor allem die traditionellen Universalbanken müssen ihre Geschäftsmodelle überdenken, wenn sie zukunftsfähig bleiben wollen. Die seit dem 13. Januar 2018 geltende EU-Zahlungsdienste-Richtlinie „Payment Services Directive (PSD2)" verstärkt diese Entwicklung. So haben die Kreditinstitute das Monopol auf die Kundendaten verloren und müssen Fintech-Unternehmen, die auch unter der Bankenaufsicht stehen, den Zugang zu den Kontodaten gewähren, wenn die Kunden dies möchten (Deutsche Bundesbank 2015). Jedoch wurde hier geregelt, dass alle am Prozess Beteiligten für den Schutz der Daten vor unbefugtem Zugriff, nach dem aktuellen Stand der Technik, verantwortlich sind. Durch den Markteingriff dieser EU-Regulierung wird sich die Wertschöpfungskette im bisherigen Zahlungsverkehr verändern und neue Nutznießer, aber auch neue Risiken hervorbringen (Deloitte 2017).

Die bisher entstandenen Schadensfälle im Bereich der operationellen Risiken seit der Finanzkrise, z. B. bei der Société Générale im Jahr 2008, der UBS im Jahr 2011 (FINMA 2012), bei JP Morgan im Jahr 2012 oder aus dem „Phishing im Onlinebanking", und die zunehmende Entwicklung der Bedrohung vor allem durch Cyber- und IT-Risiken sehen internationale und nationale Aufsichtsbehörden mit Sorge für die Stabilität des Bankensystems und reagieren mit *zunehmender Regulatorik* in Bezug auf das Risikomanagement in den Banken und Sparkassen (European Banking Authority 2017; BaFin 2017b, d)

Während sich das IT-Risiko eher auf die materiellen IT-Anlagen bezieht, umfasst das Cyberrisiko zusätzlich Risiken, die durch die Vernetzung von Daten und die Verarbeitung von digitalen Daten entstehen. Es existieren in der Literatur Definitionen von Cyberrisiken, die sowohl sehr breit (z. B. Ögüt et al. 2011) als auch relativ eng (z. B. Mukhopadhyay et al. 2005, 2013) gefasst sind (Biener et al. 2015, S. 4 ff.). Cyberrisiken stellen beispielsweise vorsätzliche, zielgerichtete, IT-gestützte Angriffe auf die Daten und IT-Systeme dar (Gabler Wirtschaftslexikon 2018), um Daten zu manipulieren, zu stehlen oder die Geschäftsabläufe zu schädigen.

> Cyber-Versicherung beschäftigt sich mit den Folgen der unbefugten Nutzung von IT-Systemen oder eines Datenschutzvorfalles, beispielsweise bei rechtswidriger Aneignung und dem Missbrauch von Daten, dem Eindringen in technische Systeme zur Verarbeitung oder Übertragung von Informationen und deren schadenstiftenden Beeinflussung, den Folgen der Aneignung fremder Identitäten, Fällen von Mobbing und Reputationsschädigung von natürlichen und juristischen Personen in der digitalen Welt und Bedienungsfehlern (KPMG 2017, S. 8).

Cyberattacken, wie z. B. das Mirai-Botnet (Linux-Schadsoftware, mit deren Hilfe Bot-Netze aufgebaut werden können; September bis November 2016), die WannaCry-Angriffe (Schadprogramm für Windows-Betriebssystem, Mai 2017) oder NotPetya-Angriffe

(Schadprogramm manipuliert die Festplatte und verhindert so das Starten des Betriebs-systems, Juni 2017) führten zu erheblichen finanziellen Verlusten für eine große Anzahl von Unternehmen. Durch den Virus wurden beispielsweise in Deutschland die Anzeigetafeln der Deutschen Bahn außer Funktion gesetzt. Den jährlichen Schaden durch Cyberkriminalität an der deutschen Wirtschaft schätzt der Bundesverband für IT-Sicherheit – TeleTrust – auf 55 Mrd. EUR (Jansen 2017, S. 1). Das Bundeskriminalamt verzeichnet mit 82.649 Fällen von Cyberkriminalität im engeren Sinne für das Jahr 2016 einen Anstieg von etwa 80 % gegenüber dem Vorjahr (Bundeskriminalamt 2017, S. 2 ff.).

Da viele *Cyberattacken* nicht gezielt als Einzelangriffe, sondern *als Massenangriffe* erfolgen, ist ein Einfangen eines Virus nicht vorhersehbar und jedes Unternehmen, unabhängig von seiner Größe, kann betroffen sein (HypoVereinsbank 2017a). Den-noch gaben in einer Studie des Ponemon Instituts im Jahre 2016 fast 80 % der befragten Unternehmen an, dass sie auf einen Cyberangriff nicht vorbereitet seien und es schwierig sei, einen hohen Grad an Cybersicherheit zu erreichen, wenn es keinen Funktionsträger gibt, der eindeutig zuständig ist (TeleTrust 2016).

Sowohl die für Kreditinstitute bestehenden als auch die anstehenden Änderungen in der Unterlegung solcher Risiken mit Eigenmitteln verstärken deren Druck, eine Strate-gie zum Management von IT- und Cyberrisiken zu entwickeln. Und dies, obwohl diese Art von Risiken im Gegensatz zu den banktypischen Risiken, wie z. B. Adressausfall-oder Marktpreisrisiken, grundsätzlich nicht bewusst eingegangen wird, um Erträge zu erzielen. Alle Geschäftstätigkeiten eines Kreditinstitutes sind in unterschiedlichem Maße mit diesen immateriellen Risiken verbunden.

Ziel des Beitrags ist es, die neuen Anforderungen an das Risikomanagement von Kreditinstituten aus aufsichtsrechtlicher und aus betriebswirtschaftlicher Sicht zu beleuchten und eine gewisse *„Mehr"-Sensibilisierung* im Hinblick auf IT-Sicherheit für alle Unternehmen *auch ohne gesetzliche Vorschriften* zu erreichen. Der Beitrag nimmt nach einer Einbindung der Thematik „Digitalisierung" in die Wertschöpfungs-kette und die Corporate Responsibility eine mögliche Kategorisierung operationeller nichtfinanzieller Risiken (Non Financial Risks) vor und beschreibt die wesentlichen Anforderungen an das Risikomanagement dieser Art von Risiken mit Fokus auf die aktu-ellen Mindestanforderungen an das Risikomanagement – MaRisk 6.0 (BaFin 2017b) und die „Besonderen Anforderungen an die IT" – BAIT (BaFin 2017c) der deutschen Bankenaufsicht. Beide Rundschreiben konkretisieren die gesetzlichen Anforderungen des § 25a Abs. 1 S. 3 Nr. 4 und 5 Kreditwesengesetz und das, was die nationale Aufsicht unter einer angemessenen technisch-organisatorischen Ausstattung der IT-Systeme, unter besonderer Berücksichtigung der Anforderungen an die Informationssicherheit sowie eines angemessenen Notfallkonzepts, versteht (BaFin 2018).

5.2   Hintergründe

5.2.1   Digitalisierung in der Wertschöpfungskette

Mit dem Wandel von der Industriegesellschaft über die Dienstleistungs- und Hochtechnologiegesellschaft hin zur Informations- und Wissensgesellschaft und dem Wandel der Wertschöpfungsketten verlieren die klassischen Produktionsfaktoren Arbeit und Kapital immer mehr an Bedeutung. Beispielsweise versteht Mercedes-Benz unter dem Begriff Industrie 4.0 die Digitalisierung der gesamten Wertschöpfungskette von der Konstruktion und Entwicklung über die Produktion bis hin zu Vertrieb und Service (Mercedes-Benz o. J.). Die Produktion und möglichst niedrige Kosten gelten nicht mehr als entscheidende Erfolgsfaktoren. Durch die zunehmende Automatisierung und Standardisierung werden die „Produktion" von Gütern und teilweise auch Dienstleistungen zwischen den verschiedenen Anbietern zunehmend zur austauschbaren Ware und es kommt zu einer Aufspaltung der Wertschöpfungskette. Aufgrund des Wegfalls einer Differenzierung durch die Produktion entfällt zugleich deren Wettbewerbsvorteil (Leibfried und Fassnacht 2007, S. 229) und „Daten", insbesondere *personenbezogene Daten,* sind der neue *„Rohstoff" der digitalen Arbeitswelt 4.0.* „Das neue Gold der digitalen Wirtschaft sind immaterielle Werte wie Daten, Plattformen, Netzwerke oder die Reputation des Unternehmens" (Allianz 2018a, b). Die Informations- und Kommunikationstechnologien beschleunigen preiswerte Transaktionen, schaffen weltweiten Informationsaustausch und fördern den technischen Fortschritt wesentlich mit der Folge, dass sich Leistungsprofil und Produktivität von Arbeitsplätzen erhöht haben und weiterhin erhöhen werden. Zudem wurden viele betriebliche Prozesse in Produktion und Administration wesentlich verändert. Insgesamt resultieren daraus schnelle Marktveränderungen, höhere Innovationsgeschwindigkeiten sowie damit verbunden u. a. Preisverfall, kürzere Produktlebenszyklen und in der Folge neue Geschäftsfelder (Pfeifer 2015, S. 64). Abb. 5.1 zeigt eine Wertschöpfungskette mit möglichen Ursache-Wirkungs-Beziehungen zwischen Investitionen in Form von materiellen, finanziellen und nichtfinanziellen Ressourcen bis hin zur Wirkung auf den Erfolg.

Die Durchdringung der Ursache-Wirkungs-Zusammenhänge von Investitionen in immaterielle Ressourcen auf die zu planenden nichtfinanziellen Steuerungsgrößen sind zusätzlich zu den monetären Kennzahlen aus unternehmensinterner Sicht umso wichtiger, als aus heutigen Investitionen in immaterielle Ressourcen Erfolgsbeiträge bzw. Zahlungsströme für die Zukunft generiert werden. Auch bei den „Hidden Champions" spielt nachweislich die Führungskompetenz eine herausragende Rolle für den Erfolg dieser mittelständischen Unternehmen (Simon 2014, S. 68). Dieser Erfolg basiert auf immateriellen Werten, wie *Vertrauen und Unternehmenskultur,* die innovationsfördernde, kreative Freiräume schaffen und trotz zunehmenden Wettbewerbsdrucks positive Auswirkungen auf den Unternehmenserfolg zeigen (Kaudela-Baum et al. 2014, S. 74). Nach einer Benchmarkstudie zu Stand und Perspektiven des Risikomanagements in deutschen

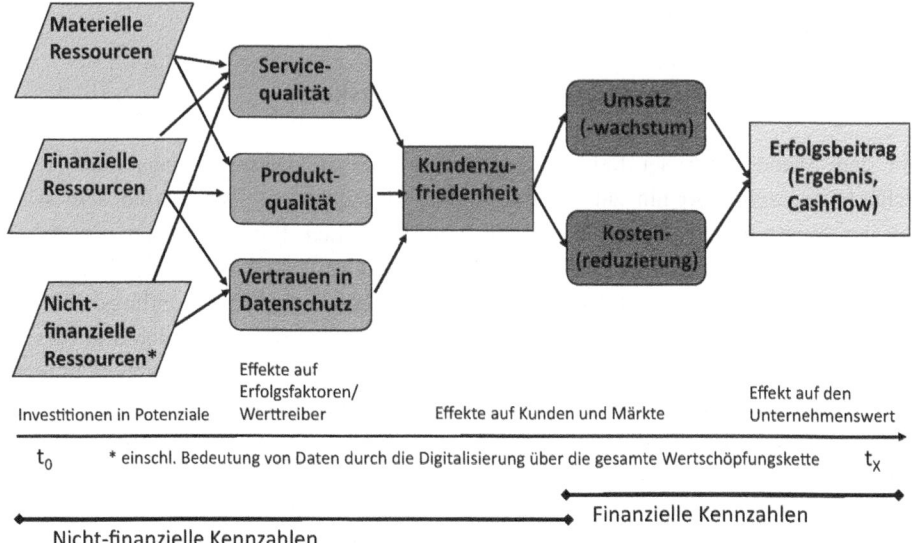

Abb. 5.1 Wertschöpfungskette mit möglichen Ursache-Wirkungs-Beziehungen. (Quelle: Pfeifer 2015; Wulf et al. 2009)

KMU drohen dem Mittelstand aus dem Markt- und Wettbewerbsumfeld sowie aus der Unterbrechung der Wertschöpfungs-, Liefer- und Logistikkette die größten Risiken, gefolgt von Reputations- und Imagerisiken. Anhand einer weiteren Studie konnte festgestellt werden, dass einzelne Systeme immer noch „Insellösungen" darstellen und eine Verknüpfung der Risikoinformationen zur Synergiegewinnung nur vereinzelt stattfindet und dadurch der Nutzen einer höheren Transparenz für Management und Überwachungsorgan bezüglich der relevanten Risiken sowie der Wirksamkeit der Gegenmaßnahmen und Kontrollen verloren geht (Funk RMCE et al. 2011; Funk RMCE und Roever Broenner Susat Mazars 2016). Für kleinere und mittlere Unternehmen ist es wichtig, bei der Risikosteuerung auf die unterschiedliche *Relevanz und Steuerungsintensität der Risiken* zu achten, denn eine Untersteuerung, aber auch eine Übersteuerung der Risiken führt zu Ineffizienzen (Neyer und Hofeditz 2014, S. 227).

Dr. Maaßen, Präsident, Bundesamt für Verfassungsschutz führte hierzu aus (KPMG 2017, S. 16):

Mit der fortgeschrittenen Digitalisierung, Industrie 4.0 und dem „Internet of Things" sollen nahezu alle Elemente der Wertschöpfungskette miteinander vernetzt werden. Daraus erwächst eine Vielzahl von Daten, die künftig in allen Wirtschaftszweigen relevant werden. Sie sind das „digitale Gold" der Zukunft. Mit den Chancen wachsen aber auch die Risiken, weil die voranschreitende Digitalisierung die Angriffsflächen vergrößert und neue Angriffsvektoren entstehen. Staat und Gesellschaft, insbesondere auch Unternehmen, müssen sich auf neue Bedrohungen vorbereiten. Mehr als die Hälfte der deutschen Wirtschaft gab an, bereits Opfer von Cyberspionage, Datendiebstahl oder Cybersabotage geworden zu sein.

Insbesondere der Schutz von hochsensiblen, persönlichen Daten muss sichergestellt werden, da auch staatliche Cyberakteure ein hohes Maß an Interesse für diese Informationen aufweisen.

5.2.2 Steigende Bedeutung der IT-Risiken durch die zunehmende Vernetzung und Digitalisierung der Unternehmensprozesse

Laut aktuellem Allianz Risk Barometer 2018 gehören – nach einer Umfrage zu den wichtigsten Unternehmensrisiken unter fast 2000 Risikoexperten aus 80 Ländern – sowohl in Deutschland als auch weltweit Betriebsunterbrechungen (inklusive Lieferkettenunterbrechung), bei denen Cybervorfälle die am meisten gefürchteten Auslöser sind, und Cyberattacken, die außerdem am häufigsten unterschätzt werden, mit über 50 % zu den beiden wichtigsten Geschäftsrisiken. Dabei sind die Betriebsunterbrechungen gleichzeitig die am zweitmeisten unterschätzten Risiken weltweit. Auch bekommt das Datenschutzrisiko mit der Einführung der EU-Datenschutzgrundverordnung (EU-DSGVO) im Mai 2018 im Rahmen der Digitalisierungsgefahren für alle europäischen Unternehmen eine größere Bedeutung, da diese sich auf erhöhte Meldepflichten und eine stärkere Haftung einstellen müssen (Allianz 2018a, b). Abb. 5.2 gibt einen Überblick über die unterschiedlichen Digitalisierungsgefahren.

Zu den zentralen Angriffspunkten von Cyberangriffen der Kreditinstitute zählen beispielsweise Unternehmensnetzwerke, Datenbanken, E-Mail-Systeme, Zahlungsverkehrssysteme und Handelssysteme (PWC 2015). Als Beispiel ist hier der Hackerangriff im

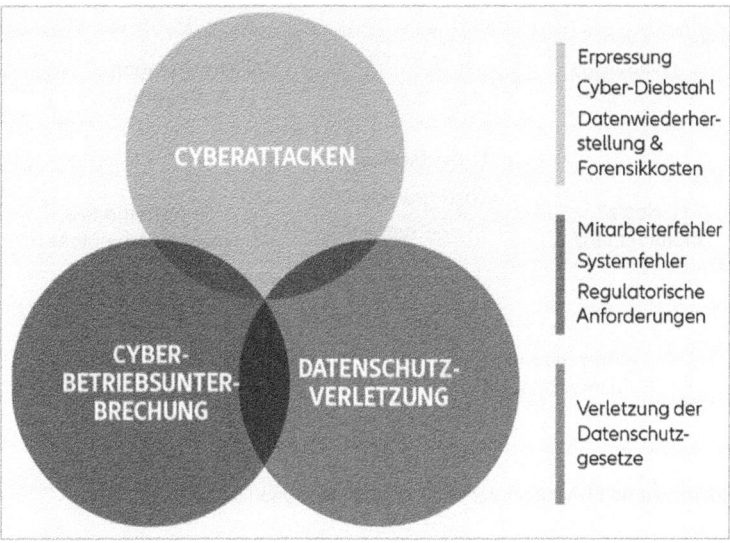

Abb. 5.2 Übersicht der Digitalisierungsgefahren. (Quelle: Allianz 2018b)

Jahre 2016 auf die Zentralbank von Bangladesch zu nennen, bei der über das Zahlungs-
verkehrssystem Swift Gelder im Volumen von rund 90 Mio. EUR auf Privatkonten in den
Philippinen und Sri Lanka überwiesen wurden. Eine weitere Überweisung in Höhe von
870 Mio. US$ von dem Konto der Bank von Bangladesch bei der Federal Reserve Bank
of New York konnte aufgrund eines auffälligen Tippfehlers beim Namen des Zahlungs-
empfängers noch gestoppt werden. Die Hacker konnten durch Eindringen in die Systeme
sowohl die Zugangsschlüssel für die Swift-Überweisungen als auch die Prozesse zwischen den beiden Banken ausspähen. Die webbasierte Verlustdatenbank „ÖffSchOR"
(Öffentliche Schadensfälle OpRisk) bietet eine Übersicht über Schadensfälle aus operationellen Risiken und Reputationsrisiken in Banken und Versicherungen. Die Verlustdatenbank zählt von 2008 bis September 2017 insgesamt 2118 Schadensfälle mit einer
durchschnittlichen Schadenssumme von ca. 167 Mio. EUR. Fast die Hälfte der Vorfälle
findet im Geschäftsfeld „Privatkundengeschäft" statt, jedoch entstehen über 40 % der
Gesamtschadenssumme im Handel (VÖB-Service o. J.). Die Beispiele zeigen, dass der
Schutz vor Cyberrisiken in der Zukunft eine große Herausforderung für Institute und ihre
IT-Dienstleister sein wird und dass er bereits im Risikomanagement der Institute einen
entsprechend hohen Stellenwert auch durch die von der Bankenaufsicht identifizierten
IT-Mängel eingenommen hat. Abb. 5.3 zeigt die von der Aufsicht bei IT-Prüfungen
in den vergangenen Jahren gemachten Feststellungen mit Bezug auf die bisherigen
MaRisk-Anforderungen für Kreditinstitute.

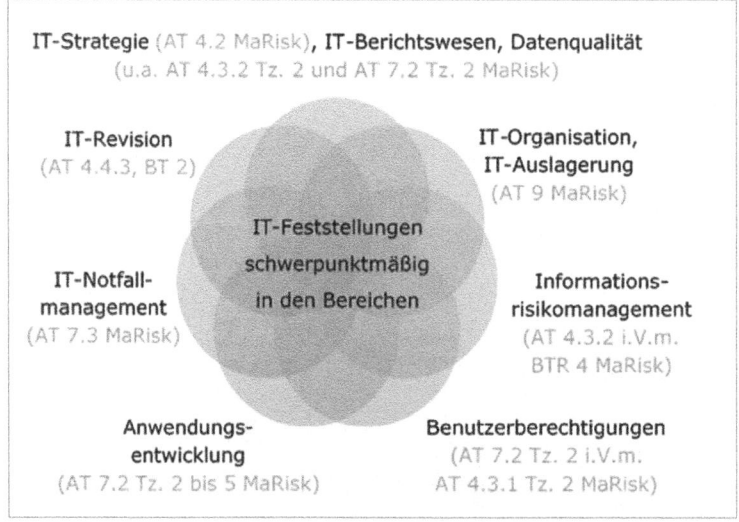

Abb. 5.3 Identifizierte IT-Mängel der Bankenaufsicht. (Quelle: BaFin 2017a, b)

5.2.3 Shared Value als Corporate Responsibility

Der Shared-Value-Ansatz verbindet die Gedanken der Corporate Social Responsibility (CSR) und der Corporate Digital Responsibility (CDR) mit den Wettbewerbsvorteilen für erfolgreiche Unternehmen. Unter Shared Value ist das Vorantreiben der Wettbewerbsposition eines Unternehmens durch gleichzeitiges Schaffen von ökonomischen, ökologischen und sozialen Werten zu verstehen (D´heur 2014, S. 31). Dadurch wird die Konkurrenzfähigkeit eines Unternehmens bei gleichzeitig wirtschaftlichem, ökologischem und sozialem Handeln verbessert. Durch die zunehmende Digitalisierung und damit einhergehend durch das Wachstum von Datenmengen und deren Auswertungsmöglichkeiten nehmen auch die ökonomischen wie sozialen Herausforderungen durch die CDR zu. Unternehmen müssen sich diesen Herausforderungen im Kontext ihrer „Datengeschäfte" stellen. Die *digitale Verantwortung* der Unternehmen fördert bei den Nutzern das Vertrauen hinsichtlich der Verwendung der Daten und steigert damit deren Bereitschaft, diese freizugeben. Unternehmen müssen die Verantwortung für die erhobenen und verarbeiteten Daten so übernehmen, dass sie weder gegen geltende datenschutzrechtliche Bestimmungen verstoßen noch soziale oder ökologische Wertschöpfungsprozesse erschweren oder verhindern (Willrich 2017). Vor diesem Hintergrund führt eine Entwicklung von CSR und CDR in Richtung Shared Value zu einem Vorantreiben der Wettbewerbsposition eines Unternehmens bei gleichzeitigem Schaffen von ökonomischen, ökologischen und sozialen Werten. Zudem wird die Gesellschaftsverantwortung spätestens seit der CSR-Diskussion (EU-Kommission 2011, S. 7) von Unternehmen neben der Gewinnmaximierung integraler Bestandteil ihres Zielsystems und es entsteht unter Ressourcenschonung ein *„gemeinsamer Wert"* (D´heur 2014, S. 31 f.).

Eine dementsprechende *Verhaltensänderung* schafft profitables und nachhaltiges Wachstum in der Gesellschaft und im Unternehmen und in der Folge einen Ausgleich zwischen Unternehmertum und Gesellschaft (Porter und Kramer 2012, S. 137). Auch die neuen gesetzlichen Regelungen zur nichtfinanziellen Erklärung gemäß § 289c, die gemäß § 340a Abs. 1a HGB von Kreditinstituten zu erstellen ist, wenn sie als groß im Sinne von § 267 HGB gelten und im Jahresdurchschnitt mehr als 500 Arbeitnehmer beschäftigen, streben eine Verbesserung der Transparenz und des Informationsgehalts an und bewirken eine Verhaltenssteuerung (Pfeifer und Wulf 2017, S. 183 f.).

5.3 Risikomanagement in Banken im Zeitalter der Digitalisierung

5.3.1 Abgrenzung von Risikomanagement und Risikocontrolling

Eine internationale Studie von DNV GL (Det Norske Veritas Germanisch Lloyd) und dem Marktforschungsinstitut GFK (Gesellschaft für Konsumforschung) Eurisko vom Dezember 2016, für die über 1500 Experten befragt wurden, zeigt, dass die Hälfte der Unternehmen keine klare Risikomanagementstrategie vorweisen kann und lediglich 43 % der Unternehmen Kennzahlen zur Kontrolle des Risikomanagements einsetzen. Jedoch konzentrieren sich die Unternehmen zunehmend auf das Risikomanagement mit Einbindung in die Gesamtgeschäftsstrategie und 81 % der Unternehmen glauben, dass ein Managementsystem, das auf einem strukturierten Risikomanagementansatz basiert, ihrem Unternehmen und den Stakeholdern einen zusätzlichen Nutzen bringen wird (DNV Gl 2017).

Während sich das Risikocontrolling – als unterstützender Teil des Risikomanagements – im Kern mit der Identifizierung, der Messung und Bewertung, der Überwachung und dem Reporting der individuellen Unternehmensrisiken beschäftigt, hat das übergeordnete Risikomanagement – als Teilaufgabe der Unternehmensführung – auch die Aufgabe der Sicherung der Existenz (damit auch Chancenmanagement) und der Festlegung der strategischen Risikopositionierung des Unternehmens. *Risikokultur, Risikoappetit, Frühwarnsysteme und Risikosteuerung* sind wesentliche Bestandteile bzw. Voraussetzungen für ein funktionierendes Risikomanagement (siehe hierzu auch die folgenden Abschnitte). Der zukünftige Fokus in der Unternehmenssteuerung bzw. im Risikomanagement muss stärker auf der Realisierung von Erträgen liegen, d. h. stärker auf der Ertrags- und weniger ausschließlich auf der Risikosteuerung. Mit dem modernen Risikomanagement ist ein unternehmensweit abgestimmter Prozess gemeint, mit dem die Unternehmen alle wesentlichen Risiken identifizieren, bewerten und aktiv steuern, um einen Mehrwert für das Unternehmen zu generieren und den Unternehmenswert langfristig zu steigern. Nicht mehr stehen nur die Verlustpotenziale mit geschätzten Wahrscheinlichkeiten im Fokus der Betrachtung, sondern das Risikomanagement ist für das *Erreichen der Ertragsziele* des Unternehmens mitverantwortlich (Hunziker und Meissner 2017, S. 11 ff.). Eine mögliche *quantitative Bewertung* aller Risiken einschließlich der *nichtfinanziellen Risiken* stellt eine besondere Herausforderung dar.

Für die Finanzbranche ist die Bandbreite der Risiken durch die Digitalisierung bereits deutlich größer geworden und wird mit einer zeitlichen Verzögerung sicherlich auch andere Branchen stärker treffen. Die Digitalisierung bedingt ein sich ständig anpassendes Risikomanagement. Durch den zunehmenden Einzug der Digitalisierung in die Geschäftsprozesse der Banken müssen die Fragen zum *Datenschutz,* der *IT-Sicherheit* und *Cyberkriminalität* zukünftig stärker im *internen Risikomanagement* einbezogen werden.

Eine Weiterentwicklung könnte beispielsweise die Erstellung einer eigenen Risikostrategie oder die interne Festlegung des Risikoappetits für die Non Financial Risks sein. Aus diesem Grunde sollten in den Kreditinstituten heute schon Puffer im ökonomischen Kapital für die bislang nicht berücksichtigten Non-Financial Risks, z. B. Cyberrisiken, Reputationsrisiken oder Verhaltensrisiken, eingeplant werden, da zukünftig mit einem SREP (Supervisory Review and Evaluation Process)-Kapitalzuschlag für diese Risiken zu rechnen ist (KPMG 2016, S. 14 f.).

Neben der notwendigen Veränderung im Risikomanagement wird die Digitalisierung das Risikocontrolling und *ebenso das Controlling* der Unternehmen in seiner gesamten Bandbreite verändern. Insbesondere in den Bereichen der Kostenrechnung und des Reportings ist mit erheblichen Veränderungen zu rechnen. Durch die schnelle und

umfangreiche Datenverfügbarkeit und die automatisierten Auswertungssysteme werden
die von der Führung benötigten Informationen schneller, umfassender und transparenter
zur zeitnahen Steuerung und Maßnahmenableitung zur Verfügung stehen (Schäffer und
Weber 2017, S. 57). Dies kann eine deutliche Effizienz in den Wertschöpfungsketten und
ggf. Kosteneinsparung für die Unternehmen bedeuten.

5.3.2 Besonderheiten, Erweiterungen und Anforderungen der operationellen Risiken

Die operationellen Risiken von Banken sind in dem besonderen Teil BTR 4 „Operationelle Risiken" und insbesondere mit den allgemeinen Teilen der MaRisk 6.0 zu
Dokumentationsvorgaben, quantitativer und qualitativer Personalausstattung, tech-
nisch-organisatorischer Ausstattung, Einrichtung eines Notfallkonzeptes, Einrichtung
eines Prozesses für neue Produkte/neue Märkte und weitere Anpassungsprozesse sowie
zu Auslagerungen geregelt. Der Baseler Ausschuss für Bankenaufsicht definiert das operationelle Risiko als die Gefahr von Verlusten, die infolge der Unangemessenheit oder des
Versagens von internen Verfahren, Menschen und Systemen oder infolge von externen
Ereignissen (Betrug, Fehlverhalten, Versagen interner Kontrollen oder Audit-Systeme,
Naturkatastrophen) eintreten (Baseler Ausschuss für Bankenaufsicht 2006, Tz. 644).
Diese Definition schließt Rechtsrisiken ein, beinhaltet aber nicht strategische Risiken
oder Reputationsrisiken (Baseler Ausschuss für Bankenaufsicht 2006, Tz. 742). Operationelle Risiken betreffen nicht nur ausgewählte Bereiche eines Kreditinstitutes, sondern
alle Bereiche inklusive der Stabs- und Backoffice-Funktionen und können direkt oder
indirekt über ein finanzielles Risiko, wie z. B. das Adress- oder Marktpreisrisiko, schla-
gend werden. Dadurch wird eine Zentralisierung dieser Risikoart, im Gegensatz zu den
klassischen finanziellen Risiken, nur sehr eingeschränkt möglich sein.

Die in der Definition des operationellen Risikos nach MaRisk (im engeren Sinne)
ausgeklammerten Reputationsrisiken bzw. strategischen Risiken werden zwar nicht
im Rahmen der ersten Basel-Säule, jedoch im Rahmen des aufsichtlichen Über-
prüfungsverfahrens, in der zweiten Säule von Basel, bei der Bestimmung der Eigen-
kapitalanforderung der Banken berücksichtigt. Im Rahmen des aufsichtsrechtlichen
Überprüfungs- und Beurteilungsprozesses (SREP) der qualitativen Baseler Säule II
prüft die Bankenaufsicht regelmäßig die Methoden und Prozesse sowie die Kapitalausstattung auf ihre Angemessenheit. Die Europäische Bankenaufsichtsbehörde (EBA)
hat hierzu eine Leitlinie zum aufsichtsrechtlichen Überprüfungs- und Überwachungs-
prozess veröffentlicht, in der sie einen ganzheitlichen SREP-Ansatz anhand einheitlich anzuwendender Methoden und Verfahren verfolgt (EBA 2014). Die Grundstruktur
beruht auf der Analyse des Geschäftsmodells, der Beurteilung der Governance und
des Risikomanagements, der Beurteilung der Kapitalrisiken und Kapitalausstattung
sowie der Beurteilung der Liquiditätsrisiken und Liquiditätsausstattung. Mit einem
SREP-Kapitalzuschlag sollen zu den bereits bestehenden regulatorischen Mindest- und

Kapitalpufferanforderungen, beispielsweise nicht abgedeckte Aspekte operationeller Risiken oder Modellschwächen, die zu einer Risikounterzeichnung führen können, zusätzlich mit Eigenkapital abgedeckt werden (BaFin 2016, S. 17–22).

Die Vorgaben des Baseler Ausschusses für Bankenaufsicht (Basel Committee on Banking Supervision – BCBS), die Europäische Bankenaufsichtsbehörde (EBA), die Europäische Zentralbank (EZB) sowie die Bundesanstalt für Finanzdienstleistungsaufsicht (BaFin) *verstärken den Blick und die Bedeutung* von „Financial Risks" *in Richtung „Non-Financial Risks".* Laut der KPMG-Studie aus 2016 zu „Non-Financial Risks" planen 95 % der befragten Kreditinstitute die Weiterentwicklung des Frameworks für Non-Financial Risks aufgrund der regulatorischen Anforderungen, gefolgt vom Motiv der Kostenreduktion (KPMG 2016, S. 5, 19). Die unterschiedlichen Non-Financial Risks vereint zum einen die wechselseitige Abhängigkeit zwischen diesen Risikokategorien, so können beispielsweise Cyberrisiken ggf. zu Reputationsrisiken und diese zu einem Geschäftsrisiko führen. Zum anderen treten die finanziellen Auswirkungen eines Non-Financial Risks meist erst mehrere Jahre später ein und wirken dann oft über einen relativ langen Zeitraum hinweg (die bank 2015). Da es schwierig ist, die Auswirkungen einzelnen Ereignissen zuzuschreiben, basieren Non-Financial Risks in der Regel auf qualitativen Informationen und Einschätzungen.

Abb. 5.4 zeigt einen möglichen Zusammenhang von operationellen Risiken und Non-Financial Risks.

Den größten Bedarf zur Weiterentwicklung des Risikomanagements sieht die Aufsicht aktuell zweifellos hinsichtlich *Conduct Risk, Cyber- und IT-Risiken.* Diese Risikoarten fallen im weiteren Sinne unter den OpRisk-Begriff, werden allerdings zunehmend durch eigene Normen reguliert. Hinsichtlich der OpRisk-Maßnahmen nimmt der Druck zum Vorhalten vorgefertigter Notfallpläne, z. B. durch die Anforderungen zu Auslagerungen sowie zum Management von Reputationsrisiken, generell zu. Auf nationaler wie auf internationaler Ebene werden nach dem Inkrafttreten des IT-Sicherheitsgesetzes (BSI 2016) weitere Maßnahmen zum Schutz gegen Hackerangriffe vehement gefordert und sind bereits verabschiedet. Ein aktuelles Beispiel hierfür ist die Veröffentlichung des Rundschreibens „Bankaufsichtliche Anforderungen an die IT (BAIT)" durch die BaFin am 03.11.2017 (Buchmüller und Sturm 2018).

Jedes Kreditinstitut muss gewährleisten, dass wesentliche operationelle Risiken zumindest jährlich identifiziert und beurteilt werden, hat eine angemessene Erfassung aller Schadensfälle sicherzustellen und bedeutende Schadensfälle unverzüglich hinsichtlich ihrer Ursachen zu analysieren. Größere Institute sollen hierfür eine Ereignisdatenbank für Schadensfälle einrichten. Auf Basis der festgelegten Berichterstattung muss dann entschieden werden, ob und welche Maßnahmen zur Beseitigung der Ursachen zu treffen sind oder welche anderen Maßnahmen, wie z. B. Versicherungen, zu ergreifen sind. Die Umsetzung der zu treffenden Maßnahmen ist zu überwachen. Alle Regelungen hierzu werden im Regelfall durch klare Zuweisung der Verantwortlichkeiten im Rahmen der schriftlich fixierten Ordnung des Instituts festgehalten, deren Befolgung sicherzustellen ist (BaFin 2017b, BTR 4).

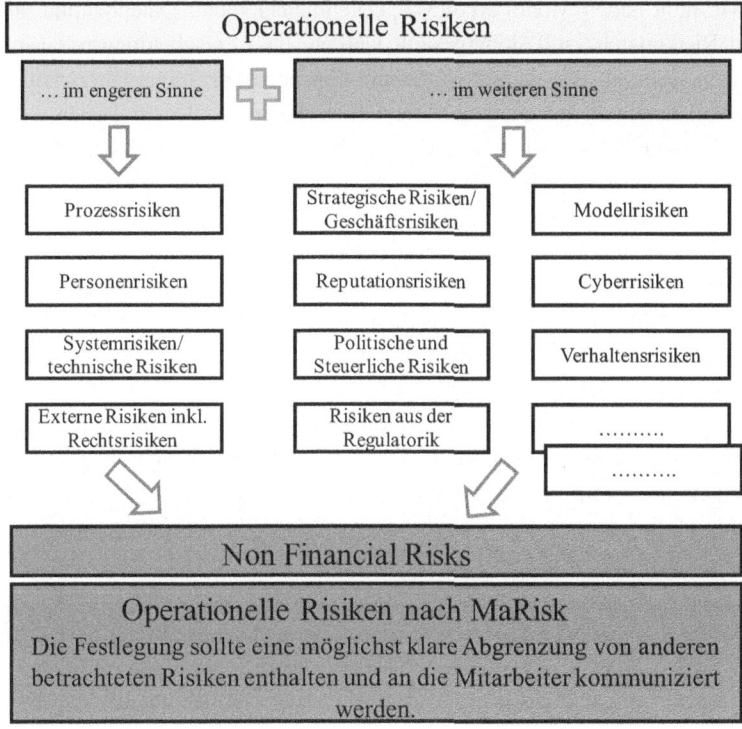

Abb. 5.4 Zusammenhang von operationellen Risiken und Non-Financial Risks

5.3.3 Mindestanforderungen an das Risikomanagement (MaRisk)

5.3.3.1 Überblick der wesentlichen Neuerungen der MaRisk 6.0

Wesentliche Neuerungen der fünften MaRisk-Novelle vom 27.10.2017 betreffen die Vorgaben zur *Risikokultur* sowie zur *Risikodatenaggregation und Risikoberichterstattung.* Haupttreiber der Überarbeitung waren die internationalen Diskussionen rund um das Thema Risikokultur in Banken (z. B. in „Guidance on Supervisory Interaction with financial institutions on Risk Culture" des Financial Stability Boards) sowie die „Grundsätze für die effektive Aggregation von Risikodaten und die Risikoberichterstattung" (BCBS #239).

Im Einzelnen werden in AT 3 „Gesamtverantwortung der Geschäftsleitung" und AT 5 „Organisationsrichtlinien" der MaRisk die Anforderungen an die Integration einer angemessenen Risikokultur in Verbindung mit einem angemessenen Verhaltenskodex in den Organisationsrichtlinien neu formuliert, obwohl das Thema nur schwer greifbar ist und eher gelebt werden muss. Die Anforderungen an eine Risikokultur werden zusammen mit der Risikopolitik des Instituts als ein *wesentliches Werkzeug* für ein *angemessenes Risikomanagement* gesehen. Es soll die Frage beantwortet werden, inwiefern Risiken bewusst wahrgenommen und bearbeitet werden und ob die Entscheidungen im Arbeitsalltag unter Risikogesichtspunkten getroffen werden (Hunziker und Meissner 2017,

S. 22 f.). Mit dem neuen Modul AT 4.3.4 „Datenmanagement, Datenqualität und Aggregation von Risikodaten" soll sichergestellt werden, dass entscheidungsrelevante Risikoinformationen schnell die verantwortlichen Entscheidungträger erreichen und auf
möglichst vollständigen, genauen und zeitnah vorliegenden Daten basieren. Nicht nur
während der Finanzkrise, sondern auch in den Folgejahren mussten die Aufsichtsbehörden feststellen, dass einige größere Institute nicht in der Lage waren, Informationen
zum Gesamtengagement gegenüber bestimmten Adressen und in bestimmten Produkten innerhalb eines möglichst kurzen Zeitraums zu generieren, sodass sie nicht schnell
genug auf kritische Entwicklungen reagieren konnten. Das neue Modul BT 3 „Risikoberichterstattung" führt die schon existierenden Anforderungen an die Risikoberichterstattung zusammen und gewährleistet damit gleichzeitig die Umsetzung einschlägiger
Anforderungen des BCBS #239 (BaFin 2017c).

Abb. 5.5 zeigt die Verknüpfung der Anforderungen in einer Übersicht.Im Folgenden
werden die Anforderungen an das Risikomanagement im Einzelnen mit Blick auf Cyber-
und IT-Risiken dargestellt.

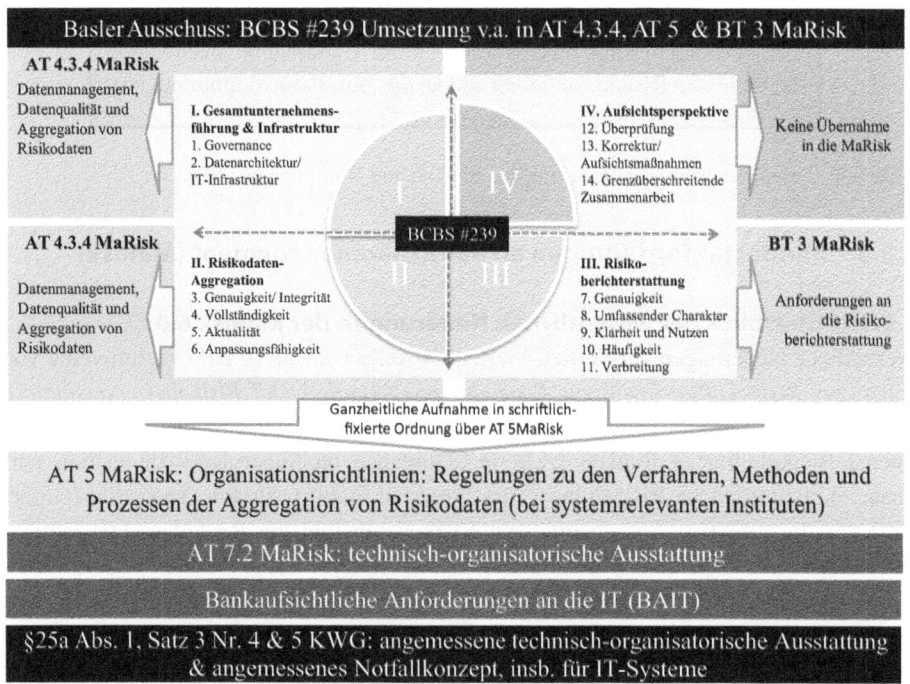

Abb. 5.5 Verknüpfung MaRisk, BAIT, BCBS #239 und § 25 a KWG. (Quelle: Buchmüller et al.
2018)

5.3.3.2 Risikokultur

Die MaRisk 6.0 enthalten erstmals in AT 3 Tz 1 „Gesamtverantwortung der Geschäftsleitung" Anforderungen und Vorgaben der deutschen Aufsicht zur Risikokultur der
Kreditinstitute und Finanzdienstleistungsinstitute.

> Die Geschäftsleiter werden dieser Verantwortung nur gerecht, wenn sie die Risiken
> beurteilen können und die erforderlichen Maßnahmen zu ihrer Begrenzung treffen. Hierzu
> zählt auch *die Entwicklung, Förderung und Integration einer angemessenen Risikokultur*
> innerhalb des Instituts und der Gruppe (BaFin 2017b).

Mit Risikokultur ist allgemein die Art und Weise gemeint, wie Mitarbeiter des Instituts
im Rahmen ihrer Tätigkeit mit Risiken umgehen (sollen). Die bewusste Auseinandersetzung mit Risiken soll fest über die Risikokultur in der Unternehmenskultur der Institute als Teil eines wirksamen Risikomanagements verankert werden. Das deutsche
Institut der Wirtschaftsprüfer (IDW) hat erstmals im Rahmen des Prüfungsstandards
981 „Grundsätze ordnungsgemäßer Prüfung von Risikomanagementsystemen" (IDW PS
981) eine Definition sowie Anforderungen zur Risikokultur veröffentlicht. Die Risikokultur wird geprägt von der *grundsätzlichen Einstellung und den Verhaltensweisen* beim
Umgang mit Chancen- und Risikosituationen sowohl im täglichen Geschäft als auch bei
bedeutsamen unternehmerischen Entscheidungen. Dabei stellen

1. Leitungskultur (Definition und Vermittlung eines Wertesystems und Vorbildfunktion),
2. Verantwortlichkeit der Mitarbeiter (z. B. Risiken laufend wahrnehmen, beobachten,
   kritisch hinterfragen und kommunizieren),
3. offene Kommunikation und
4. angemessene Anreizstrukturen

die vier Säulen einer angemessenen Risikokultur dar (Financial Stability Board 2014,
S. 2 ff.; Wicher 2017, S. 23–27). Die Anforderung zur Aufstellung eines *Verhaltens-
kodexes,* die abhängig von Art, Umfang, Komplexität und Risikogehalt der Geschäftsaktivitäten ist, ergänzt die Anforderungen in AT 5 „Organisationsrichtlinien".

In der Umsetzung entsteht über eine Konkretisierung der strategischen Instrumente
(z. B. Unternehmensleitsätze und Verhaltenskodex), des Risikomanagements (z. B.
Geschäfts- und Risikostrategie oder Risikolimite), der Führung (z. B. Richtlinien und
Kompetenz-Anreizsysteme) und Unternehmenskommunikation (z. B. Schulungen und
Veranstaltungen) ein Gesamtbild zur Risikokultur einer Organisation (DZ Bank 2017).
Die zentrale Herausforderung in der Umsetzung stellt die *vollständige Verankerung der
Risikokultur* in allen Prozessen, Dokumentationen sowie auf allen Ebenen dar. Somit
wird der Weg in Richtung einer zukünftig notwendigen Cybersicherheitskultur im Unter-
nehmen forciert. Abb. 5.6 zeigt ein mögliches Vorgehen zur Messung der Angemessenheit einer Risikokultur.

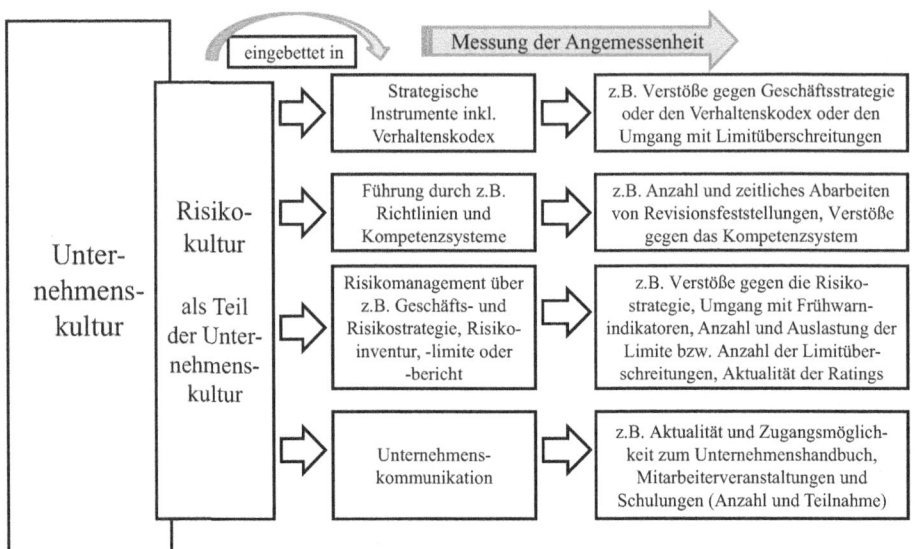

Abb. 5.6 Messung der Angemessenheit einer Risikokultur. (Quelle: In Anlehnung an Wicher 2017, S. 28)

5.3.3.3 Risikosteuerungs- und -controllingprozess

Im AT 4.3 „Internes Kontrollsystem" der MaRisk werden die Anforderungen an ein internes Kontrollsystem gestellt. So sind beispielsweise in jedem Institut entsprechend Art, Umfang, Komplexität und Risikogehalt der Geschäftsaktivitäten Risikosteuerungs- und -controllingprozesse einzurichten und eine Risikocontrollingfunktion und eine Compliancefunktion zu implementieren. Die Einrichtung angemessener Risikosteuerungs- und -controllingprozesse für IT-Risiken wird explizit bei der technisch-organisatorischen Ausstattung gefordert. Diese haben insbesondere die Feststellung von IT-Risikokriterien und des Schutzbedarfs, die daraus abgeleiteten Schutzmaßnahmen für den IT-Betrieb sowie die Festlegung entsprechender Maßnahmen zur Risikobehandlung und -minderung zu umfassen.

Die Übersicht in Abb. 5.7 zeigt eine mögliche interne Struktur eines Risikocontrollings und -steuerungsprozesses inklusive der Beschreibung der jeweiligen Bedeutung und möglicher Umsetzungshilfen (Pfeifer 2018). Innerhalb des Prozesses ist das Risikocontrolling in erster Linie für die Risikoberichterstattung und die Risikoüberwachung für alle wesentlichen Risiken zuständig.

Die MaRisk verlangen zumindest jährlich eine *Risikoinventur* mit Identifizierung und Bewertung der wesentlichen Risiken. Die Ergebnisse dieser Inventur wie auch die bedeutenden Schadensfälle sind den Geschäftsleitern zu berichten. Es ist zu prüfen, welche Risiken die Vermögenslage, die Ertragslage oder die Liquiditätslage wesentlich beeinträchtigen können. Deshalb kann die *Identifizierung wesentlicher Risiken* kein eher „mechanisches" Festlegen der Risiken sein, sondern bedingt eine ganzheitliche Betrachtung aller Risiken mit der Erkenntnis und Entwicklung von Frühwarnindikatoren (BaFin 2017b).

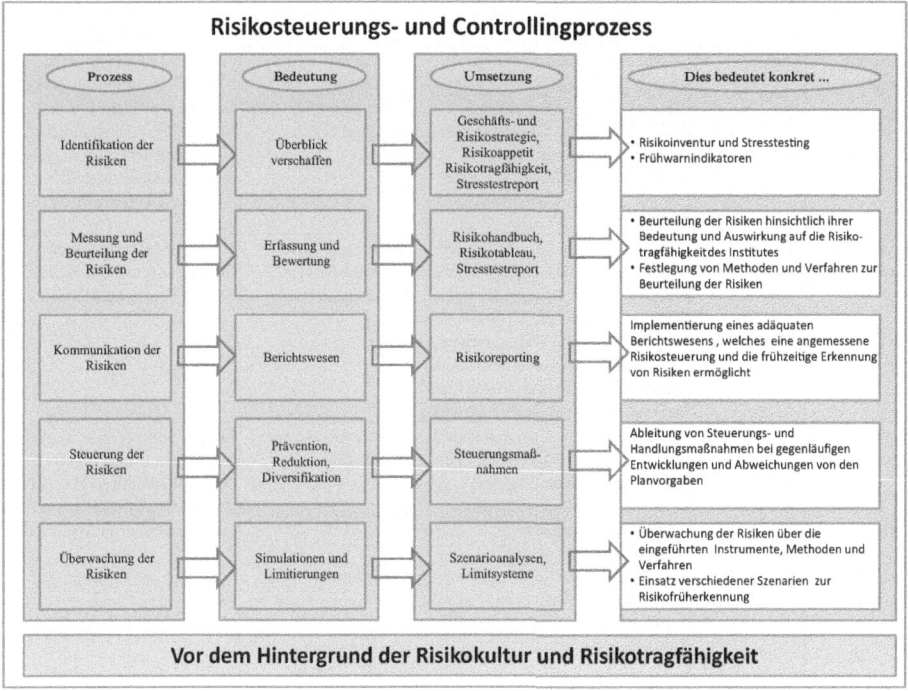

Abb. 5.7 Risikosteuerungs- und -controllingprozess

Die Inventur der operationellen Risiken erfolgt in der Praxis in der Regel getrennt von der Erfassung der Schäden, wird in und für die einzelnen Geschäftsbereiche erhoben und später zu einem operationellen Gesamtrisiko zusammengeführt. Dabei erfolgt bei kleineren Instituten, die über keine eigene Rechtsabteilung verfügen, die Identifikation des Rechtsrisikos oftmals durch die Verbände oder ausgelagerte Kanzleien. Auch werden weitere Maßnahmen zur Risikovermeidung im Rahmen der operationellen Risiken an Beratungsdienstleistungen der jeweiligen Verbände ausgelagert bzw. sind deren geprüfte Verträge und Formulare im Einsatz. In der Regel werden die Risikoberichte quartalsweise erstellt und Maßnahmen zur Risikosteuerung werden oft anhand der Analyse der eingetretenen Schadensfälle getroffen. In kleineren und mittleren Häusern ist in der Regel die Geschäfts- oder Bereichsleitung bei größeren Schadensfällen in die Abwicklung direkt eingebunden, sodass sich ein formales Ad-hoc-Reporting für bedeutende OpRisk-Schäden bzw. Risiken erübrigt (Buchmüller und Sturm 2018). Ein Ad-hoc-Reporting für darüber hinausgehende Non-Financial Risks ist noch wenig verbreitet (KPMG 2016, S. 11). Das OpRisk-Management für größere deutsche Kreditinstitute zeigt Abb. 5.8.

5.3.3.4 Datenmanagement i. V. m. BCBS #239
Eine der zentralen Neuerungen der fünften MaRisk-Novelle betrifft die Mindestanforderungen an die *Risikodatenaggregation* und das *Risikoreporting*. Mit Risikodatenaggregation ist die Erhebung und Verarbeitung von Risikodaten gemäß den

Institut	Ansatz	Methoden und Instrumente	Datenbanken	Schwerpunkte / Besonderheiten
Deutsche Bank	AMA	Systematische Risikoanalysen, Ursachenanalysen, Lessons-Learned-Aktivitäten, Self-Assessments, Risikoindikatoren, Szenarioanalysen, Workshops, Versicherungen, Maßnahmenverfolgung, Stresstests	Interne und externe Verlustdaten, (ORX-Datenkonsortium und IBM OpData)	Überarbeitung des Rahmen werks für operationelle Risiken im Zuge des "Three Lines of Defense"- Programms in 2015; Einbindung der Non Financial Risk Einheiten in den Self-Assessment Prozess für 2016 geplant
Commerz-bank	AMA	Szenarioanalysen, Lessons-learned-Aktivitäten, Backtesting des internen Kontrollsystems, Risikoindikatoren, Self-Assessments, Auswertung von Schadensfällen bei Wettbewerbern, Stresstests, Top-Level-Adjustments (Risikopuffer bei außerordentlichen Veränderungen des OpRisk-Umfelds)	Interne und externe Verlustdaten (ORX-Datenkonsortium)	Steuerung des Compliance-risikos als separate Risikoart durch die Compliancefunktion
KfW Banken-gruppe	STA	Risikoindikatoren, Risk Assessments, Risikoszenarien, Schadensfallsamm-lung, datengestützte Experten-schätzungen, Ad-hoc-Reporting, Kontinuitätsmanagement, Maßnahmenüberwachung	Interne und externe Verlustdaten	In 2015 Nutzung eines neuen Modells zur Ermittlung des OpRisk-Kapitalbedarfs basier-end auf den Anforderungen fortgeschrittener Messansätze
DZ Bank	STA	Self-Assessments, Risikoindikatoren, Risikotransfer, Verzicht auf risiko-reiche Produkte, Notfallpläne, Versicherungen	Gruppenweite Samm-lung von Verlustdaten, Öffentliche externe Daten (Algorithmics FIRST), DakOR	Ermittlung des Risikokapital-bedarfs anhand eines ökono-mischen Portfoliomodells

Abb. 5.8 Übersicht über das OpRisk-Management größerer deutscher Kreditinstitute. (Quelle: Buchmüller und Sturm 2018)

Anforderungen an die Risikoberichterstattung einer Bank mit dem Ziel, dieser einen Abgleich der eigenen Performance gegenüber der bankinternen Risikotoleranz bzw. -bereitschaft zu ermöglichen, gemeint. Hierzu zählen das Auswählen, Zusammenführen sowie Aufschlüsseln von Datensätzen (BCBS 2013, Tz. 8).

Die meisten Anforderungen der BCBS #239 „Grundsätze für die effektive Aggrega-tion von Risikodaten und die Risikoberichterstattung" wurden in den neuen AT 4.3.4 der MaRisk „Datenmanagement, Datenqualität und Aggregation von Risikodaten" und in die allgemeinen Anforderungen an die Risikoberichterstattung im neuen Abschnitt BT 3.1 übernommen. BCBS #239 unterteilt die insgesamt 14 Prinzipien in vier Abschnitte:

1. Gesamtunternehmensführung und Infrastruktur,
2. Risikodaten-Aggregationskapazitäten,
3. Risikoberichterstattung,
4. Aufsichtliche Überprüfungen, Instrumente und Zusammenarbeit.

Während sich die Mindestanforderungen an die Risikoberichterstattung an alle Insti-tute, die der MaRisk unterliegen, richten, wird hinsichtlich der Risikodatenaggregation in AT 4.3.4 erstmals nur von den systemrelevanten Instituten gefordert, die im Rahmen

- Die Qualität des Risikoreporting muss die Standards in Bezug auf Genauigkeit, Integrität und Vollständigkeit erfüllen
- Fähigkeit zu flexiblem Ad Hoc-Reporting
- Konzernweit einheitliche Definitionen von Risikoarten und Kennzahlen, Dokumentation in einem Data Repository
- Adressatengerechte Reports

- Abstimmbarkeit der Daten bei verschiedenen Datenquellen je Risikoart
- Anpassungsfähigkeit der Systeme an veränderte Anforderungen, etablierte Change-Prozesse
- Schnelle technische Verarbeitungsprozesse

- Das Risikoreporting sollte durch dokumentierte Prozesse unterstützt werden, um Standards im Bezug auf Aktualität, Qualität und Anpassungs-fähigkeit zu gewährleisten
- Schnelle und möglichst automatisierte Prozesse
- Höhere Anforderungen in Stress- und Krisenzeiten

- DQ-Management für höhere Prozessqualität, -geschwindigkeit und Berichtsqualität
- Risikomindernde Kontrollen und Maßnahmen bei IDV-generierten Daten
- Konzernweit einheitliche Identifier für Risikodaten
- Transparenz über Datenflüsse

Abb. 5.9 Herausforderungen des BCBS #239. (Quelle: Deloitte 2015)

des BCBS #239-Papiers festgelegten Grundprinzipien an die Genauigkeit und Integrität, Vollständigkeit, Aktualität und Anpassungsfähigkeit der Risikodatenaggregation zu erfüllen. Die Herausforderung der BCBS #239-Umsetzung in der Praxis zeigt die Übersicht in Abb. 5.9 (Deloitte 2015, S. 19).

Für die Mindestanforderungen an die Risikoberichterstattung werden in BT 3 die Grundprinzipien Genauigkeit (abgestimmt und valide), umfassender Charakter, Klarheit und Nutzen, Häufigkeit und Verbreitung aus dem BCBS #239 verbindlich vorgegeben. Eine präzise Risikoberichterstattung muss demnach auf Basis *zeitnaher, aktueller und vollständiger Risikodaten* ein vollständiges und vor allem jederzeit abstimmbares Bild für alle wesentlichen Risikoarten widerspiegeln. Dadurch steigen die Anforderungen an die Datenqualität deutlich (Banking Hub 2017) und alle Institute in Deutschland werden über BCBS #239 und die MaRisk 6.0 zur Umsetzung der wesentlichen Anforderungen in Bezug auf Datenaggregation und Risikoreporting *„sinnvoll" gezwungen*. Zudem lassen sich richtige und vollständige Daten im Risikomanagement nutzen (Reuse und Frere 2017, S. 71). Um eine Konsistenz, Richtigkeit und Vollständigkeit der Daten im Unternehmen zu erreichen, ist neben der Einführung eines Data Warehouses, der Harmonisierung der Daten in technischer und organisatorischer Sicht und der Automatisierung eines Standardreportings auch die Einführung eines Datenqualitätsmanagers als zentrale Stelle von wesentlicher Bedeutung (Reuse und Frere 2017, S. 77–83). Die Daten und Prozesse müssen dauerhaft und unabhängig analysiert und optimiert werden.

Letztlich kann jedes Unternehmen, vergleichbar mit den hier geschilderten Anforderungen an ein Kreditinstitut, durch gutes Datenmanagement, saubere Datenqualität und die Aggregation von Risikodaten *Synergien für die strategische und operative Ausrichtung* schaffen. Das erhöhte Wissen über die Risikosituation, die Prozesse und Kunden kann sowohl Ertrags- als auch Kosteneinsparpotenziale aufzeigen. Die Übersicht in Abb. 5.10 zeigt anhand der BCBS-#239-Grundsätze beispielhaft Praxisprobleme, die

I. Gesamtunternehmensführung und Infrastruktur	Typische BCBS #239-Compliance-Lücken
1 Governance	Fehlende Dokumentationen, offene Festlegung von Verantwortlichkeiten
2 Datenarchitektur und Infrastruktur	Fehlende Flexibilität der Systeme, Probleme bei Datenzusammenführungen

II. Risikodaten-Aggregationskapazitäten

3 Genauigkeit und Integrität	Kritische Themen bei Datenqualität, Abstimmungen, IDV-Einsatz, Datenintegration
4 Vollständigkeit	Mangelnde Flexibilität der Auswertungen sowie Absicherung Vollständigkeit über alle Ebenen
5 Aktualität	Zu lange Berichtszeiten in Kredit- und Gesamtrisikoberichten
6 Anpassungsfähigkeit	Fehlende Flexibilität Ad-hoc-Reporting, fehlende systematische Tests des Reportings

III. Risikoberichterstattung

7 Genauigkeit	Fehlende Maßnahmen zu Datenqualität sowie zur Abstimmung Risk/Finance
8 Umfassender Charakter	Vielfach Notwendigkeit zur Fokussierung/Reduzierung
9 Klarheit und Nutzen	Keine konzernweit einheitlichen Datendefinitionen
10 Häufigkeit	Bei einigen Banken sind monatliche Berichte und schnelles Ad-hoc-Reporting kritisch
11 Verbreitung	Keine systemseitige Unterstützung bei der Bereitstellung der Risikoreports

IV. Überprüfungen, Instrumente und Zusammenarbeit durch die Aufsicht

12 Überprüfung	I.d.R. kein Zusatzaufwand über Grundsätze 1 – 11 hinaus
13 Korrektur- und Aufsichtsmaßnahmen	I.d.R. kein Zusatzaufwand über Grundsätze 1 – 11 hinaus
14 Grenzüberschreitende Zusammenarbeit	Nachschärfung der konzernweiten, abgestimmten Aufstellung ggü. der Aufsicht

Abb. 5.10 Problemfelder in den BCBS-#239-Grundsätzen. (Quelle: Deloitte 2015)

häufig aus gewachsenen IT-Lösungen mit individueller Datenverarbeitung, komplexen Prozessen oder fehlender Reportingflexibilität entstehen (Deloitte 2015, S. 21).

5.3.3.5 Auslagerungen

Im Jahre 2014 wurden die im § 25a KWG enthaltenen Vorschriften zur Auslagerung von Aktivitäten und Prozessen in den neuen § 25b KWG überführt und ergänzen die Anforderungen an eine ordnungsgemäße Geschäftsorganisation aus § 25a KWG, insbesondere jene zu einem angemessenen und wirksamen Risikomanagement. Eine Auslagerung nach MaRisk AT 9 liegt vor, wenn vom Kreditinstitut ein anderes Unternehmen mit der Wahrnehmung von Aktivitäten und Prozessen im Zusammenhang mit der Durchführung von Bankgeschäften, Finanzdienstleistungen oder sonstigen institutstypischen Dienstleistungen beauftragt wird (BaFin 2017b). Dies hat in der Regel z. B. mit der Nutzung von Synergieeffekten, Kostenreduzierung, Prozessoptimierung oder Qualitätsverbesserung zu tun und darf die ordnungsgemäße Durchführung der Dienstleistung und Geschäfte sowie die Ordnungsmäßigkeit der Geschäftsorganisation nicht beeinträchtigen. Die Priorität der Auslagerungen in Kreditinstituten liegt im Bezug von IT-Dienstleistungen, sodass hierdurch eine relativ große Abhängigkeit von den jeweiligen Drittanbietern vorliegt. Die durch ausgelagerte Aktivitäten und Prozesse ggf. entstehenden Risiken, wie z. B. Verringerung des internen Know-hows, mangelnde Kontrollmöglichkeiten der Leistung bzw. der Kostenabhängigkeit, müssen im internen Risikomanagement beachtet und mögliche Kontrollverluste müssen vermieden werden (Hanenberg und Petersen 2018). Auch durch die Auslagerung verbleibt die Verantwortung beim auslagernden Kreditinstitut. Bei größeren Instituten bzw. Instituten mit umfangreichen Auslagerungslösungen könnten die Anforderungen durch ein zentrales Auslagerungsmanagement sichergestellt werden.

5.3.4   Mindestanforderungen an das IT-Risikomanagement (BAIT)

Mit den BAIT (Bankaufsichtliche Anforderungen an die IT) konkretisiert die nationale Aufsicht die Mindestanforderungen an das IT-Risikomanagement der Kreditwirtschaft mit dem zentralen Ziel, das *IT-Risikobewusstsein* in den Instituten und insbesondere in den Führungsebenen zu schärfen, da IT-Sicherheit *kein Produkt* ist, das gekauft werden kann, sondern *durch die Führung geschaffen* und aufrechterhalten werden muss. Dies betrifft ebenso die IT in den Instituten, die durch IT-Dienstleister bereitgestellt wird. Außerdem werden Mindestanforderungen hinsichtlich aktueller IT-Risikotrends, wie z. B. Cyberrisiken oder das Outsourcing von IT-Leistungen, definiert. Unter dem Begriff IT-Risiko versteht die Aufsicht alle Risiken für die Vermögens- und Ertragslage der Institute, die aufgrund von Mängeln entstehen, die das IT-Management bzw. die IT-Steuerung, die Verfügbarkeit, Vertraulichkeit, Integrität und Authentizität der Daten, das interne Kontrollsystem der IT-Organisation, die IT-Strategie, -Leitlinien und -Aspekte der Geschäftsordnung oder den Einsatz von IT betreffen (BaFin 2017e, 2018).

Die Mindestanforderungen an individuelle IT-Lösungen in Standardprozessen werden in AT 7 „Ressourcen" signifikant angehoben, die – unabhängig von der Größe – für alle Institute gelten. Der deutlich erhöhte prozessuale Aufwand der Mindestanforderungen macht nun den Einsatz von individuellen IT-Lösungen, z. B. über Excel Spreadsheets, in Standardprozessen deutlich unattraktiver. Beide MaRisk-Themenfelder – IT-Risikobewusstsein und IT-Risikotrends – sollen letztlich eine weitgehend automatisierte Risikodatenaggregationsfähigkeit in den Instituten fördern (Banking Hub 2017). Die BAIT sollen den Instituten helfen, in Bezug auf die IT eine ordnungsgemäße Geschäftsorganisation sicherzustellen und eine Auseinandersetzung mit dem IT-Risiko auf allen Ebenen des Instituts durch die acht vorgegebenen Themenmodule der BAIT zu erreichen. Abb. 5.11 zeigt die acht Themenmodule mit Blick auf operative Anwendung, Steuerung und Governance.

5.4   Fazit

Der vorliegende Beitrag hat deutlich gemacht, dass mit der Digitalisierung die Bandbreite der Risiken für Unternehmen und insbesondere für datensensible Branchen wie Banken größer geworden ist. Die Bedrohung durch IT- und Cyberrisiken und damit induzierte Schadensfälle wird, aufgrund des integralen Bestandteils des Banksystems in der Wirtschaft, von Aufsichtsbehörden bereits mit großer Sorge betrachtet. Trotz dieser neuen drohenden Risiken müssen Kreditinstitute den Schutz der sensiblen Kundendaten stets sicherstellen, um keinen Verlust an ihrem wichtigsten Kapital – Vertrauen und Reputation – zu erleiden. Dementsprechend müssen Unternehmen und vor allem Banken und Sparkassen sich nicht nur der Corporate Social Responsibility, sondern ebenso der Corporate Digital Responsibility stellen und neben CSR-Aspekten auch *Non-Financial Risks* in ihr Zielsystem einbinden.

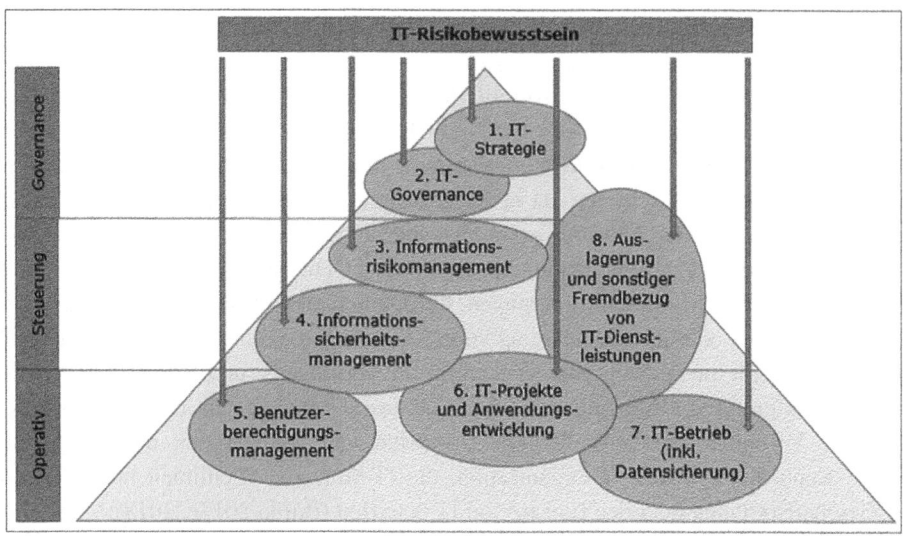

Abb. 5.11 Themenmodule der BAIT. (Quelle BaFin 2017b)

Wie gezeigt worden ist, kommt der Weiterentwicklung des Risikomanagements hinsichtlich Cyber- und IT-Risiken eine besondere Rolle zu. Mit Blick auf die Bankenregulierung hat der Gesetzgeber bereits reagiert. So ist mit der fünften MaRisk-Novelle vom 27.10.2017 zum einen die Entwicklung, Förderung und Integration einer angemessenen *Risikokultur,* quasi als Teil der Unternehmenskultur, als besonderer Aspekt im Rahmen der Gesamtverantwortung der Geschäftsleitung hervorgehoben worden. Damit soll eine bewusste Auseinandersetzung mit Risiken erfolgen und sollen Verhaltensweisen beim Umgang mit Risiken in das Risikomanagement verankert werden. Zum anderen sind mit MaRisk 6.0 neue Mindestanforderungen an das *Risikoreporting,* das für alle Institute gilt, und an die Risikodatenaggregation, die nur systemrelevante Institutionen betrifft, geschaffen worden mit der Folge von höheren Anforderungen an das *Datenmanagement.* Die zusätzlichen bankaufsichtlichen Anforderungen an das IT-Risikomanagement aus 2017 verstärken unter besonderer Berücksichtigung der Informationssicherheit die Bedeutung angemessener IT-Systeme und ergänzen die MaRisk.

Die vorhandenen aufsichtsrechtlichen Anforderungen an das Risikomanagement und an die IT-Sicherheit von Banken sind prinzipiell als Beispiel zu verstehen, wie sich *jedes Unternehmen* – in unterschiedlicher Ausprägung – seiner Corporate Digital Responsibility stellen kann. Grundsätzlich liefern Gesetze und Verordnungen nur einen rechtlichen Rahmen, wenn sich gewisse Sachverhalte nicht über konkrete Vorgaben regeln lassen oder wenn der Gesetzgeber den Unternehmen eine Flexibilität bei der Umsetzung bieten möchte. Im Falle des Managements von Cyber- und IT-Risiken beschränkt sich der Gesetzgeber lediglich auf Mindestanforderungen, die unter Berücksichtigung der rechtlichen Rahmenvorgaben im Prinzip unternehmensindividuell ausgestaltet werden können. Dementsprechend können – über die gesetzlichen Mindestanforderungen hinaus –Standards für den „richtigen" Umgang mit Daten von Unternehmen selbst geschaffen werden (HypoVereinsbank 2017a, b).

Die Bedeutung der IT-Sicherheit für Unternehmen wird weiter zunehmen. Deshalb müssen alle Unternehmen selbst sicherstellen, dass ihre Sicherheitsstandards auf dem neuesten Stand sind und alle Mitarbeiter die Sicherheits- und Verhaltensregeln kennen und einhalten. Vor diesem Hintergrund sollte der Schaffung einer Risikokultur als Teil der Unternehmenskultur in allen Unternehmen ein hoher Stellenwert beigemessen werden, da dieser wichtige Aspekt das Vertrauen der Kunden in einen sorgsamen Umgang mit ihren Daten fördert – zumal viele Schadensfälle durch oder mit Unterstützung von Mitarbeitern erfolgten. Laut KPMG-Untersuchungen ist der typische Cyberkriminelle mit 60-prozentiger Wahrscheinlichkeit Innentäter, also Teil der Organisation, bereits mindestens sechs Jahre im Unternehmen beschäftigt und meist eine Führungskraft. Lediglich 11 % der restlichen 40 % können der organisierten Kriminalität zugeordnet werden (KPMG 2017, S. 24).

Da das Ideal eines „ehrbaren Kaufmanns" heute nicht mehr uneingeschränkt in allen Unternehmen existiert und – wie viele Unternehmensskandale zeigen – Ethik und Moral nicht immer eine angemessene Beachtung finden, ist es grundsätzlich positiv zu werten, dass weitere Regulierungen im Risikomanagement die Sensibilität im Umgang mit Cyber- und IT-Risiken bei allen Unternehmen fördern, wenngleich damit neue Herausforderungen und auch Kosten verbunden sind. Das sich stetig verschlechternde Vertrauen der Bevölkerung in die Wirtschaft und in das Wirtschaftssystem wird im aktuellen Forsa-Vertrauensranking deutlich. So genießen z. B. nur noch 27 % der deutschen Unternehmer (−18 % gegenüber dem Vorjahr), 20 % der Banken (−1 % gegenüber dem Vorjahr) und 6 % der Manager (−7 % gegenüber dem Vorjahr) das Vertrauen aller Befragten. Nach beispielsweise den Skandalen in der Automobilindustrie oder der Pleite von Air Berlin haben Unternehmer am meisten Vertrauen eingebüßt (Birken 2018; Zitelmann 2018).

Angesichts von Cyber- und IT-Risiken wird der Schutz insbesondere der personenbezogenen Daten im Wertschöpfungsprozess für alle Unternehmen zur *Vertrauenssache* und der Begriff „credere", zu verstehen als „glauben", „vertrauen" bzw. „das auf Treu und Glauben", stellt nicht nur für Kreditinstitute eine Corporate Responsibility dar.

Literatur

Allianz. (2018a). Allianz Risk Barometer 2018. http://www.agcs.allianz.com/assets/PDFs/Reports/ Allianz_Risk_Barometer_2018_DE.pdf. Zugegriffen: 22. Aug. 2018.

Allianz. (2018b). Allianz Risk Barometer 2018: Angst vor Betriebsunterbrechung und Cybervorfällen bei deutschen Unternehmen gestiegen. https://www.allianz.com/de/presse/news/studien/180116_Allianz-Risk-Barometer-2018/. Zugegriffen: 22. Aug. 2018.

BaFin. (2016). Neues SREP Konzept der Aufsicht, 04.05.2016. Konferenzunterlage. Bundesanstalt für Finanzdienstleistungsaufsicht (BaFin). https://www.bafin.de/SharedDocs/Veranstaltungen/ DE/BA_160504_Neues_SREP_Konzept.html. Zugegriffen: 22. Aug. 2018.

BaFin. (2017a). Cyberrisiken bereiten Sorgen, 11.01.2017. http://www.die-bank.de/news/cyber-risiken-bereiten-sorgen-8530/. Zugegriffen: 22. Aug. 2018.

BaFin. (2017b). Mindestanforderungen an das Risikomanagement. Rundschreiben Nr. 09/2017 (BA) vom 27.10.2017. https://www.bafin.de/SharedDocs/Veroeffentlichungen/DE/Rund-schreiben/2017/rs_1709_marisk_ba.html. Zugegriffen: 22. Aug. 2018.

BaFin (2017c). MaRisk-Anschreiben an die Verbände, GZ: BA 54-FR 2210-2017/0002, 2017/0212185, MaRisk-Novelle 2017. Veröffentlichung der Endfassung vom 27.10.2017.

BaFin. (2017d). Bankaufsichtliche Anforderungen an die IT (BAIT). Rundschreiben 10/2017 (BA) vom 03.11.2017. https://www.bafin.de/SharedDocs/Downloads/DE/Rundschreiben/dl_rs_1710_ba_BAIT.html. Zugegriffen: 22. Aug. 2018.

BaFin. (2017e). *IT-Risiken und deren Auswirkung veranschaulicht anhand aktueller Sicherheits-vorfälle.* Vortrag von Theresa Nabel, „OpRisk Quant-Workshop", 14.09.2017.

BaFin. (2018*). IT-Sicherheit: Aufsicht konkretisiert Anforderungen an die Kreditwirtschaft.* https://www.bafin.de/SharedDocs/Veroeffentlichungen/DE/Fachartikel/2018/fa_bj_1801_BAIT.html. Zugegriffen: 22. Aug. 2018.

Banking Hub. (2017). Die Anforderungen an das IT-Risikomanagement steigen – ein Überblick. 31.08.2107. https://bankinghub.de/banking/steuerung/die-anforderungen-an-das-it-risikoma-nagement-steigen-ein-ueberblick. Zugegriffen: 22. Aug. 2018.

Baseler Ausschuss für Bankenaufsicht. (2006). *Internationale Konvergenz der Eigenkapital-messung und Eigenkapitalanforderungen, überarbeitete Rahmenvereinbarung.* Umfassende Fassung, Basel, Juni 2006.

BCBS. (2013). Grundsätze für die effektive Aggregation von Risikodaten und die Risikobericht-erstattung. Januar 2013. https://www.bis.org/publ/bcbs239_de.pdf. Zugegriffen: 22. Aug. 2018.

Biener, C., Eling, M., Matt, A., & Wirfs, J. H. (2015). Cyber risk: Risikomanagement und Ver-sicherbarkeit https://www.kessler.ch/fileadmin/09_PDFs/Cyber_Risk_Risikomanagement_und_Versicherbarkeit_de.pdf. Zugegriffen: 22. Aug. 2018.

Birken, A. (2018). Wir dürfen Werte nicht an der digitalen Garderobe abgeben. https://www.xing.com/news/klartext/wir-durfen-werte-nicht-an-der-digitalen-garderobe-abgeben-2317. Zugegriffen: 22. Aug. 2018.

BMWi (2016). Corporate Digital Responsibility: Workshop der Fachgruppe „Wirtschaftliche Potenziale und gesellschaftliche Akzeptanz". http://www.digitale-technologien.de/DT/Redak-tion/DE/Kurzmeldungen/Aktuelles/2016/2016-11-15_smartdata_corporate_digital_responsibi-lity_workshop.html. Zugegriffen: 22. Aug. 2018.

Buchmüller, P., & Sturm, P. (2018). Steuerung und Überwachung operationeller Risiken. In P. Buchmüller & G. Pfeifer (Hrsg.), *MaRisk-Interpretationshilfen* (5. Aufl., S. 385–734). Heidel-berg: FCH.

Buchmüller, P., Lindenau, J., & Mährle, C. (2018). Neue Vorgaben zu Datenmanagement, Daten-qualität und Risikodatenaggregation. In P. Buchmüller & G. Pfeifer (Hrsg.), *MaRisk-Interpreta-tionshilfen* (5. Aufl., S. 87–115). Heidelberg: FCH.

Bundeskriminalamt. (2017). Cybercrime. Bundeslagebild 2016. https://www.bka.de/Shared-Docs/Downloads/DE/Publikationen/JahresberichteUndLagebilder/Cybercrime/cybercri-meBundeslagebild2016.html;jsessionid=021C1C23AAC15CBD480AAB6FEEE969AB.live2291?nn=28110. Zugegriffen: 22. Aug. 2018.

Darmstadtium. (2017). *Corporate Digital Responsibility. Digitalisierung – Fluch oder Segen für die Nachhaltigkeit?* Tagung & Konferenz, Juni 2017.

Deloitte. (2015). Herausforderungen und Trends des Risikomanagements am Beispiel Banken. Forumsvortrag am Institut für Unternehmensführung (ifu). http://www.ifu.rub.de/mam/content/pdf/folien/vortrag_kampmann_1_12_2015.pdf. Zugegriffen: 22. Aug. 2018.

Deloitte. (2017). Richtlinie über Zahlungsdienste (PSD2) – ein strategischer Wendepunkt?, 2/2017. https://www2.deloitte.com/content/dam/Deloitte/de/Documents/financial-services/Deloitte_ Richtlinie%20%C3%BCber%20Zahlungsdienste%20(PSD2).pdf. Zugegriffen: 22. Aug. 2018.

D'heur, M. (Hrsg.). (2014). *CSR und Value Chain Management – Profitables Wachstum durch nachhaltig gemeinsame Wertschöpfung.* Wiesbaden: Springer Gabler.

Deutsche Bundesbank. (2015). Der rechtliche Rahmen – PSD 2. https://www.bundesbank.de/ Redaktion/DE/Dossier/Aufgaben/inhalte_der_sepa.html?notFirst=true&docId=25932#chap. Zugegriffen: 22. Aug. 2018.

die bank. (2015). *Management von Non-Financial Risks.* http://www.die-bank.de/news/manage-ment-von-non-financial-risks-7416/. Zugegriffen: 22. August 2018.

DNV GL. (2017). Einem von zwei Unternehmen fehlt eine Risikomanagement Strategie. https:// www.dnvgl.de/news/einem-von-zwei-unternehmen-fehlt-eine-risikomanagement-strate-gie-86029. Zugegriffen: 22. August 2018.

DZ Bank. (2017). Risikokultur: Worum geht es? *Consulting Flash, 77,* August 2017.

EBA. (2014). European Banking Authority (EBA): EBA/GL/2014/13. Guidelines on common pro-cedures and methodologies for the supervisory review and evaluation process (SREP), 19. December 2014. https://www.eba.europa.eu/documents/10180/935249/EBA-GL-2014-13+(Gui-delines+on+SREP+methodologies+and+processes).pdf. Zugegriffen: 22. Aug. 2018.

Esselmann, F., & Brink, A. (2016). Corporate digital responsibility. Spektrum, 12(1). https://unter-nehmensethik.org/wp-content/uploads/2016/09/spektrum_2016-1__SONDERDRUCK.pdf. Zugegriffen: 22. Aug. 2018.

EU-Kommission. (2011). Eine neue EU-Strategie (2011-14) für die soziale Verantwortung der Unternehmen (CSR). Brüssel. https://eur-lex.europa.eu/LexUriServ/LexUriServ.do?uri=COM: 2011:0681:FIN:DE:PDF. Zugegriffen: 22. Aug. 2018.

Financial Stability Board. (2014). Guidance on supervisory interaction with financial institutions on risk culture. A framework for assessing risk culture. Basel, 7.04.2014. http://www.fsb.org/ wp-content/uploads/140407.pdf. Zugegriffen: 22. Aug. 2018

FINMA. (2012). Summary Report. FINMA investigation into the events surrounding trading los-ses of USD 2.3 billion incurred by the investment banking division of UBS AG in London, 21.11.2012. https://www.swiss-compliance.com/wp-content/uploads/2012/12/ubs-summary-re-port-20121121.pdf.. Zugegriffen: 22. Aug. 2018.

Funk RMCE, Rödl & Partner, & Weissman & Cie. (2011). Risikomanagement im Mittelstand – Benchmarkstudie zu Stand und Perspektiven des Risikomanagements in deutschen (Familien-) Unternehmen. https://www.risknet.de/fileadmin/eLibrary/Benchmarkstudie-RM_im_Mittel-stand-2011-04.pdf. Zugegriffen: 22. Aug. 2018.

Funk RMCE, & Roever Broenner Susat Mazars. (2016). Risikomanagement, Compliance und Interne Kontrollsysteme – Vom Papiertiger zum integrierten Managementsystem? https://www. funk-gruppe.de/fileadmin/user_upload/de/Navigation_rechts/03_Mediathek/Studien/Studien_ Inhaltsangaben/management_summary_studie_risikomanagement_compliance_iks_web.pdf. Zugegriffen: 22. Aug. 2018.

Gabler Wirtschaftslexikon. (2018). Cyber-Risiken. http://m.wirtschaftslexikon.gabler.de/Defini-tion/cyber-risiken.html. Zugegriffen: 22. Aug. 2018.

Hanenberg, L., & Petersen, T. (2018). Neue Vorgaben für die Auslagerung von Aktivitäten und Prozessen. In P. Buchmüller & G. Pfeifer (Hrsg.), *MaRisk-Interpretationshilfen* (5. Aufl., S. 75–86). Heidelberg: FCH.

Hunziker, S., & Meissner, J. O. (2017). *Risikomanagement in 10 Schritten*. Wiesbaden: Springer Gabler.

HypoVereinsbank. (2017a). Ihre Kundendaten sind Gold wert – Finden die Cyber-Gangster auch. https://dossiers.hypovereinsbank.de/digitalisierung-finanzieren/cyber-security.html?hvbcid= KNC-301-HVB-7208&publId=20102&gclid=Cj0KCQiAkNfSBRCSARIsAL-u3X-QRAQTvg1pfJVI-Ey3Z22ta3hmKGPWjwf2sbK-VImOiRStqjI-2t0aAsQqEALw_wcB. Zugegriffen: 22. Aug. 2018.

HypoVereinsbank. (2017b). Big Data – Digitale Chance, digitales Risiko. https://dossiers.hypovereinsbank.de/digitalisierung-finanzieren/big-data.html. Zugegriffen: 22. Aug. 2018.

Jansen, J. (2017). Eine Milliarde für die Verteidigung gegen Angriffe aus dem Netz. Frankfurter Allgemeine Zeitung. http://www.faz.net/aktuell/wirtschaft/diginomics/bundesverband-fuer-it-sicherheit-verband-fordert-unterstuetzung-15311258.html. Zugegriffen: 22. Aug. 2018.

Kaudela-Baum, S., Kocher, P. Y., & Scherrer, S. (2014). Innovationen fördern – Die Gestaltung von Freiräumen als Führungsaufgabe von Hidden Champion. *Zeitschrift Führung + Organisation, 2*(83), 74–79.

KPMG. (2016). Non-Financial Risks in Banken – Status quo und Perspektiven der Weiterentwicklung im Finanzsektor http://hub.klardenker.kpmg.de/hubfs/LandingPages-PDF/non-financial-risks-in-banken-2017-KPMG.pdf?t=1497961396906&utm_campaign=Non-Financial%20Risks%20in%20Banken&utm_source=hs_automation&utm_medium=email&utm_content=40427615&_hsenc=S2ANqtz-8rmW_PNq9HC05Ns1szaFzTq7Guf-4qSEP4xWEpUEh-fBZKEBl2bSjCCB08ulLCqI5zbUqGAdCTFgSgUJNnvk_PpxsCwDA&_hsmi=40427615. Zugegriffen: 22. Aug. 2018.

KPMG. (2017). Neues Denken, Neues Handeln – Insurance Thinking Ahead. Versicherungen im Zeitalter von Digitalisierung und Cyber, Studienteil B: Cyber. https://assets.kpmg.com/content/dam/kpmg/ch/pdf/neues-denken-neues-handeln-cyber-de.pdf. Zugegriffen: 22. Aug. 2018.

Leibfried, P., & Fassnacht, A. (2007). Intangible Assets – Management des Unfassbaren. In F. Keuper, A. Vocelka, & M. Häfner (Hrsg.), *Die moderne Finanzfunktion – Organisation, Strategie und Prozesse* (S. 228–247). Wiesbaden: Gabler.

Neyer, B., & Hofeditz, M. (2014). Risikomanagement im herstellenden Mittelstand – Verschwendungen durch Über- oder Untersteuerung von Risiken erkennen. *Zeitschrift Führung + Organisation, 4*(83), 227–232.

Mercedes-Benz. (o. J.). Die Philosophie: Die nächste Stufe der industriellen Revolution. http://media.daimler.com/marsMediaSite/de/instance/ko/Die-Philosophie-Die-naechste-Stufe-der-industriellen-Revolution.xhtml?oid=9905210. Zugegriffen: 22. Aug. 2018.

Mukhopadhyay, A., Saha, D., Mahanti, A., & Chakrabarti, B. B. (2005). Insurance for cyber-risk: A utility model. *Decision, 32*(1), 153–169.

Mukhopadhyay, A., Chatterjee, S., Saha, D., Mahanti, A., & Sadhukan, S. K. (2013). Cyberrisk decision models: To insure IT or not? *Decision Support Systems, 56*(1), 11–26.

Ögüt, H., Raghunathan, S., & Menon, N. (2011). Cyber security risk management: Public policy implications of correlated risk, imperfect ability to prove loss, and observability of self-protection. *Risk Analysis, 31*(3), 497–512.

Pfeifer, G. (2018). Optimierung krisenresistenter Risikotragfähigkeitskonzepte. In P. Buchmüller & G. Pfeifer (Hrsg.), *MaRisk-Interpretationshilfen* (5. Aufl., S. 137–245). Heidelberg: FCH.

Pfeifer, G. (2015). *Bedeutung immaterieller Werte bei der Beurteilung der Zukunftsfähigkeit von mittelständischen Unternehmen*. Göttingen: Cuvillier.

Pfeifer, G., & Wulf, I. (2017). CSR-Richtlinie-Umsetzungsgesetz: Neue Herausforderungen für Unternehmensleitung und Aufsichtsrat. *Zeitschrift für Corporate Governance, 2*(4).

Porter, M. E., & Kramer, M. R. (2012). Shared value: Die Brücke von Corporate Social Responsibility zu Corporate Strategy. In A. Schneider & R. Schmidpeter (Hrsg.), *Corporate social responsibility* (S. 137–153). Heidelberg: Springer.

PWC (2015). Prävention von Cyber-Fraud als Teil des (Compliance-)Risikomanagements. https://blogs.pwc.de/compliance-fs/aktuelles/praevention-von-cyber-fraud-als-teil-des-compliance-risikomanagements/367/. Zugegriffen: 22. Aug. 2018.

Reuse, S., & Frère, E. (2017). Anforderungen an den integrierten Datenhaushalt eines Kreditinstitutes im Kontext von BCBS 239 und MaRisk 6.0. In M. Seidel (Hrsg.), *Banking & innovation 2017* (S. 65–87). Wiesbaden: Springer Gabler.

Schäffer, U., & Weber, J. (2017). Persönliche Überlebensstrategien für Controller im Zeichen der Digitalisierung. *Controlling – Zeitschrift für erfolgsorientierte Unternehmenssteuerung, Controlling ohne Controller (Sonderheft September 2017)*, 56–59.

Siebler, L. E. (2017). *Die Epochen der Industrialisierung*. Vorlesung an der Kyrgyz State University in Bishkek, 2017.

Simon, H. (2014). Führung bei Hidden Champions – Was erfolgreiche Familienunternehmen anders machen. *Zeitschrift Führung + Organisation, 83*(1), 68–73.

TeleTrust. (2016). Statistikradar 10.02.2016. https://www.teletrust.de/startseite/news0/?tx_ttnews%5Btt_news%5D=904&cHash=c7dc733115258b39c1d042af904c93c9. Zugegriffen: 22. Aug. 2018.

VÖB-Service. (o. J.). Schadenfalldatenbank „ÖffSchOR". http://www.voeb-service.de/informationsdienste/oeffschor/und13. Operational Risk Quant-Workshop des IOR: „Verlustdatenbank ÖffSchOR. Datenbestand und bankinterne Verwendung", 17.9.2017 in Bonn.

Wicher, B. (2017). Verbindungslinien zwischen Risikokultur und dem Management Operationeller Risiken. Vortrag, OpRisk-Forum 17. Mai 2017.

Willrich, S. (2017). Digitale Verantwortung – Warum wir heute mehr denn je Corporate Digital Responsibility brauchen. http://www.smartdata-blog.de/2017/12/19/corporate-digital-responsibility/. Zugegriffen: 22. Aug. 2018.

Wulf, S., Pfeifer, G., & Kivikas, M. (2009). Der Zukunftsfähigkeitsindex – Eine integrierte, systematische Darstellung der harten und weichen Erfolgsfaktoren von Unternehmen. In K. Möller, M. Piwinger, & A. Zerfaß (Hrsg.), *Immaterielle Vermögenswerte. Bewertung, Berichterstattung und Kommunikation* (S. 145–159). Stuttgart: Schäffer-Poeschel.

Zitelmann, R. (2018). Hetze gegen Manager und Unternehmer erfolgreich. Wallstreet online. https://www.wallstreet-online.de/nachricht/10168958-forsa-vertrauens-ranking-hetze-manager-unternehmer-erfolgreich. Zugegriffen: 22. Aug. 2018.

Prof. Dr. Guido Pfeifer ist der Inhaber der „Guido Pfeifer – Unternehmenssteuerung" und Hochschullehrer an der FOM Hochschule für Oekonomie & Management mit Professur in ABWL, insbesondere Finanzwesen, Bankwesen und Risikomanagement.

Prof. Dr. Inge Wulf ist seit 2008 Inhaberin des Lehrstuhls für Betriebswirtschaftslehre, insbesondere Unternehmensrechnung, an der Technischen Universität Clausthal. Ihre Forschungsschwerpunkte liegen in den Bereichen der Rechnungslegung nach HGB und IFRS, Abschlusspolitik und -analyse sowie im Bereich von nachhaltigkeits- und stakeholderorientierten Berichterstattungsinstrumenten.

Das Controlling-Bild der Zukunft:

Welche Chancen und Risiken ergeben sich im Spannungsverhältnis zwischen IT und Controlling für den Controller der Zukunft?

6

Thomas Heupel und Marcus Reinhardt

Inhaltsverzeichnis

Zusammenfassung

Im Rahmen dieses Beitrags sollen die Einflüsse von „Big Data" in den zukünftig von digitaler Transformation geprägten Unternehmen für das Controlling dargestellt werden. Der Fokus liegt dabei darauf, die Folgen der Digitalisierung für den Controller der Zukunft zu analysieren und die daraus resultierenden Chancen und Risiken für den Unternehmensbereich Controlling darzustellen. Es gilt zu untersuchen,

T. Heupel (✉)
FOM Hochschule für Oekonomie & Management, Essen, Deutschland
E-Mail: thomas.heupel@fom.de

M. Reinhardt
Siegen, Deutschland
E-Mail: marcus.reinhardt1@gmx.de

© Springer Fachmedien Wiesbaden GmbH, ein Teil von Springer Nature 2019
T. Kümpel et al. (Hrsg.), *Controlling & Innovation 2019*, FOM-Edition,
https://doi.org/10.1007/978-3-658-23474-4_6

ob in Zukunft ein Spannungsverhältnis zwischen IT und Controlling existieren wird. Außerdem wird erörtert, wie sich das Berufsbild des Controllers wandelt und welche zusätzlichen Kompetenzen dafür benötigt werden.

6.1 Einleitung

Die Wertschöpfungskette steht aktuell vor einem tief greifenden Wandel. Im Zuge einer wachsenden Digitalisierung werden Unternehmen mit der Herausforderung konfrontiert, jederzeit mobil und vernetzt zu sein (vgl. Grgurevic 2017, S. 129; Grothe 2014, S. 23; Kreutzer et al. 2017, S. 4; Seufert 2014, S. 25). Das in Deutschland konzipierte Wort „Industrie 4.0" steht für die Veränderungen in den Mensch-Maschine-Systemen der konventionellen Produktionssysteme und regt zu der zentralen Diskussion an, ob sich auch Konsequenzen für die Arbeitswelt 4.0 ergeben werden.

Abgeleitet aus diesem Megatrend werden Schlagworte wie „Digitalisierung, […] Business Intelligence, […] Big Data" (Seufert 2014, S. 25), „Dezentralisierung, […] strategisches Produktionsnetzwerk […] [oder] Serienproduktion mit kundenspezifischen Varianten" (Jahn 2017, S. 5 ff.) in naher Zukunft die Fokussierung und strategische Ausrichtung der Unternehmen prägen (vgl. Cole 2017, S. 43; Kreutzer et al. 2017, S. 6; Werner 2016, S. 225).

Daten werden dabei zu einer entscheidenden Ressource in der kompletten unternehmerischen Wertschöpfungskette (vgl. Feindt und Grüßing 2014, S. 186 f.; Gentsch und Kulpa 2016, S. 33; Reichmann et al. 2017, S. 559; Seufert 2014, S. 25). Die Schwierigkeit für Unternehmen besteht darin, die immer umfangreicheren und komplexeren Daten in einem stets kürzer werdenden Zeitraum zu selektieren, zu analysieren und zu transferieren (vgl. Brühl 2015, S. 57; Gräf und Heinzelmann 2011, S. 34; Horváth und Aschenbrücker 2014, S. 48; Kollmann und Schmidt 2016, S. 23; Kreutzer et al. 2017, S. 1; Seufert 2014, S. 25; Weichel und Herrmann 2016, S. 9). Die zentrale Aufgabe des Controllings wird es sein, sich als Partner neben den stets intelligenter werdenden Instrumenten der IT zu behaupten und die Selektion des Dateninputs mit dem anschließendem Transfer sowie der Verdichtung des Outputs adäquat zu realisieren. Durch den Aufbau neuer Kompetenzen im Bereich der Digitalisierung gilt es für den Controller, die Position als „Business Partner des Managements" (Seufert 2014, S. 25) zu festigen und das neue Rollenbild „Data Scientist" in der Unternehmensorganisation zu etablieren (vgl. Horváth und Aschenbrücker 2014, S. 60).

Im Rahmen dieses Beitrags erfolgt die Darstellung der Chancen und Risiken des zukünftigen Controllers, welche sich im Umgang mit „Big Data" (Horváth und Aschenbrücker 2014, S. 48) und „Data Warehouse" (Schönbohm und Egle 2017, S. 226) in dem zukünftigen, von digitaler Transformation (DT) geprägten Unternehmen, ergeben. Der Fokus liegt dabei darauf, die Folgen der DT für den Controller der Zukunft zu analysieren und die daraus resultierenden Chancen und Risiken für den Unternehmensbereich Controlling darzustellen. Es gilt zu untersuchen, ob in Zukunft ein Spannungsverhältnis zwischen IT und Controlling existieren wird. Des Weiteren wird das neue Controllingverständnis vor dem Hintergrund der DT analysiert. Außerdem erfolgt eine Untersuchung, wie sich das Berufsbild des Controllers im Hinblick der aufkommenden Menge an zu verarbeitenden Daten wandelt und welche zusätzlichen Kompetenzen dafür benötigt werden.

6.2   Anforderungen an ein zeitgemäßes Controlling

Aufgrund der gestiegenen Dynamik und Komplexität der Umwelt, welche durch die zunehmende Globalisierung und Digitalisierung verstärkt wurde, ist eine Neuorientierung des Controllings erforderlich (vgl. Al-Debi und Avision 2010, S. 369; Bürchel 2014, S. 14). Die Planung und Kontrolle des internen Rechnungswesens sowie die budget- und ergebnisorientierte Verdichtung von Kennzahlen gilt nicht mehr als die zentrale Aufgabe (vgl. Horváth 2012, S. 19). Vielmehr gilt es, die Anpassungsfähigkeit des Unternehmens durch eine gezielte Steuerung und Dezentralisierung des Controllings zu optimieren (vgl. Kremer 2008, S. 1; Rieg 2015, S. 148).

Der Anspruch an das Controlling wird in der Literatur in fachliche, methodische und persönliche Anforderungen unterteilt (vgl. Barth und Barth 2008, S. 69; Weber und Schäffer 2011, S. 475 ff.). Die fachlichen Voraussetzungen veranschaulichen das theoretische Wissen und die praktische Erfahrung eines Controllers (vgl. Preißler 2007, S. 39).

Neben dieser fachlichen Thematik existiert ebenfalls ein Bedarf an methodischen Anforderungen. Um die hohe Quantität des Dateninputs zielgerichtet und ergebnisorientiert aufzubereiten sowie zu verdichten, zählt zu den Methodenkompetenzen eine ausgeprägte Analysefähigkeit (vgl. Becker et al. 2014, S. 101; Reichmann et al. 2017, S. 70; Schwalb 2016, S. 12).

Diese Fähigkeit wird durch eine notwendige Kontrollaffinität ergänzt, welche eine ganzheitliche Rationalitätssicherung garantiert (vgl. Becker und Winkelmann 2014, S. 4). Daneben müssen Controller als Berater in der Lage sein, abteilungs- und organisationsübergreifende Planungsprozesse aufzustellen, diese zu überwachen und bei Bedarf zu korrigieren (vgl. Barth und Barth 2008, S. 75). Diese Planungsfähigkeit korreliert mit der Qualifikation, betriebswirtschaftliche Zusammenhänge zu erkennen und zu analysieren (vgl. Gänßlen et al. 2013, S. 58).

Um die vorstehenden Aufgaben zielgerichtet zu realisieren, sind neben den fachlichen und methodischen Anforderungen weiterhin auch persönliche Kompetenzen erforderlich (vgl. Barth und Barth 2008, S. 73). Der Controller versteht sich als interner Berater sowohl auf Führungs- als auch auf Abteilungsebene (vgl. Deimel et al. 2013, S. 35). Dafür ist eine ausgeprägte Sozialkompetenz erforderlich, um in der Unternehmensorganisation eine umfassende Vernetzung zu generieren und Mitarbeiter in den einzelnen Abteilungen bei der wechselseitigen Bereitstellung und Versorgung der fachspezifischen Daten zu unterstützen sowie zu motivieren (vgl. Preißler 2007, S. 40). Außerdem ist es notwendig, zukünftige Probleme frühzeitig zu identifizieren und zu beschreiben (vgl. Gänßlen et al. 2013, S. 61; Reichmann et al. 2017, S. 67).

Probleme, Chancen und Risiken gehen von den großen gesellschaftlichen Herausforderungen und Megatrends aus. Eine ausgewählte Veränderung steht auch im Fokus des nächsten Abschnitts – die Digitalisierung.

6.3   Digitale Transformation

Einordnung und Entwicklung: Die Industrie 4.0 repräsentiert die deduzierte Nachfolge der vorangegangen industriellen Revolutionen in der Geschichte und verdeutlicht eine neue Stufe der Wertschöpfungskette von Organisationen. Die erste industrielle Revolution begann Ende des 18. Jahrhunderts mit der Einführung mechanischer Produktionsanlagen, welche mit Wasser- oder Dampfkraft angetrieben wurden (vgl. Kreutzer 2017, S. 35; Roth 2016, S. 5). Die Dampfkraft als primäre Energiequelle, die sich mit der Erfindung der Dampfmaschine in der Industrie etablierte, wurde Ende des 19. Jahrhunderts durch die Erfindung der Elektrizität substituiert (vgl. Becker et al. 2017, S. 9). Durch die Elektrifizierung der Industrie hat sich Anfang des 20. Jahrhunderts die zweite industrielle Revolution angeschlossen (vgl. Roth 2016, S. 5). Diese war vornehmlich durch den „Taylorismus-Gedanken" (Becker et al. 2017, S. 7) und durch die von Henry Ford eingeführte Massenproduktion geprägt (vgl. Roth 2016, S. 5; Siepmann 2016, S. 19). Im Vordergrund standen hierbei der Einsatz von elektronischer Energie und die Integration des Fließbands in den Fertigungsprozess (vgl. Wolter et al. 2015, S. 9). Der zweiten industriellen Revolution schloss sich im Jahre 1970 die dritte Revolution an. Charakteristisch für diese Phase war die Automatisierung durch die Elektronik und IT. Mit der Integration von großen Rechenmaschinen wurde die Produktion weiter automatisiert und effizienter gestaltet. Außerdem revolutionierte das Internet zu dieser Zeit den Arbeitsablauf und die damit verbundenen Geschäftsprozesse in Unternehmen ganzheitlich (vgl. Kreutzer 2017, S. 35). Die im Zuge der Globalisierung und Digitalisierung konstituierte vierte industrielle Revolution setzt übergangslos an den vorangegangen digitalen Wandel an (vgl. König und Graf-Vlachy 2017, S. 53). Die einzelnen Phasen der industriellen Revolutionen werden in Abb. 6.1 dargestellt.

Während in der Vergangenheit lediglich Menschen miteinander vernetzt waren und miteinander kommunizierten, erfolgen mithilfe von intelligenter Software eine Vernetzung und ein Austausch von Daten zwischen Maschinen (vgl. Losbichler 2016, S. 51; Reischauer und Schober 2017, S. 274). Durch diese neuen Möglichkeiten, die sich in Bezug auf die DT ergeben, wird eine kooperative Umsetzung der strategischen Produktionsziele realisierbar (vgl. Gleich et al. 2016, S. 28; Steinmann 2016, S. 38).

Neue Technologien wie beispielsweise Online-Konfigurationen, Radio-Frequency-Identification(RFID)-Chips oder produktionsübergreifende Vernetzungsmöglichkeiten in Form von Big Data (BD) realisierten einen Datenaustausch in Echtzeit. Diese neue Fabrik überwacht selbstständig die Einhaltung einer hohen Produktqualität und bewirkt durch effizientere Ressourcennutzung eine Reduzierung der Kosten (vgl. Dumitrescu 2016, S. 204; Gleich et al. 2016, S. 29; Michels 2016, S. 260; Siepmann 2016, S. 49). Ferner wird in diesem Beitrag der Begriff der DT analog zum Begriff der Industrie 4.0

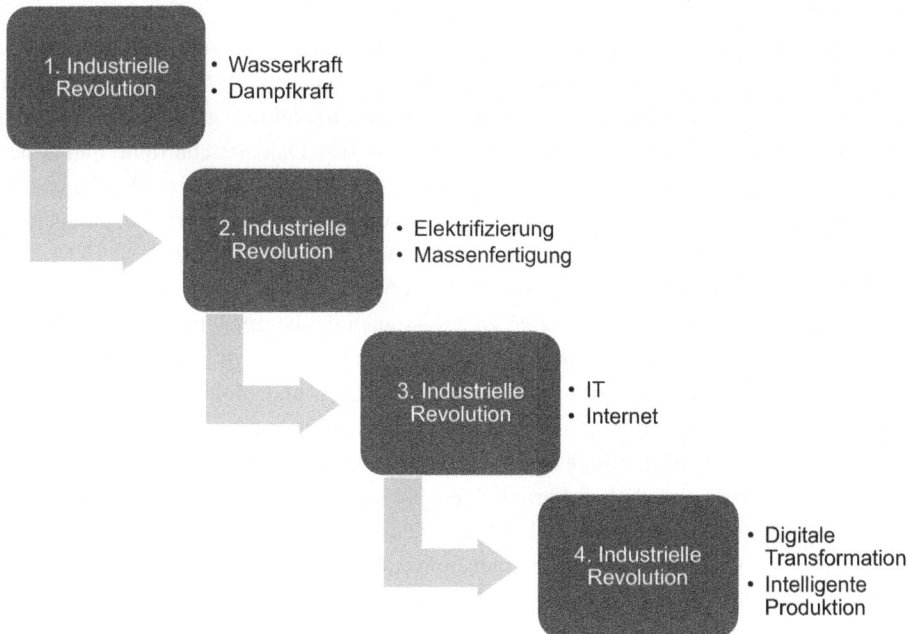

Abb. 6.1 Phasen der industriellen Revolutionen

verwendet. Betrachtet man das schnelle Wachstum der bisherigen Digitalisierung seit dem Ende der 1980er-Jahre bis heute, wird die hohe Veränderungsdynamik deutlich, die mit der Industrie 4.0 einhergeht. Aktuell stehen die deutschen Unternehmen am Anfang der Digitalisierung ihrer Prozesse und Wertschöpfungsketten (vgl. Ullrich et al. 2017, S. 293). Wegweisende Faktoren, wie beispielsweise die Beziehung zu Kunden, dynamisierte Geschäftsmodelle oder integrierte Lieferketten, revolutionieren den Kern von Unternehmen nachhaltig (vgl. Altmayer und Stölze 2016, S. 44; Baden-Fuller und Mangematin 2013, S. 421; Ehm und Mönch 2017, S. 149; Wildner et al. 2017, S. 86).

Obwohl sich die DT in der Praxis noch in ihren Anfängen befindet, erlangt dieses Thema in der Forschung eine immer größere Akzeptanz (vgl. Demont und Paulus-Rohmer 2017, S. 98; Scheer 2017, S. 35; Zollenkop und Lässig 2017, S. 66). Demzufolge werden zu diesem Gebiet verstärkt Studien vor allem im Bereich Business Intelligence (BI) und BD durchgeführt. An dieser Stelle wird exemplarisch die Studie „Competing on Analytics – Herausforderungen – Potenziale und Wertbeiträge von BI und Big Data" (Seufert 2014, S. 30) vorgestellt, die von *Seufert* durchgeführt wurde. *Seufert* definiert BI zu Beginn der Studie als „integrierten Gesamtansatz […] von Strategien, Prozessen und Technologien […] aus […] Unternehmens-, Markt- und Wettbewerbsdaten" (Seufert 2013, S. 15). Ziel der Studie war es, den aktuellen Prozess der Digitalisierung in deutschen Unternehmen zu analysieren und die Bereitschaft einer Einführung von BI-Prozessen empirisch zu untersuchen.

Während lediglich 23 % der Unternehmen BD- und BI-basierte Geschäftsprozesse integriert haben, nutzen 35 % der Befragten aktuell weder die Möglichkeiten von BD noch von BI und haben deren Einführung auch nicht geplant (vgl. Seufert 2014, S. 33). Als Gründe, die Prozesse in dem Unternehmen nicht einzuführen, gaben die Teilnehmer der Studie zu hohe Transaktionskosten bezüglich der Datenbeschaffung und einen Mangel an Fachpersonal an (vgl. Seufert 2014, S. 33). Die Studie zeigt, dass eine sehr hohe Relevanz existiert, sich mit diesem zukunftsweisenden Thema der Digitalisierung und der damit verbunden Chancen auseinanderzusetzen (vgl. Cole 2017, S. 32 f.; Seufert 2014, S. 34; Zollenkop und Lässig 2017, S. 66). Digitale Daten ermöglichen Unternehmen, Informationen zielgerichteter zu erfassen, aufzubereiten und zu analysieren. Diese Fähigkeiten bilden den Ausgangspunkt für eine schnellere und effektivere Entscheidungsfindung. Durch die Anwendung von Big Data und digitaler Transformation, welche aufgrund der neuartigen und dynamischen Datenintegration notwendig sein wird, verändert sich die Wertschöpfungskette der Unternehmen – unter der Berücksichtigung des daraus erzielbaren zeitlichen Vorteils – nachhaltig (vgl. Jodlbauer und Straßer 2016, S. 116 f.; Sauter et al. 2016, S. 146). Dieser Zeit- und Informationsvorteil ist Grundlage einer zukünftigen Festigung der eigenen Wettbewerbsposition auf dem Markt (vgl. Mehanna 2014, S. 208).

Mithilfe der fortschreitenden Automatisierung wird die klassische Technologie mit „künstlicher Intelligenz" (Sendler 2016, S. 42) kombiniert (vgl. Siepmann 2016, S. 49). Es entstehen vernetzte Maschinen und autonome Unternehmenssysteme, die in der Lage sind, selbstständig zu planen, zu organisieren sowie kontinuierlich miteinander zu kommunizieren (vgl. Demont und Paulus-Rohmer 2017, S. 98; Schallmo und Rusnjak 2017, S. 20). Diese Technologie fördert einen zeitlichen Vorteil durch eine höhere Produktionsgeschwindigkeit und eine Reduktion der laufenden Kosten aufgrund eines effizienteren Arbeitens (vgl. König und Graf-Vlachy 2017, S. 57).

Im Rahmen der Vernetzung erfolgt eine Synchronisation sämtlicher Unternehmensprozesse und Wertschöpfungsketten durch die Übertragung relevanter Daten in Echtzeit (vgl. Merz 2016, S. 83). Diese Datenübertragung lässt sich sowohl lieferanten- als auch kundenseitig anwenden (vgl. Kreutzer 2017, S. 50). Lieferanten sind mit dem System des Unternehmens verbunden, reagieren schneller und verkürzen somit die Liefer- sowie Produktionszeiten, u. a. durch die Integrationsmöglichkeit von Just in Time (JIT) (vgl. Sauter et al. 2016, S. 145; Werani et al. 2017, S. 255). Neben der Synchronisation von Wertschöpfungsketten vernetzt sich auch die physische mit der digitalen Welt (vgl. Zollenkop und Lässig 2017, S. 63). Mithilfe dieses Netzwerks ist ein digitaler Zugang zum Kunden möglich (vgl. Schallmo und Rusnjak 2017, S. 20). Ein Unternehmen erhält die Möglichkeit, zielgerichteter mit potenziellen Kunden zu kommunizieren, die Bedürfnisse zu registrieren und diesen individualisierte Angebote zukommen zu lassen. Durch diese Neuerung ist das Unternehmen in der Lage, Wettbewerbsvorteile zu generieren (vgl. Scheer 2017, S. 9; Teixeira et al. 2012, S. 363).

6.4   Gang der Untersuchung

Nachdem in den vorausgegangenen Kapiteln durch die Vorstellung der Themengebiete des Controllings und der IT die definitorische Voraussetzung gelegt wurde, soll dieses Kapitel den Verlauf dieser Analyse konkretisieren.

Konkretisierung der Forschungsfrage Es besteht ein Forschungsbedarf, wie sich die Rolle des Controllings im Gesamtkonstrukt des Unternehmens neben der IT bewährt und wie sich dessen Kompetenzen entwickeln werden. Außerdem ist zu untersuchen, ob ein Spannungsverhältnis zwischen diesen beiden Bereichen im Hinblick auf die DT existiert.

Ableitung des Forschungsdesigns Mit Blick auf den Titel dieses Beitrags sollen Chancen und Risiken im Hinblick auf die digitale Transformation ausgearbeitet werden. Die Stärken und Schwächen kann das Unternehmen aktiv lenken, während die aus der Makroanalyse abgeleiteten Chancen und Risiken nicht direkt beeinflussbar sind (vgl. Weber und Schäffer 2011, S. 402 f.). Es gilt, den Istzustand zu analysieren und diesen mit der zukünftigen Entwicklung zu komplementieren, um das Unternehmenspotenzial aufzuzeigen (vgl. Deimel et al. 2013, S. 154).

6.5   Chancen-und-Risiken-Analyse im Hinblick auf die digitale Transformation

6.5.1   Chancen

6.5.1.1 Strategischer Partner

Parallel zum Anstieg des digitalen Nutzens, welcher sich aus den neuen technologischen Möglichkeiten ergibt, erhöht sich gleichermaßen die Komplexität der Unternehmenssteuerung. Die damit verbundene Komplexitätssteigerung erfordert neben zielgerichteten operativen Maßnahmen vor allem eine intensive Fokussierung auf die langfristige Planung der Organisationsausrichtung (vgl. Gleich et al. 2016, S. 37). Unternehmen müssen im Zuge der vertikal verknüpften Wertschöpfungskette mögliche Veränderungen in der Zukunft frühzeitig erkennen und ihre strategische Ausrichtung dementsprechend anpassen. Das Controlling als *strategischer Partner* mit seinem inkludierten langfristig ausgerichteten Instrumentenportfolio gewinnt vor diesem Hintergrund an Bedeutung für das Unternehmen (vgl. Gleich et al. 2016, S. 37).

Der Controller besitzt aufgrund seiner analytischen Weitsicht die Fähigkeit, abteilungsübergeordnet die Prozesse innerhalb der Organisation entlang der Wertschöpfungskette zu beobachten, lösungsorientierte Maßnahmen zu entwickeln und einzuleiten sowie deren Wirksamkeit zu kontrollieren (vgl. Wiegand 2015, S. 125 ff.). Insbesondere durch die Expansion und Integration der digitalen Wertschöpfungskette in das bestehende physische Netzwerk benötigt das Management eine funktionierende Rationalitätssicherung (vgl. Becker et al. 2014, S. 66 f.; Müller-Seitz et al. 2016, S. 26).

Weiterhin beeinflusst die DT neben der vertikalen auch die horizontale Wertschöpfungskette. Industrie 4.0 vernetzt Unternehmen mit deren vor- und nachgelagerten Wertschöpfungspartnern und bildet so ein kooperatives Wertschöpfungsnetzwerk, welches sich im Zuge von BI selbst steuert (vgl. Bange 2009, S. 161). Kunden und Lieferanten als Schlüsselpartner gilt es, in das Organisationssystem zu integrieren sowie die jeweilige wechselseitige Partnerschaft zu festigen. Dieses Netzwerk erfordert ein ausgeprägtes Netzwerkcontrolling, um einerseits die Beziehung zu den Partnern zu intensivieren und andererseits Informationsasymmetrien innerhalb dieser kooperativen Allianzen zu vermeiden und eine Transparenz gegenüber der BI zu schaffen (vgl. Gladen 2014, S. 274; Rufo und Zerres 2017, S. 70). Das strategisch ausgerichtete Kunden- bzw. Lieferantencontrolling steht hierbei im Fokus und kann im besonderen Maße durch den Controller als Fachmann betrachtet werden (vgl. Emrich 2017, S. 392).

Neben dem Netzwerkcontrolling erhöht sich ebenfalls die Relevanz für das Vertriebscontrolling (vgl. Gleich 2016, S. 39). Das Internet der Dinge verändert die Kommunikationskanäle, mit denen Unternehmen ihre Adressaten erreichen möchten. Der Kunde erwartet eine permanente Verfügbarkeit und ein individuelles Angebot (vgl. Jahn 2017, S. 2). Daher bedarf es im Sinne der „Blue Ocean-Strategie"[1] einer umfassenden Steuerung und Kontrolle der Absatzkanäle (vgl. Eigner 2016, S. 141; Kim und Mauborgne 2005, S. 106). Diese Funktion erfüllt der Controller als Schnittstelle zwischen dem Vertrieb, der Distribution sowie dem übergeordneten Management (vgl. Hünerberg 2017, S. 335). Der Wandel der Absatzkultur schließt ebenfalls eine veränderte Kostenstruktur ein (vgl. Gleich et al. 2016, S. 39). Es etabliert sich eine kundenorientierte Forschung und Entwicklung, welche erhöhte Kosten inkludiert (vgl. Ganz 2016, S. 189). Die Basis für eine höhere Kostenstruktur ist neben den gestiegenen Kosten für Forschung und Entwicklung auch eine Zunahme der Kosten für Software und den damit einhergehenden IT-Aufwand. Der Controller als Spezialist der Kostenoptimierung ist hier als betrieblicher Koordinator ein elementarer Bestandteil des Unternehmens, um den strategischen Gesamtblick zu wahren und eine effiziente Verwendung der Ressourcen zu garantieren. Diese Fähigkeit des kalkulierenden Lotsen beinhaltet ebenfalls das Eruieren von Erlöspotenzialen, welches durch eine differenzierte Betrachtungsweise der verschiedenen Einnahmequellen messbar wird (vgl. Emrich 2017, S. 400). Mittels konvertierter Kommunikationskanäle entstehen neue Einnahmequellen für Unternehmen (vgl. Brühl 2015, S. 180). Der Kundenanspruch steigt, welches den Umfang der Dienstleistungen erhöht und ein entsprechend individuelles Angebot sowie innovatives Controlling erfordert (vgl. Mann 2017, S. 208; Müller-Seitz et al. 2016, S. 28).

---

[1]Mithilfe der Blue-Ocean-Strategie sollen neue Märkte erschlossen und neue Kunden gewonnen werden (vgl. Hohberger und Damlachi 2017, S. 368).

6.5.1.2 Daten als „Gold der Zukunft"

Daten gelten seit jeher als ein elementarer Treiber für den Erfolg von Unternehmen. Bereits vor der vierten industriellen Revolution ist die Gewinnung, Aufbereitung und Auswertung von Daten als Basis des betrieblichen Erfolgs anzusehen (vgl. Jodlbauer und Straßer 2016, S. 118). Diese Relevanz steigert sich durch die DT und den damit verbundenen Anstieg der zu verarbeitenden Datenmengen. Ziel ist es, die großen Datenmengen effizient auszuwerten, um den maximalen Nutzen aus diesen zu generieren. Das Controlling ist historisch bedingt als Verwalter der Daten in der Lage, die erfolgreiche Voraussetzung für ein intelligentes Erheben und Verwalten von Daten im Zuge von Data Mining (DM) zu realisieren. Eminente Datenbestände können mittels DM analysiert und infolge spezifischer Algorithmen und statistischer Verfahren ausgewertet sowie zur weiteren Nutzung in dem Data Warehouse (DW) archiviert werden (vgl. Bange 2009, S. 172). Die operative Auswertung der Daten in Echtzeit bedarf einer umfassenden Kognition der Prozesszusammenhänge. Der Controller ist befähigt, in einer durch Industrie 4.0 veränderten Wertschöpfungskette dem Unternehmen die nötige Prozessstabilität zu garantieren, eine flexible Prozessvariabilität zu ermöglichen und somit einen *operativen Mehrwert* zu liefern. Infolgedessen sind Controller als kompetente Anwender der Datenverarbeitungsinstrumente, welche aus der DT resultieren, wichtige Begleiter für das Management bei der effizienten Gestaltung von Entscheidungsprozessen (vgl. Weichel und Herrmann 2016, S. 11). Der Stellenwert der Beraterfunktion für das Management wird ebenfalls in einem veränderten Reporting deutlich (vgl. Gadatsch 2016, S. 64). BD ermöglicht ein Reporting auf Basis von Echtzeitdaten. Hier liegt aufgrund der Möglichkeiten durch BI der Fokus nicht mehr vordergründig auf der systematischen Analyse, sondern auf der Interpretation der Daten.

6.5.1.3 Businesspartner

Das Datenvolumen wird weiterhin ansteigen und muss im Sinne der Kernaufgabe des Controllings für die entsprechenden Entscheidungsträger im Unternehmen aufbereitet werden. Vor diesem Hintergrund bietet sich dem Controller der Zukunft die Möglichkeit, die Position des Informationslieferanten zu festigen, indem er einen Mehrwert aus der Auswertung der in Echtzeit gewonnenen Daten generiert (vgl. Thiele et al. 2016, S. 76). Der Controller muss die Chance nutzen, als Projektinitiator die Prozesse der DT zu moderieren, aktiv mitzugestalten und zu beeinflussen. Diese Rollenentwicklung beinhaltet somit die Transformation vom reinen Zahlenlieferanten zum *Businesspartner* des Managements, wobei sich die Charakteristika aus der historischen Betrachtung der Controllingaufgaben bzw. des -verständnisses manifestiert haben (vgl. Losbichler 2016, S. 48).

Betrachtet man den koordinationsorientierten Ansatz des Controllings, welcher sich in ein Informations-, Planungs- und Kontrollsystem aufteilt, lassen sich die Chancen des Controllings als Businesspartner praxisnah aufzeigen. Innerhalb der Industrie 4.0 beeinflusst der Controller das Informationssystem insbesondere aufgrund der zunehmenden Quantität sowie der damit verbundenen Relevanz an nicht-monetären Daten unmittelbar. Hierbei nimmt er die Position des kritischen Analysten ein (vgl. Schulte und Bülchmann 2016, S. 59).

Im Hinblick auf das Planungs- und Kontrollsystem eröffnen sich innerhalb der Industrie 4.0 ebenfalls neue Möglichkeiten für den als Moderator agierenden Controller. Durch BD lassen sich beispielsweise eine Szenarioanalyse effektiver und mit einer geringeren Fehlerwahrscheinlichkeit aufstellen sowie Forecasts genauer prognostizieren (vgl. Thiele et al. 2016, S. 73). Diese neuen Möglichkeiten schließen ebenfalls die Risikoanalyse ein. Mögliche Risiken bezüglich neuer Geschäftsfelder oder der Einführung eines neuen Produktportfolios lassen sich im Zuge einer strategischen Planung identifizieren und bewerten. Die damit korrelierte Schaffung von Transparenz kann auch auf die Entwicklung neuer Innovationen und Geschäftsmodelle übertragen werden (vgl. Losbichler 2016, S. 55).

Die von der Industrie 4.0 ausgehenden Veränderungsprozesse im Unternehmen betreffen nicht nur den Charakter und Ablauf der Produktion, sondern prägen auch sämtliche Unternehmensbereiche sowie das Controlling (vgl. Tschandl und Mallaschitz 2016, S. 99). Neben der Möglichkeit, die Position des Informationslieferanten im Unternehmen zu festigen, besteht für den Controller als *Data Scientist* (DS) die Chance, die Schnittstelle zwischen IT und Management zu besetzen (vgl. Gleich et al. 2016, S. 36). Diese Korrelation zwischen dem technischen Aspekt der IT und der zahlenaffinen Unternehmensführung kann das Controlling erfüllen. Damit der Controller dieser Position gerecht wird, bedarf es einer stetigen Weiterentwicklung und konsequenten Einführung neuer Controllinginstrumente, welche die Rahmenbedingungen der DT berücksichtigen (vgl. Losbichler 2016, S. 49). Eine weitere Aufgabe wird es sein, in der Funktion des Projektinitiators die Unternehmensprozesse entlang der DT anzupassen und die Einführung neuer Wertschöpfungsketten zu überwachen.

6.5.1.4 Controlling-Execution-System

Die in dem vorherigen Abschnitt beschriebene Konzeptionsoptimierung von Prognosen hinsichtlich zukünftiger Unternehmensentwicklungen basiert auf der Möglichkeit, Daten in Echtzeit bereitzustellen und auszuwerten. Diese Analyse ist ebenfalls Ausgangspunkt eines Manufacturing-Execution-Systems (vgl. Thiele et al. 2016, S. 63). Durch dieses System, welches auf CPS aufbaut, lässt sich der vollständige Produktionsablauf in Echtzeit nachverfolgen und durch die direkte Anbindung an das Enterprise-Resource-Planning(ERP)-System steuern sowie kontrollieren (vgl. Louis 2009, S. 18).

Das MES lässt sich auf den Arbeits- und Einflussbereich des Controllings übertragen und ist die Basis für die Ableitung eines *Controlling-Execution-Systems* (CES). Durch ein CES lassen sich, ähnlich dem MES innerhalb des Produktionsbereichs, die grundlegenden Unternehmensprozesse aktiv und in Echtzeit planen, steuern sowie anpassen. Ausgangspunkt dieses Systems ist die valide Datengenerierung mittels BD, wodurch ein Aufzeigen von Zusammenhängen und Verbesserungspotenzialen realisierbar wird. BD liefert und empfängt permanent Daten an das bzw. von dem CES und steht somit in stetigem, wechselseitigem Austausch mit diesem. Das Controlling nimmt in diesem System die Interpretations- und Verteilungsfunktion der generierten Daten ein. Mithilfe der Dezentralisierung der Controllingfunktion werden einerseits die Prozesse innerhalb der Abteilungen transparenter, andererseits können Anpassungen in einem kürzeren Zeitrahmen vorgenommen werden (vgl. Becker et al. 2017, S. 98).

Der große Unterschied zwischen einem MES und einem CES ist im Vergleich zu traditionellen Informationssystemen die auf echtzeitbasierte Datenverarbeitung bestimmter Bereiche und Prozesse. Während bei einem MES in den meisten Fällen die Verknüpfung mit dem ERP-System besteht, werden bei dem CES unterschiedliche Datenquellen herangezogen (vgl. Obermaier 2017, S. 18). Neben den intern Daten und den externen Informationen lässt sich hierbei ebenfalls das Internet als permanent sich aktualisierende Datenquelle an das System anbinden. Diese Möglichkeit spiegelt die Vernetzung des internen Unternehmensbereichs mit dem externen Unternehmensumfeld zu einem integrierten CPS im Zuge von BI wider (vgl. König und Graf-Vlachy 2017, S. 53; Kreutzer 2017, S. 40). Mithilfe der Berücksichtigung der internetbasierten Daten kann man das aktuelle Geschäftsmodell effektiver evaluieren und an die Bedürfnisse der Kunden anpassen (vgl. Gentsch und Kulpa 2016, S. 33; Obermaier 2017, S. 15).

6.5.2 Risiken

6.5.2.1 Neue Kompetenzanforderung

Die Veränderungen, die durch die DT in Unternehmen vorgenommen werden müssen, schließen das Controlling ein. Auch der Aufgabenbereich und die Kompetenzen des Controllers wandeln sich hinsichtlich der Industrie 4.0. Die Gefahr besteht darin, dass dieser den gestiegenen *neuen Kompetenzanforderungen* in sämtlichen Bereichen nicht mehr gerecht wird (vgl. Schulte und Bülchmann 2016, S. 58). Insbesondere die Bedeutung der fachlichen, methodischen und sozialen Anforderungen für den Paradigmenwechsel des Controllings nehmen zu (vgl. Horváth und Aschenbrücker 2014, S. 58; Müller-Seitz et al. 2016, S. 30; Schäffer und Weber 2016, S. 14; Zollenkop, M. und Lässig, R. 2017, S. 65).

Zu den gestiegenen fachlichen Kompetenzen gehört neben der Intensivierung von Geschäftszusammenhängen auch ein ausgeprägtes und anspruchsvolles Instrumentenwissen (vgl. Horváth und Aschenbrücker 2014, S. 57). Im Zuge von BI werden Prozesse immer schnelllebiger und dynamischer, was Auswirkungen auf den Entscheidungszeitraum beinhaltet. Die Zeitspanne, in der Entscheidungen vorbereitet, analysiert und schließlich realisiert werden, wird im digitalen sowie globalen Wettbewerbsdruck stetig geringer (vgl. Kieninger 2012, S. 5). Das Controlling muss sich dem kontinuierlichen Wandel anpassen, um sich weiterhin als kompetenter Partner des Managements zu präsentieren. Die Problematik liegt darin, innovative Controllinginstrumente zu entwickeln, die dem Unternehmen einen echten Mehrwert liefern (vgl. Müller-Seitz et al. 2016, S. 30).

Neben den fachlichen Anforderungen steigen auch die methodischen und sozialen Ansprüche an das Controlling, um zukünftig die äquivalente Stellung neben der IT zu sichern (vgl. Schäffer und Weber 2016, S. 14). Das hohe Datenaufkommen, welches in

Echtzeit mittels des DW archiviert wird, bedarf entsprechend gestiegener methodischer Analysefähigkeiten (vgl. Seufert und Oehler 2016, S. 79). Vor allem im Bereich „Forecasting und Predictive Analytics" werden die Aufgaben zunehmen, da die DT eine stärkere Fokussierung auf strategische Zukunftsbetrachtungen erfordert (vgl. Iffert 2016, S. 17). Insbesondere das Verfahren der Predictive Analytics, welches über mathematisch-statistische Prognoseberechnungen künftige Entwicklungen skizziert, hebt sich methodisch von den bisherigen Controllinginstrumenten ab (vgl. Mödritscher und Wall 2017, S. 419). Im Gegensatz dazu verringert sich die Bedeutung der vergangenheitsorientierten Funktion als wirtschaftliches Gewissen, da die permanente Überwachung der Leistungsfähigkeit zukünftig nicht durch den Menschen, sondern innerhalb einer Smart Factory durch Maschinen automatisiert erfolgt (vgl. Thiele et al. 2016, S. 76). Neben den Analysefähigkeiten ist auch die Fähigkeit der Datenvernetzung ein elementarer Bestandteil der gestiegenen Methodenkompetenz (vgl. Seufert 2014, S. 37 f.). Das Vernetzen der Daten ermöglicht eine autonome Fabrik und versetzt Unternehmen in die Lage, ein effektives Supply-Chain-System zu implementieren und infolge dessen Wettbewerbsvorteile zu realisieren (vgl. Kersten et al. 2017, S. 48).

Im Bereich der Sozialkompetenz erfordert Industrie 4.0 eine überzeugende Kommunikationsfähigkeit, um als Disponent zwischen den verschiedenen Stakeholdern des Unternehmens die Wirtschaftlichkeit betreffend zu vermitteln. Diese derzeit noch nicht umfassend vorhandene Eigenschaft ist Basis für eine intensivierte Moderationsaufgabe im Unternehmen und stellt daher künftig eine Schlüsselkompetenz dar. Ebenso ist eine hohe Führungskompetenz Voraussetzung dafür, Mitarbeiter gezielt zu motivieren und in die Prozesse einzubeziehen (vgl. Mödritscher und Wall, 2017, S. 419). Dem Controller muss es gelingen, seine Stellung als Berater des Managements vor dem Hintergrund wachsender Implementierungen von digitalen Systemen in die Unternehmensorganisation zu festigen (vgl. Thiele et al. 2016, S. 77).

Mögliche Schwächen des Controllers konstituieren sich in der Gefahr, diesen Paradigmenwechsel außer Acht zu lassen und die neuen Kompetenzanforderungen nicht zu berücksichtigen. Die Schwierigkeit wird darin liegen, über die reine Datensammlung und Bereitstellung der Informationen hinaus für das Management einen entscheidenden Mehrwert mittels angepasster Methoden zu liefern (vgl. Müller-Seitz et al. 2016, S. 30).

6.5.2.2 Technisches Know-how der Datencharakterisierung

Der Produktionsablauf wird in der Industrie 4.0 ohne den Eingriff des Menschen gesteuert. Dieses digitalisierte und automatisierte System macht ein direktes Betrachten durch den Controller verzichtbar (vgl. Wolter et al. 2015, S. 9). Die Analyse erfolgt nicht mehr durch Beobachtung, sondern mittels konkludierter Deutung der Daten (vgl. Schäffer und Weber 2016, S. 14). Um jedoch ein zukunftsorientiertes und effizientes Deuten der Daten zu realisieren, sind solide Erfahrungswerte im Bereich des *Datenbeschaffungs-Know-hows* und eine genaue Kenntnis, wie und woher die Daten generiert wurden, nötig (vgl. Gleich et al. 2016, S. 35). Die Analyse konzentriert sich nicht mehr auf die vergangenheitsorientierten Datenauswertungen, sondern legt den Fokus auf eine

Informationsauswertung in Echtzeit. Somit besteht die Möglichkeit, dem Management den Istzustand zu präsentieren und mit den Soll-Werten der angewandten Strategieausrichtung zu vergleichen sowie diese ggf. neu zu koordinieren (vgl. Reischauer und Schober 2017, S. 280).

Die Schwachstelle des Controllings liegt darin begründet, dass dieses keine ausreichenden Kenntnisse im Bereich der lokalen Datenbeschaffung aufweist. Woher die Daten stammen und wie diese, technisch betrachtet, gewonnen wurden, ist meist nicht bekannt (vgl. Schäffer und Weber 2016, S. 15). Hier wird die aufkommende Diskrepanz zur IT deutlich. Es fehlt zudem das grundlegende *Wissen der technischen Möglichkeiten,* um die Chancen, die BD bietet, vollständig auszunutzen. Das Beherrschen der verschiedenen Programmiersprachen liegt beispielsweise nicht im Fähigkeitsbereich des Controllers (vgl. Horváth und Aschenbrücker 2014, S. 51). Im Gegensatz zur IT ist der Controller daher nicht in der Lage, neue BI-Anwendungen im Rahmen des Unternehmenskontexts zu kreieren. Ebenso mangelt es dem Controlling an Fachwissen im Bereich der Datenspeicherung und der innovativen Entwicklung wettbewerbsrelevanter Industrie-4.0-Technologien innerhalb des betrieblichen Gesamtzusammenhangs (vgl. Bange 2009, S. 159). Die Fähigkeit, das Netzwerk der Daten sowohl betriebswirtschaftlich als auch technisch nachzuvollziehen, um solide Entscheidungen treffen zu können und den Gesamtüberblick beizubehalten, wird im Zuge der kontinuierlichen Vernetzung an Relevanz gewinnen (vgl. Obermaier und Grottke 2017, S. 123). Ansonsten besteht die Gefahr, dass der Controller nicht in der Lage sein wird, die komplexen Zusammenhänge der autonomen Datengenerierung zu verstehen und daraus abgeleitete Entscheidungen zu identifizieren (vgl. Iffert 2016, S. 22). Er würde orientierungslos in dem durch BD beeinflussten System agieren, sodass eine fundierte und nachvollziehbare Entscheidungsfindung auf Basis qualitativ hochwertiger Daten erheblich erschwert wäre. Der Controller würde seine Stellung als verlässlicher Reportinglieferant von transparenten Informationen verlieren (vgl. Knauer 2015, S. 22).

6.5.2.3 IT als Gatekeeper

Wie bereits beschrieben, ist für die Realisierung der Chance, den digitalen Wandel zu nutzen und neue angepasste Instrumente auf Basis der Stärken des Controllers zu entwickeln, eine funktionierende digitale Infrastruktur erforderlich. Die IT ist aufgrund ihrer vorhandenen fachlichen Kompetenz für den Aufbau und die Implementierung eines solchen Netzwerks im Unternehmen verantwortlich. Während innerhalb dieses Systems die Daten die neuen Schlüsselressourcen sind, bilden effektive Softwareapplikationen, welche eine Analyse der Daten beschleunigen und vereinfachen, die dafür notwendigen Schlüsselaktivitäten (vgl. Gleich et al. 2016, S. 32). Das Verstehen und Anwenden von unterschiedlichen Programmiersprachen sowie die Entwicklung von angepassten Softwarelösungen werden im Zuge der komplexen undifferenzierten Datenmengen an Relevanz gewinnen (vgl. Burns et al. 2014, S. 39). Im Gegensatz zum Controlling beherrscht die IT eine Vielzahl von Programmiersprachen und ist daher diesem in dem Bereich überlegen. Der Vorteil begründet sich darin, dass ohne die Fähigkeit, verschiedene

Programmiersprachen zu kennen, eine Systemintegration im Zeitalter von Industrie 4.0 schwierig wird und das Controlling folglich in diesem Bereich keinen Einfluss nehmen kann (vgl. Mazak et al. 2017, S. 439). Die IT ist hingegen in der Lage, durch ihr informationstechnisches Verständnis die komplexen Vernetzungen innerhalb einer intelligenten und digitalen Fabrik gezielter zu verstehen sowie den Datenverlauf exakt zu verfolgen. Schlussendlich würde sich die IT durch diese Entwicklung zum neuen Schlüsselpartner entwickeln. Für das Controlling besteht nun das Risiko, dass es von den Fähigkeiten der IT als „*Gatekeeper*" (Schäffer und Weber 2016, S. 10) abhängig wird oder die IT das Controlling in der Funktion der Rationalitätssicherung substituiert. Das Ergebnis dieses Szenarios wäre, dass sich das Controlling zum internen Dienstleister der IT entwickelt und vordergründig operative Aufgaben übernimmt. Es besteht die Gefahr, dass eine Kommunikation mit den am Big-Data-Prozess beteiligten Unternehmensorganisationen nicht mehr auf Augenhöhe stattfinden kann. Die steigende Menge an zu bearbeitenden Datenquellen sowie implizierten Daten kann für den Controller mangels Hintergrundwissen zu einem Problem werden (vgl. Möhring et al. 2014, S. 229).

6.5.2.4 Self-Service der Informationsversorgung

Zu einer der Hauptaufgaben des Controllings gehört die kontinuierliche sowie rechtzeitige Bereitstellung von entscheidungsrelevanten Informationen an das Management innerhalb des internen Berichtswesens (vgl. Fischer et al. 2015, S. 589 f.). Aufgrund der neuen technologischen Möglichkeiten muss das Reporting ebenfalls in die veränderten Umweltbedingungen der Industrie 4.0 einbezogen werden. Mithilfe der digitalen Unterstützung seitens der Vernetzungsmöglichkeiten innerhalb des Unternehmens werden sich auch in diesem Bereich die Arbeitsweise und das Umfeld des Controllers verändern (vgl. Reischauer und Schober 2017, S. 274). Der stärkere Zukunftsbezug spielt bei dieser Entwicklung eine relevante Rolle (vgl. Botthof 2016, S. 75). BD ermöglicht hier eine effiziente und zukunftsorientierte Versorgung mit validen Daten in Echtzeit. Ebenfalls wird die zeit- und ortsunabhängige Berichterstattung mittels „Mobile Reporting" umsetzbar, wodurch der Zugang zu Informationen im Unternehmen liberalisiert und dynamisch wird (vgl. Schäffer und Weber 2016, S. 10).

Der Wandel zu einem *Self-Service der Informationsversorgung,* innerhalb dessen Informationen jederzeit und benutzerindividuell abgerufen werden können, birgt für den Controller das Risiko der Entbindung von einer seiner bisherigen Hauptaufgaben (vgl. Becker et al. 2017, S. 116). Der frühere Informationsempfänger ist in der Lage, sich die benötigten Informationen selbstständig sowie vom Controlling unabhängig zu erstellen bzw. digital aufbereiten zu lassen und entwickelt sich daher zum selbstständigen Informationsversorger. Die Ansicht erfolgt neben der herkömmlichen Weise am Bildschirm auch mobil als komprimierte Berichterstattung auf einem mobilen Endgerät. Als Grundlage dieser schnelleren Datenbeschaffung dient die zentrale Datenbank des DW. Das traditionelle controllingbasierte Reporting wird dabei durch den verstärkten Fokus der Betrachtung nicht-monetärer Kennzahlen auf ein Minimum beschränkt (vgl. Mödritscher und Wall 2017, S. 430).

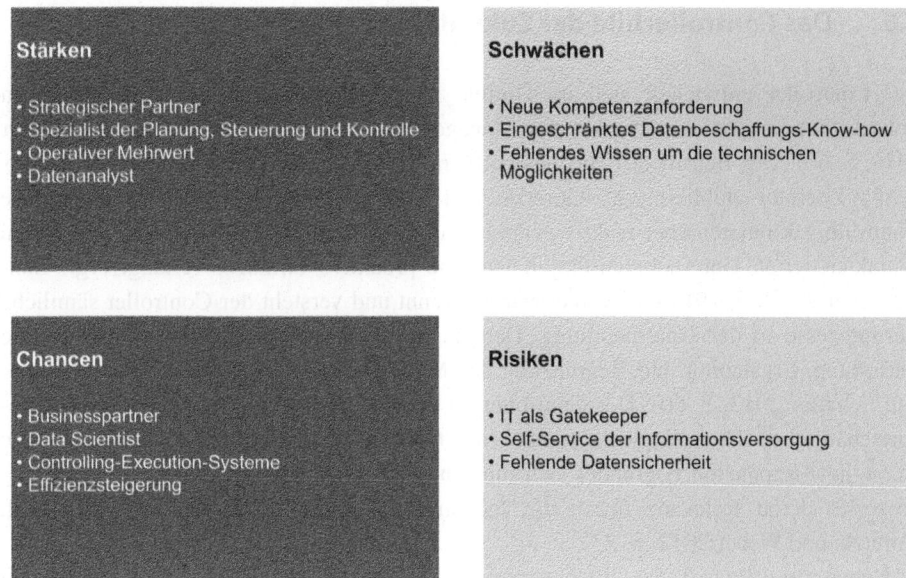

Stärken

• Strategischer Partner
• Spezialist der Planung, Steuerung und Kontrolle
• Operativer Mehrwert
• Datenanalyst

Schwächen

• Neue Kompetenzanforderung
• Eingeschränktes Datenbeschaffungs-Know-how
• Fehlendes Wissen um die technischen
  Möglichkeiten

Chancen

• Businesspartner
• Data Scientist
• Controlling-Execution-Systeme
• Effizienzsteigerung

Risiken

• IT als Gatekeeper
• Self-Service der Informationsversorgung
• Fehlende Datensicherheit

Abb. 6.2 SWOT-Analyse innerhalb der Korrelation von Controlling und IT

Die technologischen Netzwerke, die einen permanenten Informationsaustausch innerhalb des CPS realisieren und somit autonome Geschäftsprozesse ermöglichen, weisen neben dem bereits vorgestellten Vorteil der Effizienzsteigerung den Nachteil einer
erhöhten digitalen Bedrohung für die Unternehmen auf. Das Thema Datensicherheit
innerhalb der digitalen Infrastruktur des Unternehmens wird daher im Zuge der DT
weiter an Bedeutung gewinnen (vgl. Sendler 2016, S. 63). Daraus resultiert ein Risiko,
welches nicht nur den Teilbereich des Controllings tangiert, sondern auch das komplette
Unternehmen zum Agieren bzw. Reagieren zwingt. Da die Maschinen Schnittstellen
besitzen, um mit weiteren Maschinen innerhalb des vernetzten Systems der Industrie 4.0
zu kommunizieren, entsteht beispielsweise an dieser Stelle das Gefahrenpotenzial einer
negativen externen Manipulation (vgl. Scheer 2017, S. 48). Durch die Möglichkeit der
eigenständigen mobilen Bereitstellung und Versorgung mit entscheidungsrelevanten
Informationen, unabhängig vom Controlling durch den früheren Informationsempfänger,
erhöht sich das Risiko der *fehlenden Datensicherheit* für das Unternehmen. Der Controller als zentraler Informationskoordinator und dessen Reportingaufgaben werden obsolet
(vgl. Weber und Schäffer 2000, S. 109).

Die Abb. 6.2 fasst abschließend die Ergebnisse der in Abschn. 6.5 durchgeführten
SWOT-Analyse zusammen. Die Zusammenfassung erfolgt gegliedert nach den
beschriebenen Stärken und Schwächen sowie den Chancen und Risiken des Controllings.

6.6   Das Controllerbild der Zukunft

Der Controller entwickelt sich im Umfeld neuer Informationssysteme der DT vom Lotsen zum kongenialen Partner des Managements (vgl. Horváth und Aschenbrücker 2014, S. 60). Der Begriff des Businesspartners hat sich dabei konstatiert und ist bereits in der Literatur etabliert (vgl. Goretzki und Messner 2014, S. 10). Während frühere Controllingaktivitäten eher reaktiv geprägt waren, wird durch die dynamisch und global charakterisierten Unternehmensaktivitäten eine proaktive Initiative verlangt (vgl. Gänßlen et al. 2013, S. 29). Als Businesspartner kennt und versteht der Controller sämtliche Kernprozesse in der Unternehmung. Dementsprechend ist eine qualitativ hochwertige Entlastung, Ergänzung und Begrenzung des Managements realisierbar (vgl. Losbichler und Schäffer 2013, S. 60). Der Controller ist zudem außer mit den bekannten betriebswirtschaftlichen Themen gleichermaßen mit technischen Sachverhalten vertraut. Diese Know-how-Expansion begründet sich mit einer Komplexitätssteigerung der Geschäftsprozesse, deren Relevanz durch die Industrie 4.0 weiterhin intensiviert wird (vgl. Goretzki und Weber 2012, S. 23).

Neben dem Begriff des Businesspartners verwendet die Fachliteratur zunehmend die Bezeichnung des DS. Als DS wird ein Experte definiert, welcher eine hohe Daten- und IT-Affinität demonstriert, mit der er die Instrumente innerhalb der DT entwickeln sowie bedienen kann (vgl. Horváth und Aschenbrücker 2014, S. 51). Als weitere Anforderungen sind, basierend auf der Literatur, eine ausgeprägte Kommunikationsfähigkeit sowie Kenntnisse in Statistik und Mathematik zu nennen (Mödritscher und Wall 2017, S. 427). Der klassische DS analysiert und betrachtet die Informationen aus der Datengewinnung, ohne dabei den wirtschaftlichen Fokus zu berücksichtigen.

Im Wandel des „Internet of Things" erfolgt in Zusammenhang mit dem Profil des Businesspartners sowie des DS eine Rollenverschiebung des Controllers vom früheren „Zahlenknecht" zum dezentral ausgerichteten Unternehmenskoordinator, der die spezifische Wirtschaftlichkeit aus der Analyse von BD gewährleistet und dementsprechend einen relevanten Mehrwert für das Unternehmen generiert (vgl. Rieg 2015, S. 148). Die Aufgaben des Controllers verschieben sich von der Datensammlung und -aufbereitung zu einer fokussierten Analyse und Beratung von Projekten auf Augenhöhe des Managements. Als Instrumente stehen dabei BI-Systeme, das DW oder Szenarioanalysen in Form von Predictive Analytics zur Verfügung (vgl. Mödritscher und Wall 2017, S. 419). Die Transformation der Controllingaufgaben inklusive der Verschiebung der Aufgabenfokussierung und der dazu benötigten Instrumente werden in Abb. 6.3 verdeutlicht.

Unternehmen sind dazu verpflichtet, wirksame Sicherungsmaßnahmen zu implementieren (vgl. Hornung 2017, S. 75), um einen Missbrauch durch fehlende Datensicherheit innerhalb von Cloud Computing (vgl. König und Graf-Vlachy 2017, S. 54) und des DW zu verhindern (vgl. Scheer 2017, S. 48). Der Controller als DS ist in der Lage, bei dieser existenziellen Aufgabe in Zusammenarbeit mit der IT eine Schlüsselrolle einzunehmen und das Unternehmen effizient zu schützen. Auf der anderen Seite birgt BD das Risiko

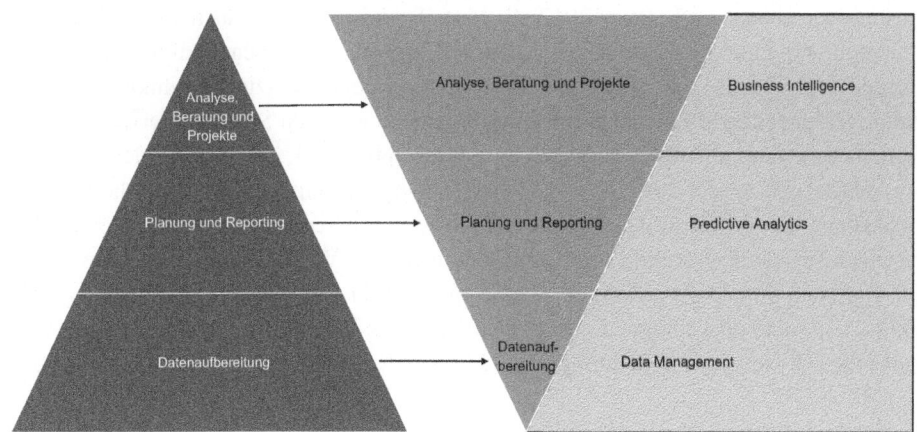

Abb. 6.3 Dualismus der Controllingaufgaben. (Quelle: In Anlehnung an Mödritscher und Wall 2017, S. 429)

für Unternehmen, die Vorgaben und Gesetze zum Datenschutz selbst nicht einzuhalten (vgl. Buschbacher et al. 2014, S. 99). Diese Compliancerisiken sind für Unternehmen neben dem Business-to-Business-Bereich insbesondere im Business-to-Customer-Bereich kritisch zu betrachten, da innerhalb der Bevölkerung das Misstrauen gegenüber einer vollständigen Überwachung bereits manifestiert ist.

Die Rolle des DS im Unternehmen kann und wird jedoch zukünftig nicht ausschließlich der Controller einnehmen. Vielmehr wird er intensiv mit seinen Kollegen in der IT zusammenarbeiten, um als Allianz die individuellen Stärken der jeweiligen Fachgebiete zu nutzen und kollektiv die Rolle des DS einzunehmen (vgl. Mödritscher und Wall 2017, S. 428). Entscheidend ist jedoch, dass der Controller seinen Status als betriebswirtschaftliches Gewissen der Unternehmung festigt und diesen mit den Kompetenzen des DS erweitert, um in der Schnittmenge von Management, Controlling und dem digitalen Umfeld zu agieren.

Voraussetzung für einen positiv verlaufenden Transformationsprozess im Controlling sind gleichermaßen angepasste Fähigkeiten im Anforderungsprofil des Controllers (vgl. Goretzki und Messner 2014, S. 12). Die Fähigkeiten lassen sich in Soft und Hard Skills differenzieren. Während Hard Skills die klassischen, berufstypischen Qualitätsanforderungen – wie beispielsweise analytische oder methodische Fähigkeiten – beinhalten, beschreiben Soft Skills die weichen, persönlichen und sozialen Kompetenzen des Controllers (vgl. Krings 2012, S. 4).

Zukünftige Controller werden auch weiterhin ihre grundlegenden Fähigkeiten zur Berufsausübung benötigen. Eine fundierte Kenntnis bezug nehmend auf die Kostenrechnung sowie ein grundlegendes betriebswirtschaftliches Wissen bezüglich der Analyse von Kennzahlen werden von Unternehmen ebenso vorausgesetzt wie die Durchführung von Soll-Ist-Vergleichen und die Präsentation entsprechender

Lösungsvorschläge (vgl. Preis 2012, S. 263). Schließlich wird auch im Zeitalter von Industrie 4.0 eine Performancemessung der unternehmerischen Aktivitäten benötigt werden (vgl. Thiele et al. 2016, S. 72). Aufgrund der vernetzten Produktion und der damit verbundenen Möglichkeit einer weitestgehend autarken Steuerung erfolgt die Performancemessung allerdings zukünftig mit der technischen Unterstützung der intelligenten Fabrik (vgl. Scheer 2017, S. 48). Diese fachlichen Kompetenzen bilden die Basis für zusätzliche Controllingaufgaben. Basierend auf den Auswertungen von aktuellen Stellenanzeigen für das Controlling lässt sich allerdings eine Veränderung in der Gewichtung der Hard und Soft Skills aufzeigen. Hard Skills verlieren demnach an Relevanz und Soft Skills, u. a. eine ausgeprägte Kommunikations- und Teamfähigkeit, gewinnen im Rahmen der DT weiter an Bedeutung (vgl. Michels-Kim 2014, S. 31; Wolter et al. 2015, S. 14).

Neben der veränderten Gewichtung von Hard und Soft Skills benötigt der Controller der Zukunft außerdem neue Kompetenzen, die in der Vergangenheit und in dieser Form weniger relevant waren. Zu dieser Kompetenzrevolution gehört vor dem Hintergrund einer Erhöhung der Datenquantität sowie der Geschwindigkeit deren Generierung eine Affinität für ERP-Systeme und Kenntnisse der digitalen Infrastruktur des Unternehmens (vgl. Bensberg und Buscher 2017, S. 12). Außerdem sollte der Controller die gängigsten Programmiersprachen auf Anwenderniveau kennen, um mit der IT im Kontext kommunizieren und agieren zu können. Diese neuen IT-Kompetenzen komplementieren mitsamt der evolutionären Entwicklung der vorhanden Hard und Soft Skills das Profil des zukünftigen Controllers und lassen diesen sich an die veränderten Rahmenbedingungen ausgehend von der DT anpassen (vgl. Wolter et al. 2015, S. 15).

Literatur

Al-Debi, M., & Avision, D. (2010). Developing a unified framework of the business model concept. *European Journal of Information Systems, 19*(3), 359–376.
Altmayer, E., & Stölze, W. (2016). Neue Impulse für das Controlling der Supply Chain. *Controlling & Management Review, 60*(2), 43–48.
Baden-Fuller, C., & Mangematin, V. (2013). Business models: A challenging agenda. *Strategic Organization, 11*(4), 418–427.
Bange, C. (2009). Business-Intelligence-Werkzeuge – Nutzen für den Controller. In P. Horváth (Hrsg.), *Erfolgreiche Steuerungs- und Reportingsysteme in verbundenen Unternehmen – Controlling als Chance der Rezession* (S. 157–178). Stuttgart: Schäffer-Poeschel.
Barth, T., & Barth, D. (2008). *Controlling* (2. Aufl.). München: Oldenbourg.
Becker, J., & Winkelmann, A. (2014). *Handelscontrolling – Optimale Informationsversorgung mit Kennzahlen* (3. Aufl.). Wiesbaden: Springer Gabler.
Becker, W., Baltzer, B., & Ulrich, P. (2014). *Wertschöpfungsorientiertes Controlling – Konzeption und Umsetzung.* Stuttgart: Kohlhammer.
Becker, W., Ulrich, P., & Botzkowski, T. (2017a). *Industrie 4.0 im Mittelstand – Best Practices und Implikationen für KMU.* Wiesbaden: Springer Gabler.
Becker, W., Ulrich, P., Botzkowski, T., & Eurich, S. (2017b). Controlling von Digitalisierungsprozessen – Veränderungstendenzen und empirische Erfahrungswerte aus dem Mittelstand.

In R. Obermaier (Hrsg.), *Industrie 4.0 als unternehmerische Gestaltungsaufgabe – Betriebswirtschaftliche, technische und rechtliche Herausforderungen* (2. Aufl., S. 97–118). Wiesbaden: Springer Gabler.

Bensberg, F., & Buscher, G. (2017). Controller gesucht! Kompetenzen und Berufsbilder. *Controlling & Management Review, 61*(8), 8–17.

Botthof, H.-J. (2016). Reporting: Dienstleistungen der besonderen Art. In A. Klein & J. Gräf (Hrsg.), *Reporting und business intelligence – Update* (S. 67–80). Freiburg: Haufe.

Brühl, V. (2015). *Wirtschaft des 21. Jahrhunderts – Herausforderungen in der Hightech-Ökonomie*. Wiesbaden: Springer Gabler.

Bürchel, S., & Anspruch und Wirklichkeit. (2014). *Anspruch und Wirklichkeit des Controllings – Eine Untersuchung jenseits des betriebswirtschaftlichen Paradigmas*. Wiesbaden: Springer.

Burns, J., Warren, L., & Oliveira, J. (2014). Business partnering: Is it all that good? *Controlling & Management Review, 58*(2), 36–41.

Buschbacher, F., Konrad, R., Mußmann, B., & Weber, M. (2014). Big Data-Projekte: Vorgehen, Erfolgsfaktoren und Risiken. In R. Gleich, K. Grönke, M. Kirchmann, & J. Leyk (Hrsg.), *Controlling und big data* (S. 83–108). Freiburg: Haufe.

Cole, T. (2017). *Digitale Transformation – Warum die deutsche Wirtschaft gerade die digitale Zukunft verschläft und was jetzt getan werden muss!* (2. Aufl.). München: Vahlen.

Deimel, K., Heupel, T., & Wiltinger, K. (2013). *Controlling*. München: Vahlen.

Demont, A., & Paulus-Rohmer, D. (2017). Big Data-Projekte: Vorgehen, Erfolgsfaktoren und Risiken. In D. Schallmo, J. Rusnjak, T. Anzengruber, & M. Jünger (Hrsg.), *Digitale Transformation von Geschäftsmodellen – Grundlagen, Instrumente und Best Practices* (S. 97–125). Wiesbaden: Springer Gabler.

Dumitrescu, R. (2016). Die Chancen für den Standort nutzen. In U. Sendler (Hrsg.), *Industrie 4.0 grenzenlos* (S. 201–216). Heidelberg: Springer Vieweg.

Ehm, H., & Mönch, L. (2017). Von der Digitalen Fabrik zur Digitalen Lieferkette in der Halbleiterindustrie: Bestandsaufnahme, Lösungsansätze und viele Herausforderungen. In R. Obermaier (Hrsg.), *Industrie 4.0 als unternehmerische Gestaltungsaufgabe – Betriebswirtschaftliche, technische und rechtliche Herausforderungen* (2. Aufl., S. 149–158). Wiesbaden: Springer Gabler.

Eigner, M. (2016). Das Industrial Internet. In U. Sendler (Hrsg.), *Industrie 4.0 grenzenlos* (S. 137–168). Heidelberg: Springer Vieweg.

Emrich, C. (2017). Multichannel-Controlling. In C. Zerres (Hrsg.), *Handbuch Marketing-Controlling – Grundlagen – Methoden – Umsetzung* (4. Aufl., S. 383–404). Wiesbaden: Springer Gabler.

Feindt, M., & Grüßing, D. (2014). Strategische Entscheidungen mit automatisierten Prognosen operativ umsetzen. In R. Gleich, K. Grönke, M. Kirchmann, & J. Leyk (Hrsg.), *Controlling und Big Data* (S. 177–190). Freiburg: Haufe.

Fischer, T. M., Möller, K., & Schultze, W. (2015). *Controlling – Grundlagen, Instrumente und Entwicklungsperspektiven* (2. Aufl.). Stuttgart: Schäffer-Poeschel.

Gadatsch, A. (2016). Die Möglichkeiten von Big Data voll ausschöpfen. *Controlling & Management Review, 60*(1), 62–66.

Gänßlen, S., Losbichler, H., Niedermayr, R., Rieder, L., Schäffer, U., & Weber, J. (2013). Die Kernelemente des Controllings – Das Verständnis von ICV und IGC. *Controlling & Management Review, 57*(3), 56–61.

Ganz, C. (2016). Das Internet der Dinge, Dienste und Menschen. In U. Sendler (Hrsg.), *Industrie 4.0 grenzenlos* (S. 187–200). Heidelberg: Springer Vieweg.

Gentsch, P., & Kulpa, A. (2016). Mit externen Big Data neue Möglichkeiten erschließen. *Controlling & Management Review, 60*(1), 32–38.

Gladen, W. (2014). *Performance Measurement – Controlling mit Kennzahlen* (6. Aufl.). Wiesbaden: Springer Gabler.

Gleich, R., Munck, J. C., & Schulze, M. (2016). Industrie 4.0: Revolution oder Evolution? Grundlagen und Auswirkungen auf das Controlling. In R. Gleich & A. Klein (Hrsg.), *Controlling und Industrie 4.0 – Konzepte, Instrumente und Praxisbeispiele für die erfolgreiche Digitalisierung* (S. 21–42). Freiburg: Haufe.

Goretzki, L., & Weber, J. (2012). Die Zukunft des Business Partners – Ergebnisse einer empirischen Studie zur Zukunft des Controllings. *Zeitschrift für Controlling & Management, 56*(1), 22–28.

Gräf, J., & Heinzelmann, M. (2011). Modernes Management Reporting: Inhalte, Gestaltungsempfehlungen und IT-Unterstützung. In A. Klein (Hrsg.), *Reporting und business intelligence* (S. 23–46). Freiburg: Haufe.

Grgurevic, K. (2017). Geschäftsmodellstrategien im globalen, digitalen Wettbewerb. In D. Schallmo, A. Rusnjak, J. Anzengruber, T. Werani, & M. Jünger (Hrsg.), *Digitale Transformation von Geschäftsmodellen – Grundlagen, Instrumente und Best Practices* (S. 127–157). Wiesbaden: Springer Gabler.

Grothe, M. (2014). Social Business, Controlling und die digitale Transformation. In A. Klein (Hrsg.), *Marketingcontrolling im Online-Zeitalter* (S. 21–40). Freiburg: Haufe.

Hohberger, S., & Damlachi, H. (2017). *Performancesteigerung im Unternehmen – Innovative Tools und Techniken*. Wiesbaden: Springer Gabler.

Hornung, G. (2017). Rechtliche Herausforderungen der Industrie 4.0. In R. Obermaier (Hrsg.), *Industrie 4.0 als unternehmerische Gestaltungsaufgabe – Betriebswirtschaftliche, technische und rechtliche Herausforderungen* (2. Aufl., S. 69–81). Wiesbaden: Springer Gabler.

Horváth, P. (2012). *Controlling* (12. Aufl.). München: Vahlen.

Horváth, P., & Aschenbrücker, A. (2014). Data Scientist: Konkurrenz oder Katalysator für den Controller? In R. Gleich, K. Grönke, M. Kirchmann, & J. Leyk (Hrsg.), *Controlling und big data* (S. 47–62). Freiburg: Haufe.

Hünerberg, R. (2017). Vertriebscontrolling. In C. Zerres (Hrsg.), *Handbuch Marketing-Controlling – Grundlagen – Methoden – Umsetzung* (4. Aufl., S. 333–356). Wiesbaden: Springer Gabler.

Iffert, L. (2016). Predictive Analytics richtig einsetzen. *Controlling & Management Review, 1*, 16–23.

Jahn, M. (2017). *Industrie 4.0 konkret – Ein Wegweiser in die Praxis*. Wiesbaden: Springer Gabler.

Jodlbauer, H., & Straßer, S. (2016). Geschäftsmodellinnovationen basierend auf Industrie 4.0 sichern den zukünftigen Erfolg der Unternehmen. In R. Gleich & A. Klein (Hrsg.), *Controlling und Industrie 4.0 – Konzepte, Instrumente und Praxisbeispiele für die erfolgreiche Digitalisierung* (S. 109–122). Freiburg: Haufe.

Kersten, W., Schröder, M., & Indorf, M. (2017). Potenziale der Digitalisierung für das Supply Chain Risikomanagement: Eine empirische Analyse. In M. Seiter, L. Grünert, & S. Berlin (Hrsg.), *Betriebswirtschaftliche Aspekte von Industrie 4.0* (S. 47–74). Wiesbaden: Springer Gabler.

Kieninger, M. (2012). Die Unsicherheit beherrschen – Steuerungskonzepte für die volatile Ökonomie. In P. Horváth & U. Michel (Hrsg.), *Controlling und Finance – Steuerung im volatilen Umfeld* (S. 3–20). Stuttgart: Schäffer-Poeschel.

Kim, W. C., & Mauborgne, R. (2005). *Blue ocean strategy – How to create uncontested market space and make the competition irrelevant*. Boston: Harvard Business School Press.

Knauer, D. (2015). *Act Big – Neue Ansätze für das Informationsmanagement – Informationsstrategie im Zeitalter von Big Data und digitaler Transformation*. Wiesbaden: Springer Gabler.

Kollmann, T., & Schmidt, H. (2016). *Deutschland 4.0 – Wie die Digitale Transformation gelingt*. Wiesbaden: Springer.

König, A., & Graf-Vlachy, L. (2017). Industrie 4.0: Strategische Innovation durch Strategische Sensitivität. In R. Obermaier & U. Michel (Hrsg.), *Industrie 4.0 als unternehmerische Gestaltungsaufgabe – Betriebswirtschaftliche, technische und rechtliche Herausforderungen* (2. Aufl., S. 53–67). Wiesbaden: Springer Gabler.

Kremer, P. (2008). *Konzerncontrolling – Ein unternehmenswertorientierter und beteiligungsspezifischer Ansatz.* Berlin: Erich Schmidt.

Kreutzer, R. T. (2017). Treiber und Hintergründe der digitalen Transformation. In D. Schallmo, A. Rusnjak, J. Anzengruber, T. Werani, & M. Jünger (Hrsg.), *Digitale Transformation von Geschäftsmodellen – Grundlagen, Instrumente und Best Practices* (S. 33–58). Wiesbaden: Springer Gabler.

Kreutzer, R. T., Neugebauer, T., & Pattloch, A. (2017). *Digital business leadership – Digitale Transformation – Geschäftsmodell-Innovation – Agile Organisation – Change Management.* Wiesbaden: Springer Gabler.

Krings, U. (2012). Optimierungsmöglichkeiten der Dienstleistungsfunktion des Controllings. In U. Krings (Hrsg.), *Controlling als Inhouse-Consulting* (S. 1–10). Wiesbaden: Springer Gabler.

Losbichler, h. (2016). Controlling 4.0: Muster des Wandels. In R. Gleich & A. Klein (Hrsg.), *Controlling und Industrie 4.0 – Konzepte, Instrumente und Praxisbeispiele für die erfolgreiche Digitalisierung* (S. 43–60). Freiburg: Haufe.

Losbichler, H., & Schäffer, U. (2013). Die Kernelemente des Controllings – Das Verständnis von ICV und IGC. *Controlling & Management Review, 57*(3), 56–61.

Louis, P. (2009). *Manufacturing execution systems – Grundlagen und Auswahl.* Wiesbaden: Gabler.

Mann, A. (2017). Direktmarketing-Controlling. In C. Zerres (Hrsg.), *Handbuch Marketing-Controlling – Grundlagen – Methoden – Umsetzung* (4. Aufl., S. 207–237). Wiesbaden: Springer Gabler.

Mazak, A., Wimmer, M., Heumer, C., Kappel, G., & Kastner, W. (2017). Rahmenwerk zur modellbasierten horizontalen und vertikalen Integration von Standards für Industrie 4.0. In B. Vogel-Heuser, T. Bauernhansl, & M. ten Hompell (Hrsg.), *Handbuch Industrie 4.0 Bd.2 – Automatisierung* (2. Aufl., S. 1–22). Wiesbaden: Springer.

Mehanna, W. (2014). Big Data: Chancen und Herausforderungen für die Unternehmenssteuerung. In A. Klein & J. Gräf (Hrsg.), *Reporting und business intelligence – Update* (S. 201–208). Freiburg: Haufe.

Merz, S. L. (2016). Industrie 4.0-Strategie: So geht man bei der Einführung vor. In A. Roth (Hrsg.), *Einführung und Umsetzung von Industrie 4.0 – Grundlagen, Vorgehensmodell und Use Cases aus der Praxis* (S. 83–110). Wiesbaden: Springer Gabler.

Michels, J. S. (2016). Industrial Connectivity und Industrial Analytics, Kernbausteine der Fabrik der Zukunft. In U. Sendler (Hrsg.), *Industrie 4.0 grenzenlos* (S. 245–270). Heidelberg: Springer Vieweg.

Michels-Kim, N. (2014). Was bedeutet Business Partnering im Controlling? *Controlling & Management Review, 58*(2), 28–34.

Mödritscher, G., & Wall, F. (2017). Controlling als interner Dienstleister 4.0. In M. Bruhn & K. Hadwich (Hrsg.), *Dienstleistungen 4.0 – Konzepte – Methoden – Instrumente* (S. 411–433). Wiesbaden: Springer Gabler.

Möhring, M., Schmidt, R., Härting, R.-C., & Heitmann, J. (2014). Neue Potenziale im Controlling durch die Verarbeitung von unstrukturierten Daten in Marketing und Vertrieb. In A. Klein (Hrsg.), *Marketingcontrolling im Online-Zeitalter* (S. 229–246). Freiburg: Haufe.

Müller-Seitz, G., Beham, F., & Thielen, T. (2016). Die digitale Transformation der Wertschöpfung. *Controlling & Management Review, 60*(6), 24–31.

Obermaier, R. (2017). Industrie 4.0 als unternehmerische Gestaltungsaufgabe: Strategische und operative Handlungsfelder für Industriebetriebe. In R. Obermaier (Hrsg.), *Industrie 4.0 als unternehmerische Gestaltungsaufgabe – Betriebswirtschaftliche, technische und rechtliche Herausforderungen* (2. Aufl., S. 3–34). Wiesbaden: Springer Gabler.

Obermaier, R., & Grottke, M. (2017). Controlling in einer „Industrie 4.0" – Neue Möglichkeiten und neue Grenzen für die Steuerung von Unternehmen. In M. Seiter, L. Grünert, & S. Berlin (Hrsg.), *Betriebswirtschaftliche Aspekte von Industrie 4.0* (2. Aufl., S. 111–148). Wiesbaden: Springer Gabler.

Preis, A. (2012). *Controller-Anforderungsprofile – Eine empirische Untersuchung.* Wiesbaden: Gabler.

Preißler, P. R. (2007). *Controlling – Lehrbuch und Intensivkurs* (13. Aufl.). München: Oldenbourg.

Reichmann, T., Kißler, M., & Baumöl, U. (2017). *Controlling mit Kennzahlen – Die system-gestützte Controlling-Konzeption* (9. Aufl.). München: Vahlen.

Reischauer, G., & Schober, L. (2017). Industrie 4.0 durch strategische Organisationsgestaltung managen. In R. Obermaier (Hrsg.), *Industrie 4.0 als unternehmerische Gestaltungsaufgabe – Betriebswirtschaftliche, technische und rechtliche Herausforderungen* (2. Aufl., S. 271–289). Wiesbaden: Springer Gabler.

Rieg, R. (2015). *Planung und Budgetierung – Was wirklich funktioniert* (2. Aufl.). Wiesbaden: Springer Gabler.

Roth, A. (2016). Industrie 4.0 – Hype oder Revolution? In A. Roth (Hrsg.), *Einführung und Umsetzung von Industrie 4.0 – Grundlagen, Vorgehensmodell und Use Cases aus der Praxis* (S. 1–15). Wiesbaden: Springer Gabler.

Rufo, M., & Zerres, C. (2017). Strategische Analysetechniken. In C. Zerres (Hrsg.), *Handbuch Marketing-Controlling – Grundlagen – Methoden – Umsetzung* (4. Aufl., S. 69–90). Heidelberg: Springer.

Sauter, R., Bode, M., & Kittelberger, D. (2016). Digital Transformation in Manufacturing Industries: Wie Industrie 4.0 das Controlling verändert. In R. Gleich & A. Klein (Hrsg.), *Controlling und Industrie 4.0 – Konzepte, Instrumente und Praxisbeispiele für die erfolgreiche Digitalisierung* (S. 141–156). Freiburg: Haufe.

Schäffer, U., & Weber, J. (2016). Die Digitalisierung wird das Controlling radikal verändern. *Controlling & Management Review, 60*(6), 8–17.

Schallmo, D., & Rusnjak, A. (2017). Roadmap zur Digitalen Transformation von Geschäfts-modellen. In D. Schallmo, A. Rusnjak, J. Anzengruber, T. Werani, & M. Jünger (Hrsg.), *Digitale Transformation von Geschäftsmodellen – Grundlagen, Instrumente und Best Practices* (S. 1–31). Wiesbaden: Springer Gabler.

Scheer, A.-W. (2017). Industrie 4.0: Von der Vision zur Implementierten. In R. Obermaier (Hrsg.), *Industrie 4.0 als unternehmerische Gestaltungsaufgabe – Betriebswirtschaftliche, technische und rechtliche Herausforderungen* (2. Aufl., S. 35–52). Wiesbaden: Springer Gabler.

Schönbohm, A., & Egle, U. (2017). Controlling der digitalen Transformation. In D. Schallmo, A. Rusnjak, J. Anzengruber, T. Werani, & M. Jünger (Hrsg.), *Digitale Transformation von Geschäftsmodellen – Grundlagen, Instrumente und Best Practices* (S. 213–236). Wiesbaden: Springer Gabler.

Schulte, A., & Bülchmann, O. (2016). Wie Big Data die Rolle des Controllers verändert. *Controlling & Management Review, 1,* 54–60.

Schwalb, S. (2016). Der Controller als empathischer Kommunikator: Harte Fakten weich kommunizieren. In U. Krings (Hrsg.), *Erfolgsfaktor Controlling – Controlling als Inhouse-Consulting* (2. Aufl., S. 11–22). Wiesbaden: Springer Gabler.

Sendler, U. (2016). Wichtige Technologien. In U. Sendler (Hrsg.), *Industrie 4.0 grenzenlos* (S. 41–52). Heidelberg: Springer Vieweg.

Seufert, A. (2013). *Competing on analytics – Potentiale und Herausforderungen für den Wertbeitrag von Business Intelligence und Big Data.* Ludwigshafen: Institut für Business Intelligence.

Seufert, A. (2014). Das Controlling als Business Partner: Business Intelligence & Big Data als zentrales Aufgabenfeld. In R. Gleich, K. Grönke, M. Kirchmann, & J. Leyk (Hrsg.), *Controlling und Big Data* (S. 23–46). Freiburg: Haufe.

Seufert, A., & Oehler, K. (2016). Controlling und Big Data: Anforderungen an die Methodenkompetenz. *Controlling & Management Review, 1,* 74–81.

Siepmann, D. (2016). Industrie 4.0 – Grundlagen und Gesamtzusammenhang. In R. Roth (Hrsg.), *Einführung und Umsetzung von Industrie 4.0 – Grundlagen, Vorgehensmodell und Use Cases aus der Praxis* (S. 17–82). Wiesbaden: Springer Gabler.

Steinmann, T.-B. (2016). Project Performance Management: Rivalität zwischen Tages- und Projektgeschäft. In H. Künzel (Hrsg.), *Erfolgsfaktor Performance Management – Leistungsbereitschaft einer aufgeklärten Generation* (S. 35–50). Wiesbaden: Springer Gabler.

Teixeira, J., Patricio, L., Nunes, N., Nobrega, L., Fisk, R., & Constantine, L. (2012). Customer experience modeling – From customer experience to service design. *Journal of Service Management, 23*(3), 362–377.

Thiele, P., Munck, J. C., & Riechmann, D. (2016). Controller-Kompetenzen im Zeitalter von Industrie 4.0 gezielt weiterentwickeln. In R. Gleich & A. Klein (Hrsg.), *Controlling und Industrie 4.0 – Konzepte, Instrumente und Praxisbeispiele für die erfolgreiche Digitalisierung* (S. 61–84). Freiburg: Haufe.

Tschandl, M., & Mallaschitz, C. (2016). Industrie 4.0: Controlling als Treiber einer strategischen Neuausrichtung. In R. Gleich & A. Klein (Hrsg.), *Controlling und Industrie 4.0 – Konzepte, Instrumente und Praxisbeispiele für die erfolgreiche Digitalisierung* (S. 85–108). Freiburg: Haufe.

Ullrich, A., Vladova, G., Gronau, N., & Jungbauer, N. (2017). Akzeptanzanalyse in der Industrie 4.0-Fabrik. In R. Obermaier & A. Klein (Hrsg.), *Industrie 4.0 als unternehmerische Gestaltungsaufgabe – Betriebswirtschaftliche, technische und rechtliche Herausforderungen* (2. Aufl., S. 291–307). Wiesbaden: Springer Gabler.

Weber, J., & Schäffer, U. (2000). Controlling als Koordinationsfunktion – Zehn Jahre nach Küpper/Weber/Zünd. *Kostenrechnerpraxis, 44*(2), 109–118.

Weber, J., & Schäffer, U. (2011). *Einführung in das Controlling* (13. Aufl.). Stuttgart: Schäffer-Poeschel.

Weichel, P., & Herrmann, J. (2016). Wie Controller von Big Data profitieren können. *Controlling & Management Review, 1,* 8–14.

Werani, T., Schauberger, A., & Martinek-Kuchinka, P. (2017). Wertdisziplinen und digitale Transformation von Geschäftsmodellen. In D. Schallmo, A. Rusnjak, J. Anzengruber, T. Werani, & M. Jünger (Hrsg.), *Digitale Transformation von Geschäftsmodellen – Grundlagen, Instrumente und Best Practices* (S. 237–263). Wiesbaden: Springer Gabler.

Werner, F. (2016). *Wertorientiertes Controlling von Service-orientierten Informationssystemen – Erfolgsfaktoren flexibler IT-Applikationen.* Wiesbaden: Springer Gabler.

Wiegand, B. (2015). Der Controller als Lean Manager. In U. Krings (Hrsg.), *Erfolgsfaktor Controlling – Controlling als Inhouse-Consulting* (2. Aufl., S. 132–147). Wiesbaden: Springer Gabler.

Wildner, S., Koch, O., & Weber, U. (2017). Stand und Entwicklungspfade der Digitalen Transformation in Deutschland. In R. Obermaier (Hrsg.), *Industrie 4.0 als unternehmerische Gestaltungsaufgabe – Betriebswirtschaftliche, technische und rechtliche Herausforderungen* (2. Aufl., S. 85–96). Wiesbaden: Springer Gabler.

Wolter, Marc Ingo et al. (2015). Industrie 4.0 und die Folgen für Arbeitsmarkt und Wirtschaft: Szenario-Rechnungen im Rahmen der BIBB-IAB-Qualifikations- und Berufsfeldprojektionen. *IAB-Forschungsbericht, 8,* 1–69.

Zollenkop, M., & Lässig, R. (2017). Digitalisierung im Industriegütergeschäft. In D. Schallmo, A. Rusnjak, J. Anzengruber, T. Werani, & M. Jünger (Hrsg.), *Digitale Transformation von Geschäftsmodellen – Grundlagen, Instrumente und Best Practices* (S. 59–95). Wiesbaden: Springer Gabler.

Prof. Dr. Thomas Heupel ist seit 2007 hauptberuflicher Dozent für Betriebswirtschaftslehre, insbesondere Rechnungswesen und Controlling, und seit 2009 Prorektor für Forschung an der FOM Hochschule. Schwerpunkte seiner Arbeit liegen in den Bereichen Erfolgs- und Kostencontrolling, Automotive Industry Management, demografischer Wandel, ökologische Ökonomie sowie dem Management von KMU.

Marcus Reinhardt (B.A.) schloss sein Studium zum Bachelor of Arts im Studiengang Business Administration am Hochschulzentrum Siegen der FOM Hochschule erfolgreich ab. Seine Bachelorarbeit verfasste er zum Thema „Das Controlling-Bild der Zukunft: Welche Chancen und Risiken ergeben sich im Spannungsverhältnis zwischen IT und Controlling für den Controller der Zukunft?" Seit 2018 studiert Marcus Reinhardt Finance & Accounting an der FOM. Als Facheinkäufer ist er bei der Krombacher Brauerei Bernhard Schadeberg GmbH & Co. KG tätig.

Einfluss aktueller IT-Trends auf das interne Berichtswesen

Peter Kajüter, Kai Schaumann und Henrik Schirmacher

Inhaltsverzeichnis

Zusammenfassung

Das interne Berichtswesen ist eine klassische Domäne des Controllings. Sie befindet sich jedoch durch aktuelle IT-Trends in einem tief greifenden Wandel, mit dem Chancen und Herausforderungen einhergehen. Dieser Beitrag gibt einen Einblick in bedeutsame

P. Kajüter · K. Schaumann (✉) · H. Schirmacher
Lehrstuhl für Internationale Unternehmensrechnung, WWU Münster, Münster, Deutschland
E-Mail: kai.schaumann@wiwi.uni-muenster.de

P. Kajüter
E-Mail: peter.kajueter@wiwi.uni-muenster.de

H. Schirmacher
E-Mail: henrik.schirmacher@wiwi.uni-muenster.de

© Springer Fachmedien Wiesbaden GmbH, ein Teil von Springer Nature 2019
T. Kümpel et al. (Hrsg.), *Controlling & Innovation 2019*, FOM-Edition,
https://doi.org/10.1007/978-3-658-23474-4_7

Entwicklungen, die den internen Berichterstattungsprozess verändern. Erstens beeinflusst Big Data die Datenbeschaffung. Hier stehen Controller vor der Herausforderung, relevante Daten zu sammeln, miteinander zu verknüpfen und ihre Qualität zu sichern. Zweitens bietet Business Analytics neue Wege der Datenverarbeitung. Controller können hier zukunftsorientierte Fragestellungen mit statistischen Methoden und Modellen analysieren. Drittens ermöglichen Self-Service-Applikationen eine bedarfsgerechte, interaktive Informationsdarstellung. Controller können dadurch visuell aufbereitete und individuell angepasste Informationen zeit- und ortsunabhängig zum Abruf bereitstellen.

7.1 Einleitung

„We have now reached our cruising altitude", verkündet die Stimme aus dem Lautsprecher. Die Anschnallzeichen erlöschen und sofort schaltet Thomas Meyer, Vorstand eines großen Textilhandelsunternehmens, sein Tablet an. Er ist auf dem Weg nach Johannesburg, um mit dem dortigen Landeschef über den Ausbau des lokalen Vertriebsnetzes zu sprechen. Da durch den dringenden Umbau des europäischen Online-Stores vor dem Abflug keine Zeit blieb, um sich mit dem für Südafrika zuständigen Beteiligungscontroller über die dortige Umsatzentwicklung auszutauschen, ruft Herr Meyer die Informationen vom Flugzeug aus ab. Erschrocken stellt er fest, dass der landesweite Umsatz in den vergangenen zwei Quartalen eingebrochen ist. Die gestrige Nachrichtensendung im Hinterkopf lässt sich Herr Meyer die relevanten volkswirtschaftlichen Informationen von Südafrika auf seinem Dashboard anzeigen. Das in den letzten zwei Quartalen um 0,3 bzw. 0,7 % geschrumpfte Bruttoinlandsprodukt (BIP) lässt befürchten, dass Südafrika in eine Rezession abgleitet. Über eine Drill-down-Funktion teilt Herr Meyer das BIP nach einzelnen Sektoren auf und bemerkt einen Einbruch um 5,9 % im relevanten Handelssektor. Aufgeschreckt von diesen Zahlen legt er einen neuen Schwerpunkt für das kommende Treffen mit dem südafrikanischen Landeschef fest. Zudem bittet er den zuständigen Beteiligungscontroller, die neuesten makroökonomischen Daten in seine Umsatzprognose für die kommenden fünf Jahre einfließen zu lassen und kurzfristig weitere Informationen zur wirtschaftlichen Lage in Südafrika darzustellen.

Erschöpft von diesen wenig erfreulichen Nachrichten lässt sich Herr Meyer in seinen Business-Class-Sessel fallen und betrachtet nachdenklich die vorbeiziehenden Wolken. Kurz vor dem Landeanflug liegt die aktualisierte Umsatzprognose der südafrikanischen Gesellschaft in der Unternehmenscloud vor. Auf Basis vergangener Daten der Gesellschaft und makroökonomischer Prognosen hat der Leiter des Beteiligungscontrollings drei verschiedene Szenarien entwickelt, von denen zwei einen möglichen Rücktritt des aktuellen Präsidenten Jacob Zuma berücksichtigen.

Während Herr Meyer noch schnell seinen Landeschef über den neuen Schwerpunkt des kommenden Treffens informiert, verkündet die Stimme aus dem Lautsprecher bereits: „As we start our descent, please switch off all electronic devices".

Dieses fiktive Beispiel (in Anlehnung an Tretbar et al. 2013, S. 13) zeigt das Potenzial einer modernen IT-Unterstützung für das interne Berichtswesen. Aktuelle IT-Trends bieten hier die Chance, häufig kritisierte Schwachpunkte bei der Informationsversorgung des Managements zu beheben. Denn in vielen Unternehmen lastet dem internen Berichtswesen, welches eine klassische Domäne des Controllings ist, nach wie vor das „Stigma eines notwendigen Übels" (Taschner 2013, S. V.) an. Controller klagen über den hohen Arbeitsaufwand, Zahlen zusammenzutragen, aufeinander abzustimmen und für die Berichtsempfänger aufzubereiten. Diese wiederum bemängeln oftmals, dass die aus ihrer Sicht notwendigen Informationen in den Berichten fehlen. Dies gilt z. B. für zukunftsorientierte Analysen. Zudem kritisieren Berichtsempfänger häufig das starre Informationsangebot. Viele Standardberichte werden von den Adressaten nur ungern oder gar nicht gelesen und dementsprechend auch nicht für Entscheidungen herangezogen. Die erstellten Berichte verkommen so zu „Zahlenfriedhöfen".

Vor diesem Hintergrund verfolgt dieser Beitrag zum einen das Ziel, die Chancen aktueller IT-Trends für das internen Berichtswesen zu beleuchten. Zum anderen geht er auch darauf ein, was Controller in der Praxis bei der Gestaltung und Weiterentwicklung des internen Berichtswesens bezüglich der IT-Trends beachten müssen.

Grundsätzlich lässt sich der interne Berichterstattungsprozess in drei Schritte gliedern: die Datenbeschaffung, die Datenverarbeitung und die Informationsdarstellung.[1] Aktuelle IT-Trends wirken auf alle drei Schritte ein (vgl. Abb. 7.1). Große Datenmengen aus unternehmensinternen und -externen Quellen *(Big Data)* beeinflussen zunächst die *Datenbeschaffung,* die dem Controlling obliegt. Hier steht das Controlling vor der Herausforderung, relevante Daten zu sammeln, miteinander zu verknüpfen und ihre Qualität zu sichern. Fortgeschrittene Analysemethoden *(Business Analytics)* bieten

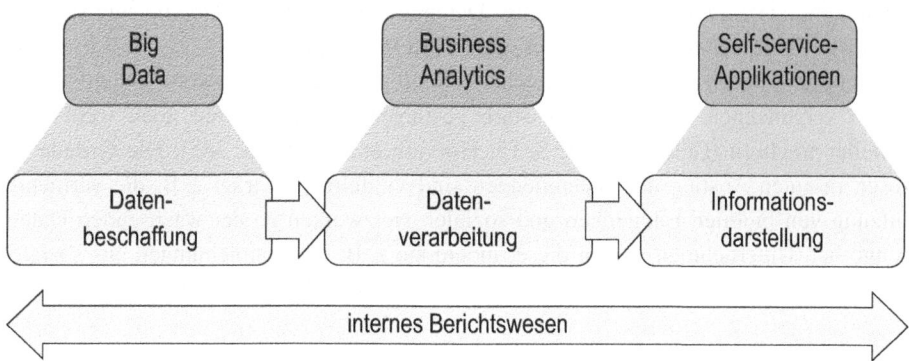

Abb. 7.1 IT-Trends mit Einfluss auf das interne Berichtswesen

---

[1]Der traditionell zur internen Berichterstattung zählende Schritt der Informationsübermittlung wird im Folgenden nicht näher betrachtet, da diese mit den neuen Technologien heute meist automatisiert erfolgt. Im Mittelpunkt steht stattdessen die Informationsdarstellung.

neue Wege der *Datenverarbeitung.* Controller können hier zukunftsorientierte Frage-stellungen mit statistischen Methoden und Modellen analysieren und so dem Vorwurf der Vergangenheitsorientierung des Berichtswesens begegnen. Darüber hinaus ermöglichen *Self-Service-Applikationen* eine bedarfsgerechte, interaktive *Informationsdarstellung* für Manager, denen Controller visuell aufbereitete und individuell angepasste Informationen zeit- und ortsunabhängig zum Abruf bereitstellen können.[2]

Der Beitrag ist anhand der drei Schritte des Berichterstattungsprozesses gegliedert und thematisiert zunächst den Einfluss von Big Data auf die Datenbeschaffung (Abschn. 7.2). Im Anschluss daran werden die Auswirkungen von Business Analytics auf die Datenverarbeitung analysiert (Abschn. 7.3), bevor Änderungen in der Informations-darstellung durch Self-Service-Applikationen thematisiert werden (Abschn. 7.4). Abschließend werden die wesentlichen Aussagen kurz zusammengefasst (Abschn. 7.5).

7.2   Datenbeschaffung im internen Berichtswesen

7.2.1   Grundlagen zu Big Data

Wann immer von Digitalisierung gesprochen oder geschrieben wird, fällt auch der Begriff „Big Data". Allerdings existiert für dieses schillernde (und zuweilen inflatio-när verwendete) Schlagwort noch kein einheitliches Begriffsverständnis (Gadatsch 2016, S. 63). Häufig wird Big Data anhand seiner zentralen Merkmale umschrieben (ICV 2014, S. 3). Hierzu gehören die *„drei Vs":* Volume, Variety und Velocity, die auf das Beratungs- und Analyseunternehmen *Gartner* zurückgehen (Gadatsch 2016, S. 63). Demnach zeichnet sich Big Data durch ein hohes Datenvolumen *(Volume),* eine enorme Datenvielfalt *(Variety)* sowie eine hohe Datengeschwindigkeit *(Velocity)* aus (Gartner Inc. 2011; für eine ähnliche Definition vgl. BITKOM 2012, S. 19).

Ermöglicht durch verbesserte Speichertechnologien ist das weltweite Datenvolumen in den vergangenen Jahren bereits stark gestiegen und wird wohl noch weiter und schneller wachsen (Geldner 2013, S. 15; Horváth et al. 2015, S. 345). Die Gründe für diesen rasanten Anstieg der Datenmengen sind vielfältig. So trägt z. B. die vermehrte Nutzung von mobilen Endgeräten und sozialen Netzwerken zu der wachsenden Daten-menge bei. Unternehmen nutzen diese, indem sie z. B. Kundenmeinungen aus sozialen Netzwerken für eine Verbesserung ihrer Produkte oder Dienstleistungen heranziehen.

---

[2]Es wird hier zwischen Daten und Informationen differenziert. Informationen zeichnen sich dadurch aus, dass sie „das Wissen des handelnden Akteurs [in diesem Fall des Managers] ver-ändern und damit seine internen Modelle beeinflussen" (Steiners 2005, S. 23). Informationen unterscheiden sich von Daten dadurch, dass Managern ihnen eine Bedeutung zumessen. Dies ist erst dann der Fall, wenn das Controlling die Daten durch den Schritt der Datenverarbeitung in rele-vante Informationen umwandelt.

Darüber hinaus sorgen beispielsweise vernetzte und mit Sensoren ausgestattete Maschinen für einen Anstieg des Datenbergs. Unternehmen können so auch Maschinendaten etwa bei der Produktionssteuerung nutzen. Diese Daten liegen sehr schnell, oft sogar in Echtzeit, vor, was ein weiteres Merkmal von Big Data darstellt. Neben dem hohen Datenvolumen und der schnellen Datenverfügbarkeit zeigen diese Beispiele aber auch die hohe Datenvielfalt, die mit Big Data einhergeht. So stehen nicht mehr nur strukturierte Daten aus ERP-Systemen (Umsatz, Produktdaten usw.), sondern vor allem auch unstrukturierte Daten wie freie Texte, Bilder oder Videos zur Verfügung. Da das Controlling traditionell vor allem strukturierte Daten analysiert, aufarbeitet und berichtet, gilt es nun, auch unstrukturierte Daten wie Kundenmeinungen oder Maschinendaten für die Entscheidungsfindung nutzbar zu machen (Gadatsch 2016, S. 63).

Nach Auffassung des Internationalen Controller Verein (ICV) sind die drei genannten „Vs" jedoch nicht hinreichend, um Big Data umfassend zu charakterisieren. Er hat daher mit Veracity und Value weitere Kriterien definiert, die erfüllt sein müssen, damit die Daten für das Controlling relevant sind.[3] Veracity *(Qualität)* bedeutet, dass Controller und Manager den Daten vertrauen müssen, da diese sonst nicht zur Entscheidungsfindung herangezogen werden. Darüber hinaus müssen die Daten einen Mehrwert *(Value)* für das Unternehmen liefern.

Die vorstehend aufgezeigten Merkmale von Big Data implizieren für das Controlling Veränderungen in der *Datenbeschaffung*. Dies wird im Folgenden anhand der Merkmale Datenvielfalt und Datenqualität näher aufgezeigt.

7.2.2 Auswirkungen auf die Datenbeschaffung

Durch die mit Big Data einhergehende *Datenvielfalt* („Variety") besteht für das Controlling die Herausforderung, neue Datentypen (vor allem unstrukturierte Daten) zu sammeln. Dabei kann das Controlling nicht wie bei klassischen, strukturierten Daten auf ERP-Systeme und Excel-Sheets zurückgreifen, sondern muss Daten computergestützt z. B. aus Online-Quellen sammeln (Gentsch und Kulpa 2016, S. 34). Darüber hinaus gilt es, die verschiedenen internen (z. B. ERP-Systeme) und externen Datenquellen (z. B. soziale Netzwerke) zu integrieren (Weichel und Herrmann 2016, S. 9).

Im eingangs erwähnten Praxisbeispiel fordert Herr Meyer das Beteiligungscontrolling auf, eine mittelfristige Umsatzprognose für den südafrikanischen Markt zu erstellen. Neben internen Daten (z. B. Absatzzahlen der vergangenen Jahre) könnte das Beteiligungscontrolling externe Daten heranziehen. Dies könnten z. B. makroökonomische Daten wie die Kaufkraft des Landes sein. Für eine kurzfristigere Prognose

---

[3]Darüber hinaus beschreibt der ICV, dass die Daten vom Controlling durch Business Analytics nutzbar gemacht werden müssen (ICV 2014, S. 3). Auf die Datenverarbeitung wird in Abschn. 7.3 eingegangen.

könnten auch Kommentare aus sozialen Netzwerken (etwa auf die Veröffentlichung einer neuen Kollektion) einbezogen werden. Voraussetzung dafür ist, dass das Controlling diese Daten in die vorhandene Datenbasis integriert.

In der Realität schöpfen allerdings bisher nur wenige Unternehmen das Potenzial interner und externer Datenquellen aus. So beziehen laut einer Studie von Gronau et al. (2016, S. 476 f.) zwar viele Unternehmen externe Datenquellen ein, kombinieren diese allerdings nur selten mit internen Daten. Oftmals mangelt es der Controllingabteilung dabei an dem technischen Know-how, externe Daten zu sammeln und mit internen Daten zu verknüpfen. Das Controlling sollte daher mit anderen Abteilungen, vor allem mit der IT, zusammenarbeiten (Tretbar et al. 2013, S. 18). Dies birgt allerdings Konfliktpotenzial um die Hoheit über die Daten im Unternehmen. Eine besondere Rolle kommt daher dem Chief Financial Officer und dem Chief Information Officer zu. Diese müssen dafür Sorge tragen, dass Controlling- und IT-Abteilung sich nicht als Konkurrenten betrachten, sondern bei Datensammlung, -pflege und -analyse zusammenarbeiten (Weber et al. 2015, S. 5 f.).

Neben der Datenvielfalt ist die *Datenqualität* („Veracity") von hoher Bedeutung. Fehler in der Datenbasis können zu Fehlinterpretationen der aus den Daten generierten Informationen und damit letztendlich auch zu Fehlentscheidungen des Managements führen. Dies ist vor dem Hintergrund der zunehmend wichtiger werdenden Echtzeitverarbeitung und -analyse von Daten besonders problematisch. Wenn die Daten in Echtzeit analysiert und daraus automatisierte Entscheidungen abgeleitet werden, bestehen kaum Möglichkeiten, Fehler in der Datenbasis im Nachhinein zu entdecken und zu beheben. Fehlerhafte Daten führen dann fast unweigerlich zu Fehlinterpretationen oder zu Fehlentscheidungen, die negative Auswirkungen für das Unternehmen haben.

Die Studie von Gronau et al. (2016, S. 477) signalisiert, dass die Mehrheit der befragten Unternehmen die ihrem internen Berichtswesen zugrunde liegende Datenqualität lediglich als befriedigend einstuft. Insofern ergibt sich für das Controlling Handlungsbedarf, die Qualität der Daten zu verbessern (Kink 2009, S. 9). In diesem Zusammenhang zeigen Trumpetter und Meinken (2016, S. 567–576) anhand des Beispiels der Stadtwerke München, wie Unternehmen das Schadenspotenzial von fehlerhaften Daten bestimmen können. Eine solche Analyse kann dazu beitragen, Kosten und Nutzen von Maßnahmen zur Verbesserung der Datenqualität abzuwägen.

Bei der Qualität von Daten ist zwischen der Designqualität und der Konformitätsqualität zu unterscheiden (Heinrich und Klier 2009, S. 35 f.). Die *Designqualität* adressiert, inwieweit die für eine Entscheidung benötigten Daten tatsächlich vorhanden sind. Durch Big Data steht dem Controlling eine deutlich umfangreichere Datenbasis zur Verfügung. Werden diese Daten in Informationen umgewandelt, vergrößert sich die Schnittmenge zwischen den benötigten und vorhandenen Informationen. Big Data kann so dazu beitragen, dass Entscheider auch die Informationen bekommen, die sie benötigen. Welche Informationen in welcher Spezifikation (Inhalt, Häufigkeit, Form und Medium) benötigt werden, kann durch eine Bedarfsanalyse geklärt werden (Klier und Heinrich 2016, S. 489). Allerdings fragen Manager oftmals mehr oder andere als die benötigten Informationen an. Das Controlling muss bei der Bedarfsanalyse daher beachten, dass die (subjektive) Informationsnachfrage der Manager und der tatsächliche (objektive) Informationsbedarf oft nicht übereinstimmen. Darüber hinaus muss das Controlling schon bei der Planung der Datenbeschaffung überlegen, welche Daten im Schritt der Datenverarbeitung durch Business Analytics überhaupt weiterverarbeitet werden können.

Die *Konformitätsqualität* bringt zum Ausdruck, inwiefern die vorhandenen Daten tatsächlich die realen Ausprägungen widerspiegeln. Oft zeigen sich Probleme bei der Aktualität, Richtigkeit und Vollständigkeit der Daten (Gronau et al. 2016, S. 477). Auch wenn die Pflege der Roh- und Stammdaten für viele Controller nicht zu den Lieblingsaufgaben zählt, wird diese Aufgabe durch steigende Datenmengen und vielfältigere Datentypen zunehmend wichtiger (Schäffer und Weber 2016, S. 9; Schäffer und Weber 2017, S. 57).

7.3 Datenverarbeitung im internen Berichtswesen

7.3.1 Grundlagen zu Business Analytics

Um aus dem Datenberg einen Mehrwert für das Unternehmen zu schaffen, müssen die Daten vom Controlling zu entscheidungsnützlichen Informationen verarbeitet werden. Ein von Unternehmensberatern und Journalisten viel zitiertes Schlagwort ist in diesem Zusammenhang der Begriff „Business Analytics", für den es allerdings noch keine einheitliche Definition gibt (Horváth 2016, S. 455; Ereth und Kemper 2016, S. 458). Im Folgenden wird unter Business Analytics der Einsatz mathematischer und statistischer Methoden in der betrieblichen Entscheidungsfindung verstanden (Mehanna et al. 2016, S. 502; für eine ähnliche Definition vgl. Ereth und Kemper 2016, S. 459). Das Spektrum möglicher Anwendungen kann dabei in *deskriptive* (was ist passiert?), *diagnostische* (warum ist etwas passiert?), *prädikative* (was wird passieren?) und *präskriptive* (was ist zu tun?) Analysen unterteilt werden (vgl. Abb. 7.2).

Deskriptive und diagnostische Analysen sind seit jeher zentraler Bestandteil des Controllings im Rahmen der Informationsversorgung. Anhand strukturierter Daten (z. B. Umsatz einer Sparte) werden Situationen (z. B. die Umsatzentwicklung einer Sparte im letzten Halbjahr) beschrieben und Ursachen für die Situation analysiert. Zur Beschreibung der Situation werden beispielsweise klassische Kennzahlen genutzt, während zur Ursachenforschung auch Assoziations- oder Korrelationsanalysen eingesetzt werden (Ereth und Kemper 2016, S. 459; Mehanna et al. 2016, S. 503). Während der Fokus bei diesen Analysen vor allem auf der Vergangenheit liegt, werden mit Business Analytics *zukunftsbezogene* Fragestellungen analysiert.

Um die Fragen „Was wird geschehen?" und „Was sollte geschehen?" zu beantworten, stehen dem Controlling mit Business Analytics neue Verfahren zur Verfügung. Bezogen auf die erste Frage können Programme durch maschinelles Lernen eigenständig nach neuen Mustern in den Daten suchen (Ereth und Kemper 2016, S. 460). Die so entdeckten Zusammenhänge werden dann in statistische Modelle überführt. Diese können

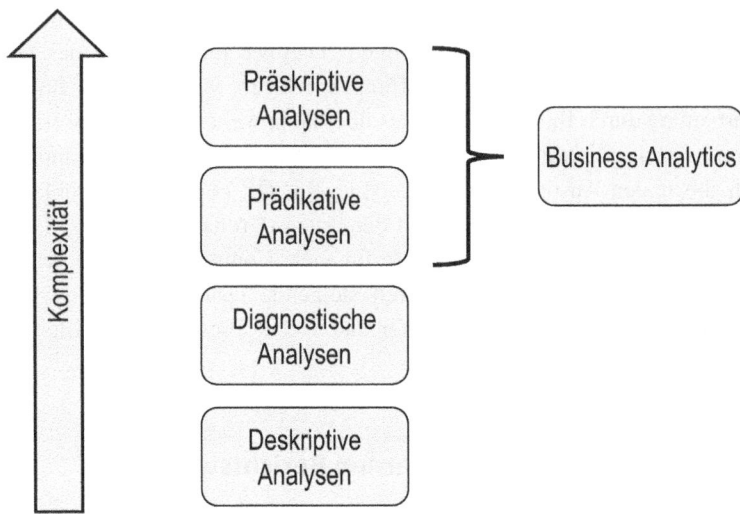

Abb. 7.2 Einordnung von Business Analytics in das Analysespektrum. (Quelle: In Anlehnung an Ereth und Kemper 2016, S. 459)

so zur Optimierung und Simulation genutzt werden, um die zweite Frage („Was sollte geschehen?") zu beantworten (Mehanna et al. 2016, S. 506). Im Folgenden wird dargestellt, wie diese Verfahren die *Datenverarbeitung* im Controlling beeinflussen.

7.3.2   Auswirkungen auf die Datenverarbeitung

Durch Business Analytics rücken *explorative, zukunftsbezogene Fragestellungen* in den Vordergrund (Ereth und Kemper 2016, S. 459 f.). Allerdings sind zukunftsorientierte Fragestellungen für das Controlling grundsätzlich nichts Neues. Seit jeher beschäftigen sich Controller, z. B. bei der Planung, mit zukünftigen Entwicklungen. Anders als von Unternehmensberatern gerne dargestellt, handelt es sich jedoch nicht bei jeder zukunftsbezogenen Analyse direkt um Business Analytics, wie Horváth (2016, S. 455) pointiert ausdrückt:

> Das Thema ‚Business Analytics' erlebt gegenwärtig einen Hype. [...] Was früher schlicht eine Vertriebsvorschau war, heißt nun sogar ‚predictive analytics'.

Bei Business Analytics liegt der Fokus auf der *datenbasierten Zukunftsprognose* und *Optimierung* mithilfe *statistischer Methoden und Modelle* (Chamoni und Gluchowski

2017, S. 9). Die Anwendungsfelder von Business Analytics können in „Analyse", „Forecast" und „Optimierung" unterschieden werden.[4]

Die *Analyse* von Daten ist die Grundlage für die weiteren, komplexeren Anwendungsfelder (Mehanna et al. 2016, S. 503). Ein wichtiges Werkzeug dafür stellt das Data Mining dar, mit dem unbekannte Systematiken und Zusammenhänge innerhalb der Daten erkannt werden. Ziel ist es dabei, aus den riesigen Datenmengen, die durch Big Data zur Verfügung stehen, die brauchbaren Daten zu identifizieren (Ereth und Kemper 2016, S. 460). Dazu werden z. B. Regressionsverfahren, Varianz- und Korrespondenzanalysen sowie neuronale Netze eingesetzt. Durch maschinelles Lernen, also auf künstlicher Intelligenz basierende Systeme, die sich eigenständig verbessern, werden die angewandten Methoden und Modelle stetig verbessert.

Ziel des *Forecasts* ist es, Prognosen über die Zielerreichung zu einem in der Zukunft liegenden Zeitpunkt bereitzustellen (Mehanna et al. 2016, S. 503 f.). Die als prädikative Analysen bezeichneten Methoden bauen auf den durch Data Mining entdeckten Zusammenhängen auf. Dabei werden z. B. Entscheidungsbäume oder neuronale Netze benutzt, um aus den erkannten Mustern automatisierte Modelle zur Vorhersage abzuleiten (Ereth und Kemper 2016, S. 460). Prädikative Analysen zeichnen sich darüber hinaus durch eine Verknüpfung verschiedener Datenquellen und Datenformate sowie eine Kombination verschiedener statistischer Modelle aus (Satzger et al. 2015, S. 231). Ein Praxisbeispiel für die Verwendung von Predictive Analytics zur Umsatzprognose liefern Satzger et al. (2015). Die Autoren beschreiben anschaulich, wie der Technologiekonzern IBM auf Basis von verschiedenen Daten (z. B. Bestellungen, potenzielle Neuabschlüsse, historische Umsätze usw.) den Umsatz für mehrere Geschäftsbereiche in unterschiedlichen Regionen prognostiziert. IBM kombiniert dabei, je nach Prognosehorizont, bis zu 30 verschiedene Prognosemodelle.

Die *Optimierung* stellt ein weiteres Anwendungsfeld von Business Analytics dar. Dabei werden präskriptive Analysen eingesetzt, mit denen konkrete Maßnahmen vorgeschlagen oder im Extremfall sogar direkt ausgeführt werden (Mehanna et al. 2016, S. 505). Ein wichtiges Instrument stellt hierbei die Simulation dar. Mithilfe von statistischen Modellen können verschiedene Szenarien dargestellt und deren Einflüsse analysiert werden. Denkbar wäre z. B., verschiedene Inputgrößen mit finanziellen Erfolgsgrößen wie dem EBIT statistisch zu verknüpfen (Kieninger et al. 2015, S. 6). Diese Verknüpfung ermöglicht es dann, die Auswirkungen verschiedener Szenarien miteinander zu vergleichen. Durch die Verknüpfung mit Forecasts oder Expertenmeinungen können darüber hinaus die Wahrscheinlichkeiten der verschiedenen Szenarien geschätzt werden, um den Erwartungswert zu ermitteln (Mehanna et al. 2016, S. 505 f.).

---

[4]Mehanna et al. (2016) unterscheiden zusätzlich die Anwendungsfelder Radar und Simulation. Da diese eng verwandt mit den Anwendungsfeldern Analyse bzw. Optimierung sind (Mehanna et al. 2016, S. 506), werden die zwei Anwendungsfelder hier nicht separat betrachtet.

Im eingangs erwähnten Beispiel könnte das Controlling ein Umsatzprognose-modell ähnlich dem vorgestellten Modell von IBM entwickeln. Die Auswirkungen eines möglichen Rücktritts des südafrikanischen Präsidenten könnten dann mithilfe von Simulationsmodellen analysiert und verglichen werden.

Damit Controller die genannten Anwendungsfelder von Business Analytics nutzen können, müssen sie sich die notwendigen mathematischen und statistischen sowie die erforderlichen IT-Kenntnisse aneignen (Ereth und Kemper 2016, S. 463). Es ist aller-dings nicht zu erwarten, dass Controller zukünftig die Rolle eines Data Scientists ein-nehmen werden, der auf die Beschaffung und Analyse von Daten spezialisiert ist (Steiner und Welker 2016, S. 70). Dagegen sprechen die oftmals fehlenden Programmier- und Statistikkenntnisse von Controllern (Davenport und Patil 2012, S. 74; Steiner und Welker 2016, S. 70). Es ist vielmehr wahrscheinlicher, dass Mathematiker, Physiker oder Infor-matiker die Rolle als Data Scientists übernehmen werden (Davenport und Patil 2012, S. 74). Es ist daher eher davon auszugehen, dass Controller zukünftig mit Data Scientists bei der Analyse der Daten eng zusammenarbeiten werden. Grönke et al. (2014) gehen dabei von einer Aufgabenteilung in Datenerzeugung, Informationsbereitstellung sowie Analyse und Beratung aus, wobei Controller vor allem für den letzteren Teil zuständig sind (Grönke et al. 2014, S. 78). In jedem Fall müssen sich Controller zukünftig grund-legende Statistikkenntnisse aneignen und sich mit der gängigen Business-Analytics-Soft-ware vertraut machen.[5]

Insgesamt steigt mit den Datenmengen und -quellen sowie den Analysemöglichkeiten das Angebot an Informationen zur Entscheidungsunterstützung. Für Controller gilt es, dieses Angebot an den Bedarf einzelner Nutzer anzupassen und so eine Informations-überfrachtung zu vermeiden. Self-Service-Applikationen bieten hier eine anwender-orientierte Informationsdarstellung, die im nächsten Abschnitt betrachtet wird.

7.4 Informationsdarstellung im internen Berichtswesen

7.4.1 Grundlagen zu Self-Service-Applikationen

Self-Service bezeichnet den selbstständigen Zugriff von Endanwendern auf Unter-nehmensinformationen ohne die Beteiligung zwischengeschalteter Bereiche, wie z. B. der IT- oder Controllingabteilung (Weber et al. 2012, S. 106). Relevante Informatio-nen werden über ein automatisiertes Reportingsystem bereitgestellt und an den indi-viduellen, variierenden Informationsbedarf des Anwenders angepasst (Claassen und Hohorst 2015, S. 37; Weber et al. 2013, S. 61). Manager, die primären Nutzer von Self-Service-Applikationen (Tretbar et al. 2013, S. 13), können so Informationsabfragen und

---

[5]Für eine vergleichende Analyse existierender Business-Analytics-Software vgl. Derwisch et al. (2016).

Analysen selbstständig durchführen und eigene Berichte aus vordefinierten Inhalten erstellen (Deinert und Weber 2014, S. 54 f.). Damit brechen Self-Service-Applikationen auch die klassische Unterteilung zwischen Standard-, Abweichungs- und Bedarfs-Berichten auf (Hillmer 2017, S. 398 f.). Vielmehr stehen die verarbeiteten Informationen jederzeit zum Abruf bereit und Abweichungen werden gegebenenfalls hervorgehoben.

Die Ausgestaltung von Umfang und Detailtiefe der bereitzustellenden Informationsmenge obliegt dem Controlling. Dabei ergeben sich grundsätzlich drei verschiedene Möglichkeiten (vgl. zu den folgenden Ausführungen Weber et al. 2013, S. 53 f.). Erstens können Controller eine *standardisierte Informationsmenge* zur Verfügung stellen, sodass Manager bei Bedarf auf standardisierte Berichte zugreifen. Ohne Beteiligung der IT- oder Controllingabteilung wählen Manager so die passenden Informationen aus, führen selbst aber keine umfangreichen selbstständigen Auswertungen durch. Zweitens können Controller eine *eingeschränkte Informationsauswahl* bereitstellen, sodass Manager bei Bedarf eigenverantwortlich auf die Informationen bis zu einem festgelegten Detailniveau zugreifen und einfache Analysen vornehmen. Drittens können Controller eine *vollständige Informationsauswahl* ermöglichen. Dann erhalten Manager Zugriff auf alle vorhandenen Unternehmensinformationen und führen detaillierte Analysen selbstständig durch. Einerseits wird so die Schnittmenge zwischen Informationsangebot und -nachfrage maximiert. Andererseits folgt aus einer vollständigen Informationsauswahl auch die Gefahr einer Informationsüberlastung, wenn durch das große Informationsangebot zentrale Informationen untergehen und dann nicht erfasst oder verarbeitet werden (Weißenberger und Bauch 2017, S. 212).

Zur strukturierten Darstellung und Auswertung dieser Informationen hat sich das grafische und interaktive Dashboard, auch als Management-Cockpit bezeichnet, durchgesetzt. Dashboards verdichten und visualisieren wesentliche Informationen flexibel und anwenderorientiert mit dem Ziel der Entscheidungsunterstützung (Yigitbasioglu und Velcu 2012, S. 44; Eckerson 2011, S. 10). Sie setzen sich aus drei Schichten zusammen (vgl. Abb. 7.3) (Eckerson 2011, S. 13 f.). Erstens versorgt eine grafische Nutzeroberfläche Manager auf der *visuellen Schicht* mit einem schnellen, holistischen Überblick

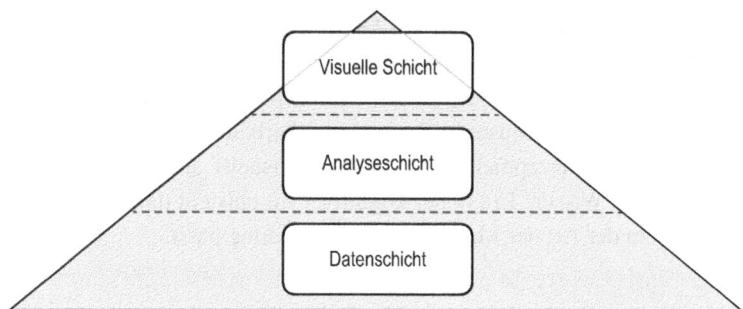

Abb. 7.3 Drei Schichten von Dashboards

über wesentliche Steuerungsgrößen in ihrem jeweiligen Verantwortungsbereich.[6] Zweitens können Manager in der *Analyseschicht* sowohl die angezeigte Information als auch ihre Darstellungsweise dynamisch an ihren Informationsbedarf anpassen (Yi et al. 2007, S. 1224). Drittens enthält die *Datenschicht* die gesamte Datenbasis des internen Berichtswesens in einem hierarchischen Aufbau mit ansteigendem Aggregationsniveau (Lea und Nah 2013, S. 199), sodass Manager bei Bedarf tiefer in die zugrunde liegenden Informationen einsteigen können.

Aufgabe des Controllings ist es hier, verarbeitete Informationen in Self-Service-Applikationen bereitzustellen, um Manager bei ihren Entscheidungen zu unterstützen. Dabei erwächst aus der steigenden Datenbasis und den umfassenden technischen Möglichkeiten der Datenverarbeitung auch eine Vielfalt an Darstellungsmöglichkeiten. Welche Darstellungsformen in welchen Situationen und für welche Managertypen empfehlenswert sind, wird im nächsten Abschnitt näher betrachtet.

7.4.2 Auswirkungen auf die Informationsdarstellung

Um Managern die Informationen mittels Self-Service-Applikationen zugänglich zu machen, gibt es zunächst keine universal vorteilhafte Nutzeroberfläche. Vielmehr ist bei der Darstellung der Informationen der individuelle Entscheidungskontext zu berücksichtigen. Dabei gilt es für das Controlling, Entscheidungsdefekte zu vermeiden und Informationen so aufzubereiten, dass sie vom Management im jeweiligen Entscheidungskontext unverzerrt genutzt werden können. Angesichts dieser Frage beschäftigt sich die Kognitionspsychologie schon lange mit verschiedenen Limitationen der menschlichen Informationsverarbeitung. Einen vielversprechenden Ansatz zur Ausgestaltung von Self-Service-Applikationen bietet die *Cognitive Fit Theory*, die Erkenntnisse der verhaltens- und informationswissenschaftlichen Literatur kombiniert. Wie Abb. 7.4 zeigt, stehen dabei die Wechselwirkungen zwischen der Informationsdarstellung, der Art der Entscheidung und der Verarbeitung der Informationen durch den Entscheider selbst (die sogenannte „mentale Darstellung der Entscheidung") im Fokus.

Um für Manager die grafische Darstellung von Self-Service-Applikationen nach der *Art der Entscheidung* auszurichten, ist ein kurzer Einblick in das menschliche Arbeitsgedächtnis erforderlich: Menschen verarbeiten Informationen durch zwei Kognitionsprozesse (Kieras und Meyer 1997, S. 398 f.). Zunächst werden Wahrnehmungen durch die Aufnahme von visuellen Mustern, Formen und Farben verarbeitet. In einem zweiten Schritt kombiniert die konzeptuelle Verarbeitung (visuell) aufgenommene Informationen mit vorhandenem Wissen. Ein hoher kognitiver Fit entsteht dann, wenn die gewählte Darstellungsform zu der Art der Managemententscheidung passt.

---

[6]Oftmals werden Dashboards mit ihrer grafischen Nutzeroberfläche gleichgesetzt (vgl. z. B. Few 2013, S. 26).

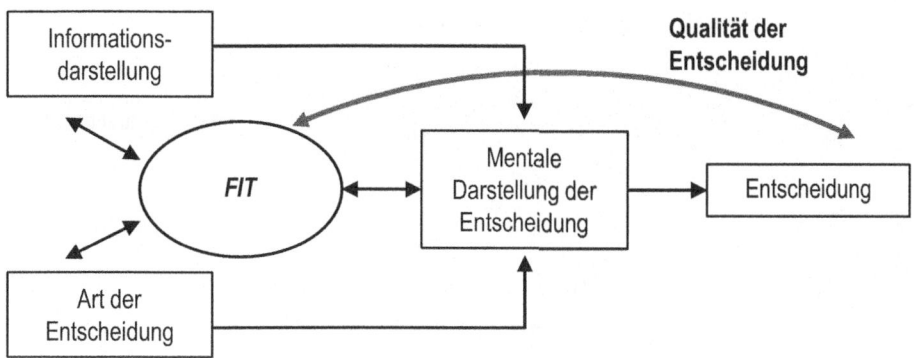

Abb. 7.4 Kognitiver Fit in Abhängigkeit der Art der Entscheidung. (Quelle: Nach Vessey 1991)

Aufgabe des Controllings bei der Gestaltung von Self-Service-Applikationen ist es, die *visuelle Schicht* so anzupassen, dass sie zur Art der Entscheidung passt. Dabei eignen sich grafische Darstellungen grundsätzlich eher für Entscheidungsprobleme, die ein räumliches Vorstellungsvermögen benötigen (räumliche Entscheidungen). Bei Managemententscheidungen dient das räumliche Vorstellungsvermögen häufig der Bewertung von relativen Unterschieden, z. B. beim Zeitvergleich von Verkaufsdaten oder Produktionsvolumina sowie bei der Szenarioanalyse. Solche räumlichen Entscheidungen können durch eine visuelle Aufbereitung der zugrunde liegenden Informationen unterstützt werden. Im eingangs erwähnten Praxisbeispiel könnten die alternativen Szenarien der Umsatzprognose der südafrikanischen Gesellschaft wie in Abb. 7.5 grafisch dargestellt werden.

Tabellarische Darstellungen eignen sich eher für Entscheidungsprobleme, die auf Ebene der konzeptionellen Verarbeitung beim Entscheider ansetzen -also dort, wo das menschliche Gedächtnis aufgenommene Informationen mit vorhandenem Wissen kombiniert. Hier geht es vor allem um die präzise Identifikation absoluter Informationen. Eine tabellarische Darstellung bietet sich z. B. für die Aufstellung der Betriebsergebnisrechnung des letzten Monats an.

Ebenso wirkt die *mentale Darstellung der Entscheidung* auf den kognitiven Fit (vgl. Abb. 7.4). Die mentale Darstellung beschreibt die Art und Weise, in der ein Entscheidungsträger die gegebenen Informationen verarbeitet. Unterschiede, wie Manager einen Sachverhalt aufnehmen, analysieren und bewerten, entstehen dabei durch ihre variierende bisherige Erfahrung und durch Differenzen in ihrem kognitiven Stil.

So bilden erfahrenere Manager Probleme schneller und strukturierter ab als Berufseinsteiger, indem sie die relevanten Informationen gezielter suchen und verschiedene Kriterien vergleichsweise begründet gewichten. Beim kognitiven Stil bietet die folgende Typologie Erklärungen zum Entscheidungsverhalten in Abhängigkeit verschiedener Wahrnehmungs- und Entscheidungstypen (Jung 1972, S. 199). *Sensorische* Entscheider nehmen einzelne Informationen auf und konzentrieren sich auf Details, während *intuitive*

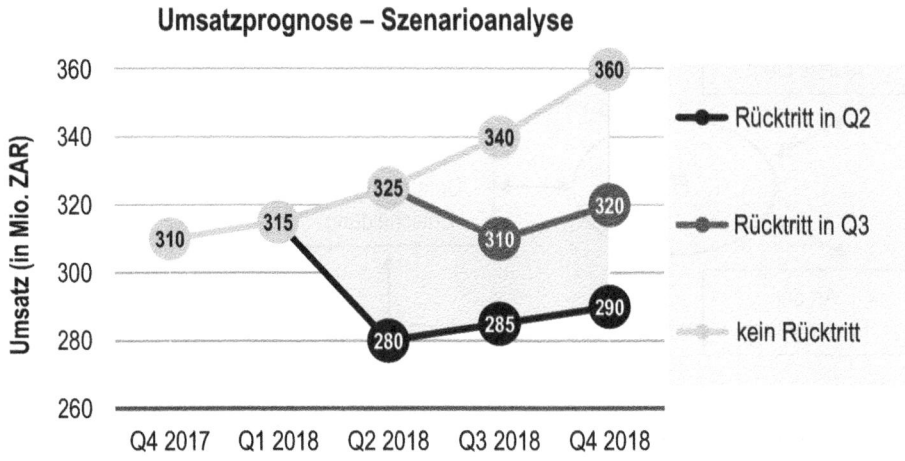

Abb. 7.5 Grafische Darstellung einer räumlichen Managemententscheidung

Entscheider Informationen holistischer betrachten und versuchen, einen ganzheitlichen Blick zu erlangen. Bei der Beurteilung gibt es *denkende* Entscheider, die sachlich-analytisch anhand von Ursache-Wirkungs-Ketten argumentieren. *Fühlende* Entscheider hingegen beziehen persönliche Werte und Emotionen in den Entscheidungsprozess mit ein.

Aufgabe des Controllings ist es hier, die Darstellung der Nutzeroberfläche und die verfügbare Funktionsvielfalt einer Self-Service-Applikation nach dem Entscheidungsträger auszurichten. Durch diese Flexibilität werden verschiedene Wahrnehmungs- und Entscheidungstypen gleichermaßen angesprochen. Erfahrene Manager könnten das für sie richtige Aggregationsniveau z. B. für Produktions- oder Verkaufsdaten der letzten Quartale selbst verändern. Dabei bietet sich gerade für Manager mit sensorischem Entscheidungsverhalten eine detailreiche Voreinstellung an, während intuitive Entscheider eher eine aggregierte Vorstellung bevorzugen werden. Zudem sollten erfahrene Manager für interne Vergleiche und Prognosen die präferierte Darstellungsform selbst auswählen können. Für eher unerfahrene Entscheidungsträger bietet sich hingegen zunächst eine eingeschränktere Informationsauswahl an, um die Fülle an Informationen zu kontrollieren und um Effizienzverluste durch eine Informationsüberfrachtung zu vermeiden. So kann auch verhindert werden, dass unerfahrene Entscheidungsträger Informationen nachfragen, die sie eigentlich gar nicht benötigen. Unabhängig davon eröffnen eine steigende softwarebezogene Erfahrung im Controlling und mehr Informationen zu dem bisherigen Entscheidungsverhalten die Möglichkeit, allen Entscheidungstypen die bestmöglichen Voreinstellungen bereitzustellen und so einen möglichst hohen kognitiven Fit zu erzeugen.

Im eingangs erwähnten Praxisbeispiel könnte Herr Meyer also bereits dem sensorischen Entscheidungstypus zugeordnet sein, der meist sehr detaillierte Informationen gefordert hat. Ebenso könnten seine gewählten Darstellungsformate bei bisherigen

Entscheidungen hinterlegt sein. Dann kann das Dashboard von Herrn Meyer direkt eine Darstellung der BIP-Daten aus Südafrika auf Ebene einzelner Sektoren vorschlagen und ihm einen interaktiven Treiberbaum zur Verfügung stellen. So kann Herr Meyer selbst die hinterlegten makroökonomischen Daten verändern, um mögliche Szenarien zu simulieren und erwartete Auswirkungen auf die einzelnen südafrikanischen Branchen zu erkennen.

Diese Anwendung der Cognitive Fit Theory zeigt, dass von einer rein theoriebasierten, starren Einstellung bestimmter Darstellungen und Variationsmöglichkeiten abzusehen ist. Vielmehr können die Erkenntnisse über den Zusammenhang von Informationsdarstellung, Art der Entscheidung und menschlicher Informationsverarbeitung genutzt werden, um unerwünschten Entscheidungsdefekten bei bestimmten Sachverhalten, Entscheidungssituationen und -trägern entgegenzuwirken.

Als abschließendes Beispiel dient ein Dashboard der Securiton GmbH, einem Hersteller von Alarm- und Sicherheitssystemen (Reichmann et al. 2017, S. 87–89). Manager können hier auf der visuellen Schicht unterschiedlichste Diagrammtypen und Tabellen dynamisch auswerten und auf der analytischen Schicht toleranzwertgesteuerte Abweichungsberichte sowie verschiedenste Statistiken zur Unternehmenssteuerung erstellen. Bei Einführung dieses Dashboards wurden die Berichtsadressaten geschult sowie eine ausführliche inhaltliche und technische Dokumentation für die spätere Weiterentwicklung erstellt. Damit nimmt die Securiton GmbH sowohl auf die Erfahrung der Entscheidungsträger als auch auf ihren kognitiven Stil Rücksicht, um Managern eine optimale Informationsnutzung zu gewährleisten.

7.5 Zusammenfassung und Ausblick

Während Herr Meyer im Landeanflug auf Johannesburg seinen Laptop unter seinem Sitz verstaut, wird in der Unternehmenszentrale hektisch gearbeitet. Für die angeforderte Szenarioanalyse steht dem Beteiligungscontrolling durch Big Data eine breitere und heterogenere Datenbasis zur Verfügung als jemals zuvor. Business Analytics, also die Anwendung statistischer Methoden und Modelle, ermöglichen eine bessere Datenverarbeitung, deren Ergebnisse individuell für Herrn Meyer in seiner Self-Service-Applikation aufbereitet werden, sobald sie vorliegen. Dieses Beispiel demonstriert die Auswirkungen der aktuellen IT-Trends im internen Berichtswesen, die in diesem Beitrag beleuchtet werden.

Im Bereich *Big Data* zeigen sich die Potenziale der gleichzeitigen Verwendung interner und externer Daten. Neben makroökonomischen Daten wird hier auch die Wichtigkeit von Informationen aus sozialen Netzwerken an Bedeutung gewinnen. In der Realität wird das Potenzial dieser breiten Datenbasis bei der *Datenbeschaffung* allerdings noch nicht ausgeschöpft. Für das Controlling besteht die Herausforderung, unstrukturierte Daten zu sammeln und mit den bewährten, strukturierten Daten zu verknüpfen. Dafür muss das Controlling stärker mit der IT-Abteilung zusammenarbeiten. Darüber hinaus muss sich das Controlling stärker um die Qualität der Daten kümmern.

Damit die Daten den Managern zur Verfügung gestellt werden können, muss das Controlling die Daten analysieren und aufbereiten. Durch *Business Analytics* stehen dem Controlling dazu statistische Methoden und Modelle zur Verfügung, die die *Daten-verarbeitung* beeinflussen. Die Anwendungsfelder von Business Analytics können in „Analyse", „Forecast" und „Optimierung" unterschieden werden. Controller werden allerdings nicht zu Data Scientists werden, die auf die Analyse von Daten spezialisiert sind. Vielmehr müssen Controller bei der Analyse der Daten mit den Data Scientists eng zusammenarbeiten und sich grundlegende Statistikkenntnisse aneignen.

Um Managern relevante Informationen darzustellen, werden vermehrt *Self-Service-Applikationen* eingesetzt. Die Cognitive Fit Theory zeigt hier, dass Manager gegebene Informationen dann optimal zur eigenen Entscheidung nutzen, wenn die Darstellungsform, die Art der Entscheidung und die eigene Verarbeitung der Information zusammenpassen. Bei interaktiven Nutzeroberflächen wie Dashboards obliegt es dem Controlling, visuell aufbereitete und individuell angepasste Informationen zeit- und orts-unabhängig zum Abruf bereitzustellen.

Insgesamt bieten aktuelle IT-Trends dem Controlling die Möglichkeit, die Informationsversorgung des Managements wesentlich zu verbessern, Entscheidungs-defekten entgegenzuwirken und damit die Zufriedenheit bei Berichtserstellern und -adres-saten zu steigern. Dies kann aber nur gelingen, wenn Controller den Anforderungen der aktuellen IT-Trends an ihre technischen und methodischen Fähigkeiten gerecht werden.

Literatur

BITKOM. (2012). *Big Data im Praxiseinsatz – Szenarien, Beispiele, Effekte*. Berlin: BITKOM.

Chamoni, P., & Gluchowski, P. (2017). Business analytics – State of the art. *Controlling & Management Review, 61*(4), 8–17.

Claasen, F., & Hohorst, S. (2015). Den Finanzbereich neu denken. *Controlling & Management Review, 59*(2), 34–42.

Davenport, T., & Patil, D. (2012). Data scientist – The sexiest job of the 21st Century. *Harvard Business Review, 90*(5), 70–76.

Deinert, M., & Weber, J. (2014). „Der heutige Endanwender hat ganz neue Möglichkeiten". Mark Deinert im Dialog mit Jürgen Weber. *Controlling & Management Review, 58*(1), 52–57.

Derwisch, S., Iffert, L., Derwisch, C., & Bange, C. (2016). Business Analytics-Software für das Controlling – eine Marktübersicht. *Controlling – Zeitschrift für erfolgsorientierte Unternehmenssteuerung, 28*(8–9), 480–487.

Eckerson, W. W. (2011). *Performance dashboards: Measuring, monitoring, and managing your business* (2. Aufl.). Hoboken: Wiley.

Ereth, J., & Kemper, H. G. (2016). Analytics und Business Intelligence – Säulen eines integrier-ten Ansatzes der IT-basierten Entscheidungsunterstützung. *Controlling – Zeitschrift für erfolgs-orientierte Unternehmenssteuerung, 28*(8–9), 458–464.

Few, S. (2013). *Information dashboard design: Display data for at-a-glance monitoring* (2. Aufl.). Burlingame: Analytics Press.

Gadatsch, A. (2016). Die Möglichkeiten von Big Data voll ausschöpfen. *Controlling & Management Review, 60*(1), 62–67.

Gartner Inc. (2011). Gartner says solving ‚big data' challenge involves more than just managing volumes of data. https://www.gartner.com/newsroom/id/1731916. Zugegriffen: 21. Dez. 2017.

Geldner, A. (2013). Big Data in der Wirtschaft – Gerastert, durchleuchtet und ausgezählt. *Stuttgarter Zeitung, 28.12.2013.* https://www.stuttgarter-zeitung.de/inhalt.big-data-in-der-wirtschaft-gerastert-durchleuchtet-und-ausgezaehlt.49366748-00b3-4424-a7b2-d049c2ec748d.html. Zugegriffen: 21. Dez. 2017.

Gentsch, P., & Kulpa, A. (2016). Mit externen Big Data neue Möglichkeiten erschließen. *Controlling & Management Review, 60*(1), 32–39.

Gronau, N., Thim, C., & Fohrholz, C. (2016). Business Analytics in der deutschen Praxis – Aktueller Stand und Herausforderungen. *Controlling – Zeitschrift für erfolgsorientierte Unternehmenssteuerung, 28*(8–9), 472–479.

Grönke, K., Leyk, J., & Kirchmann, M. (2014). Big Data: Auswirkungen der Digitalisierung auf die Unternehmenssteuerung. In R. Gleich, K. Grönke, J. Leyk, & M. Kirchmann (Hrsg.), *Controlling und Big Data* (S. 63–82). München: Haufe.

Heinrich, B., & Klier, M. (2009). Die Messung der Datenqualität im Controlling. *Controlling & Management Review, 53*(1), 34–42.

Hillmer, H.-J., & Klier, M. (2009). koR – Zeitschrift für internationale und kapitalmarktorientierte Rechnungslegung. *Controlling & Management Review, 17*(9), 398–404.

Horváth, P. (2009). Editorial: Business analytics. *Controlling – Zeitschrift für erfolgsorientierte Unternehmenssteuerung, 28*(8–9), 455.

Horváth, P., Gleich, R., & Seiter, M. (2015). *Controlling* (13. Aufl.). München: Vahlen.

ICV (2014). Big Data. Potenzial für den Controller. Dream Car der Ideenwerkstatt im ICV 2014. https://www.icv-controlling.com/fileadmin/Assets/Content/AK/Ideenwerkstatt/Files/ICV_Ideenwerkstatt_DreamCar-Bericht_BigData.pdf. Zugegriffen: 21. Dez. 2017.

Jung, C. C. (1972). *Typologie – Zur Frage der psychologischen Typen.* Olten: Walter.

Kieras, D. E., & Meyer, D. E. (1997). An overview of the epic architecture for cognition and performance with application to human-computer interaction. *Human-Computer Interaction, 12,* 391–438.

Kink, N. (2009). Controlling und Datenqualität. *Controlling & Management Review, 53*(1), 9–10.

Kieninger, M., Mehanna, W., & Michel, U. (2015). Auswirkungen der Digitalisierung auf die Unternehmenssteuerung. In P. Horváth & U. Michel (Hrsg.), *Controlling im digitalen Zeitalter* (S. 3–13). Stuttgart: Schäffer. Poeschel.

Klier, M., & Heinrich, B. (2016). Datenqualität als Erfolgsfaktor für Business Analytics. *Controlling – Zeitschrift für erfolgsorientierte Unternehmenssteuerung, 28*(8–9), 488–494.

Lea, B. R., & Nah, F. (2013). Usability of performance dashboards, usefulness of operational and tactical support, and quality of strategic support: A research framework. In S. Yamamoto (Hrsg.), *HIMI/HCII 2013, Part II, LNCS 8017* (S. 116–123). Berlin: Springer.

Mehanna, W., Tatzel, J., & Vogel, P. (2016). Business Analytics im Controlling – Fünf Anwendungsfelder. *Controlling – Zeitschrift für erfolgsorientierte Unternehmenssteuerung, 28*(8–9), 502–508.

Reichmann, T., Ständer, M., & Schön, D. (2017). Controlling-Cockpit für ein mittelständisches Unternehmen. *Controlling – Zeitschrift für erfolgsorientierte Unternehmenssteuerung, 29*(1), 87–90.

Satzger, G., Holtman, C., & Peter, S. (2015). Advanced Analytics im Controlling – Potenzial und Anwendung für Umsatz- und Kostenprognosen. *Controlling – Zeitschrift für erfolgsorientierte Unternehmenssteuerung, 27*(4–5), 229–235.

Schäffer, U., & Weber, J. (2016). Die Digitalisierung wird das Controlling radikal verändern. *Controlling & Management Review, 60*(6), 6–17.

Schäffer, U., & Weber, J. (2017). Persönliche Überlebensstrategien. *Controlling – Zeitschrift für erfolgsorientierte Unternehmenssteuerung, 29*(1), 56–59.

Steiner, H., & Welker, P. (2017). Wird der Controller zum Data Scientist? *Controlling & Management Review, 60*(1), 68–73.

Steiners, D. (2005). *Lernen mit Controllinginformationen: Empirische Untersuchung in deutschen Industrieunternehmen.* Wiesbaden: Gabler.

Taschner, A. (2013). *Management Reporting – Erfolgsfaktor internes Berichtswesen.* Wiesbaden: Springer Gabler.

Tretbar, T., Wiegmann, L., & Strauß, E. (2013). Controlling & IT – Hype oder nachhaltige Entwicklung. *Controlling & Management Review, 58*(8), 12–19.

Trumpetter, J., & Meinken, N. (2016). Monetäres Schadenspotenzial von Datenqualitätsfehlern. *Controlling – Zeitschrift für erfolgsorientierte Unternehmenssteuerung, 28*(10), 567–576.

Vessey, I. (1991). Cognitive fit – A theory-based analysis of the graphs versus tables literature. *Decision Sciences, 22*(2), 219–240.

Weber, J., Strauß, E., & Spittler, S. (2012). Controlling & IT: Wie Trends und Herausforderungen der IT die Controllingfunktion verändern. *Controlling & Management Review, 56*(2), 105–109.

Weber, J., Gschmack, S., Tretbar, T., & Wiegmann, L. (2013). *IT-Trends und ihre Auswirkung: auf Management und Controlling.* Advanced Controlling, Bd. 87. Weinheim: Wiley.

Weber, J., Schäffer, U., & Wiegmann, L. (2015). IT & Controlling – Zur engen Zusammenarbeit gibt es keine Alternative. https://www.whu-on-controlling.com/fileadmin/data_whu-on-controlling/Zukunftsthemen/WHU_on_Controlling-WIPRO-Controlling_and_IT-final_2015.pdf. Zugegriffen: 21. Dez. 2017.

Weichel, P., & Herrmann, J. (2016). Wie Controller von Big Data profitieren können. *Controlling & Management Review, 60*(1), 8–14.

Weißenberger, B. E., & Bauch, K. A. (2017). Chancen und Risiken der digitalen Transformation für die Rechnungslegung. In U. Wagner & M. M. Schaffhauser-Linzatti (Hrsg.), *Langfristige Perspektiven und Nachhaltigkeit in der Rechnungslegung* (S. 203–219). Wiesbaden: Springer Gabler.

Yi, J. S., Kang, Y., Stasko, J. T., & Jacko, J. A. (2007). Toward a deeper understanding of the role of interaction in information visualization. *IEEE Transactions on Visualization and Computer Graphics, 13*(6), 1224–1231.

Yigitbasioglu, O. M., & Velcu, O. (2012). A review of dashboards in performance management: Implications for design and research. *International Journal of Accounting Information Systems, 13*(1), 41–59.

Prof. Dr. Peter Kajüter ist Inhaber des Lehrstuhls für Betriebswirtschaftslehre, insb. Internationale Unternehmensrechnung, an der Westfälischen Wilhelms-Universität Münster. Er beschäftigt sich in Forschung und Lehre mit internationalen Themen des externen und internen Rechnungswesens sowie des Controllings.

Kai Schaumann (M.Sc.) ist seit November 2015 wissenschaftlicher Mitarbeiter am Lehrstuhl für Betriebswirtschaftslehre, insb. Internationale Unternehmensrechnung, an der Westfälischen Wilhelms-Universität Münster. Er beschäftigt sich vornehmlich mit der Wirkung unternehmerischer Berichterstattung auf das Verhalten von Managern und Kapitalgebern.

Henrik Schirmacher (M.Sc.) ist seit Mai 2015 wissenschaftlicher Mitarbeiter am Lehrstuhl für Betriebswirtschaftslehre, insb. Internationale Unternehmensrechnung, an der Westfälischen Wilhelms-Universität Münster. Der Schwerpunkt seiner Arbeit liegt im Performance Measurement ausländischer Tochtergesellschaften.

Shared Services & Digitalisierung

Norbert Klingebiel

Inhaltsverzeichnis

N. Klingebiel (✉)
Westfälische Hochschule, Fachbereich Wirtschaft, Gelsenkirchen, Deutschland
E-Mail: norbert.klingebiel@gmx.de

© Springer Fachmedien Wiesbaden GmbH, ein Teil von Springer Nature 2019
T. Kümpel et al. (Hrsg.), *Controlling & Innovation 2019,* FOM-Edition,
https://doi.org/10.1007/978-3-658-23474-4_8

Zusammenfassung

Aktuell werden die Unternehmen insbesondere von der sich intensivierenden Digitalisierung geprägt, deren Einfluss auch für Shared-Services-Aktivitäten zu prüfen ist. Der vorliegende Beitrag greift diesen Aspekt auf und versucht, ausgehend von einer konzeptionellen Bestandsaufname zum Shared-Services-Ansatz zu prüfen, wie sich durch die digitale Transformation in den Unternehmen funktionsbezogene Effekte auf die auszulagernden Prozesse auswirken. Im Rahmen einer Zusammenfassung dieser Effekte wird dabei der Versuch unternommen, die bisher vorliegenden Überlegungen zu einem Phasenmodell der Entwicklungsstufen von Shared-Service-Centern um den Aspekt der festgestellten Digitalisierungseffekte zu ergänzen und darüber hinaus der Frage nachzugehen, wie das Controlling von Shared-Service-Centern durch die Digitalisierung geprägt werden kann.

8.1 Outsourcing und Shared Services

8.1.1 Shared-Services-Ansatz

Das Outsourcing von Leistungen bildet traditionell einen Ansatz zur Kostenreduzierung und Leistungssteigerung in den Unternehmen. Neuere Untersuchungen (z. B. Deloitte 2016) zeigen die ungebrochene Attraktivität des Outsourcings, wenngleich sich seit einigen Jahren aufgrund von Sicherheitsüberlegungen in der Logistikkette, verteuertern Arbeitsleistungen in ehemaligen Niedriglohnländern und der zunehmenden Automatisierung bzw. Digitalisierung (Buchter 2017, S. 37) das Umfeld für outzusourcende Leistungen wandelt und folglich bisher häufig in Niedriglohnländer verlagerte Leistungen zumindest teilweise wieder an die outsourcenden Unternehmen, z. B. in die USA, zurückgeholt werden.

Seit über 20 Jahren wird – ausgehend von US-Unternehmen – der Ansatz des Outsourcings um die organisatorische Variante der Shared Services ergänzt, bei der insbesondere einfache transaktionale Prozesse in Unternehmenseinheiten zusammengefasst werden, die Leistungen für unternehmensinterne Einheiten erbringen. Im vorgenannten Zeitraum hat sich dieser Ansatz entsprechend den wandelnden Anforderungen in seiner Ausgestaltung verschoben bzw. weiterentwickelt.

Die Grundidee des Shared-Services-Konzepts basiert darauf Aufgaben, die zuvor innerhalb eines Unternehmens/Konzerns von verschiedenen Organisationseinheiten ausgeführt wurden, zu bündeln und konzentriert an einem bzw. wenigen Standorten durchzuführen. Die Ausführung dieser Aufgaben erfolgt dabei in sogenannten Shared-Service-Centern (SSC), die häufig in Niedriglohnländern angesiedelt sind, wie z. B. Indien oder Rumänien.

Shared Services haben insbesondere in Unternehmen eine hohe Bedeutung, deren Organisation durch eine dezentrale Produktverantwortung geprägt wird, wie beispielsweise bei divisionalen Organisationsstrukturen oder Spartenorganisationen (Brühl et al. 2017, S. 4). Häufig gehen diese organisatorischen Strukturen im Rahmen einer zunehmenden Globalisierung mit

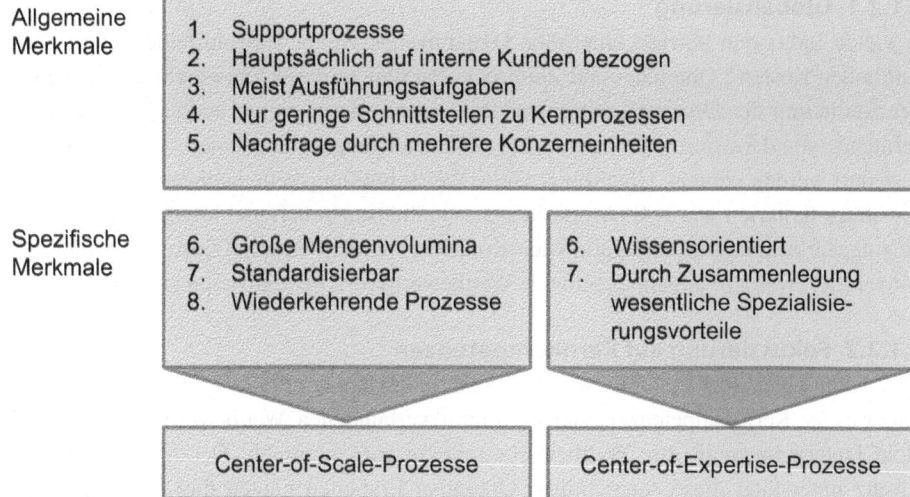

Allgemeine Merkmale
1. Supportprozesse
2. Hauptsächlich auf interne Kunden bezogen
3. Meist Ausführungsaufgaben
4. Nur geringe Schnittstellen zu Kernprozessen
5. Nachfrage durch mehrere Konzerneinheiten

Spezifische Merkmale
6. Große Mengenvolumina
7. Standardisierbar
8. Wiederkehrende Prozesse

6. Wissensorientiert
7. Durch Zusammenlegung wesentliche Spezialisierungsvorteile

Center-of-Scale-Prozesse

Center-of-Expertise-Prozesse

Abb. 8.1 Typen von Shared-Service-Centern. (Quelle: Weiser et al. 2009, S. 188)

dezentralen bzw. regionalen Geschäftseinheiten einher. Bei SSC werden gleichartige Prozesse aus den unternehmensweiten Geschäftseinheiten herausgelöst und in einem wirtschaftlich und/oder rechtlich selbstständigen Verantwortungsbereich zusammengefasst.

Die generellen Zielsetzungen von Shared Services haben sich im Zeitverlauf weiterentwickelt und gehen heute über eine Effizienzsteigerung und Kostenreduktion deutlich hinaus. Entsprechend den veränderten Anforderungen haben sich zwei Centertypen herausgebildet: das Center of Expertise (CoE) und das Center of Scale (CoS). Die genannten Typen weisen dabei folgende Merkmale auf (siehe Abb. 8.1):

- *Center-of-Scale-Prozesse* sind transaktionsbezogene Supportprozesse, welche vor allem standardisierte, sich wiederholende Routinetätigkeiten beinhalten (z. B. Kreditoren- und Debitorenbuchhaltung). Durch Kosten- bzw. Skalenvorteile werden Produktivitäts- und Effizienzsteigerungen erzielt (Fischer und Sterzenbach 2006, S. 9).
- *Center-of-Expertise-Prozesse* bündeln Expertenwissen, welches in den einzelnen dezentralen Einheiten nicht im notwendigen Umfang oder in der notwendigen Qualität vorhanden ist (z. B. Steuerabteilung oder Rechtsberatung). Durch die Bündelung wird den internen Kunden die Dienstleistung auf höchstem Qualitätsniveau angeboten (Deimel 2008, S. 202).

8.1.2 Impulsgeber von Shared Services

Die hohe Anzahl an SSC ist insbesondere auf die hohe Dynamik der Globalisierung, die Fokussierung auf die Kernkompetenzen und die neuen Entwicklungen im Bereich der Informations- und Kommunikationstechnologien zurückzuführen (Pérez 2008, S. 27 f.).

8.1.2.1 Globalisierung

In vielen Industrien bewirkt eine hohe Dynamik des Wettbewerbsumfeldes einen kons-
tant hohen Kosten-, Qualitäts- und Zeitdruck. Parallel zu dieser Entwicklung ist eine ste-
tige Reduktion der Diversität nationaler Prozessanforderungen zu beobachten, wodurch
vermehrt standardisierte Produkte und Dienstleistungen angeboten und einheitlich
gesteuert werden können. Über die gesamte Wertschöpfungskette kann auf der Basis ausgewählter Kriterien wie z. B. Arbeitskosten, Qualitätsanspruch und lokale Nachfrage die
Leistungserbringung im internationalen Kontext gebündelt bzw. auf bestimmte Standorte
konzentriert werden, um entsprechende Wettbewerbsvorteile realisieren zu können.

8.1.2.2 Fokussierung auf Kernkompetenzen

Die Anfang der 1990er-Jahre von Prahalad und Hamel (1990, S. 79 ff.) entwickelte
Theorie der Kernkompetenzen und die damit verbundenen Wettbewerbsvorteile haben
viele Unternehmen in ihre Wettbewerbsstrategie aufgenommen. Der Shared-Services-
Ansatz unterstützt diese Ausrichtung. Operative Einheiten nutzen ihre Ressourcen zur
Erbringung wertschöpfender Aktivitäten und werden von der eigenständigen Durchführung von nicht geschäftsspezifischen Prozessen entlastet, die in ein SSC übertragen
werden (Krüger und Danner 2004, S. 110 f.).

8.1.2.3 Informations- und Kommunikationstechnologien als Enabler

Die verbesserte Leistungsfähigkeit neuer Informations- und Kommunikationstechnologien unterstützt die Einführung neuer Arbeitsmethoden, Geschäftsprozesse und
Arbeitsorganisationen. Neben der Vereinfachung von Arbeitsabläufen ergeben sich
weitere Verbesserungen bei den Fähigkeiten, die IT-Systemlandschaften in den Unternehmen enger zu vernetzen. Zusätzlich ist in der Unternehmenspraxis zu beobachten,
dass verstärkt individuelle IT-Systeme durch standardisierte Produkte aus Modularisie-
rungs- oder Baukastenlösungen ersetzt werden, womit eine hohe IT-Systemflexibilität
und -konsistenz erreicht wird. Die vorstehend skizzierte Entwicklung ist seit mehr als 20
Jahren zu beobachten. Die im Rahmen dieses Beitrags behandelten Auswirkungen einer
digitalen Transformation stellen somit keinen grundsätzlich neuen Einflussfaktor für die
Ausgestaltung von SSC dar, sondern greifen letztlich nur einen neuartigen Aspekt einer
(technologischen) Entwicklung auf, die seit vielen Jahren prägend die Entwicklung und
den intensivierten Ausbau von SSCs begleitet.

8.1.3 Zielsetzungen von Shared Services

Aufgrund der heterogenen Ausgangssituation der Unternehmen und der unterschiedlichen Ausrichtungen der Centertypen von Shared Services (siehe Abb. 8.2) unterscheiden sich naturgemäß die Zielsetzungen, die mit der Einführung eines SSC
verbunden werden. Wie im Abschn. 8.1.1 dargestellt, kann bei den Centertypen zwischen
CoS und CoE differenziert werden. Insgesamt haben CoS gegenüber den CoE in der

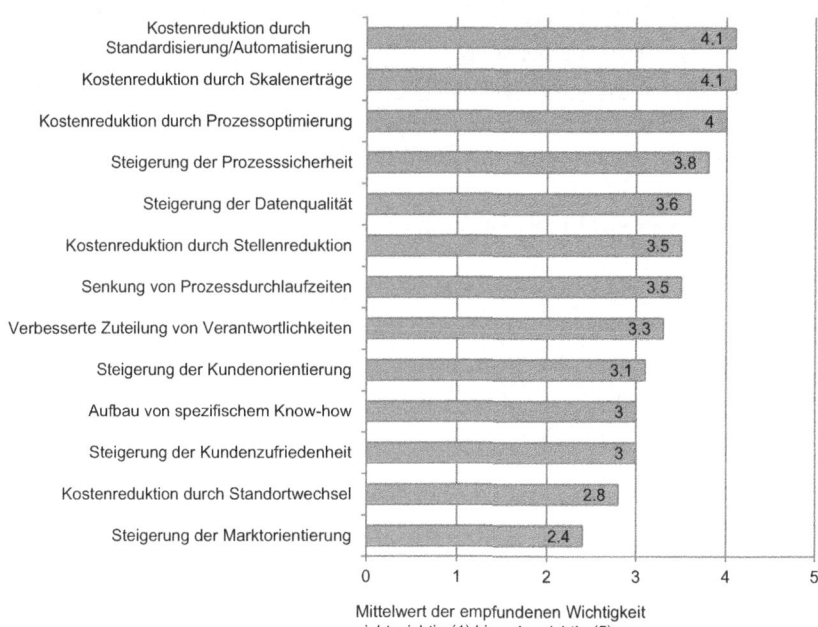

Abb. 8.2 Gründe für die Einführung eines SSC. (Quelle: KPMG 2015, S. 13)

Unternehmenspraxis eine größere Bedeutung. Bei den CoS stehen dabei eher finanzielle Ziele im Vordergrund, während bei CoE eher qualitative Zielsetzungen verfolgt werden, wie der Aufbau von spezifischem Know-how oder eine Steigerung der Prozesssicherheit.

Unabhängig vom Centertyp – wenngleich abweichend in der Priorisierung – verfolgen Shared-Services-Projekte immer finanzielle Ziele im Sinne einer Kostenreduktion. Die Verbesserung der Kostensituation wird dabei insbesondere von Maßnahmen zur Prozesskonsolidierung, der Prozessoptimierung und aufgrund von Standortwechseln in Niedriglohnländer erzielt. Haupttreiber hierfür sind strukturbedingte Skalen- und Synergieeffekte. Redundante Prozesse und inhomogene Infrastrukturen werden durch Zentralisierung in einer Einheit weitestgehend ausgeschlossen. Für die Center-Mitarbeiter sind zudem aufgrund der wiederkehrenden Leistungserbringung positive Lerneffekte in Form von reduzierten Durchlaufzeiten und somit eine erhöhte Prozesseffizienz bzw. geringere Fixkosten je Leistungseinheit zu erwarten (Sterzenbach 2010, S. 122 ff.). Mit der Übertragung der Prozessdurchführung in spezielle Center ist zudem eine Reduktion der Prozessvarianten möglich, wodurch der Einarbeitungs- und Weiterbildungsaufwand verringert wird. Zudem können die Mitarbeiter häufig besser und gleichmäßiger ausgelastet werden.

8.1.4 Auswahlkriterien von geeigneten Prozessen

Die Auswahl der für ein SSC geeigneten Prozesse stellt eines der wichtigsten Gestaltungsmerkmale dar. Grundsätzlich eignen sich hierfür alle Prozesse, die bisher an mehreren regionalen, nationalen oder internationalen Standorten erbracht wurden (Klingebiel 2005, S. 780). Hierbei sollte es sich allerdings weder um Kernprozesse noch um Teile eines intensiveren Kundenkontakts handeln, da sonst mit der Ausgliederung eine Abhängigkeit von Dritten entsteht. Bezogen auf die vorstehend vorgestellten beiden Centertypen ergibt sich dabei folgendes Profil für die Prozessauswahl:

Center-of-Scale-Prozesse (Brühl et al. 2017, S. 10).

- Einfache Separier- und Kategorisierbarkeit
- Standardisierbarkeit ohne relevante Qualitätseinbußen
- Prozessvorgaben können auch trotz räumlicher und zeitlicher Vorgaben erfüllt werden
- Großes Volumen (routine- oder transaktionsorientierte Prozesse)
- Eine Bewertbarkeit ist gegeben, womit Kosten bzw. Preise bestimmt werden können

Center-of-Expertise-Prozesse (Becker et al. 2008, S. 33; Schmitz et al. 2017, S. 894)

- Zusammenfassung von Prozessen, die ansonsten nicht die kritische Masse erreichen würden
- Prozesse erfordern spezifisches oder technisches Wissen seitens qualifizierter Mitarbeiter

- Zusammenlegung der Prozesse lässt wesentliche Spezialisierungsvorteile erwarten
- „Best Practice"-Entwicklung
- Keine Routinearbeit

8.1.5 Funktionsbezogene Schwerpunkte

Typische Anwendungsgebiete für SSC sind Unterstützungsleistungen im Finanz-, Personal-, Beschaffungs- und IT-Bereich. In vielen Unternehmen werden die in diesen Bereichen auslagerungsfähigen Prozesse seit einigen Jahren gebündelt; eine Untersuchung von PWC zeigt, dass die meisten SCC im Zeitraum 2010–2012 implementiert wurden (PWC 2016, S. 13). Grundsätzlich können nahezu alle unterstützenden Prozesse eines Unternehmens oder die Prozesse mehrerer Unternehmensbereiche/Sparten in SSC gebündelt werden. Der Abb. 8.3 ist eine Auswahl der wichtigsten auslagerungsfähigen Prozesse aus geeigneten Anwendungsgebieten für Shared Services zu entnehmen.

Von den bisher implementierten SSC lassen sich je nach CoE oder CoS unterschiedliche Fokussierungen auf die jeweiligen Anwendungsgebiete feststellen. CoS sind bisher bei den Unternehmen vor allem für die Bereiche Rechnungswesen, Personal und Finanzen eingeführt worden (siehe Abb. 8.4). Bei CoE hingegen fanden die größten Verlagerungen bislang in den Bereichen Recht/Steuern, Controlling und Finanzen statt. Weitgehend ähnlich sind die vom Arbeitskreis „Shared Services" erhobenen Ergebnisse, wenngleich dort im Rahmen der Erhebung keine Differenzierung nach Centertypen erfolgte (Brühl et al. 2017, S. 13).

8.2 Digitalisierungseffekte und Einsatzbereiche von Shared-Service-Centern

8.2.1 Megatrend Digitalisierung

Die aktuell breit diskutierte Digitalisierung ist ein Megatrend, der nahezu sämtliche beruflichen und privaten Lebensbereiche erfassen wird. In Verbindung mit der Digitalisierung werden zunehmend mehr Daten miteinander verknüpft, womit neue Produkte, Dienstleistungen und Geschäftsmodelle verbunden sind. Die Intensität und der Umfang der mit der Digitalisierung verbundenen Veränderungen werden in den einzelnen Unternehmen unabhängig von der jeweiligen Branchenzugehörigkeit geprägt (Kirchmann et al. 2016, S. 26).

Die zunehmende Intensivierung der Digitalisierung kann aus dem Blickwinkel der Unternehmensführung zur verbesserten Anschaulichkeit in drei Wirkungsebenen untergliedert werden (siehe Abb. 8.5). Im Einzelnen umfasst diese Betrachtung folgende Bereiche:

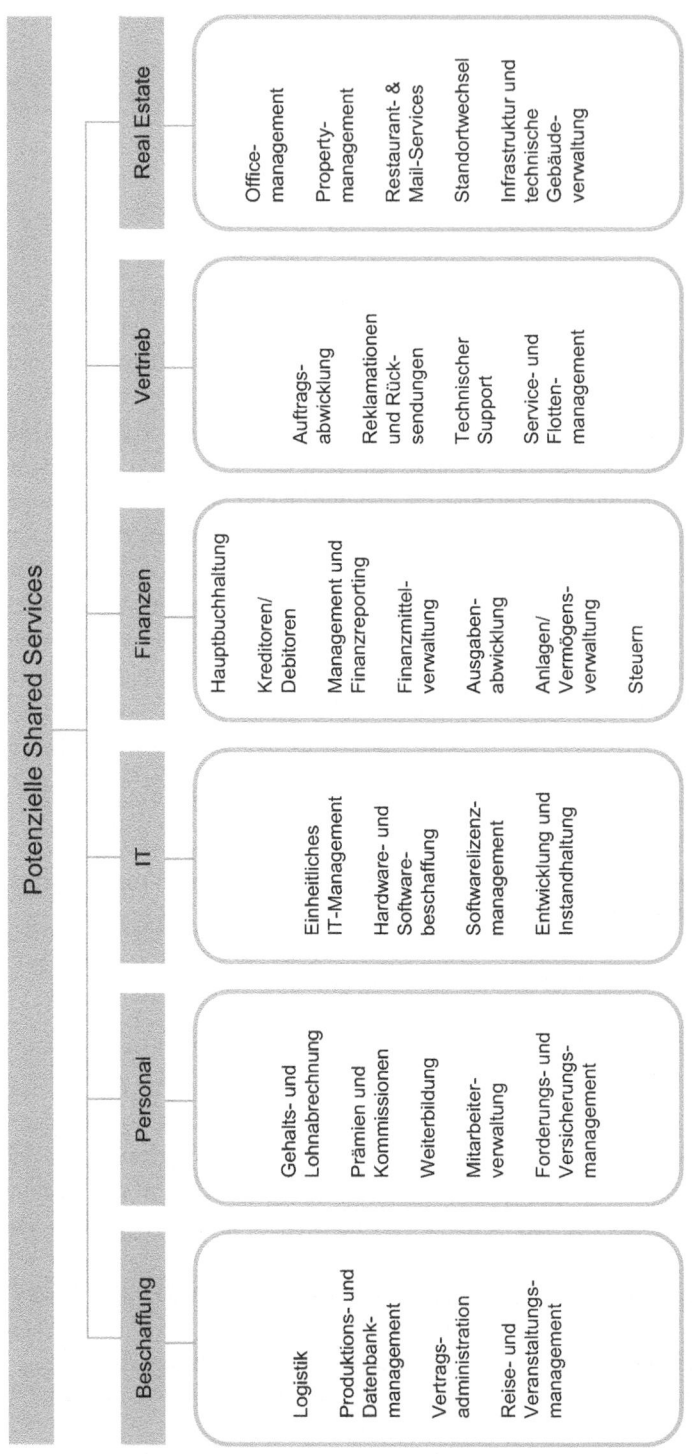

Abb. 8.3 Potenzielle Anwendungsgebiete für Shared Services. (Quelle: Brühl et al. 2017, S. 13)

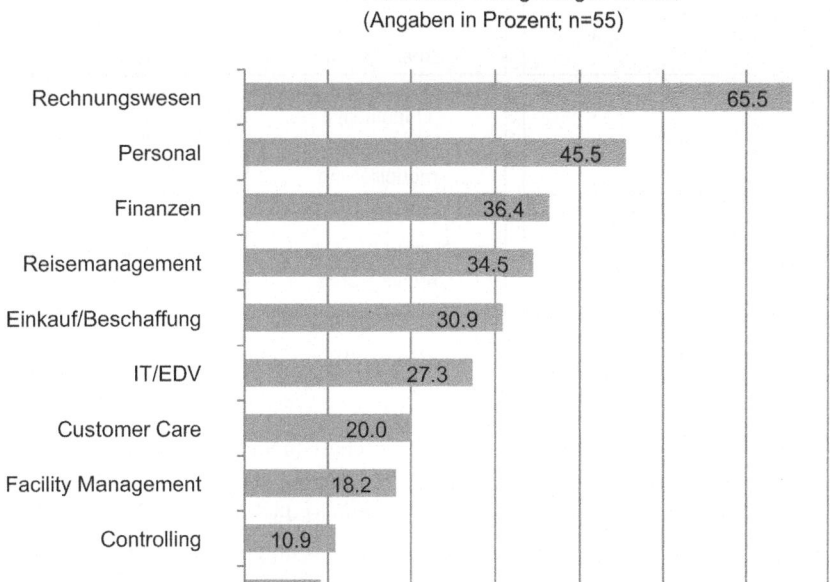

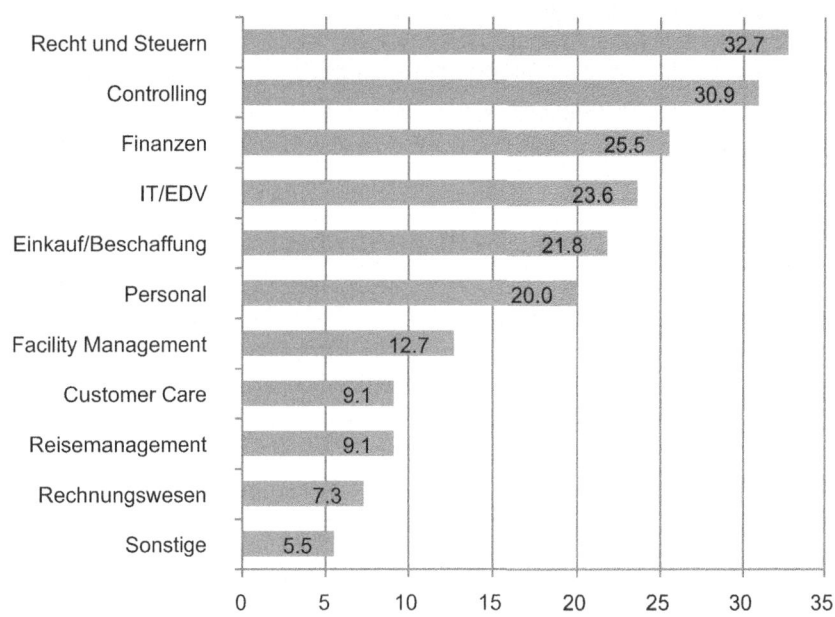

Abb. 8.4 Realisierte Verlagerungen in CoS und CoE. (Quelle: KPMG 2015, S. 14)

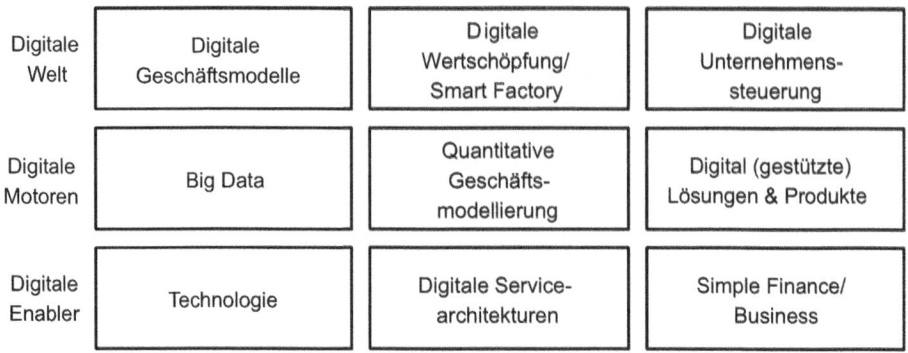

Abb. 8.5 Wirkungsebenen der Digitalisierung. (Quelle: Kieninger et al. 2015, S. 4)

Die *digitale Welt* umfasst dabei digitale Geschäftsmodelle, wie sie beispielsweise in Technologie-Start-ups oder aber auch bei etablierten, diversifizierten Unternehmen gegeben sind. Bei der digitalen Wertschöpfung/Smart Factory hingegen werden konzeptionelle Überlegungen im Sinne einer Industrie 4.0 umgesetzt, während die digitale Unternehmenssteuerung insbesondere auf eine Weiterentwicklung der traditionellen Steuerungsinstrumente ausgerichtet ist.

Die *digitalen Motoren* fungieren als Treiber der digitalen Welt. Der Bereich Big Data wird dabei von der Fähigkeit geprägt, sehr große und sehr heterogene interne/externe Daten auszuwerten. Die quantitative Geschäftsmodellierung verfolgt eine Beschreibung und Strukturierung der Wirkungszusammenhänge im Unternehmen, während digital gestützte Lösungen und Produkte spezifische Bausteine (z. B. Apps) in Verbindung mit einer konkreten Aufgabe beschreiben.

Basis der gesamten Struktur bilden die *digitalen Enabler-Technologien,* die eine flexible Nutzung und Abstimmung von technischen Diensten sowie eine integrierte Gesamtlösung im Sinne von Simple Finance/Business ermöglichen.

8.2.2   Controlling und Wirkungseffekte der Digitalisierung

Die Digitalisierung wird das Controlling in den Unternehmen voraussichtlich grundlegend verändern. Die hierzu aktuell vorgelegten Einschätzungen gehen entsprechend der Neuartigkeit dieser Entwicklung naturgemäß erheblich auseinander. Naheliegend und plausibel erscheint die Erwartung, dass von der Digitalisierung insbesondere für die Bereiche Reporting, Projekt-Controlling und Kostenstellen-/Kostenträgerrechnung erhebliche Veränderungen zu erwarten sind. Das Reporting wird sich aufgrund der gegebenen Datenverfügbarkeit und der automatisierten Auswertungssysteme in Richtung eines Ad-hoc-Reportings entwickeln. Aufgrund eines Echtzeit-Monitorings werden im Projekt-Controlling grundlegend neue Steuerungsmechanismen verfügbar. Zudem – wenngleich an dieser Stelle eher kritisch gesehen – kann durch die hohe Datendichte bzw. eine verbesserte kostenträgergerechte Kostenzuordnung eine Reduktion der Gemeinkosten erreicht werden (Gleich et al. 2016, S. 81). Übergreifend prägend ist mit der Digitalisierung eine Entwicklung zu erwarten, wonach für die Manager in den Unternehmen die von ihnen benötigten Informationen umfassender und komfortabler verfügbar sind und diese zudem selbst aus den Systemen gezogen werden können (Schäffer und Weber 2017, S. 57).

8.2.3 Digitale Wirkungseffekte in der Steuerung von Shared-Service-Centern

Die Basis für das Controlling von SSC bildet heute der Einsatz von Kennzahlen zur Analyse des Erreichungsgrads von Kosten- und Qualitätszielen (Fischer und Hirsch 2017, S. 16). Bei transaktionsorientierten Prozessen im Sinne eines CoS dominieren dabei entsprechend dem Charakter dieses Centertyps kostenorientierte Kennzahlen. Exemplarisch können hierfür Kenngrößen zur Einhaltung der Budgets, die Entwicklung der Prozesskosten oder die Kosten je Mitarbeiter genannt werden. Von diesen Kenngrößen unterscheiden sich die Kennzahlen bei expertenbasierten Prozessen in einem CoE. Der Ausrichtung dieses Centertyps folgend, stehen hier eher Kenngrößen zum Qualitätsgrad, zur Erhebung der Kundenzufriedenheit oder zur Termintreue bei der Bearbeitung der Prozesse im Vordergrund.

Vor dem Hintergrund einer zunehmenden Intensivierung der Digitalisierung in den Unternehmen stellt sich zwangsläufig die Frage, inwiefern hiervon Einflüsse auf die weitere Ausrichtung der SSC zu erwarten sind. Die Erwartungen hierzu sind eher breit gestreut. In einigen Funktionsbereichen werden die Prozesse voraussichtlich weiter verschlankt (z. B. Logistik), andere Prozesse werden zunehmend automatisiert (z. B. Customer Service Center) oder werden möglicherweise ganz obsolet (z. B. Print Service). Einfache Geschäftsprozesse werden voraussichtlich schrittweise automatisiert und künftig auch nicht mehr Gegenstand einer Verlagerung in ein SSC sein (Montana und Ehrich o. J., S. 6). Hierdurch dürften primär Prozesse entfallen, die aktuell im Rahmen von CoS ausgeführt werden. Diese Erwartung wird insbesondere auch durch eine Einschätzung von PWC bei der Auslagerung von Routinearbeiten bei Prüfungsaktivitäten geteilt (o. V. 2017, S. 25). Danach werden SSC mit dieser Ausrichtung aktuell noch verstärkt werden, jedoch ist heute bereits absehbar, dass sie in wenigen Jahren wieder verkleinert/reduziert werden, weil sie dann durch maschinelle Prüfungen ersetzt werden. Für die Ausrichtung des Controllings von CoS würde dies bedeuten, dass sich mit der schrittweisen Reduzierung derartiger Center konsequenterweise auch die Notwendigkeit eines Controllings sukzessive erübrigt.

Die wichtigsten Veränderungswirkungen von SSC gehen gegenwärtig von der Digitalisierung aus. Die zentrale Ursache dafür, dass diese Entwicklung in den Unterstützungsfunktionen vieler Unternehmen nur unzureichend umgesetzt wird, sind fragmentierte

Prozesse, die in komplexen IT-Landschaften zementiert sind (Lueg 2017, S. 2). Eine Zentralisierung und damit Bündelung derartiger Prozesse in SSC ermöglicht Standardisierungs- und Optimierungspotenzial als wichtige Basis für die spätere wirtschaftliche Automatisierung der Prozesse. Diese Veränderungen können auf drei Ebenen erreicht werden und umfassen hierbei die Anpassung der Enterprise-Resource-Planning(ERP)-Systeme, die Einführung von Business-Process-Management (BPM) sowie der Robotic-Process-Automation (RPA).

RPA steht für die Automatisierung von manuellen Prozessen auf Basis einer Kombination aus Prozessautomatisierungssoftware und künstlicher Intelligenz und wird voraussichtlich einen erheblichen Einfluss auf die zukünftige Entwicklung von SSC haben. Zwar haben nach McKinsey erst 22 % der SSC Kapazitäten im Bereich der Automatisierung und Digitalisierung aufgebaut, jedoch ist der Trend deutlich steigend (Chandok et al. 2016).

Das Management von SSC ist gefordert, die Ausrichtung und Steuerung der Center an vorgezeichneten Veränderungen zu orientieren. Transaktionsbasierte bzw. datenbasierte Prozesse können – sofern sie zukünftig überhaupt noch zum Leistungsspektrum von SSC gehören – weitgehend automatisiert ausgeführt werden. Deutliche Veränderungen sind gleichfalls bei expertenbasierten Prozessen möglich, da aufgrund einer Verbesserung der Leistungsfähigkeit künstlicher Intelligenz eine intensivierte Automatisierung zu erwarten ist. Für die zukünftige Steuerung von SSC ergeben sich hieraus neue Anforderungen bei der Auswahl von aussagekräftigen Steuerungskennzahlen. So werden Kennzahlen der IT-Qualität (z. B. Serververfügbarkeit) bedeutsamer; parallel ermöglichen verbesserte Echtzeitauswertungen von Kosten- und Qualitätsdaten kurzfristige Reaktionen bei festgestellten Abweichungen und genauere Prognoserechnungen (Fischer und Hirsch 2017, S. 216).

8.3   Entwicklungsstufen von Shared-Service-Centern

8.3.1   Bisherige Entwicklungsstufen von Shared-Service-Centern

Das Umfeld von SSC befindet sich in einem kontinuierlichen Veränderungsprozess. Unternehmensziele und -strategien verändern sich unter dem Eindruck weiter entwickelter Geschäftsmodelle, internationaler Zusammenarbeit und technologischer Entwicklungen. Wenngleich die Weiterentwicklung von SSC in der Unternehmenspraxis sehr unterschiedlich verläuft, können zumindest Merkmale im Sinne von Leistungsumfängen und -spektren identifiziert werden. Insgesamt ist bei den Unternehmen eine Entwicklung zu beobachten, wonach in einer frühen Entwicklungsphase von SSC transaktionsbasierte Prozesse (CoS) dominieren, die in einer späteren Phase durch expertenbasierte Prozesse (CoE) ergänzt bzw. ersetzt werden. Die Abb. 8.6 zeigt in den Stufen 1 bis 4 die bisher zu beobachtenden Entwicklungsstufen und die dazugehörigen Merkmale. Die 5. Stufe wird im nachfolgenden Abschnitt erläutert bzw. in der Abb. 8.7 skizziert.

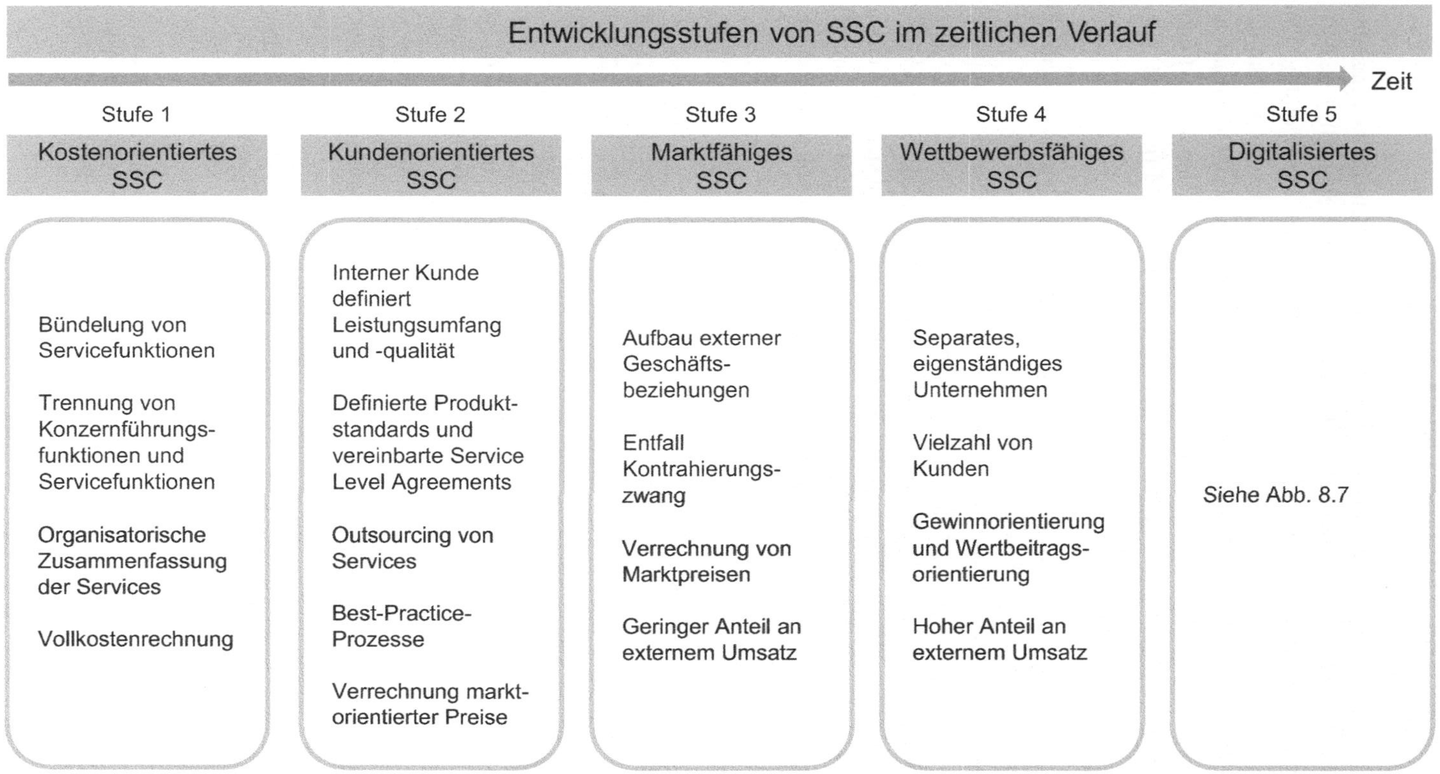

Entwicklungsstufen von SSC im zeitlichen Verlauf

Stufe 1	Stufe 2	Stufe 3	Stufe 4	Stufe 5
Kostenorientiertes SSC	Kundenorientiertes SSC	Marktfähiges SSC	Wettbewerbsfähiges SSC	Digitalisiertes SSC
Bündelung von Servicefunktionen	Interner Kunde definiert Leistungsumfang und -qualität	Aufbau externer Geschäfts-beziehungen	Separates, eigenständiges Unternehmen	Siehe Abb. 8.7
Trennung von Konzernführungs-funktionen und Servicefunktionen	Definierte Produkt-standards und vereinbarte Service Level Agreements	Entfall Kontrahierungs-zwang	Vielzahl von Kunden	
Organisatorische Zusammenfassung der Services	Outsourcing von Services	Verrechnung von Marktpreisen	Gewinnorientierung und Wertbeitrags-orientierung	
Vollkostenrechnung	Best-Practice-Prozesse	Geringer Anteil an externem Umsatz	Hoher Anteil an externem Umsatz	
	Verrechnung markt-orientierter Preise			

↑ Zeit

Abb. 8.6 Entwicklungsstufen von SSC. (Quelle: Brühl et al. 2017, S. 17)

8.3.2 Digitalisierung als neuer Impuls

Der Großteil der deutschen/europäischen SSC wurde kurz nach der Jahrtausendwende eingeführt und weist folglich einen hohen Reifegrad auf (Fritze et al. 2013, S. 640). Den hohen Reifegrad unterstreicht auch eine 2016 von PWC erneut durchgeführte Umfrage (PWC 2016, S. 11). Die Ergebnisse dieser Studie zeigen dabei, dass im Verlauf der letzten Jahre sowohl der Reifegrad der existierenden Shared-Service-Organisationen als auch die Effektivität und Effizienz der administrativen Unternehmensfunktionen stetig vorangetrieben wurden. Insgesamt können die wichtigsten Ergebnisse wie folgt zusammengefasst werden:

- Shared Services sind unverändert ein wesentlicher Treiber einer Kostenreduktion (Kostenreduzierung über 30 % bei steigender Servicequalität).
- Unternehmen sehen sich zunehmend mit den Herausforderungen der Digitalisierung und der Abbildung neuer Geschäftsmodelle konfrontiert.
- Kontinuierliche Verbesserungsprozesse sind weitgehend in den Service Centern implementiert, wobei die vollen Effekte überwiegend noch nicht sichtbar werden.
- Die Prozessautomatisierung – beispielswiese durch RPA – wird insgesamt als der nächste Schritt zur weiteren Ausschöpfung der Optimierungspotenziale gesehen.

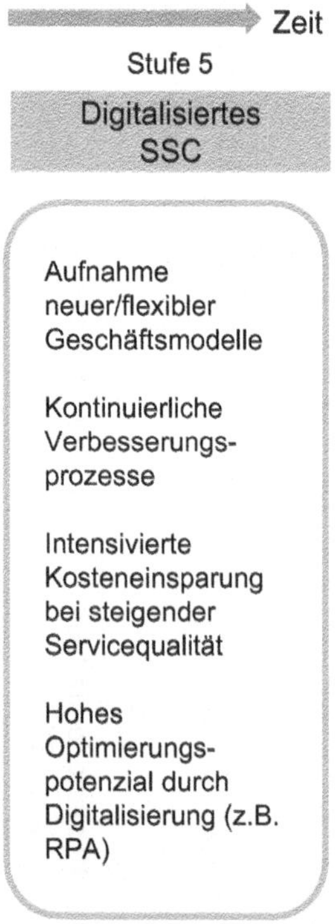

Abb. 8.7 Merkmale einer digitalen SSC

Zeit

Stufe 5

Digitalisiertes SSC

Aufnahme neuer/flexibler Geschäftsmodelle

Kontinuierliche Verbesserungs-prozesse

Intensivierte Kosteneinsparung bei steigender Servicequalität

Hohes Optimierungs-potenzial durch Digitalisierung (z.B. RPA)

Der letztgenannte Aspekt verdient dabei eine besondere Beachtung, da nach einer 2017 von Deloitte bei 330 Unternehmen weltweit durchgeführten Studie ca. 58 % der befragten Unternehmen angaben, in Verbindung mit SSC zumindest mit RPA-Aktivitäten begonnen zu haben und hiervon 36 % den hiermit verbunden Kosteneinsparungseffekt mit mindestens 20 % bewerteten (Deloitte 2017, S. 16). Konkret bedeutet dies, dass zukünftig transaktionale Aktivitäten der Finanzbuchhaltung vollständig automatisiert ablaufen. Darüber hinaus können Aktivitäten der Unternehmensplanung durch die Digitalisierung bzw. durch Cognitive Computing automatisiert werden (Schmitz et al. 2017, S. 897).

8.4 Fazit

Der vorliegende Beitrag umfasst – ausgehend von einer Beschreibung der Centertypen – eine Situationsaufnahme von SSC und dem hier vorhandenen Einfluss der Digitalisierung. Die Impulsgeber, Zielsetzungen, Auswahlkriterien und die funktionsbezogenen Schwerpunkte haben sich durch die Digitalisierung wenig geändert. Deutliche Veränderungen sind eher im Bereich der Ausrichtung von SSC zu erwarten: Weniger CoS und (anteilig) mehr CoE, wodurch natürlich auch eine Verlagerung der Steuerungsanforderungen verbunden ist. Neben der bestehenden Problematik der mit der Digitalisierung zu erwartenden Veränderungen ist gleichfalls die Einordnung der Veränderungsgeschwindigkeit erheblich. Möglicherweise ist die Veränderungsintensität weniger drastisch, als aktuell von vielen Seiten erwartet wird. Dies gilt insbesondere dann, wenn der Einschätzung von Joachim Jäckle (Henkel) gefolgt wird: „Ich denke also nicht, dass die Leistungen, die heute von den SSC erbracht werden, bald vollautomatisch sein werden. Dafür ist das Geschehen zu vielfältig und die Anforderungen verändern sich zu schnell. Dazu kommt, dass das Kostenniveau der Shared Service Center oft so niedrig ist, dass es schwierig ist, einen Business Case für eine Automatisierung zu definieren. Manchmal ist es zwar nicht effizienter, aber günstiger, einen Prozess weiter manuell zu betreiben" (Jäckle 2015, S. 22).

Literatur

Becker, W., Bluhm, K., Kunz, C., & Mayer, B. (2008). *Gestaltung von Shared Service Centern in internationalen Konzernen*. Uni Bamberg. https://www.uni-bamberg.de/fileadmin/uni/fakultaeten/sowi_lehrstuehle/unternehmensfuehrung/Download-Bereich/BBB_158_Gestaltung_von_Shared_Service_Centern_WB_KB_CK_BM.pdf. Zugegriffen: 1. Dez. 2018.
Brühl, R., Kajüter, P., Fischer, T. M., Hirsch, St., Dornbusch, D., Hoffmann, & J., Vollmer, M. (2017). In T. M. Fischer, & M. Vollmer (Hrsg.), Erfolgreiche Führung von Shared Services. *ZfbF-Sonderheft, 70*(17), 3–23.
Buchter, H. (2017). *Schluss mit der Globalisierung. Die Zeit, 43*(72), 37.

Chandok, P., Chheda, H., & Edlich, A. (2016). How shared-services organizations can prepare for a digital future. https://www.mckinsey.com/business-functions/digital-mckinsey/our-insights/how-shared-services-organizations-can-prepare-for-a-digital-future. Zugegriffen: 1. Dez. 2018.

Deimel, K. (2008). Möglichkeiten und Grenzen des Wertmanagements durch Shared-Service-Center. In F. Keuper (Hrsg.), *Corporate shared services* (S. 191–219). Wiesbaden: Gabler.

Deloitte. (2016). Deloitte's 2016 Global outsourcing survey. https://www2.deloitte.com/content/dam/Deloitte/nl/Documents/operations/deloitte-nl-s&o-global-outsourcing-survey.pdf. Zugegriffen: 1. Dez. 2018.

Deloitte (2017) Global shared services. 2017 survey report. https://www2.deloitte.com/content/dam/Deloitte/us/Documents/process-and-operations/us-global-shared-services-report.pdf. Zugegriffen: 1. Dez. 2018.

Fischer, T., & Hirsch, St. (2017). Service-Zentren: beliebt und gefährdet. *Frankfurter Allgemeine Zeitung, 246,* 216.

Fischer, T., & Sterzenbach, S. (2006). ZP-Stichwort: Shared Service Centers. *Zeitschrift für Planung und Unternehmenssteuerung, 17,* 123–128.

Fritze, A. K., Küpper, V., Möller, K., & Reimann, A. (2013). Shared Services für Controlling-Prozesse – Umsetzungsstand und Gestaltungsfaktoren. *Controlling – Zeitschrift für erfolgsorientierte Unternehmenssteuerung, 25,* 634–640.

Gleich, R., Thiele, P., & Munck, J. C. (2016). Auswirkungen von Industrie 4.0 auf das Produktionscontrolling von morgen. *Controller Magazin, 3*(42), 80–84.

Jäckle, J. (2015). „Die Digitalisierung wird unser Leben im Controlling verändern", Interview mit Utz Schäffer. *Controlling & Management Review, 2*(59), 18–23.

Kieninger, M., Mehanna, W., & Michel, U. (2015). Auswirkungen der Digitalisierung auf die Unternehmenssteuerung. In P. Horváth & U. Michel (Hrsg.), *Controlling im digitalen Zeitalter* (S. 3–13). Stuttgart: Schäffer-Poeschel.

Kirchmann, M., Tobias, St, & Cengizeroglu, C. (2016). Reporting 2025 – Die Zukunft des Reporting im Zuge der Digitalisierung. In P. Horváth & U. Michel (Hrsg.), *Digital controlling & simple finance* (S. 25–35). Stuttgart: Schäffer-Poeschel.

Klingebiel, N. (2005). *Shared Service Center. Das Wirtschaftsstudium, 34,* 777–782.

KPMG. (2015). Service Management in der Shared Service Organisation – Ergebnisse einer empirischen Untersuchung zum Reifegrad von Shared Service Organisationen. https://assets.kpmg.com/content/dam/kpmg/pdf/2015/11/151126_kpmg_sso_studie_sec.pdf. Zugegriffen: 1. Dez. 2018.

Krüger, W., & Danner, M. (2004). Bündelung von Controllingfunktionen in Shared Service Centern. *Zeitschrift für Controlling und Management, 2*(48), 110–118.

Lueg, K. E. (2017). Die Zukunft von Shared Service: Audit Committee News, 57(Q2). https://assets.kpmg.com/content/dam/kpmg/ch/pdf/zukunf-shared-services-de.pdf. Zugegriffen: 1. Dezember 2018.

Montana C., & Ehrich, T. (o. J.). Digitalisierte Shared Service Center – Die nächste Evolutionsstufe. White Paper. https://www.eandco.com/files/content/documents/eandCo_White_Paper_Shared_Service_Center.pdf. Zugegriffen: 1. Dez. 2017.

O. V., l. (2017). PWC will schneller beraten und maschinell prüfen. *Frankfurter Allgemeine Zeitung, 237,* 25.

Pérez, N. (2008). *Service Center Organisation. Neue Formen der Steuerung von internen Dienstleistungen unter besonderer Berücksichtigung von Shared Services.* Wiesbaden: Gabler.

Prahalad, C. K., & Hamel, G. (1990). The core competence of the corporation. *Harvard Business Review, 3*(68), 79–91.

PWC (2016). Shared services: Multiplying success. https://www.pwc.de/de/prozessoptimierung/shared-services-multiplying-success.html. Zugegriffen: 1. Dez. 2018.

Schäffer, U., & Weber, J. (2017). Persönliche Überlebensstrategien für Controller im Zeichen der Digitalisierung. *Controlling – Zeitschrift für erfolgsorientierte Unternehmenssteuerung, Sonderausgabe September 2017, 61,* 56–59.

Schmitz, M., Wach, F., & Wick, A. (2017). *Realisierung von multifunktionalen Shared-Service-Centern. Wirtschaftsprüfung, 70,* 891–898.

Sterzenbach, S. (2010). *Shared Service Center-Controlling. Theoretische Ausgestaltung und empirische Befunde in deutschen Unternehmen.* Frankfurt a. M.: Lang.

Weiser, C., Balser, L., & Wappler, M. (2009). Controlling von Shared Services Centern. *Controlling & Management, 53,* 187–192.

Prof. Dr. Norbert Klingebiel vertritt den Bereich Rechnungswesen/Controlling an der Westfälischen Hochschule (Campus Gelsenkirchen). Er ist Dozent u. a. an der Universität St. Gallen und der ZHAW, Zürich, sowie Geschäftsführer der Amacon GmbH in Düsseldorf.

Grundlagen und Wesensmerkmale von Bitcoins im Lichte aufsichtsrechtlicher Gegebenheiten

9

René Pollmann und Marcel Schrader

Inhaltsverzeichnis

R. Pollmann (✉)
Wesel, Deutschland
E-Mail: pollmann.rene@gmail.com

M. Schrader
Hannover, Deutschland
E-Mail: marcel_schrader@me.com

© Springer Fachmedien Wiesbaden GmbH, ein Teil von Springer Nature 2019
T. Kümpel et al. (Hrsg.), *Controlling & Innovation 2019,* FOM-Edition,
https://doi.org/10.1007/978-3-658-23474-4_9

Zusammenfassung

„The one thing that is missing, but will soon be developed, is a reliable e-cash, a method whereby on the Internet you can transfer funds from A to B, without A knowing B or B knowing A. The way I can take a $ 20 bill, hand it over to you, and then there's no record of where it came from. You may get that (e-cash) without knowing who I am. That kind of thing will develop on the Internet and that will make it even easier for people using the internet."

Mit dieser Aussage skizzierte Milton Friedman noch vor der Jahrtausendwende die Anfänge einer dezentralen und anonymen Zahlungsweise im Internet. Tatsächlich haben onlinebasierte Zahlungsmittel in den letzten zehn Jahren eine rasante Entwicklung durchlaufen. Die steigende Akzeptanz sogenannter Kryptowährungen stellen Verbraucher, Unternehmen und regulierende Stellen vor vielseitige Herausforderungen im Zuge des digitalen Wandels. In vielen Ländern ist die aufsichtsrechtliche Beurteilung von Kryptowährungen noch nicht abschließend geklärt, da bei der Einordnung dieser neuartigen Zahlungseinheiten zahlreiche regulatorische Besonderheiten und Bedenken zu berücksichtigen sind.

9.1 Einleitung

9.1.1 Kryptowährung Bitcoin

Die Finanzwelt durchläuft derzeit einen fundamentalen Wandel und das klassische Bankgeschäft gerät im Zuge der Digitalisierung zunehmend unter Druck. Der technologische Fortschritt führt rasant zu neuen Entwicklungen. Die nicht zuletzt vor diesem Hintergrund entstandenen onlinebasierten Zahlungsmittel durchlaufen seit den letzten zehn Jahren eine imposante Entwicklung. Die steigende Akzeptanz der sogenannten Kryptowährungen stellen Verbraucher, Unternehmen und regulierende Stellen vor vielseitige Herausforderungen im Zuge des digitalen Wandels. Die erste öffentlich verfügbare Kryptowährung ist der seit 2009 gehandelte Bitcoin. Als Grundlage des ersten Wechselkurses diente eine Kalkulation, die zur Berechnung der Strom- und Hardwarekosten der Bitcoin-Erzeugung genutzt wurde. Die anhaltende mediale Aufmerksamkeit und die steigende Verbreitung haben den Bitcoin-Kurs im Zeitverlauf jedoch beflügelt. Wurden im Jahr 2010 noch 10.000 Bitcoins für die erste reale Zahlung von zwei Pizzen veranschlagt, erreichte die Kursentwicklung 2017 den Höchststand von knapp 17.000 EUR pro Bitcoin. Das Geschäft mit Bitcoins ist nach wie vor durch rechtliche Unsicherheiten gekennzeichnet und nur wenig reguliert. Doch wie ordnen Finanzaufsichtsbehörden diese Kryptowährung ein und inwiefern gleichen sich die aufsichtsrechtlichen Einschätzungen im internationalen Raum?

9.1.2 Überblick über das Bitcoin-System, seine Bestandteile und Funktionsweise

Alle Kryptowährungen basieren auf der Idee einer nicht staatlichen Ersatzwährung mit begrenzter Geldmenge. Im Gegensatz zum klassischen Geldsystem, das zum einen durch eine theoretisch unbegrenzte Ausgabe von Geld durch Notenbanken und zum anderen durch die Erschaffung von Buchgeld durch Geschäftsbanken geprägt ist, erfolgt die Schöpfung neuer Einheiten über mathematische Verfahren. Der digitale Wert wird folglich nicht durch ein Zentralbanksystem geschaffen und überwacht, sondern innerhalb eines Netzwerkes durch einen zugrunde gelegten mathematischen Algorithmus erzeugt (Berentsen und Schär 2017, Vorwort). Die häufig auch als digitales Bargeld bezeichnete Kryptowährung findet schließlich Verwendung für die Bezahlung sowohl realer als auch virtueller Güter (Duskin 2014, S. 2).

Als Basis von Kryptowährungen dient ein sogenanntes Open-Source-Protokoll, d. h. der Quellcode kann öffentlich eingesehen werden. Insofern verwundert es nicht, dass heute bereits mehr als 1500 Kryptowährungen mit einer Gesamtmarktkapitalisierung von insgesamt ca. 460 Mrd. US$ existieren. Beispiele hierfür sind Ethereum, Namecoin, Litecoin oder Ripple. Der grundlegende Beginn dieser Art Ersatzwährung wird allerdings der Bitcoin-Bewegung zugeordnet. Bitcoins zählen zu den bekanntesten und am weitesten verbreiteten Formen der Kryptowährungen. Die zahlreichen weiteren Ausprägungen werden aus diesem Grund als Vereinfachung häufig unter der Bezeichnung Altcoins (Alternative Kryptowährungen) zusammengefasst (Sixt 2017, S. 111 f.).

Die Bitcoin-Technologie verbindet die Teilkomponenten Bitcoins, das Bitcoin-Netzwerk, das Bitcoin-Protokoll, die asymmetrische Kryptografie und die Blockchain zu einer Gesamtheit (Abb. 9.1). Das gesamte Bitcoin-System ist dezentral aufgebaut und die Technologie

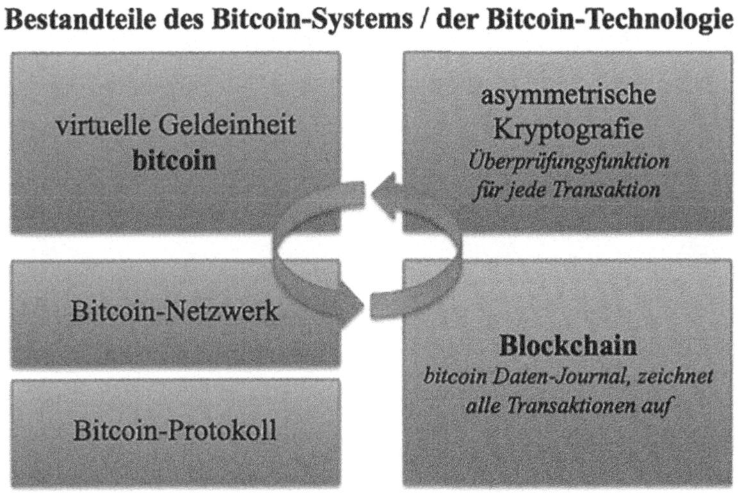

Abb. 9.1 Teilkomponenten des Bitcoin-Systems. (Quelle:Iin Anlehnung an Berentsen und Schär 2017, S. 49)

wird allen Teilnehmern offengelegt (Open Source). Es handelt sich um ein unabhängiges
System, das aktiv durch seine Teilnehmer betrieben wird (Berentsen und Schär 2017,
S. 69 ff.). Das Bitcoin-Netzwerk bildet hierbei das grundlegende Fundament, indem es den
einzelnen Teilnehmern das Vernetzen und die Kommunikation untereinander ermöglicht.
Das Netzwerk basiert auf einem sogenannten Peer-to-Peer-Ansatz (Abb. 9.2), bei dem sich
alle Mitglieder grundsätzlich gleichberechtigt gegenüberstehen. Eine übergeordnete und
koordinierende Instanz, die Transaktionen durchführt, kontrolliert und verwaltet oder zur
„Geldschöpfung" beiträgt, existiert folglich nicht. Um eine Verbindung mit dem Bitcoin-
Netzwerk herzustellen, sind lediglich ein Bitcoin-Client, eine Wallet (engl. Brieftasche,
Geldbörse) und ein Internetzugang erforderlich. Die einzelnen Transaktionen der Teilnehmer
werden als Nachrichten bezeichnet und dienen als Zahlungsaufträge. Sie stellen somit die
Grundlage für die Übertragung der digitalen Währung dar. Bitcoins sind mit sogenannten
Adressen verknüpft. Diese bestehen wiederum aus in der Regel zufällig zusammengesetzten
Zeichenketten. Diese Adressen verwaltet der Nutzer mit seinem Client in Wallet-Dateien, die
neben den Adressen auch die jeweiligen privaten und öffentlichen Schlüsselpaare enthalten,
die zur Authentifizierung von Transaktionen innerhalb des Netzwerks dienen.

Überträgt ein Teilnehmer einen bestimmten Wert von Bitcoins an einen anderen Teilnehmer, wird ein entsprechender Zahlungsauftrag in Form einer Transaktionsnachricht
erzeugt. Diese Nachricht wird kryptografisch signiert und an den anderen Teilnehmer bzw.
an seine hierfür durch den Client erstellte pseudonyme Adresse übertragen (Berentsen und
Schär 2017, S. 95 ff.). Das Bitcoin-System verwendet für jede einzelne Transaktion ein
asymmetrisches Verschlüsselungssystem. Mithilfe des privaten Schlüssels wird die Ver-
fügungsberechtigung der entsprechenden Bitcoins bestätigt. Jeder Vorgang wird dabei in
einer öffentlich einsehbaren Datenbank gespeichert – der sogenannten Blockchain (Sixt
2017, S. 29 ff.). Die Blockchain-Datenhaltung erfolgt nicht zentral, sondern dezentral

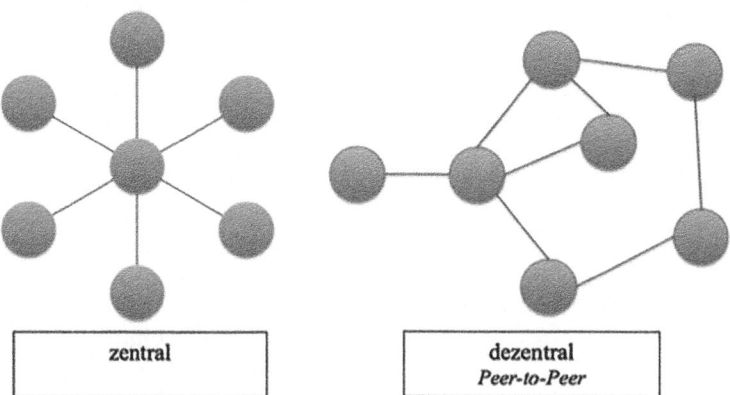

Abb. 9.2 Peer-to-Peer Netzwerk vs. zentralisiert. (Quelle: In Anlehnung an Platzer 2014, S. 18)

innerhalb der Netzwerkstrukturen. Hierdurch erhöht sich zum einen die Ausfallsicher-
heit und zum anderen sind die in der Blockchain enthaltenen Daten für jeden Netzwerkteilnehmer einfach zu überprüfen. Einfacher ausgedrückt kann die Blockchain mit einem
Buchhalter verglichen werden, der alle Geschäftsvorfälle seines Unternehmens in einem
Netzwerk aufzeichnet und am Ende eines jeden Geschäftstages diese Aufzeichnungen
ablegt. Diese unendlich große Ablage spiegelt die Blockchain wider, die jeden Tag mit
neuen Geschäftsvorfällen bestückt wird (Holtermann 2017, S. 3). Ferner besteht neben dem
netzwerkbasierten Übertragungsweg auch die Möglichkeit, Wallet-Dateien bzw. Adressen
und Schlüssel physisch mithilfe von Datenträgern zwischen Personen zu übertragen.

9.1.3 Kennzeichnende Eigenschaften von Bitcoins

Bei Bitcoins handelt es sich um eine neuartige Zahlungseinheit, die weder zentral
reguliert und kontrolliert noch von einer zentralen Stelle in Umlauf gebracht wird. Die
virtuellen Geldeinheiten des Bitcoin-Systems existieren nicht physisch. Darüber hinaus weisen sie keinerlei Fundamentalwerte oder angeknüpfte Zahlungsversprechen
auf (Berentsen und Schär 2017, S. 49). Anders als bei Geld, das Zentralbanken uneingeschränkt ausgeben können, und bei Buchgeld, das die Geschäftsbanken schaffen,
erfolgt die Schöpfung neuer Werteinheiten über ein vorbestimmtes mathematisches Verfahren innerhalb des Bitcoin-Netzwerkes. Dieser Prozess wird als Mining bezeichnet
und dient zur Verarbeitung von Transaktionen. Im Zuge des Minings werden Daten-
blöcke mit Transaktionen in die Blockchain eingetragen. Allerdings sind Bitcoins knapp,
denn durch das Bitcoin-Protokoll wird mathematisch ausgeschlossen, dass mehr als
21 Mio. Bitcoins im Umlauf sind. Die begrenzte Anzahl ist durch den Teilungsprozess
im Zuge des Minings begründet. Die Vergütung für das Bestätigen von Transaktionen
reduziert sich für die sogenannten Miner jeweils mit Ablauf von 210.000 Datenblöcken
(etwa alle vier Jahre), sodass voraussichtlich ab dem Jahr 2040 die Erzeugung neuer Bitcoins endet (Halaburda und Sarvary 2016, S. 108).

Ein weiteres Merkmal von Bitcoins liegt in ihrer Teilbarkeit. Die kleinstmögliche
Einheit wurde nach dem Erfinder Satoschi Nakamoto benannt und beträgt 0,00000.001
Bitcoin (=1 Satoshi). Darüber hinaus wird die Kryptowährung aufgrund der systemisch
vorgegebenen Algorithmen als technisch haltbar erachtet. Durch den mathematischen
Regelhintergrund wird ferner eine gewisse Fälschungssicherheit unterstellt. Neben der
einfachen und tendenziell sicheren Aufbewahrung sind Bitcoins auch bekannt für kurze
Transaktionszeiten und sehr geringe Transaktionsgebühren. Seit Inkrafttreten des ersten Wechselkurses sind erhebliche Kursschwankungen zu verzeichnen, die eine weitere
Eigenschaft der Bitcoins zum Ausdruck bringen: Volatilität (Kelly 2015, S. 13 f.). Darüber
hinaus und im Gegensatz zu Lastschriftzahlungen sind Bitcoin-Zahlungen unumkehrbar,
sobald sie von genügend Teilnehmern des Peer-to-Peer-Netzwerks bestätigt worden sind.

9.2   Einordnung und Wesensmerkmale im Lichte aufsichtsrechtlicher Auffassungen

9.2.1   Auszug regulatorisch motivierter Bedenken

Aufgrund der Wesensmerkmale und Funktionsweisen von Kryptowährungen ist die Regulierung durch einheitliche Standards erforderlich. Diese Auffassung wird auch von der Europäischen Bankenaufsicht (EBA) geteilt. Bereits im Juli 2014 wurden unter dem Stichwort „EBA Opinion on virtual currencies" Empfehlungen für einen ersten regulatorischen Ansatz veröffentlicht. Hierbei handelte es sich um eine Art Ad-hoc Reaktion der EBA, die vorrangig mit dem Ziel veröffentlicht wurde, Risiken im Zusammenhang mit virtuellen Währungen aufzuzeigen. Vor diesem Hintergrund hat die EBA u. a. empfohlen, Kreditinstitute vom Handel mit Bitcoins und anderen virtuellen Währungen auszuschließen (European Banking Authority 2014, S. 5 f.).

Die EBA hat insgesamt 70 potenzielle Risiken zusammengetragen. Als ein wesentliches Risiko wurde z. B. der Verlust des privaten Schlüssels identifiziert. Ein Datenverlust oder Diebstahl kann zu einem unwiderruflichen Gesamtverlust der Bitcoins führen. Durch die Verwahrung in Wallets besteht zu jeder Zeit grundsätzlich die Gefahr eines Datendiebstahls. Darüber hinaus wird die mit dem System verbundene Dezentralität kritisch gesehen. Der hierdurch bedingte Verzicht auf eine weitere Kontrollinstanz oder auch Einlagensicherung führt nach Ansicht der EBA zu einem zusätzlichen Risiko. Auch die systemisch bedingte Unumkehrbarkeit jeder Transaktion und die vorherrschende Anonymität werden nicht zuletzt aufgrund zunehmender Betrugsfälle kritisch gewürdigt (European Banking Authority 2014, S. 23 ff.). Darüber hinaus kann der Wert der Kryptowährung drastisch schwanken und ggf. auch auf null absinken. Auch das Verbotsrisiko – beispielsweise sind Bitcoins in Russland verboten – kann unter Umständen ein Wertverlust herbeiführen.

Die Bitcoin-Architektur stellt auf der einen Seite sicher, dass neue digitale Werte durch einen vorab fest definierten Algorithmus erzeugt werden. Auf der anderen Seite ist die verfügbare Menge an Bitcoins jedoch festgelegt. Durch die vorab programmierte und reduzierte Ausgabe einer begrenzten Menge von Bitcoins wird eine Art künstliche Knappheit erzeugt, die in einem anhaltenden Rückgang des Preisniveaus für Waren und Dienstleistungen enden kann (Deflation) (Sixt 2017, S. 108 ff.).

9.2.2   Klassifizierung und Einordnung

Die Bundesanstalt für Finanzdienstleistungsaufsicht (BaFin), die mit der Aufsicht und Kontrolle des deutschen Finanzwesens betraut ist, publizierte im Dezember 2013 einen Beitrag zur Beurteilung von Bitcoins. Die BaFin hat Bitcoins rechtsverbindlich als Finanzinstrumente in der Form von Recheneinheiten gemäß § 1 Abs. 11 Satz 1 Nr. 7

Kreditwesengesetz (KWG) qualifiziert. Diese sind vergleichbar mit Verrechnungseinheiten auf Devisen, lauten aber nicht auf gesetzliche Zahlungsmittel. Hierunter fallen sämtliche Ersatzwährungen, die aufgrund privatrechtlicher Vereinbarungen als Zahlungsmittel in multilateralen Verrechnungskreisen eingesetzt werden können. Das Erfordernis eines zentralen Emittenten existiert hierbei nicht, weshalb Bitcoins nach Ansicht der BaFin auch nicht als E-Geld im Sinne des § 1 a Abs. 3 Zahlungsdienstaufsichtsgesetzes (ZAG) eingeordnet werden können. Den Charakter eines gesetzlichen Zahlungsmittels erhalten Bitcoins von der BaFin nicht. Sie sind demzufolge auch keine Sorten oder Devisen im eigentlichen Sinne, sondern lediglich vergleichbar mit diesen. Sie werden zum Ausgleich schuldrechtlicher Verträge verwendet. Durch Tausch erhält der Abnehmer die gewünschte Leistung in Form eines Kaufgegenstandes oder einer Dienstleistung (Münzer 2013).

Im Jahr 2015 teilte die Europäische Zentralbank (EZB) der Öffentlichkeit in einer Stellungnahme zu der Bewertung virtueller Währungen mit, dass die Grundfunktionen des Geldes nicht vollumfänglich gewährleistet werden. Hinzu kommt, dass die hohe Volatilität der Bitcoins der klassischen Geldauffassung entgegensteht. Ferner stuft die EZB Bitcoins nicht als Währung ein, sodass es sich aus ihrer Sicht lediglich um digitale Werte handelt, die unter bestimmten Umständen als Alternative zum klassischen Geld angesehen werden können. Zugleich revidiert die EZB ihre ursprüngliche Auffassung vom Oktober 2012. Zu diesem Zeitpunkt galten Bitcoins als unreguliertes digitales Geld. Der Begriff Geld wurde entzogen, da eine unzureichende Funktionserfüllung unterstellt wird (European Central Bank 2015). Im gleichen Jahr, im Zusammenhang mit dem Urteil vom 22. Oktober 2015 der schwedischen Steuerbehörde gegen den schwedischen Staatsbürger David Hedqvist unter dem Titel „Der Umtausch konventioneller Währungen in Einheiten der virtuellen Währung Bitcoin ist von der Mehrwertsteuer befreit", vergab der Europäische Gerichtshof erstmals eine Definition für die Einordnung von Bitcoins. Demnach sind diese als vertragliche Zahlungsmittel anzusehen, die wie gesetzliche Zahlungsmittel verwendet werden. Der Europäische Gerichtshof begründet seine Auffassung damit, dass Umsätze, die durch Bitcoins entstehen, sich von der Bestimmung her auf Umsätze mit Devisen, Banknoten und Münzen etc. beziehen, die wiederum als gesetzliches Zahlungsmittel eingestuft sind (Gerichtshof der Europäischen Union 2015, Urteil v. 22.09.2015). Die Bank of England erkannte Bitcoins, analog zum Urteil des Europäischen Gerichtshofes, als (digitale) Währung und somit als zulässiges Zahlungsmittel an. Aus dem Arbeitspapier Nr. 605 „The macroeconomics of central bank issued digital currencies" vom Juli 2016 ging hervor, dass die Bank of England grundsätzliche Chancen und Risiken von Bitcoins erörtert hat und darüber hinaus diskutiert hat, inwieweit diese als staatlich anerkannte Währung generell geeignet sind (Barrdear und Kumhof 2016, S. 6 ff.). Mittlerweile äußert sich die Bank of England jedoch bedeutend skeptischer. Es wird von einer gescheiterten Währung gesprochen und an erster Stelle die Eigenschaft als Wertaufbewahrungsmittel infrage gestellt (BANK of England (BoE) 2018). Auch die britische Finanzmarktaufsichtsbehörde bezog Ende 2017 Stellung. Insbesondere aufgrund der fehlenden Regulierung vertritt sie ebenfalls die Ansicht, dass

Bitcoins nicht die Voraussetzungen einer Währung erfüllen. Ihrer Auffassung nach handeltes sich um eine Handelsware mit einem sehr sprunghaften Preisgefüge (Financial Conduct Authority (FCA) 2017). Nach Ansicht der Deutschen Bundesbank kann es sich bei Bitcoins ebenfalls nicht um eine virtuelle Währung handeln, stattdessen wird von sogenannten Krypto-Token gesprochen. Dem Institut zufolge werden die typischen Währungsmerkmale nicht vollends erfüllt, sodass die Einordnung als digitales Geld irreführend ist. Ferner wird kritisiert, dass Bitcoins auch nicht der staatlichen Geldordnung unterliegen (Deutsche Bundesbank 2018).

In den USA existiert derzeit kein allgemeingültiger Ansatz für die regulatorische Bewertung von Bitcoins. Das Finanzministerium FinCEN hat in einer umfassenden Richtlinie diverse Punkte zur Vermeidung von Betrug und Geldwäsche, basierend auf Geschäften mit virtuellen Währungen, festgelegt. Allerdings wurden diese nicht rechtsverbindlich definiert (FinCEN 2013). Zwei weitere Kategorisierungen entstanden aus zahlreichen Gerichtsurteilen, wonach Bitcoins als Währung und Rohstoff bzw. Wirtschaftsgut eingestuft wurden (Gimigliano 2016, S. 102 ff.). Die dem Finanzministerium unterstellte Bundessteuerbehörde Internal Revenue Service (IRS) ist der Ansicht, dass Bitcoins die Qualifikation eines gesetzlichen Zahlungsmittels nicht erfüllen. Stattdessen werden diese für die steuerliche Behandlung als Vermögenswerte wie Aktien betrachtet (Internal Revenue Service 2014).

Im Gegensatz zu vielen anderen Ländern hat die japanische Regierung Bitcoins per Gesetz ab dem 1. April 2017 als offizielles Zahlungsmittel zugelassen (Holtermann 2017). Die People's Bank of China hat in ihrer Funktion als Zentralbank, zusammen mit vier weiteren chinesischen Aufsichtsbehörden in einer Stellungnahme auf CNN, Kryptowährungen wie Bitcoins als legale virtuelle Güter anerkannt. Diese wurden aber ausdrücklich nicht als Währung anerkannt (Riley und Dayu 2013). Ein generelles Verbot von Bitcoins besteht bspw. in Russland, Island und Vietnam. Neben den Ländern, die ein eindeutiges Verbot ausgesprochen haben, existieren auch Länder, die weder ein Verbot noch eine Regelung für einen klaren Umgang mit Bitcoins veröffentlichen. Hierzu zählt beispielsweise Italien.

9.2.3 Aberkennung von Bitcoins als Zahlungsmittelträger

Zahlungsmittel sind übertragbare, einheitliche und zählbare Träger eines Wertes, die als Gegenleistung bspw. bei einem Kauf verwendet werden können. Zahlungen erfolgen durch die Übertragung von Zahlungsmitteln. Zu den Wertträgern gehören Geld und Geldersatzmittel (sogenannte Geldsurrogate) (Grill und Perczynski 2017, S. 109).

Eine Währung ist die allgemein anerkannte Geldeinheit eines Staates, wie z. B. der Euro für Deutschland, und somit die übliche Bezeichnung für das jeweils gültige gesetzliche Zahlungsmittel innerhalb eines Währungsraumes. Der Außenwert einer Währung basiert auf dem entsprechenden Wechselkurs. Trotz fehlender Legaldefinition werden dem Geld bestimmte Eigenschaften und Grundfunktionen zugeordnet (siehe Abb. 9.3). Hierzu

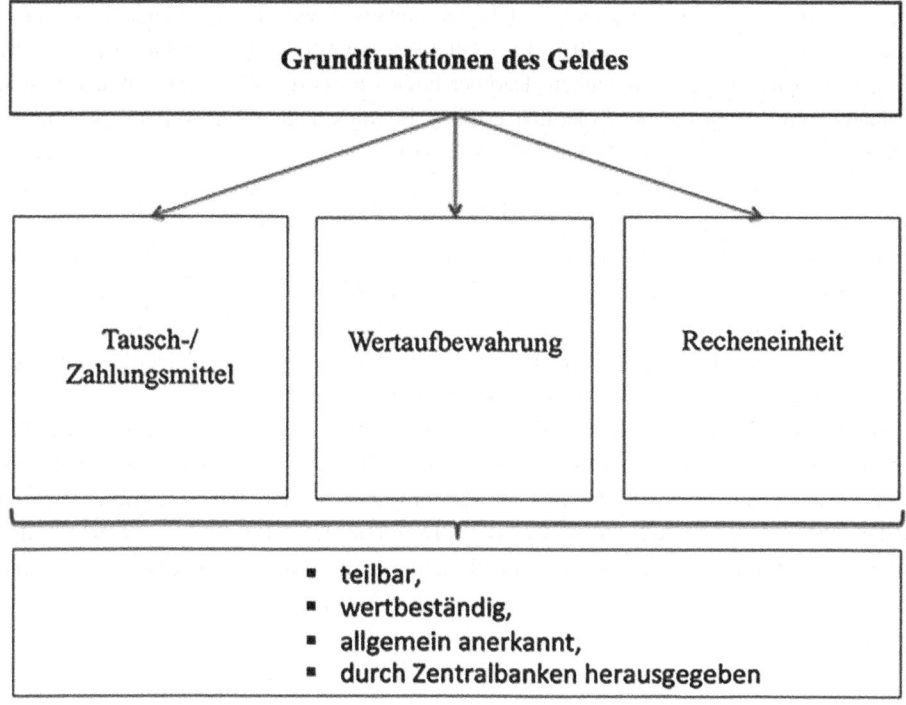

Abb. 9.3 Grundfunktionen des Geldes

zählen in der Regel die drei grundlegenden Charakteristika Tausch-/Zahlungsmittel, Wert-aufbewahrungsmittel und Recheneinheit (Wildmann 2015, S. 202).

Die Tauschmitteleigenschaft von Bitcoins ist unumstritten und zeigte sich bereits im Mai 2010, als die erste Pizza mit 10.000 Einheiten der virtuellen Währung bezahlt wurde (Kelly 2015, S. 13). Die Wertaufbewahrungsfunktion ist aufgrund hoher Kurs-veränderungen allerdings nicht vollständig erfüllt. Mithilfe dieser Funktion wird gene-rell ermöglicht, dass Kauf und Verkauf von Waren zeitlich auseinanderfallen können. Voraussetzung hierfür ist jedoch ein beständiger Wert, um Kaufkraft zu speichern und zu erlangen. Prinzipiell ist sowohl die Speicherung als auch der zeitlich versetzte Abruf von Bitcoins mithilfe der Wallet möglich. Ein Zahlungsversprechen wird jedoch nicht garantiert, da starke Kursverluste negativ auf die Wertaufbewahrungsfunktion wirken. Gänzlich auszuschließen ist diese Funktion jedoch nicht, denn sobald Bitcoins sta-bile Wechselkurse aufweisen, könnte auch die Wertaufbewahrungsfunktion als erfüllt betrachtet werden (Kelly 2015, S. 13; Deutsche Bundesbank o. J.).

Um den Güterwert durch eine Bezugsgröße auszudrücken und vergleichbar zu machen, ist eine Recheneinheit bzw. ein Wertmaßstab erforderlich. Auch wenn derzeit kaum Güter existieren, deren Wert in Bitcoins ausdrückt werden, hat die BaFin bereits Ende 2013 Bitcoins als Finanzinstrumente in Form von Recheneinheiten eingestuft (Münzer 2013). Insofern kann diese Funktion generell als erfüllt angesehen werden.

Die Einordnung als Zahlungsmittel ist darüber hinaus an weitere Eigenschaften geknüpft. Wie Geld sind auch Bitcoins teilbar. Ihre Teilbarkeit reicht bis auf die achte Dezimalstelle bis zum Erhalt der kleinsten Einheit. Darüber hinaus muss der Wert von Zahlungsmitteln beständig sein. Aufgrund der Volatilität erfüllen Bitcoins analog zur Wertaufbewahrungsfunktion ebenfalls nicht das Merkmal der Wertbeständigkeit. Auch die allgemeine Akzeptanz ist nicht zuletzt durch diesen Hintergrund stark eingeschränkt. Ferner ist zu ergänzen, dass alle gängigen Zahlungsmittel durch eine zentrale Institution in Umlauf gebracht und kontrolliert werden. Durch die Dezentralität des Bitcoin-Systems werden sowohl im Rahmen des Geldschöpfungsprozess als auch bei der Kontrolle des Geldkreislaufes keine zentralen Instanzen und damit auch keine Zentralbanken benötigt (Halaburda und Sarvary 2016, S. 156 ff.). Die mangelnde Regulierung und fehlende staatliche Geldordnung wirken somit ebenfalls negativ auf die Anerkennung als Zahlungsmittel.

Auch wenn Bitcoins letztlich nicht die Funktion der Wertaufbewahrung und die damit verbundene Eigenschaft der Wertbeständigkeit erfüllen, führt ein aktueller Trend dennoch zu einer steigenden Akzeptanz als Zahlungsmittel. Vermehrt akzeptieren sowohl große Kapitalgesellschaften wie Microsoft, Dell und Expedia als auch kleine Cafés Bitcoins als Zahlungsmittel. Auch regionale Unternehmen wie die Stadtwerke Enercity, einzelne Cafés oder die Kantine der Norddeutschen Landesbank akzeptieren die virtuelle Währung (BTC-Echo o. J.).

9.2.4   Bitcoins als aktienähnliche Vermögenswerte

Die dem Finanzministerium unterstellte Bundessteuerbehörde Internal Revenue Service (IRS) vertritt die Ansicht, dass Bitcoins die Qualifikation eines gesetzlichen Zahlungsmittels nicht erfüllen. In den Augen des US-Finanzamtes handelt es sich ferner um mit Aktien vergleichbares Vermögen. Der IRS folgt grundsätzlich dem Prinzip, Anlagen in Bitcoins etwa wie Anlagen in Aktien zu versteuern. Die Nutzung von Bitcoins als Zahlungsmittel wird hingegen wie ein Warentauschgeschäft behandelt. Doch können Bitcoins überhaupt aktienähnliche Gegenstände darstellen?

Anders als Aktien verbriefen Bitcoins weder das Recht auf ein Zahlungsversprechen, noch steht hinter den Bitcoins ein Fundamentalwert durch die Beteiligung an einer Aktiengesellschaft. Der Erwerber eines Bitcoins partizipiert durch den Eigentumserwerb direkt an der Kryptowährung und nicht an dem Eigenkapital einer Aktiengesellschaft und ist deshalb weder an einem Gewinn beteiligt, noch erhält er bestimmte Rechte. Eine weitere Gegensätzlichkeit ist die Teilbarkeit. Aktien müssen gemäß des AktG mindestens auf einen Euro lauten. Bitcoins sind beliebig bis auf den Wert eines Satoshis in Höhe von 0,00000.001 Bitcoins teilbar. Ein weiterer wesentlicher Unterschied ist, dass hinter den Bitcoins und dem Bitcoin-System keine zentrale Instanz steht, welche als Emittent fungiert und die Bitcoins ausgibt. Allein die bei bestimmten Aktien vorhandene Volatilität ist ein gemeinsames Merkmal. Auch wenn die Einordnung für steuerliche Zwecke vorgenommen wurde, ist eine Anlehnung an Aktien irreführend. Das deutsche Bundesfinanzministerium hat Bitcoins indes als „private Recheneinheit" deklariert.

9.3   Fazit

In vielen Ländern ist die aufsichtsrechtliche Beurteilung von Kryptowährungen noch nicht abschließend geklärt. In Deutschland werden Bitcoins als Finanzinstrumente eingeordnet und in das bestehende Aufsichtsregime eingebettet. Aus aufsichtsrechtlicher Perspektive handelt es sich bei Bitcoins um sogenannte Recheneinheiten, die als Finanzinstrumente gemäß § 1 Abs. 1 Satz 1 Nr. 7 des Kreditwesensgesetzes (KWG) einzuordnen sind. Hierbei handelt es sich zwar um mit Devisen vergleichbare Verrechnungseinheiten, die allerdings im Gegensatz zu Devisen nicht auf gesetzliche Zahlungsmittel lauten. Folglich stellen Bitcoins keine anerkannte Währung dar. Stattdessen handelt es sich um eine Ersatzwährung, die aufgrund privatrechtlicher Vereinbarungen als Zahlungsmittel in multilateralen Verrechnungskreisen eingesetzt wird. Auch die Einordnung als E-Geld im Sinne des Zahlungsdiensaufsichtsgesetzes ist aus Sicht der Aufsichtsbehörden unzulässig, da es keinen Emittenten gibt, der Bitcoins unter Begründung einer Förderung gegen sich ausgibt.

Die gewerbliche Tätigkeit im Zusammenhang mit Bitcoins unterliegt der Erlaubnispflicht der BaFin. Die Nutzung von Bitcoins, d. h. die Bezahlung als Kunde oder die Entgegennahme als Händler, stellt hingegen keine erlaubnispflichtige Tätigkeit dar. Auch das Mining, also die Schaffung von Bitcoins, fällt nicht unter die Erlaubnispflicht. Hierbei ist jedoch entscheidend, ob lediglich am Bitcoin-Markt partizipiert wird oder eine aktive Förderung vorliegt. Eine ggf. vorhandene Erlaubnispflichtigkeit richtet sich folglich nach der jeweiligen Ausgestaltung und den technischen Abläufen. In diesem Zusammenhang wird das eingesetzte Anfangskapital als wesentlicher Indikator herangezogen.

Literatur

BANK of England. (BoE) (2018). Bitcoin has ‚pretty much FAILED' as a currency, Bank of England boss Mark Carney declares. https://www.express.co.uk/finance/city/921169/bitco-in-bank-of-england-cryptocurrency-mark-carney-brexit-EU. Zugegriffen: 1. März 2018.

Barrdear, J., & Kumhof, M. (2016). Staff working paper No 605. The macrooeconimcs of central bank issued digital currencies. http://www.banofengland.co.uk/research/Documents/workingpa-pers/2016/swp605.pdf. Zugegriffen: 1. März 2018.

Berentsen, A., & Schär, F. (2017). *Bitcoin, Blockchain und Kryptoassets*. Norderstedt: BoD.

BTC-Echo. (o. J.). Bitcoin-Akzeptanzstellen. https://www.btc-echo.de/bitcoin-akzeptanzstellen. Zugegriffen: 1. März 2018.

Deutsche Bundesbank. (o. J.). Begriff und Aufgaben des Geldes. https://www.bundesbank.de/Redaktion/DE/Dossier/Service/schule_und_bildung_kapitel_1.html. Zugegriffen: 1. März 2018.

Deutsche Bundesbank. (2018). Bitcoins sind keine virtuelle Währung. https://www.bundesbank.de/Redaktion/DE/Themen/2018/2018_02_19_diskussion_bitcoin.html?submit=Suchen&searchIs-sued=0&templateQueryString=Bitcoins&searchArchive=0. Zugegriffen: 1. März 2018.

Duskin, V. (2014). *Virtual currency and the bitcoin revolution: Perspectives and considerations from congressional hearings*. New York: Nova Science.

European Banking Authority. (2014). *EBA opinion on virtual currencies*. London: EBA.

European Central Bank. (2015). Virtual currency schemes – afurther analysis. https://www.ecb.
europa.eu/home/search/html/index.en.html?q=+virtual+currency. Zugegriffen: 1. März 2018.

Financial Conduct Authority (FCA) (2017). Bitcoin buyers should prepare to lose all their money,
says regulator. http://www.independent.co.uk/life-style/gadgets-and-tech/news/bitcoin-buyer-
investment-risks-lose-money-value-drop-bubble-crytocurrency-a8112396.html. Zugegriffen: 1.
März 2018.

FinCEN (2013). Department of the treasury financial crimes enforcement. Application of FinCEN's
regulations to persons administering, exchanging, or using virtual currencies. https://www.fin-
cen.gov/resources/statutes-regulations/guidance/application-fincens-regulations-persons-admi-
nistering. Zugegriffen: 1. März 2018.

Gerichtshof der Europäischen Union. (2015). *Pressemitteilung Nr. 128/15 – Der Umtausch konventioneller Währungen in Einheiten der virtuellen Währung „Bitcoin" ist von der Mehrwertsteuer befreit*. Urteil in der Rechtssache C-264/14. Luxemburg.

Gimigliano, G. (2016). *Bitcoin and mobile payments*. London: Palgrave Macmillan.

Grill, W., & Perczynski, H. (2017). *Wirtschaftslehre des Kreditwesens* (51. Aufl.). Stuttgart:
Bildungsverlagverlag EINS.

Halaburda, H., & Sarvary, M. (2016). *Beyond Bitcoin. The Economics of digital currencie*. New
York: Palgrave Macmillan.

Holtermann, F. (2017). Bitcoin und Blockchain für Dummies. http://www.handelsblatt.com/my/
downloads/20628042/7/dossier_bitcoin-boom.pdf?nlayer=Newsticker_1985586&ticket=ST-4
79954-lPlqTZgHc65MP07vewLc-ap3. Zugegriffen: 1. März 2018.

Internal Revenue Service (2014). IRS Virtual Currency Guidance, Notice 2014-21. https://www.irs.
gov/pub/irs-drop/n-14-21.pdf. Zugegriffen: 1. März 2018.

Kelly, B. (2015). *The Bitcoin big bang. How alternative currencies are about to change the world*.
New Jersey: Wiley.

Münzer, J. (2013). Publikationen und Daten. Bitcoins: Aufsichtliche Bewertung und Risiken für Nutzer. https://www.bafin.de/SharedDocs/Veroeffentlichungen/DE/Fachartikel/2014/fa_bj_1401_bit-
coins.html. Zugegriffen: 1. März 2018.

Platzer, J. (2014). *Bitcoin kurz und gut. Banking ohne Banken*. Köln: O'Reilly.

Riley, C., & Dayu, Z. (2013). China cracks down on Bitcoin. http://money.cnn.com/2013/12/05/
investing/china-bitcoin/. Zugegriffen: 1. März 2018.

Sixt, E. (2017). *Bitcoins und andere dezentrale Transaktionssysteme*. Wiesbaden: Springer Gabler.

Wildmann, L. (2015). *Makroökonomie, Geld und Währung. Module der Volkswirtschaftslehre*
(3. Aufl.). Oldenburg: De Gruyter.

René Pollmann (Dipl.-Kfm. (FH)) ist für eine renommierte Wirtschaftsprüfungsgesellschaft in Düsseldorf tätig und darüber hinaus
Lehrbeauftragter an der FOM Hochschule im Bereich nationaler
und internationaler Rechnungslegung. Er ist Autor zahlreicher Fach-
publikationen und externer Doktorand am Lehrstuhl für Unternehmensrechnung der Technischen Universität Clausthal.

Marcel Schrader (M.Sc.) ist Absolvent der FOM Hochschule im Bereich Finance & Accounting und seit 2014 bei der Volkswagen Financial Services AG mit Sitz in Braunschweig tätig.

Potenzielle Auswirkungen der Blockchain-Technologie auf die Wertschöpfungskette der Finanzberichterstattung

10

Peter Leibfried und Heiko Petry

Inhaltsverzeichnis

Zusammenfassung

Die Kryptowährung Bitcoin wäre ohne die ihr zugrunde liegende Blockchain-Technologie nicht denkbar. Der Hype um Bitcoin hat dabei die Sicht darauf verstellt, dass die Blockchain-Technologie für eine ganze Reihe anderer Bereiche erhebliche Veränderungen mit sich bringen könnte. Dies gilt auch für die Finanzberichterstattung. Zunächst davon betroffen sein wird die Verarbeitung von Massendaten, die sicherer und schneller vonstattengehen wird. Aber auch andere zentrale Schritte im Prozess der Finanzberichterstattung dürften sich erheblich verändern. Die Autoren stellen die Technologie vor, und zeigen ihre Auswirkungen auf die Finanzfunktion in Unternehmen auf.

P. Leibfried (✉) · H. Petry
Universität St. Gallen, St. Gallen, Schweiz
E-Mail: peter@leibfried.ch

H. Petry
E-Mail: heiko.petry@unisg.ch

© Springer Fachmedien Wiesbaden GmbH, ein Teil von Springer Nature 2019
T. Kümpel et al. (Hrsg.), *Controlling & Innovation 2019,* FOM-Edition,
https://doi.org/10.1007/978-3-658-23474-4_10

10.1   Einführung

Die Entwicklung der Blockchain-Technologie geht im Wesentlichen auf die seit dem Jahr 2009 existierende Kryptowährung Bitcoin zurück. Deren stürmische Entwicklung hat ein wenig den Blick darauf verstellt, welche umfassenden Auswirkungen sich aus der Blockchain-Technologie für die Zukunft der Finanzberichterstattung ergeben könnten. So haben zwar gemäß einer Studie rund 40 % der Befragten den Begriff „Blockchain" schon einmal gehört, aber nur jeder Fünfte kann auch etwas damit anfangen (HSBC 2017, S. 6, 12). Dieser Beitrag stellt daher die grundsätzliche Technologie in leicht verständlicher Form vor und fokussiert ihre Anwendungsmöglichkeiten auf den Bereich der Finanzberichterstattung. Konsequent weiterentwickelt, sind bei der großen Mehrheit sich laufend wiederholender Transaktionen Veränderungen denkbar, die zu erheblichen Effizienzgewinnen in der Berichterstattung führen können.

10.2   Die Blockchain-Technologie

Das Ziel der Entwicklung der Kryptowährung Bitcoin war die Schaffung einer Währung bzw. eines Zahlungssystems, das entgegen dem bestehenden Fiat-Währungssystem mit Geldmengensteuerung durch Zentralbanken und der Abhängigkeit von Finanzintermediären einen direkten Zahlungsmittelaustausch zwischen zwei Parteien ermöglicht (Nakamoto 2008).

Der oder die Entwickler von Bitcoin hinter dem Pseudonym Satoshi Nakamoto mussten dabei zwei Probleme lösen, die sich bei einem elektronischen Zahlungssystem ohne zentrales Clearing ergeben: Es muss sichergestellt sein, dass 1) niemand anderes als der jeweilige Besitzer über seine Zahlungsmittel (Tokens) verfügen kann und dass 2) der Besitzer eines Coins diesen nicht mehrfach ausgeben kann.

Die Lösung bestand in der Kombination verschiedener bereits bestehender Technologien (Branwen 2017). Ein Coin (oder Teile davon) ist dabei nicht als eine eigene isolierte Datei zu verstehen (wie ein Geldstück), sondern umfasst vielmehr auch eine Kette digitaler Signaturen. So kann ein Sender einen Coin der Adresse eines bestimmten Empfängers zuweisen. Die Transaktion signiert der Sender durch seinen nur ihm bekannten Schlüssel. Dabei wird gleichzeitig verifiziert, dass der Sender den passenden Schlüssel zu der Adresse hat, welcher der Coin zuletzt zugeordnet war und von welcher er übertragen werden soll.

Nun könnte ein Sender versuchen, denselben Coin verschiedenen Empfängern zu übertragen. Eine zentrale Clearing-Instanz würde dies verhindern, indem sie wie in einem Kontobuch vermerkt, wer welche Mittel zu einem bestimmten Zeitpunkt besaß und übertragen hat. In einem dezentralen Umfeld kann dies dadurch umgesetzt werden, dass in einem öffentlich einsehbaren Verzeichnis (Ledger) festgehalten wird, welche Partei über wie viele Mittel verfügt. Wenn ein Sender einen Coin an eine andere Adresse überträgt, wird diese Transaktion mit einem Zeitstempel versehen und im Verzeichnis festgehalten. Somit zählt nur die erste Transaktion des Coins und alle weiteren Transaktionen werden als ungültig angesehen, da der Sender offensichtlich nicht mehr über den Coin verfügt. Wer einen Coin einmal ausgegeben hat, kann ihn also nicht noch einmal weitergeben.

Die Unterhaltung des Verzeichnisses erfolgt durch ein verteiltes Netzwerk von Rechnern. Diese Knotenpunkte besitzen jeweils eine eigene Kopie des Verzeichnisses, wobei sie über den aktuellen Stand mit den anderen Knotenpunkten des Netzwerks im Austausch stehen. Das Verzeichnis wird aktualisiert, indem neue Transaktionsinformationen in einem bestimmten Zeitabstand in eine alphanumerische Zeichenfolge umgewandelt und en bloc in das digitale Verzeichnis eingetragen werden. Um sicherzustellen, dass die Einträge korrekt sind, wird ein Algorithmus verwendet. Im Falle von Bitcoin wird eine mathematische Rechnung gelöst. Dabei muss ein Wert ermittelt werden, welcher sich u. a. aus den aggregierten Informationen der verarbeiteten Transaktionen, dem Zeitstempel und einer Referenz zum vorherigen Block ergibt. Die Knotenpunkte versuchen, die Aufgabe selbst möglichst schnell zu lösen, und verbreitet seine Lösung anschließend im Netzwerk. Jeder Knotenpunkt kann diese Lösung leicht verifizieren und akzeptiert sie, indem er mit der Berechnung des nächsten Blocks beginnt. Durch die Referenz zum vorherigen Block entsteht eine Kette von Blöcken – die sogenannte Blockchain.

Für den Fall, dass ein böswilliger Teilnehmer eine Lösung verbreitet, die beispielsweise die erneute Übertragung desselben Coins seitens eines Senders enthält, würden die übrigen Knotenpunkte die vorgeschlagene Lösung mit der Historie in Blockchain abgleichen, diese Lösung falsifizieren und zurückweisen. Solange die Mehrheit der Knotenpunkte bzw. der Rechenleistung des Netzwerks die Regeln einhält und sich ehrlich verhält, gibt die (Bitcoin-)Blockchain die tatsächlichen Verhältnisse wieder.

Eine Blockchain ist so aufgebaut, dass durch die Referenz zum vorherigen Block nur neue Blöcke hinzugefügt werden können und die bereits festgeschriebenen Informationen somit grundsätzlich nicht verändert werden können. Für eine Veränderung müssten der Block, für den sie gewünscht ist, sowie alle danach bereits existierenden Blöcke neu berechnet werden und zudem das restliche Netzwerk in der Blockerstellung eingeholt werden. Da im Falle von verschiedenen, parallel auftretenden Blockchains eines Systems aber nur die längste Blockchain von den Knotenpunkten als die einzig wahre akzeptiert wird, sind die in der Blockchain berücksichtigten Informationen quasi nicht änderbar.

Durch diese Konzeption ist es möglich, eine Datenbank ohne eine zentrale Instanz zu unterhalten und dabei weder auf die Integrität einzelner Akteure vertrauen zu müssen noch von Intermediären abhängig zu sein. Die praktische Unveränderbarkeit der in der Blockchain erfassten Daten eröffnet neue Möglichkeiten einer Zusammenarbeit mit externen Partnern sowohl im Finanzbereich wie auch überall sonst, wo verschiedene, potenziell eigennützig handelnde Parteien einen Konsens über den Status einer gemeinsamen Datenbank erlangen müssen. So eignet sich die Technologie nicht nur für den Austausch von Kryptowährungen, sondern beispielsweise auch für Authentifizierungszwecke oder zum sicheren Speichern von Informationen. Durch die Verbindung mit weiteren Technologien wie Smart Contracts, die automatisiert in der Blockchain festgeschriebene Vertragskonsequenzen ausführen können, und Oracles, welche als Informationsquelle über die Erfüllung entsprechender Vertragsbedingungen dienen, ergeben sich vielfältige Anwendungsmöglichkeiten und Effizienzpotenziale.

Sowohl Firmen als auch staatliche Institutionen haben das Potenzial der Blockchain-Technologie mittlerweile erkannt. Eine Vielzahl an Unternehmen erforscht Anwendungsmöglichkeiten und nutzt bereits verschiedene Entwicklungen. Das Logistikunternehmen Maersk und der Einzelhandelskonzern Walmart testen in Kooperation mit IBM beispielsweise den Einsatz von Blockchain-Technologie in der Nachverfolgung der Lieferkette. Ein weiteres Beispiel ist die blockchainbasierte Plattform Linq der Technologiebörse Nasdaq, die den Austausch nicht-börsennotierter Wertpapiere ermöglicht.

Bei jungen Technologien, wie sie die Blockchain-Technologie darstellt, existieren anfangs häufig noch keine Standards. So gibt es für die Blockchain-Technologie verschiedene Konsensalgorithmen, verschiedene Arten der Offenlegung sowie unterschiedliche Teilnahmerestriktionen. Um die Standardisierung der Technologie sowie deren Umsetzung zu fördern, haben sich mittlerweile verschiedene Konsortien gebildet. In der Enterprise Ethereum Alliance sind beispielsweise J.P. Morgan, Intel, Microsoft, T-Mobile USA, ING und Cisco vertreten und das Netzwerk Hyperledger zählt u. a. IBM, Daimler, SAP, Fujitsu und American Express zu seinen Mitgliedern.

Je mehr die Blockchain-Technologie bei Unternehmen Einzug hält, desto relevanter wird sie auch für die Finanzberichterstattung. Zum einen ergibt sich die Notwendigkeit der Abbildung von Transaktionen in Kryptowährungen und von entsprechenden Vermögenswerten. Zum anderen sind in Zukunft auch Geschäftsvorfälle denkbar, die blockchainbasiert erfolgen und im Rahmen der Finanzberichterstattung abgebildet und geprüft werden müssen.

10.3 Blockchain-Anwendungen in der Finanzberichterstattung

Mit der zunehmenden Verbreitung von Kryptowährungen und Blockchain-Technologie ergeben sich auch Auswirkungen auf den Prozess der Finanzberichterstattung. Diese können im einfachsten Fall auf die bloße Verarbeitung von blockchainbasierten Transaktionen in der Finanzbuchhaltung begrenzt sein. Bereits auf dieser Stufe kommen allerdings die Eigenschaften der Blockchain-Technologie zur Geltung, denn jede Transaktion bleibt in der Blockchain mit einem Zeitstempel versehen festgehalten und lässt sich dadurch mit einem sehr hohen Maß an Sicherheit verifizieren. Die Blockchain-Technologie kann daher als eine Art Fortentwicklung des seit über 500 Jahren bestehenden Systems der doppelten Buchführung verstanden werden. Durch den Eintrag in der Blockchain (zusätzlich zur buchhalterischen Erfassung im Unternehmen) ergibt sich quasi ein System des „Triple-Entry-Bookkeepings" (Moldof 2014, S. 39 f.), in dem Transaktionen auch außerhalb vom Unternehmen noch einmal von neutralen Stellen aufgezeichnet werden.

Eine umfassendere Einbindung der Blockchain-Technologie würde die automatisierte Transaktionsverarbeitung und Integration in die Finanzbuchhaltung darstellen. Noch tiefer greifende Veränderungen bestünden in der Nutzung von Blockchain-Technologie als Basis-Datenbank für die Finanzbuchhaltung mit umfangreichen Automatisierungen durch Smart Contracts. Nachfolgend werden die verschiedenen potenziellen Nutzungsmöglichkeiten der Blockchain-Technologie im Prozess der Finanzberichterstattung, beginnend mit dem aktuellen Status, betrachtet.

10.3.1 Blockchain-Technologie im Rechnungswesen – heute

Blockchain-Technologie ist ein recht junges Phänomen, entsprechend sind viele gewerbliche Anwendungen noch in der Erprobungsphase. Die derzeitigen Haupteinsatzgebiete der Blockchain-Technologie sind als Rückgrat von Kryptowährungen und Utility Tokens, für Smart-Contract-Anwendungen, zur Speicherung von Informationen mit eindeutigem Zeitstempel und im Finanzbereich beim Transfer von Vermögenswerten. So hat Daimler beispielsweise im Juni 2017 als Teil eines Pilotprojekts eine Anleihe über 100 Mio. EUR ausgegeben, wobei der gesamte Transaktionsprozess über die Blockchain-Technologie automatisiert wurde (Zhao 2017).

Insgesamt halten sich die Auswirkungen der Blockchain-Technologie auf den Prozess der Finanzberichterstattung (siehe Abb. 10.1) aktuell noch in Grenzen. Die Verbuchung der Geschäftsvorfälle von blockchainbasierten Transaktionen ist, außer bei Handelsplätzen und Wallet-Anbietern, in der Regel noch von überschaubarer Häufigkeit und geringer Wesentlichkeit. In der unterjährigen, kontinuierlichen Finanzbuchhaltung kann daher noch nicht von Triple-Entry-Bookkeeping gesprochen werden. Zwar wird jede Transaktion von Kryptowährungen in der Blockchain vermerkt, die Verbuchung im Finanzmodul des IT-Systems eines Unternehmens wird jedoch nicht automatisch durchgeführt. Zudem bedarf es einer Zuordnung der Gegenbuchung. Es ist auch zu beachten, dass in der pseudonymen Blockchain nur Transaktionen von einer alphanumerischen Adresse zu einer anderen festgehalten sind. Ohne das Wissen, welche Adresse einer jeweiligen Partei zugeordnet ist, bietet der Blockchain-Eintrag aus buchhalterischer Sicht keinen Nutzen. Wenn die Zuordnung bekannt ist, was unternehmensintern natürlich der Fall sein sollte, lässt sich jeder Zu- und Abfluss von Mitteln nachvollziehen. Eine bahnbrechende Neuerung im Vergleich zum Bankenjournal ergibt sich dadurch jedoch noch nicht. Im Gegenteil stellen die Zuordnung bei mitunter wechselnden Adressen und die

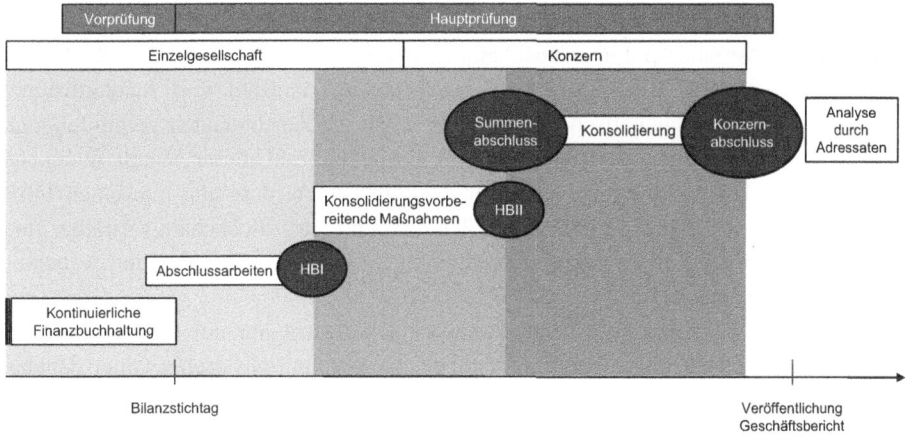

Abb. 10.1 Vereinfachte Darstellung des Prozesses der Finanzberichterstattung mit derivativer Konzernbuchführung

Einbindung in das Finanzmodul momentan zusätzliche Herausforderungen dar. Allerdings sind dies Hürden, welche in absehbarer Zeit sicherlich gelöst werden können.

Offene Fragen bestehen derzeit auch teilweise noch in der Rechnungslegung bezüglich des Ausweises und der Bewertung von Kryptowährungen und -vermögenswerten. Mithin ergeben sich in der Jahresabschlusserstellung und der Jahresabschlussprüfung derzeit hauptsächlich Herausforderungen in der Anwendung bestehender Bilanzierungsvorschriften und Prüfungsstandards auf diese neuen Fragestellungen. Den Standardsetzern und Gesetzgebern ist die Relevanz dieser Thematik aber mittlerweile zunehmend bekannt und etwaiger Handlungsbedarf wird adressiert.

10.3.2 Wo liegt das Potenzial der Blockchain-Technologie?

Der bereits heute herrschende Enthusiasmus beim Thema Blockchain lässt sich besser nachvollziehen, wenn man den Blick auf die möglichen zukünftigen Anwendungen dieser Technologie richtet. Dies betrifft auch den Einsatz im Prozess der Finanzberichterstattung. Deren Adressaten benötigen zur Einschätzung der wirtschaftlichen Lage zeitnahe, relevante und verlässliche Informationen. Heute sollen dies vor allem gesetzliche und regulatorische Vorgaben (Rechnungslegungsstandards) sowie die Prüfung der Finanzberichte durch Revisionsgesellschaften sicherstellen. Zukünftig könnte die Blockchain-Technologie aufgrund ihres Automatisierungspotenzials und der Möglichkeit zur Nachverfolgung und Überprüfung in der Blockchain zusätzlich dazu beitragen, die Finanzberichterstattung schneller, effizienter und verlässlicher zu machen. Die Besonderheit liegt dabei in der verwendeten Datenbank, in der verschiede Parteien einen Konsens über Transaktionen erzielen und in der eine unwiderrufliche Ausführung von Verträgen nach zuvor festgeschriebenen Regeln erfolgt. Daraus ergeben sich vielfältige Anwendungsmöglichkeiten entlang der Prozesskette der Finanzberichterstattung.

10.3.2.1 Kontinuierliche Finanzberichterstattung

Gerade in der unterjährigen Finanzbuchhaltung könnte sich das Potenzial der Blockchain-Technologie entfalten. Unterjährig muss oftmals eine Vielzahl von standardisierten Geschäftsvorfällen buchhalterisch erfasst werden. Mit der zunehmenden Verbreitung von Blockchain-Anwendungen ließe sich potenziell eine Vielzahl dieser Standardvorgänge automatisieren. Die Voraussetzungen dafür sind zum einen, dass alle relevanten Informationen der verschiedenen Parteien einer Transaktion in der Blockchain verfügbar sind. Zum anderen müssten diese Informationen automatisiert in der Buchhaltung weiterverarbeitet werden können.

Der Einsatz von Blockchain-Technologie ist dabei nicht nur auf den Transfer von Kryptowährungen beschränkt, sondern auch für die Sendung physischer Güter denkbar. Lieferkonditionen, wie die Incoterms, können in der Blockchain festgehalten und der Übergang der Ware in der Lieferkette von den Empfängern jeweils digital signiert werden. Die sofortige Überprüfbarkeit erleichtert dabei die Erfassung.

Allerdings kann argumentiert werden, dass es auch heutzutage möglich ist, die verschiedenen Stationen einer Sendung in der Lieferkette zu ermitteln. Der Unterschied liegt jedoch in der Blockchain-Datenbank, deren Konzeption umso wichtiger wird, je mehr Parteien beteiligt sind. Die Blockchain-Technologie könnte es ermöglichen, nur noch eine singuläre Datenbank für den gesamten Transaktionsprozess zu unterhalten, auf die jede beteiligte Partei Zugriff und gegebenenfalls Signierungsrechte hat. Gleichzeitig bietet sie dabei eine äußerst hohe Verlässlichkeit und Unveränderbarkeit der Daten.

Diese Vision lässt sich noch um eine Ebene erweitern: Via Smart Contracts könnten auch die Rechnungsstellung und die Begleichung von Rechnungen automatisiert werden. Sobald in der Blockchain die Leistungserbringung durch die Bestätigung des Warenerhalts erfolgt ist, könnte die Rechnung automatisch gemäß den zuvor programmierten Parametern ausgestellt werden und auch die Zahlung automatisch erfolgen. Weitere Konditionen wie etwaige Minderungen der Rechnungshöhe bei verspäteter Lieferung könnten schon zuvor im Smart Contract festgehalten und dadurch berücksichtigt werden.

Für die Debitoren- und Kreditorenbuchhaltung würden sich durch eine solche Automatisierung des Zahlungsverkehrs weitreichende Konsequenzen ergeben. Bereits heute können Zahlungseingänge mit den nötigen Angaben automatisch den entsprechenden Debitoren zugeordnet werden. Eines manuellen Eingriffs bedarf es noch bei fehlenden oder fehlerhaften Informationen. Zudem ist das Debitorenmanagement in Bezug auf Delkredere schwer zu automatisieren. Beides könnte bei einer vollständigen Umsetzung der beschriebenen Blockchain-Technologie wegfallen. Der hinsichtlich des gebundenen Kapitals erfreuliche Umstand der unmittelbaren Begleichung von Rechnungen seitens der Debitoren würde jedoch im Gegenzug auch die unmittelbare Begleichung von Kreditorenrechnungen mit sich bringen, was wiederum die Möglichkeiten des Liquiditätsmanagements einschränkt.

Die Nutzung von Kryptowährungen ist dabei keineswegs auf nicht-staatliche Währungen wie Bitcoin beschränkt. Mittlerweile sind auch staatliche Institutionen der Nutzung von Blockchain-Technologie nicht mehr verschlossen: Die Zentralbanken verschiedener Länder erforschen Anwendungsmöglichkeiten der Blockchain-Technologie für ihre Fiat-Währungen (Shin 2016), in der Schweiz akzeptieren die Städte Zug und Chiasso bereits die Zahlung kleinerer Beträge in Bitcoin (Meyer 2017) und Estland hat einen konzeptionellen Vorstoß für seinen „Estcoin" gewagt (Stanley 2017).

Falls Steuerbehörden zukünftig entweder (unabhängige) Kryptowährungen akzeptieren oder staatliche Währungen auf der Basis von Blockchain-Technologie ausgeben werden und sie damit in Smart Contracts integrierbar sind, würde eine so umfassende Nutzung der Blockchain-Technologie sogar eine Mehrwertsteuererhebung in Echtzeit ermöglichen (Groß 2017). Wenn alle Ausgangsrechnungen und die Zahlungen über die Blockchain abgewickelt werden, ließe sich auch die Umsatzsteuer sofort abführen sowie die Vorsteuer erstatten.

10.3.2.2 Abschlussarbeiten

Die Abschlussarbeiten zum Perioden- oder Jahresende bauen auf der kontinuierlichen Finanzbuchhaltung auf (Niebecker und Kirchmann 2011, S. 123) und betreffen Erlös- und Aufwandsabgrenzungen, Bewertungssachverhalte zu verschiedenen Bilanzposten sowie Steuer- und Rückstellungsberechnungen. Entsprechend bieten die zweifelsfreie Überprüfbarkeit in der Blockchain oder darauf basierende Automatisierungen in der unterjährigen Finanzbuchhaltung auch Vorteile für die Abschlussarbeiten am Periodenende. Manuelle Umsatzabgrenzungen bei Geschäftsvorfällen zum Stichtag könnten somit eindeutiger nachvollzogen werden oder sogar ganz entfallen. Bestimmte Bewertungssachverhalte, wie beispielsweise im Bereich der Einzel- und Pauschalwertberichtigungen von Forderungen, wären bei einer umfassenden Nutzung von Kryptowährungen in Verbindung mit Smart Contracts ebenfalls erleichtert oder gar obsolet.

10.3.2.3 Konsolidierungsvorbereitende Maßnahmen

Ausgehend vom Einzelabschluss (HB I) werden in Vorbereitung des Konzernabschlusses die lokalen Werte an die konzerneinheitlichen Ansatz- und Bewertungsvorschriften angepasst (HB II). Dies erfolgt durch Vereinheitlichungen in den Bereichen Bilanzgliederung, Ansatz, Bewertung, Recheneinheit und gegebenenfalls Abschlussstichtag sowie mittels der Berechnung von latenten Steuern (Ruhnke 1995, S. 64).

Interessant könnte hierbei in Zukunft das Thema von Kryptowährungen bei der Währungsumrechnung werden. Derzeit ist man noch weit davon entfernt, dass eine blockchainbasierte Kryptowährung oder gar der eigene „Corporate Coin" für eine Unternehmensgruppe die funktionale Währung darstellt. In einem Gedankenspiel könnte die Finanzierung der Tochterunternehmen jedoch über den eigenen Corporate Coin erfolgen, welcher in dem jeweiligen Land bei Bedarf gegen andere Währungen eingetauscht werden könnte. Wenn die Buchführung einer Gruppe in einer bestimmten Kryptowährung über verschiedene Währungsräume hinweg erfolgte, würde die Währungsumrechnung für Tochtergesellschaften in der Überleitung auf die Handelsbilanz II entfallen.

10.3.2.4 Konsolidierungen

Die Konsolidierung im eigentlichen Sinn erfolgt auf Konzernebene basierend auf der durch Addition der HB-II-Werte entstandenen Summenbilanz. Die Maßnahmen betreffen die Aufwands- und Ertrags-, Schulden- und Kapitalkonsolidierung, die Zwischenergebniseliminierung sowie weitere Konsolidierungsvorgänge. Das Potenzial der Blockchain-Technologie liegt bei diesem Prozessschritt in der Möglichkeit, bei jeder Transaktion Metadaten zu speichern. Angenommen, alle Intercompany-Transaktionen würden in der Blockchain abgebildet werden, dann ließen sich diese Transaktionen bei der Erfassung kennzeichnen und wären für die Konsolidierung am Jahresende eindeutig identifizierbar.

10.3.2.5 Revision

Für die Jahresabschlussprüfung als Teil des Prozesses der Finanzberichterstattung verspricht die Blockchain-Technologie abhängig vom Umfang ihres Einsatzes vielfältige Möglichkeiten. Gerade die Unveränderbarkeit der Daten sowie der verfügbare Prüfungspfad versprechen für Wirtschaftsprüfer hohen Nutzen. Das erleichtert aktuell bereits die Prüfung der Bestände von Kryptowährungen.

Die derzeitigen Prüfungsstandards sind mit ihrem risikoorientierten Ansatz auf das Prüfen von Stichproben ausgelegt. In der Phase der Vorprüfung vor dem Abschlussstichtag wird eine Prozessprüfung zur Risikoeinschätzung vorgenommen, um dann in der Hauptprüfung durch ergebnisorientierte Prüfungshandlungen eine Prüfungsaussage zu einem bestimmten Prüfbereich und schlussendlich eine Aussage über den gesamten Abschluss geben zu können. Der Stichprobenumfang bei den ergebnisorientierten Prüfungshandlungen richtet sich nach dem zuvor festgestellten Risiko einer wesentlichen Falschaussage.

Die Blockchain-Technologie könnte es dem Prüfer erlauben, auch große Datenpopulationen vollständig zu prüfen. Die Massendatenauswertung wird bereits heute als wichtiger Bestandteil des Prüfprogramms eingesetzt. Mit zunehmender Verbreitung von blockchainbasierten Anwendungen bei den Prüfkunden ließen sich insbesondere transaktionsbezogene Prüffelder effizienter und effektiver abdecken. Auch die Güte der Prüfungsnachweise würde sich erhöhen.

Des Weiteren könnte sich auch die Abschlussprüfung hin zu einer unterjährigen, kontinuierlichen Prüfung entwickeln. Wenn alle Standardtransaktionen in der Blockchain abgebildet werden und der Prüfer über entsprechende Einsichtsrechte verfügt, ließen sich diese Vorgänge bereits zum Zeitpunkt des Entstehens automatisiert prüfen, sodass nur noch irreguläre Fälle durch den Prüfer selbst überprüft werden müssten. Frei werdende Ressourcen könnten auf die Prüfung von nicht-automatisierten Themenfeldern verlagert werden, die ein entsprechendes Ermessen erfordern.

10.3.2.6 Analyse durch Adressaten

Der Finanzbericht wird vom Unternehmen als zentrale Instanz veröffentlicht. Eine Konsensbildung mit externen Parteien durch einen Konsensalgorithmus ist offensichtlich nicht nötig. Indirekt kann sich die Blockchain-Technologie in der Finanzberichterstattung allerdings positiv auf die Analyse durch die Adressaten auswirken.

Zum einen kann die Blockchain-Technologie dazu beitragen, dass Finanzberichte deutlich früher verfügbar sind. Dies ist in den Effizienz- und Automatisierungspotenzialen bei der Erstellung wie auch der Prüfung begründet. Dadurch könnten bewertungsrelevante Informationen früher eingepreist werden. Zum anderen kann die Blockchain-Technologie dazu beitragen, das Risiko wesentlicher Fehlaussagen im Jahresabschluss weiter zu senken. Insgesamt kann sie dadurch das Kosten-Nutzen-Verhältnis der Jahresberichterstattung positiv beeinflussen.

10.3.3 Wo liegen die Grenzen?

Die Blockchain-Technologie könnte theoretisch der Schlüssel für die Automatisierung einer vollständigen, präzisen, korrekten und nicht änderbaren Erfassung von Geschäftsvorfällen in der Buchhaltung darstellen. In Gedankenspielen sehen manche Enthusiasten bereits die Möglichkeit einer jederzeit generierbaren Finanzberichterstattung in Echtzeit (Yermack 2017, S. 24–26), ohne auf die Integrität des Managements oder das Urteil des Revisors vertrauen zu müssen. Demnach wäre es theoretisch möglich, die Finanzbuchhaltung komplett über die Blockchain zu administrieren und zu veröffentlichen, wenn die Erstellung der Jahres- bzw. dann Tagesabschlüsse nach den zuvor festgeschriebenen Bilanzierungsregeln erfolgen würde.

Bei allem Potenzial, das die Blockchain-Technologie für die Finanzberichterstattung bietet, müssen solche Überlegungen derzeit aber wohl noch in das Reich der Utopie verwiesen werden.

Die Zahlen eines Finanzberichts ergeben sich nicht nur aus massenhaften Standardgeschäftsvorfällen, sondern bestehen zu einem bedeutenden Anteil auch aus den Abschlussarbeiten in der „13. Periode". Gerade bei komplexen Bilanzierungs- und Bewertungsfragen, sowohl auf der Aktivseite der Bilanz (Werthaltigkeit von Goodwill, aktivierten Entwicklungskosten, Beteiligungen ohne verfügbaren Marktpreis, Vorräten, und Krediten) wie auch auf der Passivseite (Rückstellungen), ist eine vollständige Objektivierung kaum möglich und es bedarf wohl auch zukünftig noch der Einschätzungen und des Ermessens des menschlichen Sachverstands.

Gleiches gilt für Geschäftsvorfälle, bei denen der Fortschritt der Leistungserbringung nicht trivial zu ermitteln ist, wie beispielsweise bei Dienstleistungen und langfristigen Fertigungsaufträgen.

Ansätze zur Automatisierung durch Blockchain-Technologie eröffnen sich in diesen Bereichen kaum, da es sich in der Regel um komplexe Einzelsachverhalte handelt, die unternehmensintern evaluiert werden. Zwar sind für die Datengrundlage teilweise auch Informationen von externen Parteien erforderlich, allerdings bedarf es hierfür keiner Validierung durch Konsensalgorithmen, beispielsweise bei Pensionsgutachten. Die Bewertung erfordert oftmals auch eine gewisse Ermessensausübung, welche nicht durch programmierte Bilanzierungsregeln ersetzt werden kann.

Das Ermessen des Managements ist ebenso bei den qualitativen Anforderungen an die Jahresberichterstattung von Bedeutung. Eine (theoretisch) vollständig automatisierte Finanzbuchhaltung und Jahresberichterstellung ergäbe nur das Zahlengerüst ohne Aufbereitung und Kommentierung der Informationen. Der Einsatz von Textrobotern („Bots") ist möglich, allerdings spiegeln sie keine persönlichen Einschätzungen und kein Ermessen der Unternehmensleitung wider.

Darüber hinaus ist zu beachten, dass ein Programm nur dann korrekt ausgeführt werden kann, wenn es vorher fehlerfrei programmiert wurde. Dies gilt auch für die Regeln zur buchhalterischen Verarbeitung von Geschäftsvorfällen. Die Überprüfung obliegt dem Faktor Mensch. Zudem müssten die programmierten Verarbeitungs- und Bilanzierungsregeln regelmäßig an das dynamische regulatorische Umfeld angepasst und aktualisiert werden. Außerdem müssten die Vorgänge in der Blockchain und der Konsensbildungsprozess überwacht werden. Die Blockchain-Technologie ist keinesfalls absolut sicher. Böswillige Netzwerkteilnehmer können die Datenbank durchaus kompromittieren, beispielsweise durch breit angelegte Attacken auf den zugrunde liegenden Konsensalgorithmus.

10.4   Fazit

Die Wahrnehmung der Blockchain-Technologie besteht aktuell vor allem als Möglichkeit zu Wertübertragung (und ggf. Spekulation). Bei genauerer Betrachtung ergeben sich jedoch erhebliche Potenziale, die weit über die aktuellen Anwendungen hinausgehen. Auch für den Bereich der Finanzberichterstattung sind grundlegende Veränderungen denkbar. Dabei steht in absehbarer Zeit noch die (weitere) Automatisierung der Verarbeitung von Massendaten im Vordergrund. Diese werden rascher, einfacher und verlässlicher verarbeitet werden können. Darüber hinaus sind mittelfristig weitere gravierende Veränderungen denkbar, wenngleich sich der Faktor Mensch sicherlich nicht komplett überflüssig machen lässt.

Die mit dem Prozess der Finanzberichterstattung betrauten Personen sind daher gut beraten, die Entwicklung im Auge zu behalten. Wie auch in anderen Bereichen der Digitalisierung in den letzten 20 Jahren könnte sich ein Zitat von Bill Gates wieder einmal bewahrheiten: „We always overestimate the change that will occur in the next two years and underestimate the change that will occur in the next ten. Don't let yourself be lulled into inaction." (Gates 1996).

Literatur

Branwen, G. (2017). Bitcoin is worse is better. http://www.gwern.net/Bitcoin%20is%20Worse%20is%20Better. Zugegriffen: 12. Okt. 2017.

Groß, S. (2017). Mit der „Blockchain" aus dem Umsatzsteuer-Dilemma: Wie eine neue Technologie die Umsatzsteuer grundlegend verändern könnte. *Umsatzsteuer-Rundschau, 66*(13), 501–502.

Gates, B. (1996). *The road ahead.* New York: Viking.

HSBC. (2017). Trust in technology. http://www.hsbc.com/news-and-insight/media-resources/media-releases/2017/~/media/hsbc-com/newsroomassets/2017/pdfs/170609-updated-trust-in-technology-final-report.pdf. Zugegriffen: 16. Dez. 2017.

Meyer, D. (2017). This place lets you pay your taxes in Bitcoin. http://fortune.com/2017/09/12/switzerland-chiasso-bitcoin-tax-zug/. Zugegriffen: 16. Sept. 2017.

Moldof, A. (2014). Bitcoins, an introduction: Part I. *Internal Auditing, 29*(2), 39–42.

Nakamoto, S. (2008). Bitcoin: A peer-to-peer electronic cash system. https://bitcoin.org/bitcoin.pdf. Zugegriffen: 17. Jan. 2017.

Niebecker, J., & Kirchmann, M. (2011). *Group Reporting und Konsolidierung: Optimierung der internen und externen Berichterstattung, Ansätze zur Prozessverbesserung, effiziente Unterstützung der Berichtsprozesse.* Stuttgart: Schäffer-Poeschel.

Ruhnke, K. (1995). *Konzernbuchführung.* Düsseldorf: IDW.

Shin, L. (2016). Central banks explore blockchains: Why digital dollars, pounds or yuan could be a reality in 5 years. http://www.forbes.com/sites/laurashin/2016/10/12/central-banks-explore-block-chains-why-digital-dollars-pounds-or-yuan-could-be-a-reality-in-5-years/. Zugegriffen: 6. Apr. 2017.

Stanley, A. (2017). Estonia Wants to ICO, But Is Currency Law a Deal-Breaker? https://www.coin-desk.com/estonia-wants-ico-currency-law-deal-breaker/. Zugegriffen: 23. Sept. 2017.

Yermack, D. (2017). Corporate governance and blockchains. *Review of Finance, 21*(1), 7–31.

Zhao, W. (2017). *daimler ag issues €100 million corporate bond in blockchain trial*. http://www.coindesk.com/daimler-ag-issues-e100-million-corporate-bond-blockchain-trial/. Zugegriffen: 29. Juni 2017.

Prof. Dr. Peter Leibfried ist seit 2005 KPMG-Professor für Audit und Accounting an der Universität St. Gallen (HSG). Dabei ist er unter anderem akademischer Leiter des Masters in Accounting and Finance (MAccFin) sowie Direktor des Instituts für Accounting, Controlling und Auditing. Im Nebenamt ist er Präsident der Fachkommission Swiss GAAP FER, des Schweizerischen Standard-Setters für Rechnungslegung nach dem *true and fair view.*

Heiko Petry ist Audit Senior bei der KPMG AG in Zürich und wissenschaftlicher Mitarbeiter und Doktorand am KPMG-Lehrstuhl für Audit und Accounting von Herrn Professor Dr. Peter Leibfried an der Universität St. Gallen (HSG). Zudem ist er Fachassistent bei der Stiftung für Fachempfehlungen zur Rechnungslegung (FER) und Mitglied der Arbeitsgruppe Tax/Accounting/Structuring der Crypto Valley Association in Zug.

Digitalisierung im Bankensektor – Notwendigkeit von neuen kundenzentrierten Geschäftsmodellen

Alwin Bathija und Thomas Kümpel

Inhaltsverzeichnis

A. Bathija (✉)
Düsseldorf, Deutschland
E-Mail: alwin.bathija@me.com

T. Kümpel
FOM Hochschule für Oekonomie & Management, Düsseldorf, Deutschland
E-Mail: thomas.kuempel@fom.de

© Springer Fachmedien Wiesbaden GmbH, ein Teil von Springer Nature 2019
T. Kümpel et al. (Hrsg.), *Controlling & Innovation 2019,* FOM-Edition,
https://doi.org/10.1007/978-3-658-23474-4_11

Zusammenfassung

Die Digitalisierung im Bankensektor ist nicht nur ein anhaltender Trend, sondern stellt auch den Großteil der Institute vor eine signifikante Herausforderung. Neben dem wachsenden Druck zur Erfüllung der Regulatorik, damit steigenden Kosten und rückläufigen Erträgen verschärfen die Anforderungen der Digitalisierung die schwierige Lage der Banken. Nicht nur die Erforderlichkeit, das Thema Digitalisierung für das eigene Institut zu betrachten, sondern das ständige Aufkommen disruptiver Technologien setzt Banken massiv unter Zugzwang, um relevante Marktanteile zu behalten. Dieser Beitrag gibt zunächst einen Überblick über die Digitalisierung im Bankensektor. Anschließend werden die Kundenbedürfnisse und die aktuellen Geschäftsmodelle in Banken näher beleuchtet. Den Beitrag runden Handlungsempfehlungen und Herausforderungen für Banken im Bereich der Digitalisierung ab.

11.1 Einleitung: Problemstellung

Seit Beginn der Finanz- und Wirtschaftskrise im Jahr 2008 beschäftigt sich der Bankensektor zunehmend mit sich selbst. Während die Geschäftsmodelle vor der Krise eher auf spekulativen Geschäftssegmenten beruhten, gewinnen gerade in Krisenzeiten traditionelle und solide Geschäftssparten erneut an Bedeutung. Das Retail-Banking, also das standardisierte Privatkundengeschäft, wurde mangels guter Deckungsbeiträge vor einigen Jahren von vielen Banken zweitrangig behandelt (vgl. Grussert 2009, S. 9). Dieser Stellenwert hat sich jedoch gewandelt, weshalb sich Banken heute erneut in diesem Segment positionieren möchten. Das Retail-Banking gilt als stabil und krisenfest. Während sich die Banken neu ausrichten möchten, nutzen einige neu aufkommende Wettbewerber, teilweise auch branchenfremde Unternehmen, die geschwächte Position der Banken für sich, um wichtige Marktanteile zu erobern (vgl. Grussert 2009, S. 9). Damit verschärft sich der Wettbewerb der Branche stetig.

Insbesondere ein Großteil der neu aufkommenden Wettbewerber hat den Vorteil, den technologischen Fortschritt der letzten Jahre sowie die Vernetzungsmöglichkeiten optimal nutzen und diese in das Geschäftsmodell integrieren zu können. Gerade die neuen Vernetzungsmöglichkeiten mit den Kunden durch die Nutzung des Internets ermöglichen eine grenzüberschreitende Konkurrenz für den deutschen Bankensektor. Der rasante Anstieg der Internetnutzungsquote unterstreicht diesen Trend: Rund 81 % der deutschen Bevölkerung nutzten 2017 das Internet (vgl. Statista 2018b). Diese Entwicklungen fordern die Digitalisierung der klassischen Geschäftsmodelle von Banken (vgl. Kern 2015, S. 237).

Im Zuge des zunehmenden technologischen Wandels und der Verbreitung des Internets äußerte sich Bill Gates, der Gründer von Microsoft, bereits im Jahre 1994 mit folgendem Zitat: „Banking is necessary, Banks are not." (Bender 2013). Mit diesem Zitat beschäftigt er seither den Bankensektor. Er drückt damit aus, dass Bankgeschäfte unerlässlich sind, Banken als Institute jedoch nicht. Dieser Satz scheint durch den anhaltenden technologischen Fortschritt stetig an Bedeutung zu gewinnen (vgl. Eismann 2015, S. 115).

Doch nicht nur der technologische Fortschritt, sondern auch das veränderte Kunden-verhalten stellt Banken vor Herausforderungen. Die sinkende Kundenloyalität etwa aufgrund der zunehmenden Turbulenzen an den Finanzmärkten, aber auch fehlendes Ver-trauen sowie die hohe Preissensibilität der Kunden führen zu weiter rückläufigen Erträgen bei Banken (vgl. Grussert 2009, S. 9). Das Kundenverhalten hat sich auch hinsichtlich der Erwartungen verändert. Die grundlegenden Bedürfnisse der Kunden – beispielsweise ein Konto in einer sicheren Umgebung zu führen, den notwendigen Zahlungsverkehr durch-zuführen oder Geld zu sparen – haben sich nicht verändert. Die Ansprüche der Kunden hinsichtlich der Interaktion mit der Bank jedoch haben sich gewandelt.

Fraglich ist jedoch, ob und inwiefern das klassische Geschäftsmodell von Banken durch den technologischen Fortschritt und die dadurch veränderten Kundenbedürfnisse bedroht ist.

11.2 Digitalisierung im Überblick

11.2.1 Begriffsabgrenzung

Bei der Definition des Begriffes Digitalisierung wird schnell deutlich, dass dieses Thema derzeit nicht nur von großem Interesse, sondern auch von einer rasanten Entwicklungs-geschwindigkeit geprägt ist. Eine allgemeingültige Begriffsdefinition zur Digitalisie-rung ist nicht greifbar. Vielmehr existiert eine Vielzahl von Begriffsbestimmungen, die ihren Ursprung fast ausschließlich in der Definition des Begriffes der Digitalisierung im engeren Sinne haben. In der Literatur wird die Digitalisierung im engeren Sinne als eine Umwandlung von analogen in digitale Daten verstanden, welche mithilfe eines Compu-ters verarbeitet werden können (vgl. Brockhaus 2015).

Eine weite Definition des Begriffes der Digitalisierung beschreibt die Veränderung von Geschäftsmodellen durch die Optimierung von Geschäftsprozessen aufgrund der Nutzung von Informations- und Kommunikationstechniken (vgl. Deloitte 2013, S. 8).

Eine erweiterte Definition beschreibt die Digitalisierung als Prozess der durch die Einführung digitaler Technologien hervorgerufenen Veränderungen (vgl. Hess 2013). Neu entwickelte digitale Technologien würden allerdings nur zu einer Veränderung füh-ren, wenn sie die Bedürfnisse der Kunden befriedigen. Eine neue Technologie ohne die Bedürfnisse des Kunden zu berücksichtigen, würde nicht genutzt werden und damit auch zu keiner Veränderung führen. Die Digitalisierung bliebe damit aus. Aus diesem Grund scheint die Einbeziehung der Kundenbedürfnisse bei der Entwicklung von digitalen Technologien unabdingbar zu sein. Da der Kunde und damit auch das Kundenverhalten eine maßgebliche Determinante im Geschäftsmodell von Banken darstellen, ist davon auszugehen, dass eine Veränderung des Kundenverhaltens zugleich eine Anpassung des jeweiligen Geschäftsmodells der Bank erfordert. Folglich wird der Begriff der Digitali-sierung im Rahmen dieses Beitrags wie folgt definiert:

Digitalisierung beschreibt den Prozess, der durch die Einführung von digitalen Technologien, welche insbesondere unter Berücksichtigung von Kundenbedürfnissen entwickelt wurden, zu einer Veränderung von Geschäftsmodellen führt.

11.2.2 Entwicklung der Digitalisierung

Das Thema Digitalisierung wird in der Gesellschaft breit diskutiert. So hat beispielsweise die Bundesregierung im Jahr 2014 eine digitale Agenda veröffentlicht. Die digitale Agenda ist ein Konzept der Bundesregierung, um weitere Entwicklungen der Digitalisierung positiv zu begleiten und zu fördern (vgl. Bundesministerium des Innern 2014). Dieses Signal zeigt die Brisanz des Themas, wie auch das Erfordernis wissenschaftlicher Forschung auf diesem Gebiet.

Eine Grundlage für die Digitalisierung ist das Internet, welches 2017 bereits von 81 % der deutschen Bevölkerung mit steigender Tendenz genutzt wurde (vgl. Statista 2018b). Verstärkt wird die Nutzungsintensität des Internets durch den Einsatz von Smartphones und Tablets, die sogenannten mobilen Endgeräten. 2018 gab es rund 57 Mio. Smartphone-Besitzer in Deutschland (vgl. Statista 2018a). Diese Zahl hat sich seit 2012 mehr als verdoppelt (2012 waren es rund 24 Mio.). Eine ähnlich rasante Entwicklung zeigen die Tablets, welche mit ca. 34 Mio. Nutzern (Stand 2016) in Deutschland ebenfalls den Druck auf digitale Innovationen erhöhen (vgl. Statista 2016a). Durch diese Entwicklungen ist die Digitalisierung, vergleichbar der Globalisierung, nicht mehr aufzuhalten. Sie hinterlässt veränderte Strukturen, Werte und Normen, die ein Umdenken sowohl bei Kunden als auch bei Banken erzwingen (vgl. Dapp et al. 2013, S. 3).

Einige Anbieter, die nur wenig flexibel auf die Digitalisierung reagieren konnten, wurden vom Markt getilgt; neue Anbieter wie beispielsweise Streaming-Dienste kamen hinzu (vgl. Dapp et al. 2013, S. 13). Nur eine massive Anpassung der Geschäftsmodelle sowie die Konsolidierung des Marktes sicherten den verbleibenden Unternehmen die Existenz (vgl. Dapp et al. 2013, S. 14).

11.2.3 Digitalisierung im Bankensektor

Die Digitalisierungsanforderung ist im Bankensektor angekommen. Erste Maßnahmen, wie etwa die Ausweitung des Online-Bankings oder die Implementierung von Mobile Banking, haben bereits stattgefunden. Auch die Kommunikationsmöglichkeiten zwischen Bank und Kunden haben sich durch den Einsatz von Smartphones und Tablets grundlegend verändert (vgl. Quitt 2014, S. 36). Viele Banken, darunter auch die Deutsche Bank, haben das Thema Digitalisierung in ihrer strategischen Entwicklung implementiert. Die Deutsche Bank Privat- und Geschäftskunden AG stellte 2014 rund 200 Millionen Euro für die Digitalisierung ihres Angebots zur Verfügung. Maßgeblich sollen das Informationsangebot sowie die Dialogmöglichkeiten verbessert werden (vgl. Deutsche Bank 2014, S. 50).

Die Banken sind das Thema Digitalisierung angegangen. Dennoch weist die Finanz-branche im Vergleich zu vielen anderen Branchen erhebliche Defizite im Hinblick auf die Digitalisierung auf. Das Internetgeschäft deutscher Retail-Banken ist lediglich reaktiv (vgl. Heinemann et al. 2015, S. 149): Kunden erhalten Auskünfte zu Produk-ten, Preisen und Gebühren, Serviceleistungen und Spezialangeboten, wenn sie auf den jeweiligen Webseiten suchen. Es wird vom Kunden erwartet, dass er weiß, welche Informationen er sucht. Weiterentwickelte Anbieter halten ein großes Informations- und Transaktionsangebot bereit, wohingegen die weniger weit entwickelten Anbieter auf ihren Webseiten nur das Nötigste anbieten (vgl. Heinemann et al. 2015, S. 149).

Die Gründe für diesen schlechteren Entwicklungsstand sind vielfältig. Neben branchen-typischen Ursachen – beispielsweise, dass Produkte und Dienstleistungen immateriell und damit abstrakt sind, Geldangelegenheiten als vertrauliche Geschäfte angesehen werden und Finanzdienstleistungsprodukte als uninteressante Produkte einzustufen sind, gibt es auch institutsspezifische Gründe, z. B. ein stark produkt- und dienstleistungsfokussiertes bzw. weniger kundenzentriertes Geschäftsmodell (vgl. Heinemann et al. 2015, S. 151). Das reaktive Verhalten der Banken in einem Umfeld ständig neu aufkommender Bedrohungen, etwa durch neue Wettbewerber, steigert den Innovationsdruck. Bei diesen Wettbewerbern handelt es sich vielfach um Start-ups. Diese können aufgrund ihres bisher fehlenden Angebotes keine evolutionäre Innovation betreiben. Im Rahmen einer evolutionären Inno-vation wird ein bestehendes Produkt- oder Dienstleistungsangebot verbessert bzw. effizi-enter oder günstiger. Folglich sind diese Wettbewerber mit transformativen (Übertragung bisheriger Produkte und Prozesse in die digitale Welt) oder disruptiven Innovationen (bestehende Produkte oder Dienstleistungen werden vollumfänglich abgelöst) im Markt aktiv (vgl. Wings und Kleine 2015, S. 22 f.). Es gibt eine Vielzahl von Anbietern, die eine disruptive Strategie im Rahmen der Digitalisierung anwenden. Diese disruptiven Strategien stellen eine Bedrohung für die Retail-Banken dar. Retail-Banken sind etablierte Finanz-dienstleister, die vom hohen Innovationsdruck zu evolutionären Innovationen gezwungen werden (vgl. Wings und Kleine 2015, S. 23). Die Innovationsaktivität der Banken ist inner-halb des deutschen Bankensystems unterschiedlich. Das deutsche Bankensystem basiert auf drei Säulen: Genossenschaftsbanken, Sparkassen und Privatbanken. Für einige Jahre erwiesen sich diese Säulen als stabil und hilfreich (vgl. Boden 2016, S. 242). Die Spar-kassen und Genossenschaftsbanken weisen in der Regel ein großes Filialnetz auf, da sie den Wunsch haben, entsprechende Kundennähe zu bieten. Auch die Privatbanken haben in der Regel Filialnetze, doch sind diese – relativ betrachtet – deutlich kleiner, als die der Sparkassen und Genossenschaftsbanken.

Neben einem großen Filialnetz haben Retail-Banken meistens auch eine hohe Berater-anzahl. Mit den ersten Entwicklungen hinsichtlich der Digitalisierung sowie dem Zuwachs an Direktbanken (Banken ohne Filialnetz) mussten die filialstarke Banken zusätzlich den Online-Kanal einführen. Infolgedessen nahmen die Filialbesuche der Kunden ab und ver-lagerten sich auf den Online-Kanal. Circa 56 % der Deutschen nutzten 2017 das Online-Banking (vgl. Eurostat 2017). Dieser große Nutzerzuwachs im Bereich des Online-Kanals führte zwangsläufig zu Filialschließungen bei Banken. Während es 2008 noch 63.000 Bankfilialen gab, sind es 2018 nur noch ca. 35.500 (vgl. Deutsche Wirtschafts Nachrichten

2018). Das entspricht einem Rückgang um mehr als die Hälfte. Doch eine vollständige Transformation von Filialbanken zu Direktbanken ist nicht möglich, da bei jeder Filial-schließung bis zu zwölf Prozent der Kunden abwandern (vgl. Mihm 2012).

Direktbanken sind eine weitere Gruppe, die zu den etablierten Finanzdienstleistern gehört. Sie zeichnen sich dadurch aus, dass sie ihre Produkte und Dienstleistungen ohne ein eigenes Filialnetz anbieten. Sie beschränken sich damit auf das Direct Banking als neuen Vertriebskanal, der für Bankgeschäfte angeboten wird. Direktbanken ermöglichen ihren Kunden eine höhere Flexibilität im Hinblick auf Öffnungszeiten. Kunden von Direktbanken können zeit- und ortsunabhängig Bankgeschäfte abwickeln. Ihr Zuwachs korreliert stark mit der Entwicklung und Verbreitung des Internets. Durch die Kosten-einsparung aufgrund des Filialverzichts greifen sie seit einigen Jahren den Bankensektor mit einer aggressiven Preispolitik an. In der Dekade seit 2005 hat sich der Bestand der Direktbank-Kunden von 8,2 Mio. auf 18,2 Mio. Nutzer entwickelt (vgl. Statista (2016b).

11.3 Abweichungsanalyse zwischen den Kundenbedürfnissen und dem aktuellen Geschäftsmodell der Banken

11.3.1 Entwicklung des Geschäftsmodells von Banken

Eine der wichtigsten Grundfunktionen von Banken ist die Intermediationsfunktion. Die Erträge für die Erfüllung dieser Funktion sind weiter rückläufig. Die Kunden haben die Möglichkeit, sich nahezu kostenlos jederzeit und von überall mit relevanten Informatio-nen und Entwicklungen zu versorgen. Die Funktion des Finanzintermediärs, beispiels-weise die Losgrößen-[1] und Fristentransformation[2] oder auch die Risikotransformation[3], verlieren aus der Kundenperspektive zunehmend an Bedeutung (vgl. Auge-Dickhut et al. 2014, S. 97). Dadurch entsteht bei Banken der Margen- und Digitalisierungsdruck. Ban-ken sind gehalten, sich auf ihre Kernkompetenzen zu konzentrieren und entlang ihrer Wertschöpfungskette eine Arbeitsteilung in Betracht zu ziehen.

Bei der Betrachtung der Kernfunktionen von Banken lassen sich die Beratungs-funktion, die Produktentwicklung bzw. -bereitstellung sowie die Basis- und Ausführungs-transaktionen ermitteln (vgl. Auge-Dickhut et al. 2014, S. 102). Die Retail-Banken haben

---

[1]Losgrößentransformation bezeichnet die Umwandlung relativ kleiner Beträge, in die notwendigen größeren Summen (vgl. Heidorn und Adrian 1996, S. 6).

[2]Fristentransformation bedeutet, dass kurzfristig überlassene Gelder für längerfristige Kredite ver-wendet werden (vgl. Heidorn und Adrian 1996, S. 6).

[3]Risikotransformation bedeutet, dass die von Kunden den Banken überlassenen Gelder auf eine große Zahl Kreditsuchender verteilt werden, sodass das Ausfallrisiko insgesamt verringert wird (vgl. Heidorn und Adrian 1996, S. 6).

sich in der Vergangenheit auf alle drei Segmente der Wertschöpfungskette konzentriert. Lediglich spezialisierte Institute wie etwa Vermögensverwalter haben sich ausschließlich auf die Beratungsfunktion fokussiert. In der Vergangenheit gab es einen Trend zur Zentralisierung von Tätigkeiten innerhalb der Wertschöpfungskette durch die Gründung von internen Leistungsanbietern.

Den Trend der Spezialisierung und Fokussierung auf einzelne Segmente der Wertschöpfungskette verfolgen Banken, etwa durch gezieltes Outsourcing von Tätigkeiten. Skaleneffekt und sonstige Synergien werden anschließend durch Insourcings erzielt, also das Anbieten der Leistungen auch für andere Unternehmen. Banken haben erkannt, dass die Bildung von Wertschöpfungsnetzwerken im Bereich der Transaktionsabwicklungen oder auch Produktentwicklungen für den langfristigen Wettbewerbserfolg unabdingbar sind. Insbesondere die kleineren Retail-Banken sind an dem Anschluss an ein Wertschöpfungsnetzwerk interessiert, da sie selbst die kritische Masse im Bereich der Transaktionsabwicklung oder auch Produktentwicklung nicht erreichen (vgl. Auge-Dickhut et al. 2014, S. 104). In einigen spezialisierten Instituten, z. B. bei Anbietern im Private-Banking-Segment, werden häufig Transaktions- und Produktdienstleistungen zugekauft.

Die Frage nach dem richtigen Geschäftsmodell ist individuell und nicht pauschal zu beantworten. Einige Banken sind derzeit auf der Suche nach dem richtigen Geschäftsmodell (vgl. Oehler 2015).

Ein Geschäftsmodell ist ein Grundprinzip, nach dem eine Organisation Werte schafft, vermittelt und erfasst (vgl. Osterwalder und Pigneur 2011, S. 18). Aus den bisherigen Reaktionen von Retail-Banken hinsichtlich der Geschäftsmodelle lässt sich der Trend ersehen, dass diese versuchen, sich auf einen bestimmten Teil der Wertschöpfungskette zu konzentrieren und die übrigen Teile zu isolieren. In Abb. 11.1 werden die Trends visualisiert:

Wie ersichtlich ist, geht der aktuelle Trend dahin, dass sich spezialisierte Vertriebsbanken auf die Beratungsfunktion bzw. auf die Kundenschnittstelle konzentrieren und die Dienstleistungen der anderen Anbieter im Wertschöpfungsprozess in Anspruch nehmen. Der Produktspezialist fokussiert die Produktentwicklung und sollte die Zielsetzung haben, die besten Produkte im Markt herzustellen. Der Endkundenvertrieb würde durch einen Partner im Wertschöpfungsnetzwerk erfolgen. Der Transaktionsdienstleister hat das Ziel, die Kostenführerschaft in der Transaktionsabwicklung zu übernehmen. Dies gelingt nur, wenn durch hohe Qualität, etwa durch den Einsatz von modernen Technologien, viele Partner herangezogen werden können und damit die kritische Masse erreicht wird. Dadurch würden hohe Synergien und Skaleneffekte erzielt.

Die beschriebenen bisherigen Trends resultieren aus den von Porter definierten generischen Strategien. Er legte drei erfolg versprechende Strategien fest (vgl. Müller 2007, S. 12):

- Kostenführerschaft
- Differenzierung
- Fokussierung

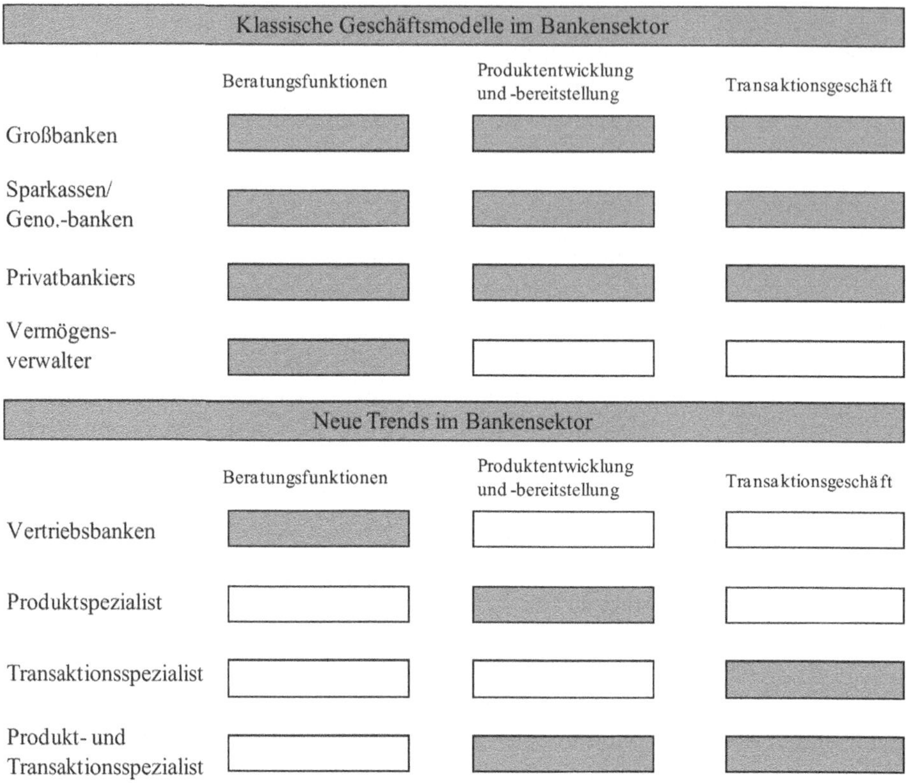

Klassische Geschäftsmodelle im Bankensektor

	Beratungsfunktionen	Produktentwicklung und -bereitstellung	Transaktionsgeschäft
Großbanken	■	■	■
Sparkassen/ Geno.-banken	■	■	■
Privatbankiers	■	■	■
Vermögens- verwalter	■	□	□

Neue Trends im Bankensektor

	Beratungsfunktionen	Produktentwicklung und -bereitstellung	Transaktionsgeschäft
Vertriebsbanken	■	□	□
Produktspezialist	□	■	□
Transaktionsspezialist	□	□	■
Produkt- und Transaktionsspezialist	□	■	■

Abb. 11.1 Entwicklung der Geschäftsmodelle. (Quelle: In Anlehnung an Auge-Dickhut et al. 2014, S. 107)

Aus der bisherigen Darstellung können Trends in allen drei Strategiebereichen erkannt werden. Während beispielsweise die Transaktionsabwicklung die Strategie der Kostenführerschaft oder Produktspezialisten die Fokussierungsstrategie verfolgen müssen, sind Banken gezwungen, eine Differenzierungsstrategie zu implementieren. Als Differenzierung werden jene Vorteile angesehen, die für Kunden einen einzigartigen Mehrwert erzielen und somit dessen Bedürfnisse befriedigen (vgl. Müller 2007, S. 15). Eine sinnvolle Differenzierungsstrategie kann also nur implementiert werden, wenn die Kundenbedürfnisse innerhalb des Geschäftsmodells fokussiert werden.

Die bisherige Anpassung des Geschäftsmodells durch die Spezialisierung im Wertschöpfungsprozess hat den Nachteil der oberflächlichen Berücksichtigung von Kundenbedürfnissen. Es handelt es sich um eine Inside-out-Perspektive: Die Unternehmen bestimmen von innen heraus, wie ein Kundenprozess ist und verlaufen soll. Insbesondere im Rahmen der Digitalisierung ist es von hoher Bedeutung, den Kunden und seine Bedürfnisse in den Mittelpunkt zu stellen und die Produkte und Dienstleistungen danach auszurichten. Der zukünftige Trend hinsichtlich der Geschäftsmodelle besteht also darin, von einer organisationszentrierten Ausrichtung der Geschäftsmodelle abzusehen und zu einer kundenzentrierten Gestaltung von Geschäftsmodellen zu wechseln.

Der technologische Fortschritt führt dazu, dass die Kunden unabhängiger sind und kaum noch Kontakt zur Bank oder zum Kundenberater benötigen. Dies führt dazu, dass die Loyalität des Kunden zur Bank sinkt und damit die Verhandlungsmacht von der Bank auf den Kunden übergeht. Erschwerend kommt hinzu, dass die Zahl der Wettbewerber aus dem Bereich der Non- und Near-Banks stetig zunimmt. Kunden haben neben dem hohen Angebot an Bankdienstleistungen noch eine hohe Transparenz, sodass die Wechselbereitschaft weiter beflügelt wird.

Die Banken sind aufgefordert, neben der ständigen Kostenoptimierung eine klare Differenzierung innerhalb ihres Geschäftsmodells auszuweisen. Die Differenzierungsmerkmale müssen für den Kunden so vorteilhaft sein, dass selbst eine Kostenoptimierung, beispielsweise durch die Verlagerung vom kostenintensiven Offline- in den günstigen Online-Kanal, zu keinem Kundenverlust führt (vgl. Bischofberger et al. 2005, S. 52).

Aufgrund dieser Erkenntnis haben einige Banken bereits angefangen, entsprechende Kundenbedürfnisse zu berücksichtigen. Derzeit erfolgt dies jedoch häufig aus der Innensicht des jeweiligen Instituts. Gerade in Zeiten des zunehmenden Wettbewerbs sowie einer schnellen Veränderung von Kundenbedürfnissen ist es erforderlich, die Strategie einer Bank outside-in festzulegen, also von außen nach innen. Diese Vorgehensweise wird auch im Market Based View von Michael E. Porter beschrieben. Die Strategie soll sich innerhalb des MBVs vom Markt ableiten. Der Markt umfasst u. a. die Kundenbedürfnisse. Es ist jedoch zu berücksichtigen, dass die Kundenbedürfnisse ständig im Wandel sind, sodass die entsprechenden Geschäftsmodelle ebenfalls flexibel und dynamisch auf die Veränderungen reagieren und damit eine effektive Kundenzentrierung voraussetzen müssen (vgl. Auge-Dickhut et al. 2014, S. 112). Entscheidend ist auch die Anpassungsgeschwindigkeit der jeweiligen Bank. In Abb. 11.2 soll einen Überblick über die Wichtigkeit der Wandlungsgeschwindigkeit geben.

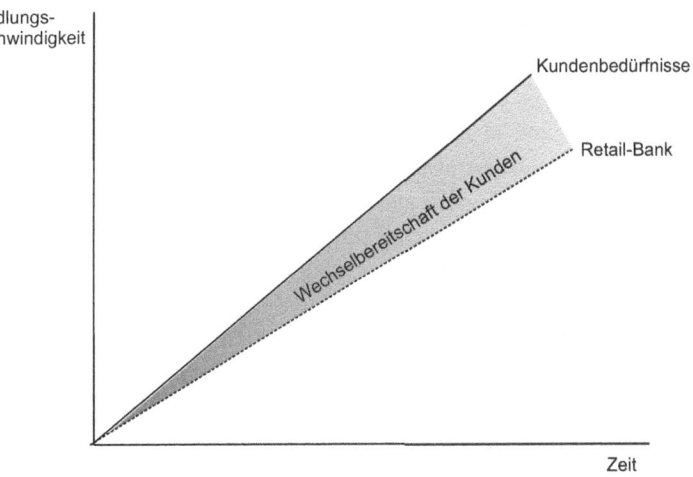

Abb. 11.2 Wichtigkeit der Wandlungsgeschwindigkeit

Wie dargestellt, ist von einer höheren Wandlungsgeschwindigkeit bei den Kundenbedürfnissen auszugehen. Die zeitlich verzögerte Anpassung des Geschäftsmodells
erhöht das Risiko, dass Kunden zu einem Wettbewerber wechseln, der die Kundenbedürfnisse besser erfüllt. Die ohnehin hohe Wechselbereitschaft durch die gesunkene Loyalität
mangels Kontakt zur Hausbank wird durch höhere Transparenz anderer Anbieter, durch
Vergleichsportale sowie ggf. durch die Beeinflussung von Social Media verstärkt.

11.3.2 Kundenbedürfnisse im Wandel

Wie bereits dargelegt, sind die Kundenbedürfnisse eine wesentliche Determinante des
jeweiligen Geschäftsmodells. In der Vergangenheit bestand das Ziel, möglichst viele nicht
imitierbare Ressourcen aufzuweisen, um ein erfolgreiches Geschäftsmodell zu etablieren.
Zwar ist diese Anforderung auch heute noch eine wichtige Determinante, aber längst nicht
mehr die einzige. Erfolgreiche Geschäftsmodelle müssen die anspruchsvollen Kundenbedürfnisse befriedigen und ein attraktives Angebot aufweisen (vgl. Detecon International
2015, S. 8). Dies erfordert von Banken, dass sie sich mehr als je zuvor mit den Kundenbedürfnissen auseinandersetzen. Kundenbedarfsanalysen sind damit unabdingbar. Diese
Analysen müssen regelmäßig erfolgen und auch die relevanten Schlussfolgerungen in das
Geschäftsmodell integrieren. Die Kundenbedürfnisse werden in nahezu jedem Geschäftsmodell erwähnt. Die tatsächliche Berücksichtigung dieser ist jedoch unterschiedlich aus-
gereift (vgl. Reichmayr und Baur 2015, S. 65).

11.4 Handlungsempfehlungen und Herausforderungen für den Bankensektor

11.4.1 Dynamisierung des Geschäftsmodells

Zur Sicherung zukünftiger Wettbewerbsvorteile ist es für Banken unabdingbar, den
Kunden zu verstehen und in den Mittelpunkt sämtlicher Handlungen zu stellen. Banken, welche die Kundenbedürfnisse verstehen und damit maßgeschneiderte Angebote
unterbreiten können oder über die gewünschten Kanäle kommunizieren, erzielen eine
höhere Kundenloyalität und damit eine geringere Wechselbereitschaft sowie eine höhere
Kundendurchdringung (vgl. Kern 2015, S. 230).

Banken müssen die Kundenbedürfnisse stetig überwachen und konsequent in das
Geschäftsmodell aufnehmen. Neben der Erhebung und Auswertung der Kundenbedürf-
nisse müssen die richtigen Schlussfolgerungen für das Geschäftsmodell abgeleitet
werden. Eine ausschließliche Betrachtung von Kundenbedürfnissen reicht nicht aus.
Vielmehr müssen die Kundenbedürfnisse in Zusammenhang mit den Megatrends der
Digitalisierung berücksichtigt werden.

Neben der Fokussierung auf die Kundenbedürfnisse und die Megatrends der Digitalisierung ist es für Banken erforderlich, ein dynamisches Geschäftsmodell aufzuweisen.

Sie sollten den Wandel als ein normales kulturelles Element in der Unternehmensphilosophie implementieren (vgl. Detecon International 2015, S. 7). Die Geschäftsmodelle müssen neben einer geringen Komplexität auch leicht veränderlich und anpassbar sein (vgl. Kern 2015, S. 232). Die traditionellen Geschäftsmodelle von Banken weisen eine hohe Komplexität auf. Einzelne Produkte und Dienstleistungen werden über separate Prozesse und Technologien abgebildet. Die Konsequenz daraus ist, dass die Bank neben hohen operationellen Risiken insgesamt höhere Kosten zu tragen hat. Für die Kunden sind die Komplexität und mangelnde Flexibilität in der Zusammenarbeit mit der Bank sichtbar und führen häufig zu einem schlechten Kundenerlebnis. Dieses wird verstärkt durch die mangelnde Transparenz von Produkten, Dienstleistungen und Konditionen. Die neu aufkommenden Wettbewerber brauchen keine Digitalisierung. Sie werden bereits vollständig digital gegründet und kennen nichts anderes als digitale Infrastrukturen und Geschäftsmodelle (vgl. Accenture 2016, S. 7).

11.4.2 Optimierung der Distributionswege

Gerade bei Banken, die mehrere Kundengruppen gleichzeitig bedienen müssen, ist es erforderlich, dass den Kunden eine hohe Flexibilität hinsichtlich der Kanalauswahl geboten wird.

Mediale Kanäle, wie das Telefon, das Online- und Mobile Banking sowie Selbstbedienungsgeräte kamen im Laufe der Zeit auf (vgl. Brock 2015, S. 45 f.). Lange war die Bankfiliale die zentrale Anlaufstelle für Kunden. Sie war ein Monovertriebs- und Kommunikationskanal. Die Rolle der Filiale als dominierender Kanal ist nun im Umbruch. Der Trend hinsichtlich der Bankfilialen entwickelt sich dahin, dass die Bankfiliale ein Kanal von mehreren ist. Abb. 11.3 soll dies verdeutlichen.

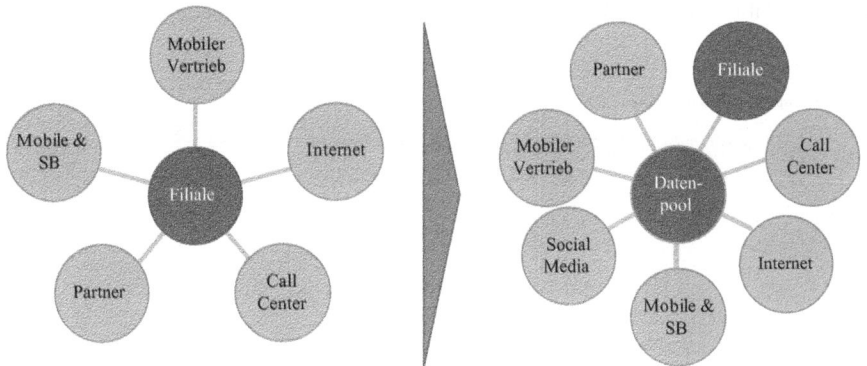

Die Filiale ist der Hauptkanal und verfügt über die Kundenbeziehung.

Die Filiale ist ein Kanal von mehreren. Der Kunde wählt den Kanal. Im Mittelpunkt stehen die Kundendaten.

Abb. 11.3 Stellung der Bankfiliale im Wandel. (Quelle: In Anlehnung an A.T. Kearney 2014, S. 6)

Wie in Abb. 11.3 ersichtlich ist, wurde die Bankfiliale seit jeher als der „Besitzer" der Kundenbeziehung angesehen und bediente sich weiterer unterstützender Kanäle, um die Kundenbeziehung zu pflegen. Die Entwicklung geht allerdings in die Richtung, dass es einen Datenhaushalt gibt, der die Kundenbeziehung hält und alle infrage kommenden Kanäle mit den notwendigen Daten ausstattet. Der Vorteil wäre, dass diese als Vertriebs- und Kommunikationskanäle genutzt werden können. Demnach wäre es denkbar, dass über eine Social-Media-Plattform neben dem Austausch von Rezensionen auch Produktabschlüsse erfolgen.

Für die Nutzung diverser Kanäle haben sich in der Vergangenheit mehrere Begriffe etabliert. Ausdrücke wie Multikanal und Omnikanal werden häufig miteinander vermischt. Diese Begriffe müssen allerdings getrennt voneinander betrachtet werden. Beim Omnikanal-Ansatz handelt es sich um eine Erweiterung des Multikanal-Ansatzes. Beim Multikanal-Ansatz werden die einzelnen Kommunikations- und Vertriebskanäle isoliert voneinander betrachtet. Einzelne Maßnahmen werden kanalspezifisch optimiert und eingeführt. Dabei besteht die Gefahr, dass Kunden die Kanäle isoliert wahrnehmen und die vielfältigen Kanäle nicht im Zusammenhang erkennen (vgl. Stalla 2015, S. 215 f.). Im Omnikanal-Ansatz gilt es, dem Kunden die Kommunikation als solche kanalübergreifend darzustellen. Maßnahmen und Kampagnen oder Angebotserweiterungen müssen kanalübergreifend optimiert werden (vgl. Stalla 2015, S. 216). So erwartet der Kunde etwa, dass die Möglichkeit, einen Dauerauftrag einzurichten oder zu verändern, nicht nur im Online-Kanal verfügbar ist, sondern auch über alle anderen Kanäle. Eine wichtige Voraussetzung dafür ist, dass die Informationen über den Kunden zentral verfügbar sind.

Um die Diskrepanz zwischen dem aktuellen Geschäftsmodell des deutschen Bankensektors und den Kundenbedürfnissen im Bereich der Kanäle zu verringern, ist ein Ausbau der aktuell verfügbaren Multikanal-Strategie zu einer Omnikanal-Strategie unabdingbar. Entscheidend jedoch ist, dass die Omnikanal-Strategie einer Bank nur das Mittel zum Zweck ist. Die Kunden denken nicht in Kanälen, sondern in Produkt- oder Dienstleistungswünschen (vgl. ibi Research 2014, S. 4). Abb. 11.4 soll dies verdeutlichen.

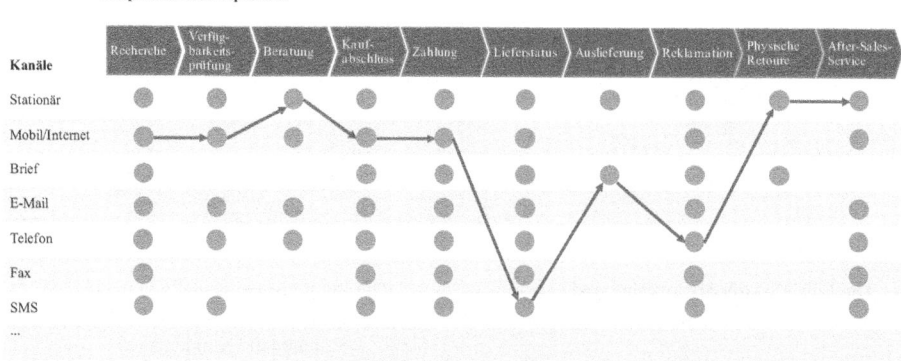

Abb. 11.4 Die Kanäle als Mittel zum Zweck. (Quelle: In Anlehnung an ibi Research 2014, S. 4)

Wie in Abb. 11.4 dargestellt, kann ein Kundenprozess mehrere Kanäle in Anspruch nehmen. Der Kunde ist an dem jeweiligen Produkt oder der jeweiligen Dienstleistung interessiert und nutzt über den gesamten Kundenprozess mehrere Kanäle, die unterschiedlich kombiniert werden können. Die Kombination kann unter anderem von der Dienstleistung oder vom Produkt sowie vom Befinden des Kunden abhängen. Für Banken ist es wichtig, eine Vielzahl unterschiedlicher Kanäle bereitzustellen, um den Kunden die gewünschte Flexibilität hinsichtlich der Kommunikation und Distribution anzubieten. Alle Kanäle müssen über eine effiziente Omnikanal-Strategie miteinander verknüpft sein und den Kunden eine zeit- und ortsunabhängige Abwicklung von Bankaktivitäten inklusive der Beratung ermöglichen (vgl. Kern 2015, S. 236). Die richtige Auswahl der Kanäle sowie die entsprechende Vermarktung müssen von den Banken institutsspezifisch betrachtet werden und im Einklang mit der jeweiligen Kundenstruktur stehen.

11.4.3 Herausforderungen im Rahmen der Digitalisierung

Die Digitalisierung stellt Banken in mehreren Hinsichten vor eine große Herausforderung. Sie ist zunächst ein hoher Kostentreiber für die Banken, der getragen werden muss. Insbesondere im aktuellen Umfeld sind die Banken stark belastet. Ständig wachsende regulatorische Anforderungen, das Niedrigzinsumfeld, volatile globale Märkte und das sinkende Vertrauen der Kunden sind nur wenige Beispiele aus dem Bankensektor.

Eine Folge aus der aktuellen Marktlage ist der Personalabbau. So hat auch die Deutsche Bank verkündet, dass 15.000 Stellen abgebaut werden müssen (vgl. Osman 2016). Trotz der schlechten Lage des Bankensektors wird von den Banken erwartet, dass hohe Investitionen hinsichtlich der Digitalisierung getätigt werden. Gerade für die digitale Transformation ist neben der hohen finanziellen Investition auch ein Wissensaufbau notwendig, der häufig nur über die Rekrutierung von neuen Mitarbeitern erfolgen kann. Das stellt die Banken vor neue Hürden, denn die Einstellung von neuen Mitarbeitern bei gleichzeitigem Stellenabbau ist aus diversen Gründen nicht möglich. Darüber hinaus erschwert die sinkende Attraktivität der Bankenbranche das Rekrutieren der notwendigen Ressourcen (vgl. Burgmaier 2013).

Während sich der Bankensektor in dieser schwierigen Situation befindet, haben Non- und Near-Banks nahezu optimale Rahmenbedingungen. Google bzw. dessen Mutterkonzern Alphabet verkündeten als bedrohende Unternehmen 2016, dass sie nun knapp an Apple vorbei zum wertvollsten börsennotierten Unternehmen der Welt nominiert wurden (vgl. Füst 2016). Doch nicht nur die Non- und Near-Banks haben eine bessere Ausgangslage, sondern auch die Direktbanken, in Deutschland. Direktbanken wie beispielsweise die Comdirect Bank AG, haben hinsichtlich der Digitalisierung einen Vorsprung, den die Filialbanken in Deutschland zunächst aufzuholen haben.

Darüber hinaus stellt die Systemarchitektur ebenfalls eine große Herausforderung dar. Unter anderem sind im deutschen Bankensektor noch selbstentwickelte Softwarelösungen aus den 1980er-Jahren für die Bestandskundenverwaltung oder den Zahlungsverkehr im Einsatz. Aufkommende Non- und Near-Banks beginnen in einer deutlich weiterentwickelten Epoche, was in diesem Fall ein Vorteil ist. Sie können durch die neuen Möglichkeiten sowie ihre eigene Innovationskraft schlanke Lösungen maßgeschneidert an den aktuellen Kundenbedürfnissen und den Megatrends erstellen. Damit sind sie deutlich agiler als der Großteil des Bankensektors in Deutschland (vgl. Grobe und Steinkühler 2015, S. 132).

Im Zusammenhang mit der Digitalisierung ist es von hoher Bedeutung, das Thema Sicherheit zu berücksichtigen. Vertrauen und Sicherheit von Transaktionen und Daten sind eine notwendige Basis für eine Kundenbeziehung. Aus diesem Grund haben Banken den Schutz der Kundendaten sowie der Transaktionen in den Vordergrund zu stellen. Gerade Banken sind häufig von betrügerischen Attacken betroffen, welche zum Ausspähen von persönlichen Daten eingesetzt werden, um beispielsweise Geld zu entwenden (vgl. Dapp 2015, S. 30 f.). Neben einer innovativen Digitalisierungsstrategie sollten Banken eine angemessene IT-Sicherheit gewährleisten. Diese Herausforderung ist nicht nur von einer hohen initialen Investition, sondern auch von einer ständigen Überwachung geprägt (vgl. Dapp 2015, S. 31).

Trotz der hohen Herausforderungen sollte der Handlungsdruck von Banken ernst genommen und eine radikale Erneuerung angestrebt werden. Eine Anpassung des Geschäftsmodells oder eine strategische Positionierung in innovativen Märkten und Technologien kann auch über Kooperationen und Beteiligungen mit den Innovatoren erfolgen, z. B. mit den Fintechs. Die Banken haben hier die Herausforderung, den richtigen Anbieter bzw. Innovator zu finden, doch können sie sich damit wichtige zukünftige Marktanteile sichern.

Maßnahmen zur Bewältigung der Herausforderungen können vielfältig sein, etwa die Unterstützung der Regulatoren oder der Regierung. Sowohl Regulatoren als auch Regierung haben das Ziel, die Wirtschaft nachhaltig zu sichern. Insbesondere systemrelevante Banken stellen beim Scheitern ein erhebliches Risiko für die gesamte Wirtschaft dar. Denkbar im Hinblick auf die Unterstützung wären spezielle Subventionen oder Förderungen der Banken bei der Investition in die Digitalisierungsstrategie.

Eine weitere Strategie sollten Kooperationen innerhalb der Banken sein. Durch den hohen Handlungsdruck könnte eine Vielzahl von unkoordinierten Angeboten entstehen. Diese Insellösungen behindern die weite Verbreitung von digitalen Lösungen massiv. So wäre es beispielsweise nicht zielführend, wenn jede Bank eine eigene Mobile-Payment-Lösung entwickelt. Vielmehr müssen breit akzeptierte Lösungen entwickelt werden, welche die Komplexität für den Kunden reduzieren und den Händlern Akzeptanz ermöglichen. Dies stellt eine wichtige Erfolgsvoraussetzung digitaler Angebote dar.

Es kann festgehalten werden, dass Banking im Sinne von Bankprodukten und -dienstleistungen unabdingbar ist. Die Grundfunktionen der Banken sind für eine Volkswirtschaft ebenfalls unverzichtbar. Wer allerdings diese Funktionen erfüllt und die gewünschten Bankprodukte und -dienstleistungen erbringt, wird für den Kunden zunehmend uninteressanter.

Trotz aller bestehenden Herausforderungen bleibt festzuhalten, dass Banken den aus der Digitalisierung resultierenden Handlungsbedarf erkennen sowie konsequent und möglichst ohne Zeitverluste über ein kundenzentriertes Geschäftsmodell abbilden müssen. Nur so kann nicht nur für dem Banking, sondern auch den Banken die Zukunftsfähigkeit ausgesprochen werden.

Ein Ausblick für die Banken im Zusammenhang mit der Digitalisierung und den aufkommenden Trendsettern könnten folgende Szenarien sein:

- **Szenario 1: Banken als Trendsetter** – Banken treiben Digitalisierungstrends und nehmen die Vorreiterrolle ein. Dadurch können sie ihre bestehenden Marktanteile weiter ausbauen und ihre Wettbewerbsposition manifestieren.
- **Szenario 2: Banken und Trendsetter** – Banken haben viel Know-how und in der Regel einen großen Marktanteil. Trendsetter im Sinne von Start-ups müssen sich diese Komponenten mühsam aufbauen. Denkbar wäre eine Kooperation der Banken mit den Trendsettern, um so einen gemeinsamen Nutzen zu erzielen.
- **Szenario 3: Trendsetter als Banken** – Durch eine geringe Wandlungsgeschwindigkeit sowie statische Geschäftsmodelle könnten Banken immer mehr Marktanteile an die Trendsetter verlieren.

Literatur

Accenture. (2016). Digitalisierung entzaubern –wie die deutschen Top500 digitale Blockaden lösen. https://www.accenture.com/de-de/top500.aspx. Zugegriffen: 11. Febr. 2016.

Auge-Dickhut, S., Koye, B., & Liebetrau, A. (2014). *Client Value Generation: Das Züricher Modell der kundenzentrierten Bankarchitektur.* Wiesbaden: Springer Gabler.

Bender, J. (2013). Kreditinstitute 2.0 – Banken vor Herausforderung. http://www.n-tv.de/ratgeber/ Banken-vor-Herausforderung-article10286461.html. Zugegriffen: 11. Febr. 2016.

Bischofberger, R., Kobler, D., & Steiner, P. (2005). Outside-In: Ein dynamisches Geschäftsmodell für Finanzdienstleister im Informationszeitalter. In U. Baumöl, H. Österle, & R. Winter (Hrsg.), *Business Engineering in der Praxis* (S. 51–81). Heidelberg: Springer.

Boden, L. (2016). Bedarfsorientierte Beratung versus aktiver Bankvertrieb – Ein Widerspruch? In D. Hellenkamp & K. Fürderer (Hrsg.), *Handbuch Bankvertrieb* (S. 241–251). Wiesbaden: Springer Gabler.

Brock, H. (2015). Vom Mono- zum Multichannel-Management – Nur wer die Vergangenheit kennt, kann die Zukunft erfolgreich gestalten. In H. Brock & I. Bieberstein (Hrsg.), *Multi- und Omnichannel-Management in Banken und Sparkassen* (S. 29–57). Wiesbaden: Springer Gabler.

Brockhaus. (2015). Digitalisierung. https://ulb-hhu.brockhaus.de/brockhaus/digitalisierung-1. Zugegriffen: 12. Febr. 2016.

Bundesministerium des Innern. (2014). Digitale Agenda. http://www.bmi.bund.de/SharedDocs/ Downloads/DE/Broschueren/2014/digitale-agenda-im-fokus.pdf?__blob=publicationFile. Zugegriffen: 1. Febr. 2015.

Burgmaier, S. (2013). Wie Banken Nachwuchs finden. https://www.springerprofessional.de/bank-ausbildung/bankenaufsicht/wie-banken-nachwuchs-finden/6600120. Zugegriffen: 9. Febr. 2016.

Dapp, T. F. (2015). Fintech reloaded – Die Bank als digitales Ökosystem – Mit bewährten Walled Garden-Strategien in die Zukunft. https://www.dbresearch.de/PROD/DBR_INTERNET_ DE-PROD/PROD0000000000354505.pdf. Zugegriffen: 11. Febr. 2016.

Dapp, T. F., Stobbe, A., & Wruuck, P. (2013). Die Zukunft des (mobilen) Zahlungsverkehrs. https://www.dbresearch.de/PROD/DBR_INTERNET_DE-PROD/PROD0000000000301018. PDF. Zugegriffen: 17. Jan. 2016.

Deloitte. (2013). Digitalisierung im Mittelstand. http://www2.deloitte.com/content/dam/Deloitte/de/Documents/Mittelstand/Digitalisierung-im-Mittelstand.pdf. Zugegriffen: 23. Dez. 2015.

Detecon International. (2015). Geschäftsmodellinnovation – Neue Wege für nachhaltigen Erfolg. https://www.detecon.com/sites/default/files/Detecon%20Studie_Geschäftsmodellinnovation. pdf. Zugegriffen: 11. Febr. 2015.

Deutsche Bank. (2014). Jahresbericht 2014. https://www.db.com/ir/de/down. Zugegriffen: 11. Febr. 2016.

Deutsche Wirtschafts Nachrichten. (2018). *Zahl der Banken in Deutschland sinkt deutlich.* https://deutsche-wirtschafts-nachrichten.de/2018/03/10/zahl-der-banken-deutschland-sinkt-deutlich/. Zugegriffen: 23. August 2018.

Eismann, F. (2015). Web 2.0 Banking – Was Kreditinstitute von der Fidor Bank lernen können. In H. Brock & I. Bieberstein (Hrsg.), *Multi- und Omnichannel-Management in Banken und Sparkassen* (S. 115–128). Wiesbaden: Springer Gabler.

Eurostat. (2017). Individuals using the internet for internet banking. http://ec.europa.eu/eurostat/tgm/graph.do;jsessionid=insm8RWJ1qCe5UosSzCnkVurXJaM–Gm8AMDnTdsCcLGIp0I-aXQW!458122300?tab=graph&plugin=1&language=en&pcode=tin00099&toolbox=type. Zugegriffen: 23. Aug. 2018.

Füst, B. (2016). Google-Mutter Alphabet zieht an Apple vorbei. http://www.welt.de/wirtschaft/article151744956/Google-Mutter-Alphabet-zieht-an-Apple-vorbei.html. Zugegriffen: 3. Febr. 2016.

Grobe, C., & Steinkühler, D. (2015). P2P- und P2B-Plattformen – Wie Start-ups Marketing- und Sales-Kanäle revolutionieren. In H. Brock & I. Bieberstein (Hrsg.), *Multi- und Omnichannel-Management in Banken und Sparkassen* (S. 129–140). Wiesbaden: Springer Gabler.

Grussert, H. (2009). *Strategien im Retail-Banking: Finanzdienstleister im veränderten Wettbewerb* (2. Aufl.). Köln: Bank-Verlag.

Heidorn, T., & Adrian, R. (1996). *Der Bankbetrieb: Lehrbuch und Aufgaben* (14. Aufl.). Wiesbaden: Springer Gabler.

Heinemann, G., Gehrckens, M., & Adams, R. (2015). Digital Services und Commerce der Zukunft – Was können Finanzdienstleistungsunternehmen vom Handel von Morgen lernen? In H. Brock & I. Bieberstein (Hrsg.), *Multi- und Omnichannel-Management in Banken und Sparkassen* (S. 141–172). Wiesbaden: Springer Gabler.

Hess, T. (2013). Digitalisierung. Enzyklopädie der Wirtschaftsinformatik. http://www.enzyklopaedie-der-wirtschaftsinformatik.de/lexikon/technologien-methoden/Informatik–Grundlagen/digitalisierung/index.html/?searchterm=digitalisierung. Zugegriffen: 24. Jan. 2016.

Ibi Research. (2014). ibi research an der Universität Regensburg GmbH – Mobile Payment: Zahlungsverkehr im Spannungsfeld zwischen Innovation und Regulierung. http://docplayer.org/storage/20/467768/1548030077/APiqSF138csstHP6wYSTSg/467768.pdf. Zugegriffen: 1. Febr. 2016.

Kern, H. (2015). Kundenzentrierung – Kundenmanagement im Kontext eines innovativen Multikanalvertriebs. In H. Brock & I. Bieberstein (Hrsg.), *Multi- und Omnichannel-Management in Banken und Sparkassen* (S. 227–238). Wiesbaden: Springer Gabler.

Kearney, A. T. (2014). Digitalisierung: Banken im Innovationswettbewerb mit Internet-Dienstleistern. http://www.leuphana.de/fileadmin/user_upload/Forschungseinrichtungen/ibfr/bankfinanz/files/NBT2014/NBT_2014-4_Eistert.pdf. Zugegriffen: 12. Febr. 2016.

Mihm, O. (2012). Der Kunde entscheidet. https://www.sparkassenzeitung.de/der-kunde-ent-scheidet/150/152/24781/. Zugegriffen: 7. Febr. 2016.

Müller, B. (2007). *Porters Konzept generischer Wettbewerbsstrategien: Präzisierung und empiri-sche Überprüfung.* Wiesbaden: Springer Gabler.

Oehler, K. (2015). Deutsche Bank im Umbruch: Die Deutsche Bank sucht ihren Weg. http://www.stuttgarter-zeitung.de/inhalt.deutsche-bank-im-umbruch-die-deutsche-bank-sucht-ihren-weg.1e10fd57-dbac-4653-be24-9c5294cd3ac0.html. Zugegriffen: 2. Februar 2016.

Osman, Y. (2016). *Konzernumbau: Verwirrung um Stellenabbau bei Deutscher Bank.* http://www.handelsblatt.com/unternehmen/banken-versicherungen/konzernumbau-verwirrung-um-stellen-abbau-bei-deutscher-bank/12513852.html. Zugegriffen: 6. Febr. 2016.

Osterwalder, A., & Pigneur, Y. (2011). *Business Model Generation: Ein Handbuch für Visionäre, Spielveränderer und Herausforderer.* Frankfurt a. M.: Campus.

Quitt, B. (2014). Innovationen Im Retailvertrieb. *Die Bank: Zeitschrift für Bankpolitik und Praxis, 6*(2014), 36–43.

Reichmayr, C., & Baur, I. (2015). „It's the digital, stupid" – Herausforderungen für Banken. In C. Linnhoff-Popien, M. Zaddach, & A. Grahl (Hrsg.), *Marktplätze im Umbruch* (S. 63–72). Heidelberg: Springer Vieweg.

Stalla, C. (2015). Multikanalstrategie – Optimierung des Multikanalvertriebs in mittelständischen Finanzinstituten. In H. Brock & I. Bieberstein (Hrsg.), *Multi- und Omnichannel-Management in Banken und Sparkassen* (S. 209–223). Wiesbaden: Springer Gabler.

Statista. (2016a). Tablets – Nutzerzahlen in Deutschland von 2010 bis 2015 und Prognose bis 2020 (in Millionen). Statistik. http://de.statista.com/statistik/daten/studie/256712/umfrage/anzahl-der-tablet-nutzer-in-deutschland/. Zugegriffen: 2. Jan. 2016.

Statista. (2016b). Anzahl der Direktbank-Kunden in Deutschland in den Jahren 2000 bis 2015 (in Millionen). Statistik. http://de.statista.com/statistik/daten/studie/186890/umfrage/anzahl-der-direktbank-kunden-in-deutschland-bis-2015/. Zugegriffen: 9. Jan. 2016.

Statista. (2018a). Anzahl der Smartphone-Nutzer in Deutschland in den Jahren 2009 bis 2018 (in Millionen). Statistik. http://de.statista.com/statistik/daten/studie/198959/umfrage/anzahl-der-smartphonenutzer-in-deutschland-seit-2010/. Zugegriffen: 23. Aug. 2018.

Statista. (2018b). Anteil der Internetnutzer in Deutschland in den Jahren 2001 bis 2017. Statistik. http://de.statista.com/statistik/daten/studie/13070/umfrage/entwicklung-der-internetnutzung-in-deutschland-seit-2001/. Zugegriffen: 23. Aug. 2018.

Wings, H., & Kleine, J. (2015). *Next Generation Banking: Analysebericht.* Stuttgart: Steinbeis-Edition.

Alwin Bathija studierte Betriebswirtschaftslehre mit dem Schwer-punkt Bankwesen. Nach einigen Praxiseinsätzen bei der Deutschen Bank war er knapp zweieinhalb Jahre für PricewaterhouseCoopers AG in diversen Projekten bei Banken und Versicherungen tätig. Während dieser Zeit absolvierte er berufsbegleitend den Master of Science in Finance und Accounting. Seit 2015 leitet er den Bereich Client Management Group für das Firmenkundengeschäft von HSBC Deutschland und beschäftigt sich schwerpunktmäßig mit der Umsetzung von regulatorischen Anforderungen für Bestands- und Neukunden der Bank.

Prof. Dr. Thomas Kümpel studierte nach einer kaufmännischen Ausbildung Wirtschaftswissenschaften. Nach diversen internationalen Tätigkeiten im Bereich Rechnungswesen arbeitete er bei einer großen Wirtschaftsprüfungsgesellschaft. Gleichzeitig promovierte er bei Herrn Professor Dr. Michael Wohlgemuth in Duisburg auf dem Gebiet der Internationalen Rechnungslegung mit erfolgreichem Abschluss zum Dr. rer. oec. Seit dem 1. September 2000 ist er Professor für Betriebswirtschaftslehre, insbesondere Unternehmensrechnung, an der FOM Hochschule für Oekonomie & Management. Er hat zahlreiche Publikationen zur internationalen Rechnungslegung in renommierten Fachzeitschriften veröffentlicht und gibt sein Wissen in diversen Seminaren und Beratungsprojekten weiter.

 **FOM**
Hochschule

The manufacturer's authorised representative in the EU is Springer
Nature Customer Service Centre GmbH, Europaplatz 3, 69115 Heidelberg,
Germany. If you have any concerns regarding our products, please
contact ProductSafety@springernature.com

Printed and bound by CPI Group (UK) Ltd, Croydon, CR0 4YY
28/04/2026
02098479-0011